한국 근대시 연구

김은철

국학자료원

책머리에

　이 책은 필자가 지금까지 한국 근대시를 공부해 오면서 품었던 의문과 그 의문을 해소하고자 노력한 흔적의 일부이다. 문학을 한다고 이 분야에 종사한지가 이미 이십 년이 지났지만 실상 아는 것은 적고 이제부터 새로 시작해야한다는 각오만은 새로 새기고 있다.
　필자는 우리 근대시 전개에 있어서 20년대를 결코 소홀히 할 수 없다고 생각하고 거기에 매달려 왔다. 그것은 곧 식민지 현실이라는 정치적 상황과 서구문예의 도입이라는 문학적 상황 속에서 모색된 당대의 문학에는 향가와 시조를 거치는 고대의 문학적 제 양상이 함축적으로 제시되어 있을 뿐만 아니라 그 이후 현대문학의 다양한 양상들까지 내포되어 있기 때문이다. 말하자면 20년대 문학은 한국시가에 있어서의 모든 경향과 특질을 짧은 시간 내에 경험하면서 모색과 좌절을 거쳐 새로운 길을 개척하고 있었다고 할 수 있다.
　한국의 근대시가 단순히 서구문예의 이식이 아니라 자체 내의 지속과 변모과정으로 인식하는 것이 타당하다고 한다면 20년대의 문학적 제 양상은 한국시가의 전체적 흐름 위에서 체계 세워져야 할 것이다. 즉 단순한 외면적 현상만으로 서구의 시각으로 재단하는 것은 한국문학을 위해서 결코 바람직하지 않을 것임은 자명한 이치라고 하겠다.

1920년대의 시를 크게 대별하여 본다면 그 하나는 관념지향성이며 다른 하나는 현실지향성이라고 할 수 있다. 20년대 초기의 시들은 소위 낭만주의나 상징주의로 인식되어 온 것으로서 관념적 이상향의 건설이라는 현실도피의 것이었다고 한다면 중반기부터는 보다 현실에 근거한 시들이 모색되는 것이다. 신경향파나 프로의 시들은 당대의 사회주의 사상과 밀접하게 관련되어 있지만 사실상 그것은 향가나 사설시조에서 추구된 현실지향의 시들의 변모이며 다만 그것이 사회주의 사상과 결부되어 있다는 특수성을 지니는 것이다. 그것은 향가가 불교의 영향하에 있었다거나 시조가 유교의 영향하에 있었던 것과 다르지 않다. 즉 문학은 자체적인 내적 질서를 가지면서도 끊임없이 사회적 제 상황과 밀접한 관련을 가지고 있음을 부인할 수 없는 것이다. 따라서 한국의 근대시는 자체 내의 내적 동인과 당대의 외적 상황과 결부되어 다양한 모습으로 나타났다고 보는 것이 타당하다고 생각한다. 전통단절론을 극복하여야 한다고 하면서도 사실상 학계에서는 고시가와 근, 현대시를 연결시켜 논의하는 경우는 드물었고 따라서 이러한 작업은 이후에도 누군가에 의해 지속적으로 진행되어야 한다고 하는 것이 필자의 생각이다. 그것이 곧 한국시가의 정체성을 규명하는 일이 될 것이라고 필자는 생각한다.

한국근대시는 전대와는 다른 양상으로 전개되면서도 그 내면에는 한국시가에서 지속적으로 교체되고 반복되어 온 두 가지의 양식, 즉 관념지향과 현실지향이라는 기본 축 위에서 존재하는 것이며 이렇게 볼 때 비로소 우리는 20년대 시의 다양성을 해명할 수 있게 될 것이다. 20년대라고 하는 그 짧은 기간 동안에 우리시는 전통적인 양식 위에서 서구의 문예를 소화해내고 한 편으로는 식민지라는 외적 질곡의 상황을 견뎌 나왔던 것이다.

이 책은 크게 3부로 나누어져 있다. 1부는 필자의 학위논문을 일부

수정한 것을 새로 실었고 2부와 3부는 20년대와 관련된 다른 논문들이다.

1부에서 주로 다루고 있는 내용은 한국의 근대시를 한국시가라는 전체적인 틀 속에서 변모된 양상으로 보자고 하는 것이다. 즉 1부에서는 한국시가의 전체적인 큰 틀, 즉 관념주의와 현실주의라는 흐름에서 주로 20년대의 관념지향의 작품들을 다루었다. 근대 현실주의 시에 대해서는 앞으로 연구할 과제로 삼고 있지만 2부와 3부는 그 계획 중의 일부라고 할 수 있다. 1부에 상응하는 연구가 완성되었을 때 한국 근대시의 전모가 드러나리라고 생각하고 이는 앞으로의 과제로 삼기로 한다.

지금까지 필자를 학문의 길로 이끌어 주신 모교 은사님들과 자식의 앞날을 위해 헌신하고 돌아가신 부모님께 감사드린다. 그리고 주변의 선후배 여러분과 국학자료원 여러분, 착한 아내에게도 감사의 뜻을 전한다.

앞으로 더욱 좋은 연구로 보답할 것을 스스로 다짐한다.

1999, 12.
치악산을 바라보며
김 은 철

차 례

책머리에

제 1 부 근대 관념주의시 연구

Ⅰ 서 론 11
  Ⅰ-1 연구의 목적과 방향 11
  Ⅰ-2 기존연구의 검토 및 연구방법 18

Ⅱ 한국시가의 두 경향 24
  Ⅱ-1 현실주의와 관념주의 24
  Ⅱ-2 고시가에 나타난 두 양상 31
    1) 향가의 4구체와 10구체 31
    2) 평시조와 사설시조 41
  Ⅱ-3 개화기시가의 양면성 55
  Ⅱ-4 한국근대시의 두 양상 61

Ⅲ 관념주의시의 배경과 전개 66
  Ⅲ-1 관념주의시의 시대적 배경 66
    1) 식민지의 현실과 그 인식 66
    2) 문화정치와 목적의식의 상실 74

Ⅲ-2 관념주의시의 문학적 배경 ……………………………… 78
　1) 상징주의와 순문예의식 ………………………………… 78
　2) 낭만주의와 전통의 양식 ………………………………… 83
Ⅲ-3 관념주의시의 전개 ………………………………………… 89
　1) 신변시의 시사적 위상 …………………………………… 89
　2) 상징적 세계와 퇴폐미 ………………………………… 103

Ⅳ 관념주의시의 실상 …………………………………………… 110

Ⅳ-1 서구문예의 수용과 그 변모 …………………………… 110
　① 김억:예술지상주의와 시적 향방 …………………… 110
　　1) 초기의 시와 시론 …………………………………… 110
　　2) 민요적 시와 관념적 현실인식 …………………… 115
　② 주요한:이원적 삶의 시적 대응 ……………………… 133
　　1) 시의 변모양상과 그 내적 특성 ………………… 133
　　2)「채석장」의 의미 …………………………………… 148
　　3)「불노리」의 이원적 상징세계 …………………… 153
　③ 황석우:궁핍한 삶의 시적 지향 ……………………… 160
　　1) 시론의 양상 ………………………………………… 161
　　2) 시의 전개양상 ……………………………………… 168

Ⅳ-2 개인적 공간의 사회성과 반사회성 …………………… 187
　① 이장희:자폐적 공간과 사물응시 …………………… 187
　　1) 사폐적 삶과 복합심리 …………………………… 187
　　2) 이장희시의 특성 …………………………………… 197
　② 홍사용:유년회상의 퇴보적 공간 …………………… 206
　　1) 홍사용문학의 근저 ………………………………… 206
　　2) 사회의 성격과 현실인식 태도 ………………… 223

Ⅳ-3 관념주의의 승화와 극복 ……………………………… 232
　① 김소월:개인적 체험과 공동체의식 ……………… 232

1) 詩魂의 지향점 ················· 233
　　2) 소월시의 내면 ················· 237
　②　이상화:관념과 현실의 변증법 ········· 254
　　1) 상화시의 성격 ················· 255
　　2) 관념과 현실의 합일 ·············· 278

Ⅴ. 관념주의시의 시사적 성격 ············· 287

Ⅵ. 결 론 ··························· 292

제 2 부 김석송의 시와 시론 연구

Ⅰ. 서 론 ··························· 299

Ⅱ. 석송문학의 배경 ···················· 303

　Ⅱ-1 1920년대 전반기의 시적 현실 ········ 303
　Ⅱ-2 석송의 출현 ···················· 308

Ⅲ. 석송문학의 특징 ···················· 312

　Ⅲ-1 민중적 현실지향 ················· 312
　Ⅲ-2 민주와 평등의 개념 ··············· 317
　Ⅲ-3 추한 세계와 미래에의 동경 ········· 325
　Ⅲ-4 힘의 예술과 남성미 ··············· 329

Ⅳ. 결 론 ··························· 336

제 3 부 박팔양의 시 연구

Ⅰ. 서 론 341

Ⅱ. 박팔양 문학의 배경 344

Ⅲ. 박팔양시의 특징 351
    Ⅲ-1 관념적 현실인식과 '새로운' 것으로서의 프로시 352
    Ⅲ-2 도시문명과 '새로운' 양식 363
    Ⅲ-3 자연과 생명, 민족주의와 낙관주의 368

Ⅳ. 결 론 375

◇ 참고문헌 / 377
◇ 찾아보기 / 387

제 1 부 근대 관념주의시 연구

Ⅰ 서 론

Ⅰ-1 연구의 목적과 방향

 한국의 근대시는 1910년대 후반에 서구문예사조를 주도적으로 도입한 <태서문예신보>의 출현과 거기에서 문학활동을 왕성히 전개했던 일군의 시인들에 의해서 이루어졌다.[1] 그 후 소위 모더니즘이 등장한 1930년대 이전까지의 약 10여년간의 시를 우리는 근대시라고 지칭하고 있으며, 그 특징으로는 서구의 사조에 비추어 낭만주의라거나 상징주의라는 이름으로 이해해왔다. 또한 한국적인 제반 특성을 감안하여 퇴폐적 낭만주의 또는 센티멘탈리즘으로도 칭해 왔으며, 이

---

1) 한국근대시의 형성은 서구문학의 충격에 의해 촉진되었고 그 주도적인 역할을 담당한 것이 <태서문예신보>라는 사실은 익히 지적되어 온 것이다. 그러나 그것이 전적으로 <태서문예신보>에 의해서만은 아니며 저어도 1910년대 중반에 내적 성숙을 가져 왔다고 하는 것이 타당할 것이다. 예를 들면 <학지광>의 시들은 이미 이후 한국근대시에 나타나는 제반 특성을 내포하고 있는 것이다. <학지광>의 시에 대해서는 김영철, 「<학지광>의 문학사적 위상」, 『한국근대시논고』, 형설출판사, 1988. 구인환, 「자유시와 서사시의 정립」, 『근대문학의 형성과 현실인식』, 한샘, 1983. 강희근, 「학지광 시에 나타난 시인들의 의식과 시의 모습에 대하여」, 배달말 4집, 1979. 김학동, 『한국개화기시가연구』, 시문학사, 1981. 등에서 논의되었다.

것은 결국 서구의 사조를 일방적으로 적용하기보다는 우리의 현실을 고려하기 위한 자구적 수단이었던 것으로 이해된다.

그러나 문제는 낭만주의나 상징주의라는 이름 앞에 어떤 에피세트를 놓는다 하더라도 그것이 한국근대시의 특성을 해명하는데 있어서 근본적인 해결책이 되지는 않으리라고 보이는 것이다. 우리에게 필요한 것은 서구 사조의 수입을 무시할 수는 없다 하더라도, 그것이 한국문학의 지속적인 흐름 위에 존재하는 한, 한국문학의 자체적인 흐름을 강조하는 쪽으로 선회하지 않으면 안 된다. 서구문학의 시각으로만 한국문학을 평가했을 때 한국문학은 온전하게 성장 발전한 것일 수 없으며 서구문학에 대한 주변문학의 자리에만 머물 위험성을 내포하게 된다는 것은 자명한 것이다.

한국의 근대시를 낭만주의로 일관한 것으로 보든 상징주의로 일관한 것으로 보든 사실상 그것은 큰 문제가 되지 않으며, 중요한 것은 그러한 내적 속성을 한국문학의 자체적인 흐름과 연속성 위에서 파악하는 것이라고 하겠다. 논자에 따라서 한국의 근대시를 같은 낭만주의로 보면서도 그 내포를 달리 해석하고 있는 것[2]은 낭만주의라는 사조 자체가 지니고 있는 다양한 속성 때문이기도 하지만 다른 한 편으로는 한국문학을 서구의 시각으로만 획일적으로 적용할 수 없다는 점을 입증하는 것으로 보아도 무방할 것이다.

주지하다시피 20년대는 한국에 있어서의 제반 문학적 현상들이 극단적으로 표출되었던 시기이다. 한국에서 근대시의 시기라고 하여 10여년간을 설정하는 것 자체가 어색한 일이지만 흔히 우리는 <백조>

---

[2] 예를 들면 오세영은 민요적 시계열을 주로 고찰하여 낭만주의로 평가하고 있고 박철석은 소극적 낭만주의와 적극적 낭만주의로 분류하여 카프계열까지 포함, 한국근대시를 전체적으로 낭만주의로 평하고 있다. 한 편 기존의 대부분의 논의들은 낭만주의라는 기본 프레임 위에 근대시의 제양상을 설명하면서 병적 또는 퇴폐적이란 특성을 부여하였다. 오세영, 『한국낭만주의시연구』, 일지사, 1980. 박철석, 『한국현대문학사론』, 민지사, 1990. 참조.

해체 (1923)에 이르기까지의 기간을 근대전기라고 칭하고 있다.[3] 그 후 20년대 중반에 이르면 '3.1운동 이후 상당한 동요를 보여온 국내 사정의 누적과 아울러 때마침 팽배하기 시작한 사회주의의 자극이 1920년대 초기의 우리문학이 지니고 있었던 내부적 해체요인을 촉발하면서 새로운 변모의 국면을 열게'[4] 된다. 따라서 1920년대 중반기가 문학사에서나 시사에 있어서 하나의 분수령으로서의 의의를 지니며 <백조>가 해체된 1923년까지를 시전개의 성격상으로 보아 한국근대시의 전기라고 보는 것은 큰 무리가 아니라고 할 수 있다. 한편 이 시기의 시에 대해서 논의된 주요 내용들은 각 문예잡지를 중심으로 하여 대체적으로 낭만주의가 주조를 이루는 것이며 또 그 성격에 있어서 퇴폐적 성향은 3.1운동의 실패라는 사회적인 원인에 기인하는 것으로 지적되어 왔다. 물론 여기에 대한 비판도 이미 제기되었고[5] 그것이 많은 공감을 얻고 있는 것도 사실이다.

한국의 근대시를 논의하는데 있어서 횡적인 시각에서는 서구문학, 특히 상징주의의 영향을 배제하고서는 논의 자체가 사실상 힘들 것이지만 그렇다고 해서 그것을 종적인 관계, 즉 한국문학의 지속적인 흐름이라고 하는 연속성 위에서 파악하지 않는다면 그러한 논의는 별 의미 없는 것이 될 것이다.

한국근대시에 있어서 서구 상징주의의 영향은 지대한 것이었음에 틀림없지만 문제는 그 사조를 수용하는 자국의 특성과 그것이 변모되어 나타나는 현상에 초점이 놓여지지 않으면 안 된다는 것이다. 어

---

3) 김흥규, 「1920년대 초기시의 낭만적 상상력과 그 역사적 성격」, 『문학과 역사적 인간』, 창작과 비평사, 1980, 217-218면.
4) 김흥규, 앞의 책, 218면.
5) 김흥규는 그러한 특성이 이미 1910년대에도 나타나고 있으며 따라서 그 원인은 3.1운동의 실패 때문이 아니라 문학을 담당했던 사람들의 신분과 관련하여 고찰하고 있고 김 철도 여기에 공감하고 있다. 김흥규, 앞의 책. 김 철, 「1920년대 동인문학의 전개와 그 역사적 성격」, 한국비평문학회, 비평문학 창간호, 1987·7.

떤 하나의 문화적 현상은 수평적으로 이동해서 나타나는 단순한 성질의 것이 아니라 자국의 문화전통과 작가의 개성에 의해서 취사선택되고 변용되어 나타나기 때문이다. 즉 어느 문화현상이든지 간에 내적인 동인에 의한 필연성의 결과이지 결코 우연의 소산일 수 없다는 지극히 당연한 논리가 항상 강조되어야 하는 것이다.

한국근대시에 있어서 상징주의는 서구의 안목으로 본다면 상징시다운 작품 하나 생산하지 못 하고 '상징풍에 머물었으며'6) 그것은 상징주의 자체로 보다는 오히려 한국적인 제반 특성에 의해 용해되고 변모되어 전개되었던 것이다. 다음과 같은 진술은 이에 대한 좋은 예가 된다.

> 상징주의는 …이에 대한 도구적 활용이 미숙했던 관계로 자유시운동에만 영향을 주었을 뿐 상징주의 이념의 시적 표현과는 거의 연관성 없는 이질적 시가 산출된다. 때문에 산출된 시에 대해 혹자는 상징성, 혹자는 낭만성으로 규정짓는 혼란을 야기하게 된다.7)

즉 한국 근대시인 중 어느 누구도 상징주의로만 일관했던 경우는 없었을 뿐 아니라 한국근대시의 흐름 자체도 상징주의로만 평하기는 힘든 것이다. 근대초기에 상징주의를 수입하는데 있어서 선구적인 역할을 담당했던 시인들이 상징주의를 수용하면서 쓴 자신들의 작품을 부정하고 민요적 시나 시조로 선회한 것은 어떻게 설명되어야 할 것인가. 불과 1,20년 사이에 서구의 제 문예사조를 수입해서 소화불량증에 걸렸고8) 따라서 그 어느 것도 서구문학의 흉내에만 그친 것으

---

6) 김은전, 「상징주의의 수용과 그전개」, 김용직외, 『문예사조』, 문학과지성사, 451면.
7) 정종진, 『한국현대시론사』, 태학사, 1988. 45면.
8) 백 철, 『신문학사조사』, 신구문화사, 1982. 이러한 견해는 한국근대문학을 서

로 설명할 수는 없는 것이다. 이것은 상징주의에만 국한시켜 생각해 볼 때 피상적으로는 상징주의에 대한 이해의 부족과 상징주의를 수용할 만한 제반 여건의 미숙 때문이라고 볼 수 있지만 보다 큰 원인은 당대 한국의 문화적, 문학적 특수한 사정에 기인한다고 보지 않으면 안 되는 것이다.

사실상 한국근대시는 상징주의적 요소나 낭만주의적 요소가 확연히 구분되는 것이 아니라 그 두 요소가 공유되어 있으며 따라서 한국의 근대시를 논할 때에 서구의 기준으로 상징주의나 낭만주의로 평가하는 것은 사실상 불가능한 일인 동시에 그 자체는 별 의미를 지니지 못 한다고 할 수 있다. 한 작가나 한 작품이 상징주의로도 낭만주의로도 이해된다는 자체가 이미 그러한 사실을 뒷받침하고 있는 것이다. 즉 1920년대의 시가 상징주의의 영향하에 있었으면서도 전체적으로는 낭만주의 시대로 평가되기도 하는 것은 서구의 안목으로써는 설명될 수 없는 특수한 사정이 존재함을 역으로 증명하고 있는 것이다.

이러한 점에서 본다면 20년대의 시경향의 생성과 변화를 자체 내에서 찾으려고 하는 다음과 같은 견해들은 타당성을 가질 수 있다.

> 그런데 기존의 논의는 어느 것이나 서양 문예사조 도입에 따르는 변모를 문제삼는데 머물렀고, 비평적 발언과는 구별되는 작품 자체의 사조적 성향이나 서양것에 대응되는 문예사조의 자생적 형성추세에 대해서는 관심을 보이지 않았다. 특히 낭만주의와 사실주의가 근대문학 형성의 자생적 노력의 일환으로 어떻게 해서 출현되었는가 밝히는 것이 힘써 다루어야 할 긴요한 과제이다.9)

구의 이식사로 보는 사람들의 공통된 입장이라고 할 수 있다.
9) 조동일, 『한국문학통사 5』, 지식산업사, 1989. 44면.

우리 문학의 현상이 겉으로는 서구의 그것과 유사한 변화 refraction로 나타나지만, 실상은 그 속에 그와는 구별되는 또 하나의 한국적 보편성, 한국적 특질, 지속성이 흐르고 있다는 -- 국문학에 대한 주체적 인식원리를 한국 낭만주의 문학의 경우에도 세울 수 있게 된다. 이것은 한국 문학 연구가 지금까지 유보하고 있는 자기 반성적 전통의 구축작업을 세우는 일에 일조를 주는 일이며, 한국문학이 서구문학의 이론적 틀로서는 해명되지 않는 고유의 문학적 입장이 있다는 것을 함께 논증하는 작업이다.[10]

이러한 견해들은 한국근대 문학에서 '명확한 사조로서 낭만주의가 수용된 적이 없었던'[11] 사실에 근거하여 자생성을 강조하는 것으로 보인다.

본고에서 문제 삼고자 하는 것은 한국근대시의 흐름 중에서 특히 1920년대의 시의 특성에 관한 것이다. 또한 20년대의 시의 특성이 단지 일시적인 현상이 아니라 한국시가의 전체적인 흐름에 견주어 그것을 일관하는 지속성은 무엇인가를 밝힘으로써 한국시가를 연속성 위에서 보고자 하는 것이다. 한국시가의 전개를 하나의 유기적인 관점에서 파악하고자 할 때, 그리고 한국의 근대시는 내적인 통일성 위에서 변모된 양상이라고 할 때, 이러한 작업은 필수적으로 선행되어야 할 것으로 믿는다. 그것은 곧 근대시가 서구문예의 수입이라고 하는 횡적인 가치평가와 한국시가의 지속적 흐름이라고 하는 종적인 가치평가가 동시에 수행되어야만 비로소 정당성을 획득할 것이기 때문이다.

이상에서 제기된 문제들을 통하여 본고에서는 특히 다음의 사항들

---

10) 오양호, 「서구낭만주의의 수용」, 박철희 편, 『문예사조』, 이우출판사, 1988. 185면.
11) 강우식, 『한국 상징주의시 연구』, 문화생활사, 1987. 11면.

에 관심을 집중시키고자 한다.

첫 째, 일차적으로 한국근대시가 서구문학의 일방적인 영향에 의해서가 아니라 한국시가의 지속성 위의 변모라고 할 때 한국시가의 지속적인 원리에 대해 고찰하고자 한다. 필자는 그것을 관념주의와 현실주의라 보고 이 두 양식이 인간의 삶의 문제와 직결되어 있으며 고시가, 즉 향가의 4구체와 10구체 및 평시조와 사설시조에 나타나는 대립적 양상을 추출하려고 한다.

둘 째, 본고에서는 특히 한국 근대 초기시에 우세하게 대두되는 관념주의시의 시대적, 문학적 배경과 그 전개양상에 대해 논하고자 한다.

셋 째, 한국근대시에서 선구적 역할을 담당한 주요시인들의 시의 변모양상 및 그 특성에 대해 고찰하고자 한다. 논의의 대상으로 삼은 시인들은 김 억과 주요한, 황석우, 이장희, 홍사용, 김소월, 이상화 등 일곱명이다. 먼저 김 억과 주요한, 황석우는 상징주의의 영향하에 한국근대시의 서장을 장식하였으면서도 후기에는 민요적 시와 시조로, 『자연송』이라는 독특한 시세계로 나아간 점에서 한국근대시의 복합적 성격 및 특성을 나타내고 있다. 사실상 이들 세 시인은 서구문예의 영향으로 근대시를 확립한 선구적 업적에도 불구하고 민요적 시나 시조로 나아간 점, 또는 자신만의 독특한 시세계를 구축하였다는 점에서 한국근대시가 안고 있는 제반 문학적 특성을 보여주고 있어서 주목된다. 한편 이장희와 홍사용은 개인적 세계를 시로 형상화하였다는 점에서 공통점을 지닌다. 이장희의 시세계는 일반적으로 20년대 시인들이 경험한 사회와의 관계망 속에 있기보다는 철저한 주관의 세계에서 사회와 절연되어 있어서 20년대 대다수의 시인들과는 변별적이다. 이와 반대로 홍사용의 경우는 특히 식민지 현실과 관련시켜 볼 때 자신의 불완전한 사회화 과정이 부권상실로 대변되는 당대 지식인상을 대변하는 것이어서 사회성을 띠고 있다는 점에서 이장희와 구분된다. 김소월과 이상화는 한국시가에 지속되어 오던 관념주의와 현실주의의 양 측면을 경험하고 그것을 극복하고 승화시켰다는 점에 의의가 있다. 김소월의 경우는 그 통합이 전자에 더욱 치중되는 반면 이상화의 경우는 후자에 치우치고 있어서 변별된다. 이것은 결국 시인 자신의 삶의 양식과 관련하여 그 우열이 나타나는 것이라고 볼 수 있다.

이상의 연구를 통해 본고는 한국근대시가 하나의 통일된 관계망 속에 있음을 밝히고 그것이 결국 지속성 위의 변모양상이라는 것을 밝힘으로써 전체적으로는 한국시의 전개양상을 이해하는데 일익을 담당하고자 한다. 본고에서 논의되는 것은 1920년대의 관념지향의 시에 대한 것이기에 현실지향이라고 하는 또 다른 경향에 대해서는 고구하지 못 함으로써 한국근대시의 전체적인 흐름을 전반적으로 파악하지 못 하는 한계를 가질 수밖에 없다. 현실지향이라는 또 다른 면에 대해서는 앞으로의 연구과제로 삼기로 한다.

I-2 기존연구의 검토 및 연구방법

한국근대시의 특성에 관해서는 임 화가 '신문학사란 이식문화의 역사다'[12]라고 규정한 후에 소위 서구문학의 영향사적 측면에서 논의가 진행되어 왔다. 여기에 입각해서 백 철은 '유럽의 근대문학과 같이 자기 전통에 대한 반동과 자기 힘에 의하여 출발된 것이 아니고, 때마침 흘러 들어오는 외국의 근대문학의 영향을 일방적으로 받으면서 전혀 거기 대한 기계적 모양으로서 시작되었다'[13] 고 지적하고 근대문학이 곧 서구문학의 영향하에서 비롯되었음을 주장했다.

이러한 이식문화론에 대해서 안자산은 『조선문학사』에서 조선조를

---

12) 임 화, 『문학의 논리』, 학예사, 1940.
13) 이병기·백 철, 『국문학전사』, 신구문화사, 1976. 225면.

근세로 파악하고 임진왜란 이후의 하층계급의 성장을 중요한 요인으로 인식하고 비판적인 입장을 제시했다. 그 후 조윤제도 그와 같은 논리에 동조하고 있는데 이러한 논의가 본격적으로 전개된 것은 1970년대 이후부터이다. 정병욱은 영.정조 이후의 많은 변화, 즉 각종 예술에 서민들의 의식과 감정이 반영되고, 서민예술들이 양반계층을 풍자하고 희화화하려는 현상을 중시하여 근대문학의 성격을 구명하려 했다.14) 특히 김윤식과 김 현은 영.정조 근대문학 기점설을 더욱 심화시켜 나갔는데15) 이러한 영향에 힘입어 근대문학을 서구문학의 이식으로서가 아니라 한국문학 자체내의 변모과정이라는 인식 하에서, 특히 개화기의 문학을 집중적으로 탐구함으로써 한국고대문학과 근대문학을 접맥시키려고 하였다.

소설의 경우 조동일은 신소설과 고소설의 연관관계를 구명하려 하였고16) 또한 논자들은 개화기문학에 관해서도 많은 관심을 기울이기도 하였다.17)

근대시에 관한 논의로는 백 철이 서구의 문예사조의 입장에서 근대문학을 '문예사조의 혼류'라고 단정하고 그 특성을 퇴폐적인 것으로 보았으며18) 이 관점은 이후 근대시의 특질을 해명하는데 있어서 많은 영향력을 행사하였다.19) 특히 많은 논자들은 한국근대시를 '병적', '퇴폐적', '감상적' 낭만주의로 규정하면서 당대의 잡지들, 예를 들

---

14) 정병욱, 「이조후기시가의 변이과정고」, <창작과 비평> 31호, 1974. 봄.
15) 김윤식.김 현, 『한국문학사』, 민음사, 1973.
16) 조동일, 『신소설의 문학사적 성격』, 서울대학교 출판부, 1973.
17) 김열규 외, 『한국문학의 전통과 변혁』, 서강대학교 인문과학연구소, 1976. 김학동, 『한국개화기시가연구』, 시문학사, 1990. 이재선 외, 『개화기문학론』, 형설출판사, 1985. 김영철, 『한국개화기시가의 장르연구』, 학문사, 1987. 권영민 외, 『개화기문학의 재인식』, 지학사, 1987. 권오만, 『개화기시가연구』, 새문사, 1989. 등
18) 백 철, 『신문학사조사』, 민중서관, 1953.
19) 이는 조연현에게서도 그대로 확인된다. 조연현, 『한국현대문학사』, 성문각, 1973.

면 <창조>나 <백조>를 중심으로 그 특성들을 추출하고자 하였는데 이러한 입장은 오세영에 오면 반성적으로 비판된다.

오세영은 당대의 문학동인은 어떤 이념이나 주의에 의해 결성된 것이 아니라 단지 발표지면에 의해 이합 집산되었음을 강조하여 그것보다는 공통된 문학적 이념에 의해 재평가되어야 한다고 하고 김억과 주요한, 김소월, 홍사용, 김동환등이 민요적 시에 몰두했음을 근거로 이들을 소위 '민요시파'로 규정하여 한국적 낭만주의임을 역설하였다.[20] 여기에 영향을 입어 많은 논자들이 20년대의 민요적 시에 관해 탐구하여 그 특성을 밝히고자 힘썼다.[21] 이로써 한국근대시를 보는 시각은 서구의 시각에서만이 아닌 새로운 국면을 열었다고 할 수 있다.

한편 한국근대시에 있어서의 상징주의적 측면에 관해서도 많은 논의가 있어 왔는데 이는 김 억의 초기시, 주요한의「불노리」, 이상화의「나의 침실로」, 황석우 등의 개별 연구를 주로 하고 있음이 특이하다. 이것은 곧 그들 시인들의 개별작품이 상징주의적 색채가 강하다 하더라도 그들의 전체 작품에 확산시킬 때는 상징주의만으로는 논의 자체가 사실상 힘들다는데 연유하고 있다.

상징주의와 관련하여 <태서문예신보>에 관한 논의는 김용직을 필두로[22] 하여 거개의 문학사에서 다루고 있으며 상징주의와 한국근대

---

20) 오세영,『한국낭만주의시연구』, 일지사, 1980.
21) 예를들면 박경수,「1920년대 민요시론과 그 시사적 성격」, 한국정신문화연구원, 한국학대학원 석사학위논문, 1981.12. 오성호,「1920년대 민요시론의 형성과정 연구」, 연세대학교 대학원 석사학위논문, 1985.2. 고현철,「1920년대 민요시 연구」, 부산대학교 대학원, 석사학위논문, 1986.2. 김종대,「한국민요시의 발생과 그 영향에 관한 연구」, 중앙대학교 대학원, 석사학위논문, 1986.6. 박혜숙,「현대한국민요시의 전개양상 연구」, 건국대학교 대학원 박사학위논문, 1987.8. 박경수,「한국 근대 민요시 연구」, 부산대학교 대학원 박사학위논문, 1989.2. 등이 있다.
22) 김용직,「태서문예신보연구」, 단국대 국문학논집 제1집, 1967. 정한모,『한국현대시문학사』, 일지사, 1974. 강남주,『수용의 시론』, 현대문학, 1986. 졸

시를 종합적으로 다루고 있는 예는 손광은과 강우식의 논저에서 찾아 볼 수 있다.[23] 손광은은 김 억과 주요한, 황석우를 중심으로 하여 상징주의의 도입과 관련하여 논하고 있고 강우식은 특히 20년대의 한국문단이 서구의 낭만주의와는 거리가 멀며 20년대 시의 출발이 시나 이론면에서 상징주의로부터 출발했고 20년대 전반에 걸쳐 문단의 관심의 핵이었음을 강조하여 프랑스 상징주의 이론에 입각하여 그 특성을 세분화하였다. 그러나 20년대에 상징주의의 영향을 무시할 수는 없다고 하더라도 프랑스 상징주의 이론에 맞는 예가 각각 단편적으로 한정될 수밖에 없었고 이후의 변모는 무시함으로써 그 한계를 노정하고 있다.

한 편 박철석은 근대시를 소극적·적극적 낭만주의로 분류하여 한국근대시를 전반적으로 포함시키고 있어서[24] 한국근대시를 단일한 시각으로 볼 수 있는 기틀을 마련했다고 할 수 있지만 과연 한국근대시가 낭만주의로만 일관되게 평가될 수 있는지는 여전히 의문으로 남는다. 한국근대시를 일관된 시각으로 파악하고자 하는 노력은 박민수에게서도 볼 수 있는데 그는 '문학은 사회적이며 자율적이다'는 명제 위에 현실인식의 태도에 따라 많은 시인들을 포괄적으로 논하고 있다.[25] 위의 두 논저는 결국 근대시를 서구의 시각에 입각해서 상징주의나 낭만주의로 분류하는 기존의 재단비평의 방법을 지양하고 통일된 종합적 시각을 구축하고 있다는 점에서 긍정적으로 평가된다. 그러나 이상의 논저들은 한국근대시의 양상을 은연중 서구문학

고, 「태서문예신보의 시사적 위상」, 영남어문학회, 영남어문학 제17집, 1990, 9.
23) 손광은, 「한국시의 상징주의 수용양상연구」, 충남대학교 대학원, 박사학위논문, 1986, 2. 강우식, 『한국상징주의시연구』, 문화생활사, 1987.
24) 박철석, 『한국현대문학사론』, 민지사, 1990. 여기서 그는 <폐허> <장미촌> <백조>를 중심으로 한 퇴폐적·탐미적 경향을 소극적 낭만주의에, <개벽> <조선지광>의 신경향파문학을 적극적 낭만주의에 대입시키고 있다.
25) 박민수, 『현대시의 사회시학적 연구』, 느티나무, 1989.

과 연결시키고 있음으로써 전통의 변혁이라는 측면에 대해서는 무관심했다.

한국근대시가 고시가와 접맥되어 있다는 지극히 당연한 논거에도 불구하고 지금까지 이에 대한 논의는 주로 한용운과 향가, 김소월과 고려가요 정도로 개별적으로 논의되어 왔다. 근대시와 고시가를 소재적인 차원이 아니라 보다 근본적인 차원에서 관계 지우고자 하는 노력은 박철희에 의해서 집중적으로 논의되었다. 그는 평시조와 사설시조, 그리고 근대시를 일관하는 특성으로서 '자설적 구조'realistic structure와 '타설적 구조'conventional structure라는 원리로 해명하고 있어서 근대시가 이전의 시가의 자체적 변용이라는 점을 강조하여 추상적으로 전개되어 온 논의에 보다 구체성을 부여했다.26)

한국근대문학을 전대와의 관련성 속에서 파악하고자 하는 노력은 소설의 경우에도 제기되어 있는데 조진기는 근대 리얼리즘 소설을 실학사상과 연관시키는 한 편27) 한국소설의 두 경향을 작가의 현실인식 태도에 따라 낭만적 소설과 사실적 소설로 분류하고 한국소설의 전체적 맥락을 체계화하고자 했다.28) 또 이강언은 근대소설의 지속과 변화의 양상을 아이디얼리즘과 리얼리즘으로 파악하고 있어서29) 이들의 견해는 본 논의를 진행시키는데 있어서 많은 시사를 주고 있다.

지금까지 살펴 본 논의들은 먼저 서구적인 시각에서 탈피하여 근

---

26) 박철희, 『한국시사연구』, 일조각, 1980.
27) 조진기, 「한국근대 리얼리즘소설 연구」, 새문사, 1989.
28) 조진기, 「한국소설의 두 흐름」, 경남대학교 문과대학 국어국문학과, 경남어문논집 제2집, 1989.12.
29) 이강언은 20년대의 소설작가가 현실의 진면목을 보여주기보다는 작가 자신의 주관의식에 편중해서 이상축이라는 관념을 통하고 있다고 보고 이를 리얼리즘의 상대개념으로서 아이디얼리즘이라고 설정했다. 이강언, 『한국근대소설논고』, 형설출판사, 1983. 「1930년대 모더니즘소설 연구」, 영남대학교 대학원, 박사학위논문, 1987.

대문학 내지는 근대시의 흐름을 한국문학 자체내의 계승과 변모라는 측면에서 보아야 함을 역설하고 있고 한 편 상징주의 자체나 낭만주의 자체는 한국근대시를 전체적으로 해명하지 못 하고 국부적인 측면에 머무는 것으로 보아 그것은 근대시의 더 큰 흐름 속에 용해되고 변모되었음을 뜻하는 것으로 보아 무방할 것이다. 따라서 한국의 근대시는 서구의 사조로서는 일국면만이 설명될 수 있을 뿐이므로 보다 거시적인 전체의 흐름으로 파악할 당위성이 요청되는 것이다.

문학연구의 제 방법론들은 현상적으로는 다른 양상으로 나타나고 있으나 그것이 작품의 미적 특질을 해명하고 그러한 연구가 궁극적으로 문학사에 귀결된다는 점에서 엄격히 구분될 수 있는 것은 아니다.

본 연구는 한국시가의 지속적인 특질을 현실주의와 관념주의로 규정하여, 이 두 가지 양식이 궁극적으로는 인간의 삶의 문제와 직결되어 있다는 것을 밝히고 그것을 향가와 시조에서 검증하여 이론적 토대로 삼는다. 한 편 근대시에 있어서는 지금까지 특정의 작가에 대하여 서로 다른 관점으로 평가되는 것들이 사실상 동일한 배경 하에 있음을 밝혀 일관성을 가지고 있으며, 작품자체의 미적 특질과 아울러 다양하게 보이는 작가의 작품들이 어떤 맥락을 가지고 있는가를 밝히는데 주안점을 두고자 한다. 개개의 작품들은 각기 독립된 미적 특질을 가지면서도 한 작가 또는 한 시대를 통하여 직.간접적인 관계망 속에 위치하고 있기 때문이다.

문학은 결국 역사적 현실과 그 현실에 반응하는 작가의 태도에 밀접히 관련되어 있기 때문에 전체적으로는 사회 및 역사주의적 방법을 위주로 하여 작품이 가지고 있는 개인적·문학사적 위상을 점검하고, 각 작품의 미적 특질을 해명하기 위해서는 형식주의적 방법과, 특히 20년대의 문학적 특수성을 고려하여 심리학적 내지는 사회심리학적 방법도 원용하고자 한다.

II 한국시가의 두 경향

II-1 현실주의와 관념주의

한국의 근대시를 외적 충격만이 아니라 지속성 위의 변모양상으로 이해하고자 할 때 중요한 것은 한국시가의 전개상에 있어서 지속적으로 작용하고 있는 것은 무엇인가 하는 점이다. 한국시가 전체를 대상으로 삼을 때 그 지속성은 어느 한 시기의 특수한 양상일 수 없고 한국시사를 관통하는 일관성이어야 할 것이다.

문학을 개인감정의 표출로 보든 사회의 반영으로 보든 삶의 구체적 반응양식이라고 본다면 그 궁극적인 반응의 기저는 결국 각 개인의 삶의 양식에 좌우된다. 인간의 삶에 대한 반응은 크게 두 가지로 대별되는데 그 하나는 관념지향Idealism이고 다른 하나는 현실지향Realism이다. 삶의 현장에서 현실 자체에 충실하면서 시선을 현실에 집중시키고 구체적인 반응을 보일 때 현실감각을 얻고 현실세계보다는 관념적 이상을 추구할 때 이상향을 얻는다.

어떠한 상황에서나 현실과 인식작용 중 가장 극단적인 대조를 보여주는 인식의 두 가지 유형은 현실을 개념적으로 파악하려고 의도하는 방향과, 현실을 구체적으로 포착하려는 방향이 있다고 할 수 있다. 이러한 두 상반된 현실인식 방법에서 概念體(抽象體)와 感覺體(具象體)라는 두 가지 문체개념이 발생한다는 것은 너무 알려진 얘기다.[30]

'일반적으로 세계관에는, 그리고 그것의 특수한 것으로서 철학적 세계관에는 언제나 두 가지의 대립적 관점이 있다. 하나는 '외부로' 향한 의식으로서, 이것은 세계와 우주에 대한 이러저러한 상(像)이 형성되는 것을 말한다. 다른 하나는 '내부로', 즉 인간 자신을 향한 의식이다…이렇게 철학적 사고의 긴장된 무대를 연출하는 양극으로서 인간의식과 관련하여 '외부'세계와 '내부' ― 심리적, 주관적, 정신적 삶 ―세계가 등장한다.'[31]

역사적으로 볼 때 이 두 가지의 대립적 관점은 유물론과 관념론이라고 하는 극단적인 형태로 나타난다. 이 둘은 우주만유의 궁극적 실재를 무엇으로 보느냐에 의해 나타난 것으로서 유물론은 그 실재의 근원을 물질로 보고 정신적이고 관념적인 것을 모두 이에 환원시키려고 하며 관념론은 이와 반대로 우리가 인식하려는 세계를 외계 현상계가 아니라 영원 불변한 관념세계라고 주장한다. 유물론과 관념론은 철학의 역사와 함께 오랫동안 대립해 왔으며 인간은 일상생활을 하면서 이 중 어느 한 편에 접근하는 입장을 취하게 된다.[32]

관념론이 추구하는 바는 변화무쌍한 인간생활 가운데 영원히 변하지 않는 것, 즉 영원한 가치, 영원한 생명, 영원한 이념을 확립하고

---

30) 박철희, 「문체와 인식의 방법」, 문학사상 7호, 1973.4. 343면.
31) 소비에뜨연방 과학아카데미, 『철학교과서 1』, 이성백 역, 사상사, 1990. 64면.
32) 務臺理作, 『철학개론』, 홍윤기역, 한울, 1989, 133면 참조.

그럼으로써 인간의 유한성, 무상성, 불완전성을 뒷받침하여 인간의 자유와 이상을 보증하는 것이다. 이에 비해 역사적 유물론은 사회적·역사적 조건을 중시하고 그럼으로써 인간생활·인간의식이 어떻게 규정되는가를 객관적으로 분석하고자 한다. 인간은 누구라도 예외없이 사회적·역사적 조건 아래 있는 동시에 개체적·실존적 조건 아래 놓여있는 것이다.33)

즉 우리는 현실 속에 몸담고 살면서 현실에 반응하고 한 편으로는 관념적 이상향을 추구하는 이원적 존재인 것이다. 이 양자의 대립은 근대에 와서는 주로 존재와 의식의 대립, 또는 객관과 주관의 대립이라는 모습으로 나타났다. 형식적으로 보면 주관과 객관적 존재와의 대립관계에서 주관을 주로 하는 것이 관념론이고 존재를 주로 하는 것이 유물론이라고 할 수 있다.

이러한 대립적 관점은 결국 인간의 심리에 의한 것으로 볼 수 있는 것으로서 가령 융 C.G.Jung은 인간의 심리학적 유형을 내향적 태도와 외향적 태도로 나누어 설명하고 있다. 이 구별은 그 개체의 주체 Subject와 객체 Object에 대한 태도에 따라서 내릴 수 있는 것인데 그 사람의 태도가 객체를 주체보다 중요시하면 그는 외향적 태도를 취한다고 말할 수 있고, 반대로 객체보다도 주체를 중요시하면 그는 내향적 태도를 취한다고 할 수 있다. 다시 말해서 어떤 사람의 행동과 판단을 결정하는 것이 주로 객체일 때 그의 태도는 외향적이며, 그 사람의 판단의 기준이나 행동을 결정하는 것이 객체보다도 주체이면 그의 태도는 내향적이라고 할 수 있다.34) 내향형은 주체를 우위에 두고 객체를 소홀히 하며 외향형은 객체에 대해 적극적이고 주체를 소홀히 하는 경향이 있다. 결국 인간의 두 가지 유형은 정신 에너

---

33) 務臺理作, 앞의 책, 145-147면 참조.
34) 이부영, 『분석심리학』, 일조각, 1991. 119면.

지(리비도)가 개인을 에워싼 외계의 세계 — 인간과 사물, 풍습과 관례, 정치적 경제적 사회적인 제도, 물리적 조건의 세계 등 — 의 '객관적'세계로 향하느냐 정신내면의 '주관적' 세계로 향하느냐에 좌우된다고 할 수 있다.35)

문학은 삶의 구체적 반응양식으로서 거기에는 필연적으로 작가의 현실인식 태도가 수반된다. 작가가 살고 있는 '객관적' 현실의 시대정신을 반영하면서 그것을 통하여 현실을 극복하려는 현실중시의 경향, 즉 현실주의가 있다면 다른 한 편에는 당대적 현실과 일정한 거리를 유지하면서 내면의 세계를 구축하는 '주관적' 이상세계를 추구하는 작가정신, 즉 관념주의가 있게 된다.

현실주의와 관념주의는 작가가 현실에 대해 어떻게 반응하며 그것이 어떻게 문학적으로 형상화되었는가에 의해 구별된다. 즉 관념주의란 현실주의 *Realism*의 상대개념으로서 구체적이고 객관적인 현실보다는 추상적이고 주관적 세계에 치중한 것이라고 정의할 수 있고 한편 이것은 이상주의와도 변별적이다.

이상주의나 관념주의는 Idealism으로 번역되나 엄밀한 의미에서 이 둘은 구별된다. 이상주의는 관념론의 실천적 국면으로서 미래지향적인 긍정적 가치를 수반하고 있다. 미래지향적이라고 할 때 그것은 적극적이고 구체적인 현실인식의 바탕 위에서 구축된다. 즉 이상은 시대에 따라 달리 나타나는 것으로서 그 시대에는 그 시대가 요구하는 이상향이 있게 된다. 20년대의 시가 처한 환경은 일제의 식민지라고 하는 질곡의 상황이며 시인노 역시 역사에서 유리될 수 없다는 명제가 성립한다면 시는 어떤 방식으로든 현실을 반영한 것이 된다. 식민정치의 정체가 한 집단의 다른 집단에 대한 강압적 지배라고 할 때 당대의 이상은 식민지배에서 해방되고 민족적 동질성에 의한 주권회

---

35) 캘빈.S.홀, 『융 심리학 입문』, 최 현 역, 범우사, 1991. 122-123면.

복이라는 것이어야 함은 재론의 필요가 없다. 따라서 당대의 이상향의 설정에는 적어도 식민지배의 현실을 관통하는 공동체의식이 선행되고 국가와 민족의 비젼을 제시할 때에 비로소 긍정적 가치를 부여받는다. 그러나 20년대의 시는 대개 이런 적극적이고 긍정적인 이상향은 제시되지 않은 채 허무와 퇴보적 공간에만 머물러 있었던 것이다. 따라서 엄밀한 의미에서 한국근대시는 이상주의라고 하기 어렵고 관념주의라고 지칭하는 것이 보다 타당해 진다. 본고에서 Idealsm을 관념주의로 칭하는 이유는 여기에 있다.

이런 면에서 본다면 한국의 근대 초기시는 순문예의식의 확립이라는 긍정적 평가와 아울러 식민지 현실을 외면하는 탈현실주의, 관념주의라는 부정적 평가에 준하는 것이다.36)

문예사조에 있어서 이 두 가지의 태도는 헬레니즘*hellenism*과 히브리즘*hebraism*, 또는 고전주의와 낭만주의의 교체 반복으로 나타난다. 문학사상 교체되어 나타나는 고전주의와 사실주의, 자연주의는 객관적 현실지향의 각기 다른 양상들이며 낭만주의와 상징주의, 모더니즘은 주관적 관념지향의 각기 다른 양상들인 것이다. 방 티겜은 낭만주의 이후의 여러 가지 문학이론을 설명하면서,

> 하나의 길은 현세이건 역사 속이건 물질적이건 정신세계이건간에 하옇든 현실을 통해서 있다. 또 하나의 길은 현실을 초월히여 관념을 향히여 통해 있고 현실을 벗어나거나 따리거나 그것을 외관이나 표시의 세계로밖에 보지 않는다.37)

라고 하여 현실과 관념의 이원적 토대 위에서 서구문학을 설명하고 있다.

---

36) 졸고,「한국근대시의 배경」, 한국어문학회, 어문학 52집, 1991.3.
37) 방 티겜,『불문학사조 12장』, 민희식 역, 문학세계사, 1981. 215면.

주지하다시피 서구문학의 기본 골격이 되고 있는 것은 헬레니즘과 히브리즘으로서 이는 현실 및 인간중심의 세계관과 神과 이상중심의 세계관을 대변하고 있다. '이 두 가지의 프레임은 시대에 따라 어느 한 쪽이 우세하기도 하고, 또 어느 한 쪽이 약화하기도 하며 또 어느 시대에서는 서로 합쳐 흐르기도 하면서, 그리이스의 먼 옛날부터 20세기의 오늘날에 이르기까지 문학의 주요 흐름으로 전개되어 왔다.'[38] 이러한 의미에서 문학의 흐름에 있어서 르네상스·고전주의·낭만주의 역시 위에서 말한 커다란 두 가지 현실안을 바탕으로 나타난 것이라고 볼 수 있다.

인간은 본질적으로 현실 속에서 존재하고 있기 때문에 현실을 중시하는 한 편, 또한 생각하는 존재이기 때문에 항상 현실로부터 초월하여 새로운 이상세계를 추구하는 존재라고 할 수 있을 것이다. 이러한 양면성은 인간이 지니고 있는 본질적인 특성이라고 할 수 있다.[39] 서구문화의 두 흐름을 현실추구의 헬레니즘과 이상세계를 추구하는 히브리즘의 상보관계로 보는 것이라든지 슐레겔 *Schlegel*이 고전적인 것과 낭만적인 것으로 예술사조를 분류한 것이라든지 쉴러 *Schiller*나 흄 *T.E.Hulme*, 허버트 리드 *Herbert Read* 등의 이분법[40]도 결국 여기에

---

38) 박철희, 『문학개론』, 형설출판사, 1988. 396면.
39) 조진기, 「한국소설의 두 흐름」, 경남대학교 국어국문학과, 경남어문논집 제 2집, 1989, 66면.
40) 쉴러는 <감상과 소박의 문학에 대하여>에서 감상적인 것과 소박한 것과의 대소를 통해서 낭만주의와 고전주의의 대립관계를 암시하고 있고 이것이 의식적으로 자각된 것은 슐레겔 형제에 의해서였다. 흄은 인간을 샘에 비유하여 '가능성에 가득찬 저수지로 파악하는 견해를 낭만적인 것으로, 지극히 제한되고 고정적인 피조물로 파악하는 견해를 고전적인 것으로' 보았다.(T.E.Hulme,*Romanticism and classicism*) 허버트 리드는 이 양분법적 인식태도를 문학양식에 적용시켜서 추상적 형태(abstract form)와 유기적 형태(organic form)로 구분하였다.(Herbert Read, *Collected Essays in Literary Criticism*, Faber and Faber Ltd,1950)

근거하고 있는 것이다.

　이러한 경향은 서구예술의 전개를 낭만주의와 고전주의라고 하는 두 극 사이에서 왕복하는 시계추(진동자)의 운동으로 이해하게 한다.41)

　따라서 우리는 인간존재의 이원적 성격, 즉 철학에 있어서의 유물론과 관념론, 심리학에 있어서의 객관세계를 중요시하는 외향성과 주관적 내면세계를 중요시하는 내향성의 존재양식으로부터 현실주의와 관념주의라고 하는 문학적 기본 양식을 구축할 수 있고 이것이 곧 문예사조의 기본적 틀을 구축하고 있으며 한국문학도 여기에서 예외가 아니라고 할 수 있다. 이런 의미에서 현실주의와 관념주의는 한국 근대시를 이해하기 위한 필요하고도 충분한 요건일 수 있을 뿐 아니라 더 넓게는 한국시가의 전개를 이해하는데 일익을 담당하고 한국시가를 세계문학의 보편성 위에 존재하게 한다.

　지금까지 한국문학의 전개를 해명하는데 있어서 제기되었던 방법론들은 사실상 이 두 원리에 수렴되는 것이다. 특히 한국근대시에 있어서 이 두 양상은 보다 첨예하게 대립되어 나타났던 것이며 한 편 그것은 돌발적인 현상이 아니라 한국시가에 잠재적으로 공존하면서 상호 교체되던 두 양식이 식민지라는 외적 질곡의 상황하에서 극단적인 분열을 보였다고 할 수 있다. 이 점 조선시대의 시조가 임·병 양란을 겪으면서 평시조와 사설시조로 첨예하게 대립되었던 것과 같은 이치에 서게 된다. 문제는 현실주의와 관념주의라고 하는 두 양식이 서구문학에 있어서 이분법이 안고 있었던 다양성의 외면이라는 문제점을 고스란히 안고 있다는 점이며 따라서 한국시가의 전개를

---

41) 스트리치 *Strich*, 카자맹 *Cazamin*, 허버트 리드 *Herbert Read* 등이 이러한 견해를 보이고 있다. Alex Preminger, *Princeton Encyclopedia of Poetry and Poetics*, Princeton Univ.Press, 1974.

이해하는데 있어서도 그 우려를 불식할 수 없다는 것이다.
　문학적 제 현상은 전체적인 사적 흐름 위에 존재하면서 개별적인 미적 가치를 가지기 때문에 일반적인 어떤 틀을 강제하는 것은 분명 모순일 수 있다. 그러나 그런 개별적 가치와는 다른 한편으로 문학의 사적 체계라는 보다 거시적인 안목에서 볼 때 이러한 작업이 꼭히 필요함은 분명한 사실이다. 따라서 한국시가를 현실주의와 관념주의로 보는 방법론적 타당성은 나름대로 인정될 수 있을 것이다. 여기에서 한 가지 유의해야 할 사실은 이 두 가지의 유형이 상호 배타적인 것이 아니라 상호보완적인 관계에 있다는 것이며 문학사의 흐름은 이 두 유형이 서로 영향을 미치면서 교체되고 반복되어 왔다는 사실이다.

Ⅱ-2 고시가에 나타난 두 양상

1) 향가의 4구체와 10구체

　이처럼 현실주의와 관념주의는 한국시가의 각 시기에 있어서 보편적으로 존재하면서 상호 작용과 반작용을 거듭해 왔다고 할 수 있다. 물론 그것은 그 시대적 특성에 따라 그 양상이 달리 나타난다. 즉 신라의 향가는 국가형성과 계층분화라는 사회적 성격과 불교문화의 토대 위에서 각각 구축되어 있고 조선시대의 시조는 유교윤리에 입각한 사회질서와 모화사상의 토대 위에 구축되어 있어서 동일한 관념지향의 보편성 위에서도 각각 그 양상을 달리 하고 있는 것이다. 그것은 곧 한국시가가 보편성 위에 존재하면서도 시대에 따른 장르별 특성 및 개개 작품의 미적 특성을 가짐을 의미하는 것이다.

향가를 비롯한 고시가는 '자연과 인간'[42], '천상적인 것'과 '지상적인 것'[43]의 대립으로 설명할 수 있다. 천상은 시간적 영원성과 공간적 신성성을 갖는 소망스런 세계이며 지상은 시간적 유한성과 공간적 비속성을 갖는 소망스럽지 못한 세계로 인식된다.[44] 향가에서 파악되는 이 두 대립항은 이후 한국시가의 전개를 해명하는 귀중한 단서가 될 수 있다.

소위 신라의 향가는 4구체와 10구체로 나누어 설명될 수 있고 그 특성 또한 비교적 뚜렷이 나타난다. 두 줄 형식[45]으로 볼 수 있는 4구체는 민요계통의 것으로서 민요의 특성을 많이 내포하고 있다.

善化公主니믄 눔그스지 얼어두고,
맛둥바올 바미 몰 안고가다 [46]

「서동요」는 일종의 讖謠로서[47] 원래 동요이던 것이 향가에 편입된 것으로 볼 수 있는데 신분상으로 비천한 서동과 그와 반대로 고귀한 혈통을 지닌 선화공주를 주인공으로 하여 선화공주를 서동과 같은 비천한 신분으로 하락시켰다가 역으로 서동을 고귀한 신분으로 역전시키고 있다. 그러나 서동은 결국 신분제가 완벽한 신라의 왕위에 오

---

42) 최진원, 『국문학과 자연』, 성대출판부, 1977. 124면.
43) 이숭원, 「향가내면구조시고」, 정병욱선생 환갑기념논총 2, 『한국시가문학연구』, 신구문화사, 1983. 12-13면. 조희웅은 민중의 공간관념을 영원·신성의 표상인 천상계와 유한·물질의 표상인 지상계의 대립으로 나누고 있다.조희웅, 「한국서사문학의 공간개념」, 한국고전문학연구회, 『고전문학연구 1』, 1971.
44) 이숭원, 앞의 글, 13면.
45) 조동일은 「구」라는 용어가 부적당하다고 하고 4구체를 두 줄 형식, 8구체를 넉 줄 형식, 10구체를 다섯줄 형식으로 보고 있다. 조동일, 『한국문학통사 1』, 지식산업사, 1982. 128-129면.
46) 양주동, 『고가연구』, 박문출판사, 1954. 432면.
47) 윤영옥, 『신라시가의 연구』, 형설출판사, 1988. 152면.

르지는 못 하고 백제의 무왕이 된다. 이런 점에서 본다면「서동요」는 신라시대의 엄격한 골품제도 하에서 신분적으로 하층인 피지배민중이 문학적 상상력으로써 신분제라는 사회장벽에 대한 간접적 불만을 표출하지만 사실상 그 장벽을 인정할 수밖에 없었던 당대 피지배민중의 동경과 좌절의 소산이다. 그러한 불만이 직접적이기보다 우회적 방법으로 토로되어 있기는 하지만 일반적으로 민요가 지니고 있는 현실감각을 획득할 수 있었던 것이다. 즉「서동요」는 일개인의 주관성의 표출보다는 민요의 일반적 속성인 집단정서에 의한 것이기에 당대 민중의 삶에 보다 밀착한 것이었다고 볼 수 있다.

노래 자체로 볼 때의 내용은 당대 사회에서 용납되기 어려운 사실을 담고 있다. 고귀한 신분의 선화공주가 미천하기 짝이 없는 맛둥방을 안고 가는 행위는 당대의 신분제 사회를 초월하는 것이다. 이 노래가 목적하는 바는 바로 그러한 신분제 사회를 초월하고자 하는 민중의 의지이다. 즉 이 노래에 설정되어 있는 대립항은 뛰어 넘을 수 없는 신분제 사회라고 하는 부정되어야 할 현실과 그 현실을 초월하고자 하는 이상향의 두 축이며 그 두 대립항의 사이에 이 노래는 존재하고 있다. 이런 의미에서「서동요」는 당대 현실을 비유적으로 묘사하고 있는 노래이다.

한 편 노동요의 일종인「풍요」는「서동요」처럼 두 줄 형식이면서도 가장 짧은 노래이다.

    오다 오다 오다 오다 셔럽다라
    셔럽다 의내여 功德 닷ᄀ라 오다 [48]

이 노래는 선덕여왕 때 불상을 만들기 위해 흙을 운반하는 사람들

---

48) 양주동, 앞의 책, 487면.

이 불렀다고도 하고 후대에는 방아를 찧으면서 불렀다고도 한다. 서정적 자아는 '矣徒'로 되어 있고 노동에 동원되어 일하는 '서러움'과 그것을 '공덕 닦으러' 왔다고 표현하는 반어적 '뒤틀림의 감정'[49]이 이 노래의 집단적 정서내용이다.

그것은 곧 원하지 않는 노동에 동원된 피지배층의 괴로움을 하소연하는 것이면서 '공덕 닦으러'에서 나타나는 바와 같은 自嘲와 불교적 所望이 충돌하고 있는 것이다. 이 노래는 힘들고 부정되어야 할 현실에 보다 주안점이 놓여져 있고 이상향인 불교적 소망은 자조적으로 설정되어 있다. 그것은 곧 이 노래가 노동요인 점과 깊은 연관을 맺는다. 노동요는 노동의 피로를 잊기 위한 것에 주목적이 있기 때문이다.

이러한 두 대립항은 「헌화가」에 오면 보다 구체적으로 확인된다. 수로부인은 상층의 젊은 여자이며 '꽃'을 소유하고자 한다. 그런데 그 꽃은 천길 높이의 바위 위에 있는 미적 대상으로서의 꽃이다. 꽃은 비일상적이고 비효용성의 것[50]으로서 미적 대상일 뿐이다. 그 미적 대상을 위하여 노인[51]은 생산성의 수단인 소를 놓고 목숨을 걸고 그 꽃을 꺾어 바치리라고 한다. 그런데 '나를 아니 부끄러워 하신다면' '꽃을 꺾어 바치오리다'라고 하는 가정형에는 '나를 부끄러워하지 않는다면'이라는 단서가 붙어 있다. 즉 미적 대상인 꽃과 생산수

---

49) 윤영옥, 앞의 책, 163면.
50) 이진홍, 「꽃의 시적 대상성」, 영남어문학회, 영남어문학 제13집, 1986.9. 276면.
51) 노옹을 禪僧으로(김종우, 『향가문학연구』, 이우출판사, 1983. 31면.) 農神으로(황재남, 「삼국유사 수로부인조 산문기록의 분석」, 강원대 국어교육과, 어문학보 4집, 33-37면.) 神仙으로(김선기, 「곶받틴 노래」, 현대문학 153호)도 보고 있으나 평범한 村老로 보는 것이 타당할 것 같다. 박노순, 「<헌화가>의 해석」, 『삼국유사의 문예적 해명』, 새문사, 1988. 및 윤영옥, 앞의 책 참조.

단인 소의 사이에는 목숨을 걸어야 하는 천길 낭떠러지가 물리적으로 존재하고, 꽃을 갖고 싶어하는 수로부인과 일개 촌로인 노옹 사이에는 남녀의 대립과 나이의 대립뿐 아니라 고귀한 신분과 비천한 신분이라는 대립이 있어서 심리적인 '부끄러움'이 존재하고 있다. 설화에 얽힌 수로부인의 천상적 개념52)과 촌로가 암시하는 현세적 개념 사이에는 이처럼 큰 격차가 존재하고 있는 것이다. 두 대립항 사이에 존재하는 이 큰 격차는 '암소를 놓는' 생산성을 포기하는 것과 자주빛이 암시하는 바 목숨을 걸고라도 달성할만한 일이다. 따라서 「헌화가」는 비속한 현실과 천상적 이상향을 대립축으로 하고 있으며 그 이상향을 추구하는 당대인들의 갈등을 표현하고 있다고 볼 수 있다.

이런 의미에서 그것은 「서동요」와 같은 성질의 것이라고 할 수 있다. 비록 외면적인 현상은 다르지만 서동과 선화공주, 노옹과 수로부인 사이에는 비속한 지상계와 신성한 천상계의 대립이 있음을 볼 수 있다. 공통점이 있다면 그것은 곧 천상계의 신선성이 고귀한 신분의 인간으로 등장하고 따라서 그 갈등양상이 인간대 인간의 것으로 나타나 있다는 점이다. 이 점은 10구체 향가와 대비되는 4구체 향가의 특징으로 지적할 수 있다.

4구체 향가는 그 형식이 완결되어 있다기보다는 연첩이 가능한 미완의 형식이며 내용적으로는 집단창작과 현장성이라고 하는 민요의 속성을 강하게 지니고 있는 것들이다. 그것을 두 줄 형식으로 본다면

---

52) 수로부인이 해룡에게 납치되었다는 것은 세속적 인간인 수로부인과 초월적 존재인 해룡과의 接神의 계기를 뜻한다고 볼 수 있다. 따라서 수로부인은 이미 세속적 인간이 아니라 초월적 존재이다. 예창해, 「헌화가에 대한 한 시론」, 『정병욱선생환갑기념논총 2』, 신구문화사, 1983. 51면. 한 편 수로부인을 海歌詞와 관계시키지 않는다 해도 천상적 개념에는 큰 차이가 없다. 즉 그녀는 젊고 아름다운 귀부인이며 미적 대상인 꽃을 완상하고 소유하고자 하는, 생산성의 노인이나 '아주 높아서 아무도 오를 수 없다'고 인식하는 주변의 사람들과는 변별적이다.

민요의 가장 기본적 패턴이며 현장성의 바탕 위에서 개인적 세계보다는 집단의 세계를, 추상적이기보다는 구체적 현실을 포착하고 있는 것이 곧 4구체 향가의 보편적 특질이라고 할 수 있다. 이것은 다른 한 편으로는 개인창작에는 이르지 못 한 문학의 원초적 양상을 나타내고 있다고 볼 수 있다. 이와 유사한 양상을 우리는 「구지가」에서도 확인할 수 있다. 「구지가」는 삶의 구체적 현장에서 체득되는 집단정서를 표출하고 있는 주술적 민요이기 때문이다.53)

10구체 향가는 여러 가지 면에서 4구체 향가와 변별된다. 전술한 바와 같이 4구체 향가가 민요에 가깝고 보다 현실에 치중한 것이라면 10구체 향가는 형식도 완결될 뿐만 아니라 그 내용에 있어서도 훨씬 세련된 모습을 보인다. 즉 8구체 및 10구체의 향가는 단순하고 소박한 4구체 형태의 것과는 달리 '보다 고양적이고 내적 긴장형태다.'54) 그것은 4구체 향가가 문학적으로 완결된 형태가 아니라 민요와 가깝고 집단정서의 표출에 머물러 있었던 반면 10구체 향가는 완결된 형식을 가지고 있으며 그것은 곧 이미 집단의 것이 아니라 개인창작의 수준에 올라 와 있음을 의미하는 것이다.

4구체 향가인 두 줄 형식은 민요의 기본형식이며 오늘날에도 널리 확인되고 있다. 두 줄 형식을 중첩해서 대구하는 방법도 민요에서 일반적인 것인데 10구체 향가에는 이 넉 줄 형식에 한 줄을 덧보태고 있으며 그 첫 토막은 '아아'나 '아으'의 감탄구가 오고 그 전까지 전개되던 시상이 급격히 마무리된다. 이와 같은 형식은 시조에서 다시 확인할 수 있어서 한국시가형태의 전통이 된다.

10구체 향가는 이와 같이 고도의 문학적 기교가 요구되는 것이므

---

53) 김열규는 「구지가」를 한국 呪歌의 연원으로 보고 있다. 김열규, 「향가의 문학적 성격」, 김승찬 편저, 『향가문학론』, 새문사, 1989. 14면.
54) 이재선, 「향가의 기본성격」, 김승찬 편, 앞의 책. 51면.

로 집단정서를 대변하고 있던 4구체 향가와는 그 내면에 있어서도 다른 특질을 가지고 있다. 즉 그것은 현저히 개인의 주관적 세계를 표출하고 있고 그만큼 삶의 모습이 4구체 향가의 구체성에 비해 추상적인 것이다. 형식적 기교를 요구한다는 점에서 그것은 이미 일반민중의 것일 수 없고 적어도 식자계층이나 지배층의 문학양식인 것이다. 경덕왕이 충담사에게 '찬기파랑사뇌가는 그 뜻이 매우 높다는데 과연 그런가?'고 물었다는 것은 '예사사람이 쉽사리 경험할 수 없는 정신세계를 설정해서 나타내면서 이상을 추구하는 숭고한 자세가 그런 형식을 필요로 했던 것'55)을 뜻한다고 할 수 있다.

   열치매 나토얀 드리
   힌구룸 조초 떠가는 안디하 새파론 나리여히
   耆郞이 즈싀 이슈라 일로 나리ㅅ 지벽히
   郞이 디니다샤온 ᄆᅀᆞ미 ᄀᆞᆺ홀 좇누아져
   아으 즛ㅅ 가지 노파 서리 몯누올 花判여 56)

「찬기파랑가」는 양주동에 의해 극찬을 받은 이후로 향가가 도달할 수 있는 최고의 경지를 보인 것으로 공인받고 있다. 그것은 곧 시적 화자의 처소와 지향점이 상징적으로 제시되어 있고 한 행에서 다음 행으로 넘어갈 때 맞물리도록 한 시적 기교가 뛰어나기 때문이다. 또한 동적 이미지와 정적 이미지, 이미지즘을 연상시키는 색채 감각등은 이 작품이 당대 최고의 수준에 있음을 증명하는 것이다. 시적 화자는 기파랑의 숭고한 인품을 흠모하고 있으며 따라서 시적 지향점인 기파랑의 모습은 하늘에 떠 있는 달로, 새파란 냇물에 비친 모습으로, 살상을 뜻하는 서리조차 내릴 수 없는 常綠의 잣가지로 표상되

---

55) 조동일, 앞의 책, 130면.
56) 양주동, 앞의 책, 318면.

어 가벼움과 밝음, 영원성으로 나타난다. 한 편 시적 화자가 위치하고 있는 공간은 상대적인 어둠으로 표상된다. 즉 구름을 열어젖히지 않았을 때 그것은 암흑의 세계이며 서리가 내리면 멸하고 마는 일시적인 부정의 공간으로 나타나 있는 것이다. 그것은 곧 속악한 세계에 살아 있는 '나'에 대한 부정과 영원한 삶에 도달한 '郎'에 대한 긍정이라는 인식에 근거하고 있는 것이다.57) '이것은 단지 세속적인 삶만을 추구하는 현실세계의 부정이며 忠談은 당대의 사회현실을 부정하고 있는 것이다.'58)

따라서 「찬기파랑가」는 불교적 세계관에 입각한 당대 지식인이 속악한 현실을 부정하고 영원한 삶을 추구하는 모습을 극단적으로 보여주는 작품이라 할 수 있다. 그것은 구체적 삶에 반응하는 것이 아니라 다분히 종교적 이상세계에 대한 현실부정이라는 관념적 세계인식을 반영하는 것이다. 4구체 향가가 보여 주었던 체험적 삶과 거기에서 연유되는 비판적 현실인식과는 상당히 다른 양상을 보여주는 것이다.

불교적 세계관에 입각한 극락이라는 이상세계의 추구는 「제망매가」에 오면 보다 극명하게 나타난다.

   生死路눈 예 이샤매 저히고
   나눈 가ᄂ다 말ㅅ 도 몯다 닏고 가ᄂ닛고
   어느 ᄀ슬 이른 ᄇᄅ매 이에 저에 ᄠ러딜 닙다이
   ᄒᄃ 가재 나고 가논곧 모ᄃ온뎌

---

57) 김열규는 이 작품에서 '달과 구름', '江水와 石原(지벽)', '柏(花判)과 서리'의 대립이 있다고 보고 그것들은 인간적이고 此岸的인 것, 즉 有爲와 變轉 속에 내던져져 있는 것과 天上的이고 彼岸的이며 無爲와 定住를 누리고 있는 것의 대립적 개념으로 파악하고 있다. 김열규, 「한국문학과 그 비극적인 것」, 『한국민속과 문학연구』, 일조각, 1989. 293-295면.
58) 윤영옥, 앞의 책, 56면.

아으 彌陀刹애 맛보올내 道닷가 기드리고다 59)

「제망매가」는 특히 형식적으로 완결성을 보이고 있다. 1-2행의 누이의 죽음은 3-4행에 오면 낙엽을 죽음에 비유함으로써 보다 감각적으로 형상화하고 있으며 마지막 5행에 와서 시상이 한결 고양되며 마무리된다. 이러한 형식은 조선시대의 시조의 전개양식과 동일한 것이다. 가을의 이른 바람에 여기 저기 떨어지는 낙엽에 삶을 비유한 것이라든지 남매의 관계를 한 가지에 비유하는 것은 그 수법이 뛰어날 뿐 아니라 10구체 향가가 고도의 시적 경지에 있었음을 말하는 것이다.

「제망매가」는 월명사가 죽은 누이의 재를 올릴 때 부른 것인데 이 노래를 부르자 문득 광풍이 일어나 제단에 놓은 종이돈을 서쪽으로 날려가게 해서 죽은 누이의 노자로 삼게 했다고 한다. 그러나 노래에는 그런 주술적인 내용이 들어있지 않고 순간의 자기감정만이 토로되어 있다.60) 이것은 곧 이 노래가 이미 다른 의도나 목적에 수반되어 있는 것이 아니라 순수한 서정시의 상태에 있음을 뜻한다. 서정시는 전적으로 순간의 감정에 의존하기 때문이다.61)

「제망매가」에는 현실의 구체적 형상보다는 지향하는 바의 이상세계만이 극도로 확대되어 있다. 「찬기파랑가」에서 보이는 이상세계에 대비되는 속악한 현실이라는 대립항도 설정되어 있지 않고 곧바로 이상적 세계만이 충만해 있는 것이다. 그것은 기파랑이 긍정적인 처소에 있기 때뮤에 부정적 현실에서 찬양된 것과는 달리 단지 누이가

---
59) 양주동, 앞의 책, 540면.
60) 신동욱은 월명사의 「도솔가」가 집단의 문제를 두드러지게 주술적인 힘에 의하여 해결하려고 한 노래이고 「제망매가」는 개인적인 기원을 불도에 귀의하여 해결하려 한 것으로 보고 있다. 신동욱, 『우리시의 역사적 연구』, 새문사, 1981. 13면.
61) E.Steiger, 『시학의 근본개념』, 이유영·오현일 역, 삼중당, 1978. 122-123면.

저 세계에 있다는 오직 하나의 이유 때문에 긍정되고 흠모되는 것이다. 따라서 현실은 부정되어야 할 대상이 아니라 彌陀刹에 당도하기 위해 道를 닦는 현장 이상이 아니다. 이런 의미에서「제망매가」는 현실 자체를 부정할 아무런 이유가 없는 것이다. 이 노래에서 현실이 부정조차 되지 못 하는 이유는 바로 시적 화자가 지향하고 있는 관념적 이상세계 그 자체가 바로 삶의 목적이라는데 있다. 그만큼 현실 세계와의 갈등은 지양되고 관념세계가 더욱 큰 비중을 차지하고 있는 것이다.

이처럼 10구체 향가는 지상계와 천상계가 4구체 향가가 보여주었던 것과 같이 인간대 인간이라고 하는 현장성에 바탕하고 있는 것이 아니라 인간대 신의 세계 또는 현실과 관념화 된 이상세계라고 하는 보다 변모된 양상으로 나타나고 있는 것이다.

향가의 4구체와 10구체는 현실지향과 관념지향이라는 인간의 이원성을 원초적인 형태로 보여주고 있다. '4구체와 10구체는「인간중심」과「종교중심」이라는 대립을 단적으로 보여주는 것이며 한국문학의 밑바닥에 자리하고 있는 것이다.'[62] 이러한 점은 이후 평시조와 사설시조의 대립에서 보다 확연히 구분된다.

4구체 향가가 민중의 문학양식인 민요이고 10구체 향가가 지식층이나 지배층의 세련된 문학양식이라는 점과 그것이 각각 인간중심·현실주의와 신중심·관념주의로 표방되는 것은 결코 우연이 아니다. 일반적으로 현실주의적 문학관은 삶의 현장에서 당대 삶을 구체적으로 인식했을 때 가능하고 관념주의적 문학관은 삶의 현장성에서 탈피하여 이상적 세계를 추구할 때 가능하기 때문이다.

관념적인 인과론은 사회적인 존재로서의 인간에 관해서는

---

62) 박철희,『문학개론』, 형설출판사, 1988, 398면 참조.

깊은 관심을 갖지 않으며, 선험적인 또는 윤리적인 당위에 입각해 생각하는 사고방식이다. 그러나 현실적 합리주의는 사회적 존재로서의 인간의 실제 생활을 경험을 통해 인식하고, 이에 입각해 보다 합리적인 가치를 추구하자는 태도다. 민중은 언제나 현실에 입각한 경험적인 사고를 해왔고, 이를 가치판단의 근거로 삼았다 할 수 있으니, 이러한 현상은 민요·민속극·속담 등을 통해서 잘 확인된다.[63]

따라서 향가의 4구체와 10구체는 근본적으로 다른 가치관, 즉 현실주의와 관념주의라는 대립된 문학양식이 형상화 된 결과이며 이후 한국시가에 있어서 문학의 제양상은 이들이 상호 교류하면서 지속되고 변모되어 나타나는 것이라고 할 수 있다.

2) 평시조와 사설시조

향가에 나타난 두 가지 양식은 그것이 각각 다른 삶의 양식과 직결되었음을 밝혀주고 있다. 그것은 곧 전술한 바와 같이 문학을 삶의 구체적 표현으로서 인식하느냐 아니면 추상적이고 관념적으로 인식하느냐의 차이이다. 즉 구체적 삶의 양식으로 문학을 인식했을 때 그것은 현실인식을 획득하고 그렇지 못 할 때에는 관념적이고 추상적인 인식을 획득하는 것이다. 이러한 양상은 소위 고려 가요에서도 확인할 수 있는 것인데 즉 속요의 경우 그것은 천상적이기보다는 지상적인 인간의 삶의 모습을 구체화하고 있는 것이며 경기체가는 그와 상반되게 나타나는 것이다. 그러한 점은 4구체 향가가 주로 하층민의 삶과 관련되어 있고 10구체 향가가 당대의 지식층 내지는 지배층의 문학양식이었음과 대응된다. 이러한 양상은 조선조의 평시조와 사설

---

63) 장덕순 외, 『구비문학개설』, 일조각, 1979. 159-160면.

시조에서 보다 첨예하게 대립되어 나타난다.

평시조는 우리나라 고유의 대표적인 정형시로서 엄격한 질서의 원리에 의해 구성되어 있다. 그것은 당대의 지식인이 요구하는 '완결의 미학'이라는 점에서 고전주의의 소산이라고 할 수 있다.[64] 그러나 그 질서는 조선조의 모든 구성원의 보편적인 양식이기보다는 지배층의 의식의 소산이라는 점에서 명실공히 조선조를 대표하지는 못 하는 것이다. 3장 6구라고 하는 형식적 질서 속에 존재하는 기승전결의 추구는 그것이 곧 중국이라고 하는 외래적 표현양식의 대체이며 그 질서 속에 주어지는 내용의 규제는 고전주의에서 발견되는 decorum의 원리를 연상시키는 것이다. 즉 정제된 형식 속에 유교윤리라고 하는 내용적 규제가 선험으로 주어지는 것이 평시조의 구성원리라고 할 수 있다. 이런 의미에서 시조의 발생은 고려말의 신진사대부와 성리학의 영향에서 비롯되어 조선 초에 형성되었다고 보는 견해가 타당성을 획득할 수 있다.[65]

따라서 평시조의 경우 그것은 개적 삶의 연장에 있는 것이 아니라 보편적 삶의 양식에 근거하고 있다고 할 수 있다. 가령 다음과 같은 작품은 그들의 삶의 양식을 여실히 보여주고 있다.

---

[64] 물론 평시조가 모두 도식적으로 유형화 된 고전주의적 작품만은 아니다. 거기에는 인간성에의 복귀를 주장하는 낭만주의적인 것들도 있음이 사실이다. 김동욱은 고전주의적 측면과 낭만주의적 측면으로 시조를 유별하고 있다. 김동욱,『국문학개설』, 민중서관, 1976. 82면.

[65] 시조의 발생시기에 대해서는 이견이 많지만 시조가 가지고 있는 엄격한 질서의 원리로 볼 때 고려말 주자학을 신봉하던 신흥사대부에 의해 모색되고 그것이 사회적인 안정을 요구한다는 점에서 조선조 초기로 보는 것이 타당할 것이다. 최동원,「시조의 형성계층과 그 형성기」,『고시조론』, 삼영사, 1986. 참조. 한 편 정병욱도 시조의 발생은 내면적으로 유교정신을 그 사상적 배경으로 하여 형성되었음을 주시하고 있고(정병욱,『국문학산고』, 73면.) 이능우도 사회구조와의 관계에서 귀족적이고 정형인 점을 강조하고 사회의 안정을 그 요건으로 삼고 있다.(이능우,『이조시조사』, 이문당, 1959)

1> 江湖에 て올이 드니 고기마다 술져잇다
　　小艇에 그믈 시러 흘니 씌여 더져두고
　　이몸이 消日히옴도 亦君恩이샷다.　　　<시전 115>66)

2> 盤中早紅감이 고아도 보이ᄂ다
　　柚子 아니라도 품음즉 ᄒ다마ᄂ
　　품어가 반기리 업슬싀 글로 셜워ᄒᄂ이다. <시전 1151>

3> 古人도 날 못보고 나도 古人 못뵈
　　古人을 못뵈와도 녀던 길 알픠 잇ᄂ
　　녀던 길 알픠 잇거든 아니 녀고 엇뎔고.　<시전 187>

　1>의 시조는 맹사성의 <강호사시가> 4수중 제 3연으로서 자연의 풍성함·너그러움과 그 안에 사는 이의 흡족한 긍정이 합일된 조화의 세계를 표상하고 있다. 거기에서 자연은 일정한 理法에 따라 운행되면서 절대적인 안정을 실현하며, 자아의 의지와 아무런 모순도 일으키지 않는다.67) 풍요롭고 조화로운 자연과 세계는 君恩에 의한 것이며 그 가운데서 내가 消日하는 것도 '또한' 君恩에 의한 것이다. 따라서 자연의 이법과 나의 한가로움은 동일한 연장선상에 있는 것이지 변별되는 것이 아니다. 그런데 그것을 가능하게 하는 것은 바로 君恩인 것이다. 여기에서 우리는 현실에 대한 낙관적인 태도와 아울러 세계와 자아를 총괄하는 주재자로서의 君을 확인할 수 있다. 여기에서 당대 사회의 이념인 유교윤리68)가 확립되어 있음과 함께 가장

---

66) 심재완, 『定本 時調大全』, 일조각, 1990. 번호는 이 책에 수록된 작품번호이며 『시전』은 이 책의 줄임말임. 이하 같은 방법에 따름.
67) 김흥규, 「江湖自然과 정치현실」, 김학성·권두환 편, 『고전시가론』, 새문사, 1990. 393면.
68) 유학이 우리나라의 사상에 끼친 功의 하나로서 인륜도덕의 숭상을 들 수

높은 덕목으로서의 忠, 또는 그보다 높은 和의 세계를 강조하고 있음을 볼 수 있는 것이다.

2>의 시조는 忠과 함께 강조되는 孝에 관한 것이다. 조홍감을 보더라도 거기에서 환기되는 정서는 곧 바로 유교윤리인 孝와 직결되게 된다. 거기에는 감성적이고 구체적인 이미지가 아니라 기성의 경험체계인 중국적 故事와 고전에 의거하여 나타나는 관습화된 반사행동적인 추상이 나타나는 것이다.69) 현실의 조화로운 배열과 안정이라는 조선조의 이상세계는 유교윤리에 입각한 수직적 사회질서이며 충과 효는 그 수직적 질서를 유지하게 하는 근본이었던 것이다. 따라서 거기에는 개별의식보다는 보편의식이 선행하게 마련이고 이런 점에서 거개의 평시조는 자설적이기보다 他의 선험에 의지하는 타설적인 방식에 의존한다.70)

이러한 시적 발상은 3>에서 구체적으로 확인된다. 고인과 나는 이미 단절된 다른 세계에 있지만 고인이 녀던 길(道)이 앞에 있기 때문에 '아니 녀고 엇뎔고'의 답이 주어진다. 즉 그것은 고인이 녀던 길에 대한 비판의식이 선행되기 전에 녀던 길이 앞에 있다는 이유만으로 해서 '아니 녀고 엇뎔고'의 자동문답이 행해지는 것이다. 그것은 물론 원칙적으로는 지은이의 세계관과 고인의 세계관의 동일시에서 오는 것이라고 해석할 수 있지만 보다 근본적인 것은 이조의 단일문화의 배경이 되는 유교적 이성에 의해 단일화된 사고에 있다고 할 것이다. 즉 이조 사회가 모범으로 삼았던 관념적 이상세계는 중국의

있다. 부모에 대한 효도와 君에 대한 忠, 어른의 공경, 친구에 대한 信義 등은 당대의 윤리덕목으로서 국가와 사회에 다대한 공헌을 하였고 여기에서 사회질서가 정돈된다. 현상윤, 『조선유학사』, 민중서관, 1948, 5면 참조.
한 편 삼강오륜은 우주의 天地의 질서를 인간에 접목시킨 上下의 질서이다. 이상은, 『유학과 동양문화』, 범학도서, 1979, 241면.
69) 박철희, 『한국시사연구』, 일조각, 1984, 39면.
70) 박철희, 앞의 책.

典故에 의지한 유교적 이념이었던 것이고[71] 그것이 구체적으로 나타나는 것은 개별의식보다는 보편적 사고방식에 입각한 수직사회였던 것이다. 단일한 문화에 의해 압축된 시형태가 가능했다면 이 압축이 추상의 경직상태로 전락하지 않기 위해서 그것의 배경이 되는 문화가 충분히 융통성 있는 관조의 전통을 발전시켜야 하는데 이조의 단일문화의 배경이 되는 유교적 이성은 융통성 있는 사고의 전통을 규제하고 있었던 것이다.[72]

사물에 대한 현실적이고 구체적 인식이 시를 역동적이게 하는 1차적 조건이라고 한다면 선험적인 유교적 이성에 의한 인식은 기계적이고 공적인 반응양식으로 나타난다. 1>과 2>의 시조는 관념적 이상세계에 종속된 보편적 인식에 의해 가능하였던 것이다. 사물인식에 대한 이러한 반응양식은 평시조의 경우에 보편적으로 발견된다.

    4> 風霜이 섯거친 날에 又픠온 黃菊花를
       金盆에 ᄀ득다마 玉堂에 보내오니
       桃李야 곳인양마라 님의 뜻을 알괘라.   <시전 3111>

    5> 白雪이 ᄌ자진 골에 구루미 머흐례라
       반가온 梅花는 어닉곳이 퓌엿는고
       夕陽에 홀로 셔이셔 갈 곳 몰나 ᄒ노라.   <시전 1195>

여기에서 시적 소재로 쓰인 국화와 매화는 각각 주어진 관념에 종속되이 있음을 알 수 있다. 4>의 국화는 '節'을 대신히고 있으며 그

---

[71] 유학의 영향 중 모화사상과 복고사상은 그 과오로 지적된다. 중국을 대국으로 섬기고 자국을 천시하며 중국문화를 모범으로 삼는 것과 함께 요순과 三代의 盛時를 이상향으로 삼는 것이 그것이다. 현상윤, 앞의 책, 6-9면 참조.
[72] 박철희, 앞의 책, 31면.

節을 부각시키기 위한 시적 장치로서 '風霜이 섯거친 날'이 등장하고 있다. 즉 그 국화는 나름대로의 시적 변용에 의해 형상화되었다기 보다는 風霜이 섯거치는 현실에 대비되어 있기 때문에 가치있는 것이다. 충절이나 정절이나 다 희생을 뜻하며 그것은 죽음일 때 더욱 찬양받기 때문이다.[73] 매화가 節을 표상할 때 거기에는 항상 風霜이 대립하며 그것은 공식적으로 주어진 시적 인식이라는 점에서 H.Read가 말하는 추상적 형태에 속한다고 할 것이다.[74]

같은 국화를 노래했으면서도 서정주의 「국화옆에서」가 제시하고 있는 시적 인식과 4>에 등장하는 국화는 개인의 시적 변용이라는 점에서 天壤之差의 간격이 존재하는 것이다. 즉 「국화옆에서」의 국화는 개인의 구체적 경험의 결합에 의해서 형상화된 국화라고 한다면 4>의 국화는 주어진 관습에 의해 선택된, 관념적 인식에서 강요되는 소재 이상이 아닌 것이다. 이것은 시가 존재로서의 가치를 획득하느냐 관념의 봉사로 일관하느냐 하는 보다 소중한 차이라고 할 수 있다.

이런 점에서 본다면 5>에 등장하는 매화도 동일한 차원에 있다. 그것은 백설이 잦아진 골과 구름이 있어서 의미를 부여받는다. 물론 시조 속에 읊어진 매화와 국화는 단순한 景物로서의 그것이거나 君子節만을 의미하는 것은 아니지만 [75] 근대나 현대의 시와 비교해 본다면 그 차이는 보다 근본적으로 내재되어 있다고 할 수 있다. 이 경우 우리는 「五友歌」에 등장하는 水.石.松.竹.月이나 梅.蘭.菊.竹.松을 생각할 수 있다. 즉 그 매개물들은 주어진 유교관념에 의해 상대적인 의미를 부여받는 것이다.

---

73) 윤영옥, 「매화와 국화의 시조」, 모산심재완박사 화갑기념 『시조논총』, 일조각, 1978. 12면.
74) Hebert Read, *Collected Essays in Literary Criticism*, Faber & Faber, 1950. pp.18-19.
75) 윤영옥, 앞의 논문, 105면.

이처럼 시조에 등장하는 자연제재의 작품들은 결코 엄격한 의미에서 자연시가 아니라 유교적 관념세계를 표현하기 위한 방법이었으며 한결같이 유교적 **敎義**와 깊은 관련을 맺고 있다. '비록 역사의 추이에 따라 소재는 변할지라도 **君主**에 대한 **忠義**만은 변하지 않은 **主題**의 정착성, 이것이 곧 시조가 지닌 바 그 역사적인 기능이었다.'[76] 그것은 평시조의 담당계층이 당대의 지배층이었음과 무관하지 않다. 전술한 바와 같이 조선조가 이상향으로 설정한 것은 유교윤리에 입각한 현실의 조화로운 배열이며 따라서 개체의식보다는 전체와 보편의식이 요구되었기 때문이다.

원래 **儒**의 사상이 **敎**로 되기는 **漢武帝** 이후 통치계급에 봉사하면서 어용학으로「변질」된 때부터이며, 신분의 차별은 원래는 적재적소의 인물을 배치하기 위한 것이었으나 봉건관료제도가 오래 관습화되어 형식화하면서 오히려 폐단이 되어 지배층의 통치수단이 된다. 이는 원래의 유교도덕이 주창한 바 '인격관념, 인간의 존엄성'에 대한 인식부족에서 오는 것이다.[77] 조선조가 추구하는 질서의 원리는 사실상 이러한 유교도덕의 폐단인 신분제를 전제로 하고 있어서 대개의 평시조는 교훈과 설득을 위주로 삼게 된다.

삼강오륜의 윤리는 공자의「忠恕」사상에 근거하여 사회의「질서와 조화」를 유지하면서 인생을 도덕적으로 향상, 발전시키려 함에 그 근본목적이 있었고 그 특질은 **雙務的**인 **義務觀**에 있다.[78] 그러나 실제로는「盡己」를 第一**義務**로 하기 때문에 오히려 자기를 **責**하는 정신이 강하나 그것이 현실적으로 나타나기로는 **片務的**인 일방적인 의무만이 강요된다.[79] 이러한 유교윤리가 지배원리로 작용할 때,

---

76) 정병욱, 『국문학산고』, 신구문화사, 1970. 75면.
77) 이상은, 앞의 책, 212-249면 참조.
78) 이상은, 앞의 책, 255면.
79) 이상은, 앞의 책, 256면 참조.

6> 江原道 百姓들아 兄弟 숑ᄉᄒ디 마라
　　종쥐 밧쥐논 엇기예 쉽거니와
　　어딘가 쏘 어들 거시라 홀귓할곳 ᄒ논다.　　<시전 108>

라는 교훈적이고 설득적인 목소리가 나올 수밖에 없었고 주어진 경험의 양식에 개성은 압도되고 기계적이고 공적인 반응 양상으로 나타났던 것이다.

조선조의 사대부가 시조를 餘技로 삼았으면서도 대다수가 유교윤리에 침윤되어 있었던 사실은 그들이 얼마나 유교윤리를 국가적 이념으로 신봉하고 있었던가를 단적으로 보여준다고 할 것이다. '모든 것이 유교적 理로 설명되는 세계에서 감정 또한 유교적인 관념적 理의 곡선에 맞추어야 하는 것은 당연한 귀결'[80]이었던 것이다. 이러한 이념과 관습적으로 주어지는 수사법은 결국 시조를 기계적이고 도식적이게 만들었던 것이며 시조작가 중에서 유교적 관념에서 비교적 자유로울 수 있었던 기녀들의 시조가 오늘날 더욱 공감대를 형성하는 것은 결국 시가 개성적일 때 더욱 보편성을 획득한다는 역설적 논리를 증명하고 있는 것이다. 즉 기녀들의 시조는 관념에 종속되지 않고 주어진 수사적 논리를 거부하고 개성의 목소리를 발견했을 때 그 우수성이 가능한 것이었다.

평시조가 당대 지배층의 인식논리, 즉 유교윤리에 입각한 수직적 안정을 희구하고 자연의 조화로운 합일 속에서 낙관적인 삶의 양식에 경도되어 있었음은 대개의 작품에서 구체적으로 확인된다.

7> 山村에 밤이 드니 먼듸 기 즈져 온다
　　柴扉를 열고 보니 하늘이 추고 달이로다

---
80) 박철희, 앞의 책, 41면.

져기야 空山 잠든 달을 즈져 무슴ᄒ리요.　<시전 1458>

8> 술이 醉ᄒ거늘 松根을 벼고 누어
　　 져근듯 잠드러 꿈씨야 도라보니
　　 明月이 遠近芳草에 아니 비쵠디 업드라.　<시전 1745>

9> 집方席 내지 마라 落葉엔들 못 안즈랴
　　 솔불 혀지마라 어제 진돌 도다 온다
　　 아희야 薄酒山菜ᄅ만경 업다 말고 내여라.　<시전 2701>

　안정과 조화를 추구할 때 거기에는 항상 자연이 등장하게 된다. '자연은 기준·억제·규칙의 모범이며 조화와 균형의 中庸'[81] 이기 때문이다. 따라서 위의 작품들처럼 자연과 인간의 친화와 인간과 인간의 친화의 객관적 등가물로 자연이 등장하는 것은 당연한 귀결이다. 그러나 그것은 삶의 현장으로서의 자연이 아니라 無心과 玩賞이라는 자신들의 관념에 의해 취사선택되고 채색되었다는 의미에서 사설시조의 그것과는 많은 차이가 있는 것이다. 술과 꿈, 명월과 淸風. 유유자적하고 낙관적인 사고가 공식적으로 등장하는 것은 그들이 관념적으로 설정한 이상향임을 단적으로 보여주는 것이다.

　평시조의 이러한 양상은 조선후기에 오면 많은 변모를 보일 뿐만 아니라 부정되기까지 한다. 조선조의 지배윤리가 유교의 이념에 입각한 수직적 안정을 희구하고 그것을 이상향으로 삼았을 때 거기에는 항상 보편의식이 선행했던 것이지만 조선 후기의 사회적 여건은 그것을 근본부터 회의하게 만들었던 것이다.

　임진왜란(선조25년, 1592)과 정유재란(선조30년, 1597), 병자호란(인조14년, 1636)은 사회각계에 대해 큰 변모를 가져오게 하였는데 그

---

81) 박철희, 앞의 책, 43면.

중 가장 큰 변모는 조선조 사회를 유지시켜 오던 수직적 신분제의 붕괴이다.

  농업생산의 발달과 상품·화폐경제의 진전, 그리고 수공업 및 광업의 발달은 조선후기에 나타난 새로운 경제상의 변화였으며, 따라서 이는 자연히 사회계층의 분화를 초래하였다. 여기서 경영형 부농과 서민지주, 그리고 상업자본가와 임노동자 및 독립 자영수공업자 등 새로운 계층이 나타났던 것이다. 이는 종래의 사회구성을 변질시켜 신분제를 붕괴시켰으니, 농민층과 양반층의 분해, 노비제의 해체 등이 그 실상이었다.[82] 부의 축적을 통해 노비와 양인층이 각각 양인. 양반으로 신분을 상승시켜 지배 신분층은 격증하고 반대로 피지배 신분층은 격감하게 되었고 이에 따라 양반사회의 체제는 그 기반부터 흔들리게 되었던 것이다. 이렇게 되자 조선조 사회를 유지시켜 오던 유교이념 자체에 대한 부정과 함께 실학사상이 대두된다. 실학사상은 결국 급격한 사회의 소용돌이 속에서 능동적으로 대처할 수 없었던 주자학에 대한 비판으로서 현실문제의 해결에 대해 관심을 가지고 있었다.[83]

  이들은 모화사상에 대한 비판에서 자주의식을 주장하고[84] 역사학을 비롯한 지리.언어학에 학문적 관심을 집중시켜 역사의식과 문화의식을 고조시켰다.

  조선 후기의 이러한 제반 변화는 사회체제의 전반적인 붕괴를 가져오게 하였고 문학상에 있어서는 산문의식[85]의 대두와 함께 신분상

---

82) 변태섭,『한국사통론』, 삼영사, 1989. 362-363면.
83) 조선후기의 문학적 양상과 실학사상과는 많은 연관을 가지는 것으로 공인되고 있다. 그러나 그 상관관계는 보다 명확히 논의되어야 할 것이다. 여기에 대한 반성적 논의는, 박규홍,「국문학에 끼친 실학사상의 영향에 대한 일고」, 영남어문학회, 영남어문학 17집, 1990.6. 참조.
84) 신용하,『한국근대사상사연구』, 일지사, 1987. 참조.
85) 산문의식, 산문정신은 논리와 실증이라는 분석정신, 구체성과 현실성을 중

으로는 중인과 평민들의 활약이 두드러지게 되었다. 특히 시가에 있어서의 사설시조의 대두와 판소리의 성립은 이 시기의 문학양상을 가장 잘 설명하는 것이다.

사설시조[86]는 평시조가 지향했던 규범적 질서와 주어진 선험에 의한 관념세계를 거부하고 현실 그 자체가 소재이며 지향점이라는 점에서 평시조와 변별된다. 3장 6구라는 형식이 조선조 사대부의 보편적 미의식에 의해서 정제되고 내용이 형식에 규제되며 사물의 인식 또한 개별적이지 못 했음에 비추어 사설시조는 명실공히 내용과 형식의 자유로움을 기본원리로 하고 있다. 비록 시상의 전개에 있어서 종장의 경우 평시조의 한계를 벗어나고 있지는 못 하지만 시선은 이미 사물 그 자체로 옮겨지고 특히 주어진 유교적 理에 대한 종속을 거부하고 있었던 것이다.

> 10> ᄉᆞ랑ᄉᆞ랑 고고이 미친 ᄉᆞ랑 왼 바다를 두루 덥는 그물ᄀᆞ치 미친 ᄉᆞ랑
> 往十里 踏十里라 춤외너출 슈박너출 얼거지고 트러져셔 골골이 버더 가는 ᄉᆞ랑
> 아마도 이님의 ᄉᆞ랑은 ᄀᆞ업쓴가 ᄒᆞ노라.
> <시전 1398>

> 11> 바독바독 뒤얼거진 놈아 졔발 비자 네게 넛가에란 셔지마라
> 눈 큰 준치 허리 긴 갈치 츤츤 가믈치 두르쳐 메오기 부리

요한 성격으로 한다. 서구의 근대소설이 르네상스 이후 인간의 탐구, 구체적으로는 현실적 인간생활을 대상으로 하여 태동되었다는 사실을 상기할 필요가 있다. 조기섭 외, 『문학의 이론』, 형설출판사, 1986, 196-197면 참조.
86) 평시조에 대해 상대적으로 초·중장이 길어진 장시조를 엇시조와 사설시조로 분류하고 있으나 본고에서는 이를 구별하지 않고 사설시조로 부르기로 한다.

긴 공치 넙젹흔 가자미 등곱은 시오 겨레만혼 곤장이 그물만
너겨 풀풀 뛰여 다 다라나는디 열업시 삼긴 오증어 둥긔는고
야
眞實로 너 곳 와셔 이시면 고기 못잡아 大事 ㅣ러라.
<시전 1160>

 사랑이라는 소재 자체가 평시조에서 거부되어 있었던 것은 아니지만 기녀의 시조를 제외한 사대부들의 그것이 戀君과 밀접한 관련을 가진 忠의 테두리 내에 있었던데 비해서 10>의 사랑은 현저히 육화되어 있고 그 묘사는 구체적 이미지로써 사실성을 띠고 있다. 특히 '고고이 미친', '왼 바다를 두루 덥는 그물ㄱ치 미친', '춤외너출 슈박너출 얼거지고 트러져서 골골이 버더가는' 등의 동적 이미지는 이 작품을 더욱 생동적이게 하는데 기여하고 있는 것이다. 11>의 경우에 나타나는 바와 같이 사설시조는 사물을 보는 눈에 있어서 추상적이고 관념적인 것을 거부하고 보다 세부적이고 구체적인 현실안을 보여주는 것이다. 이러한 것은 사물을 보는 시각이 개념체의 것이 아니라 구상체의 것임을 말해주는 것이다. 그것은 이들 시조가 삶과 일정한 거리를 두고 관조하면서 '아희야 ―'라고 부르던 평시조의 방식에서 벗어나 삶과 밀접히 관계하면서 경험한 개체의 정서를 포착했음을 뜻한다.

12> 귀쏘리 져 귀쏘리 어엿부다 져 귀쏘리
 어인 귓도리 지는둘 새는 밤의 긴 소리 쟈른 소리 節節이
 슬픈 소리 제혼자 우러녜어 紗窓여왼 좀을 솔쓰리도 끼오는
 고야
 두어라 제 비록 微物이나 無人洞房에 내뜻 알리는 너뿐인가
 ᄒ노라.
<시전 352>

13> 宅들에 동난지이사오 져 쟝ㅅ야 네황화 긔무서시라 웨는다
　　사쟈
　　外骨內肉 兩目이 上天 前行後行 小아리 八足 大아리 二足
　　靑醬 ㅇ스슥 ㅎ는 동난지 사오
　　쟝ㅅ야 하거복이 웨지말고 게젓이라 ㅎ렴은.
〈시전 844〉

　평시조가 decorum에 의한 응축의 원리에 기초하고 있다면 사설시조는 개별의식에 의한 확산의 원리에 기초하고 있다. 물론 이것을 가능하게 했던 것은 작가층의 변모와 조선후기의 산문정신이다. 평시조에서 볼 수 없었던 구어체의 등장과 서민들이 상대하는 사물들의 명칭이 사설시조에는 거리낌없이 등장하고 있어서 시적 결과를 풍부하게 하고 있는 것이다. 평시조에서 안 보이던 이색적인 인물이나 사물[87]은 유교적 이념에 구애받지 않는 작가층에 의하여 가능할 수 있었으며 또한 산문정신은 그것을 가능하게 한 시적 도구였던 것이다.

　산문의 기능이 분석적이고 토의적이라고 할 때 그것은 곧 객관성과 과학정신을 뜻한다. 그러한 산문정신과 실생활에 밀착된 개별의식이 전제될 때 사설시조는 가능했던 것이다. 여기에서 유교이념과 지배층에 대한 풍자, 관념에 채색되지 않은 **性情**의 분출이 나타나게 된다.

14> ㅎ눈 멀고 ㅎ다리 지는 두디비 서리 마즌 전푸리 물고 무엄
　　우희 치다
　　라 안자
　　건넌 山 ㅂ라보니 **白松骨**리 떠 잇거눌 가슴이 금죽ㅎ여 플

---

[87] 임종찬은 그 예를 구체적으로 분류하고 있다. 임종찬, 『시조문학의 본질』, 대방출판사, 1986. 146-147면.

썩 뛰여 내듯다가 그 아리 도로 잣바 지거고나
모쳐라 놀낸 낼싀만졍 힝혀 鈍者런들 瘀血질 번ᄒ괘라.
<시전 3159>

15> 窓밧게 긔뉘오신고 小僧이 올소이다
어제 저녁의 動鈴ᄒ랴 왓던 중이 올너니 閤氏님 자는 房 족
도리 버서 거는 말겻틱 이니 쇼리 숑낙을 걸고 가자 왓소
져중아 걸기는 걸고 갈지라도 後ㅅ 말이나 업게 ᄒ여라.
<시전 2720>

14>는 수탈의 대상자로서의 일반 서민층(포리)과 수탈자로서의 중간벼슬아치(두터비), 이 벼슬아치들을 감독하는 상층(백송골)을 동물의 생태계를 통하여 풍자하고 있다. 이러한 풍자는 조선후기의 사회적인 변혁에 의해 가능한 것인데 즉 더 이상 유교윤리에 의한 수직적 사회에 일반 민중이 순응하지 않고 있다는 증좌인 것이다. 한 편 15>의 시조는 관념의 허울로 행세하는 승려와 각시의 육정을 노래한 것으로서 결국 인간의 본질은 동일하다는 의식, 性情의 자유로운 분출을 내포하고 있다.

이처럼 사설시조는 개별의식에 입각하여 삶의 현장에서의 경험을 가식없이 표출함으로써 시적 리얼리티를 획득하고 있었던 것이다. 평시조의 인식방법이 보편성에 입각한 감정의 절제와 유교이념에 의한 관념상의 세계를 추구했다고 한다면 사설시조는 삶의 현장에서 체험되는 구체적인 현실의 세계를 추구하고 있었던 것이다. 이런 점에서 본다면 사설시조는 비록 형식상으로 평시조의 완전한 부정에까지는 이르지 못 했다 하더라도 전혀 다른 세계관에서 나온 다른 문학쟝르였던 셈이다.

향가에서 나타난 인간중심, 지상계의 4구체 형식과 신중심의 천상계를 추구하던 10구체 형식은 조선조에 와서는 평시조와 사설시조의

대립으로 극명하게 나타났다고 할 수 있다. 그런데 그 대립은 향가의 경우와 달리 보다 첨예하게 나타났던 것이며 그것은 곧 당대 사회가 그만큼 큰 변혁기였기 때문일 것이다. 이 점 1920년대의 문학상황이 극명하게 분열되어 있었음과 비교해 본다면 충분히 납득이 갈 수 있는 것이다. 문학은 결국 사회상황과 별개의 것일 수 없기 때문이다.

II-3 개화기시가의 양면성

한국의 근대화는 우리의 자발적인 의지의 소산이었다기보다는 외세의 압력에 의한 것이었다고 보는 것이 보다 타당할 것이다. 물론 영.정조시대 이래로 근대화의 기운은 싹텄다고 할 수 있고 그것이 내적 성숙을 가져왔다고 볼 수도 있으나 적극적인 의지로까지는 이어지지 못 했다. 소위 갑오개혁(1894)은 바로 외세에 의한 근대화의 시발이었던 셈이며 이후 한일합방까지 우리나라는 미증유의 극심한 소용돌이 속에서 가치관의 혼돈을 맞아야만 했다.

개화기시가는 이 시대의 상황을 극명하게 보여주는 예가 된다. 개화와 수구, 문명과 우매, 변혁과 전통 사이에서 느끼는 번민과 혼돈을 개화기 시가는 대변하고 있었던 것이며 문학적 장르에 있어서는 전통의 장르와 새로운 장르사이에서 혼효를 거듭하던 시기였다.[88] 개화기의 시가들이 개인적인 것보다는 사회적인 것에 관심을 두고 서정적이기보다는 교술적인 성향을 띨 수밖에 없었던 이유는 바로 개화기시가가 담당해야 할 사회적인 역할이 지대했던 때문이었다고 하

---

[88] 개화기시가의 장르에 대해서는 김영철, 『한국개화기시가의 장르연구』, 학문사, 1987. 조동일, 『한국문학통사 4』, 지식산업사, 1989에서 자세히 논의되었다.

겠다.

 개화와 척사의 갈등과 외세의 침략이라는 상황에 직면하여 당대의 지식인들은 자주권의 수호나 근대화의 성취라는 시대적인 과제에서 벗어나기 힘들었다. 즉 개화기의 시인들은 현실과 무관하게 자신의 세계에 침잠할 수 없었으며 따라서 '격동과 고난의 상황을 노래하거나 그 격동과 고난의 상황을 극복할 정신적 지표로서의 애국사상을 노래했다.'[89] 이런 의미에서 개화기의 시가는 치열한 현실참여의 의지 속에서 상황을 노래하고 고발하는 성격을 띠는 소위 상황시로 설명될 수 있다.[90]

 개항 이후의 문학작품에 나타나는 중요한 특성의 하나는 상대적 외세에 저항하는 주체적 자각의지의 발흥양식이며 이 시기의 애국계몽사상은 일종의 민족적 자강주의의 성격을 내포하는 것이며, 그것은 모든 침략과 외세로부터의 자아보존에 그 바탕을 두고 있었다.[91]

 개화기시가의 지식인들은 개화와 척사의 갈등, 외세의 침략에 대한 자주권의 수호, 근대화의 성취와 같은 시대적인 과제에서 벗어나기 어려웠으며 거의 예외없이 당대의 상황에 충실했던 것이다. 그러나 개화기시가가 현실에 충실했다는 그 자체는 사실상 별 문제가 되지 않는다고 할 수 있다. 어느 면에서 볼 때 현실을 적극적으로 담고 있다는 것은 오히려 장점이 될 수 있기 때문이다. 문제는 이러한 현실 인식이 문학적으로 형상화되지 못 하고 관념적 구호로만 그쳤다는데 있으며 이 경우 제기될 수 있는 것이 당대문인들의 비전문성인 것이

---

89) 권오만, 『개화기시가연구』, 새문사, 1989. 31면.
90) 시대의 상황을 증언, 고발하면서 노래한 시를 Predrag Matvejevitch는 상황시라고 명명하였다. 권오만, 앞의 책, 31면에서 재인용.
91) 이동순, 「일제시대 저항시가의 정신사적 연구」, 경북대학교 대학원 박사학위논문, 1988.6. 10-11면 참조. 이동순은 이 시기의 자각적 저항의식을 '애국계몽기 휴머니즘'으로 칭하고 있다.

다. 비전문적인 시인이었던 이들에게 있어서 문학의 쟝르인식이라든 가 문학적 형상화라고 하는 것은 오히려 부차적인 것일 뿐 당대현실에 충실한 그 자체가 보다 중요한 것이었다.

개화기시가의 어느 양식이든지 인식의 공통적인 출발점으로 하고 있는 것은 바로 외세의 침략에 노출된 우리의 실정에 관계된 것이었다. 그만큼 개화기의 시가들은 당대의 현실과 밀접한 관련을 가지고 있었던 것이다. 개화기는 보수와 개혁의 사회격동기로 설명될 수 있고 개화와 반개화에 의해 선택을 강요받던 시기이다. 여기에서 당대 지식인들은 미개화된 대중들에게 개화의식을 고취하고자 힘썼고 이러한 의도는 개화기시가의 전쟝르에 보편적으로 존재하고 있는 현상이다.

잠을 깨세 잠을 깨세 / 사천년이 꿈속이라 /
만국이 회동하야   / 사회가 일가로다 /
구구세절 다버리고 / 상하동심 동덕하세 /
　　　　　　　　　　　—이중원「동심가」일부

봉츅ᄒ세 봉츅ᄒ세   / 아국태평 봉츅ᄒ세/
즐겁도다 즐겁도다 / 독립ᄌ쥬 즐겁도다/
꼿픠여라 꼿픠여라 / 우리명산 꼿픠여라/
향기롭다 향기롭다 / 우리국가 향기롭다/
　　　　　　　　　　　—뎐경퇵「익국가」일부

「동심가」나「익국가」가 보이는 현실인식은 당대의 이런 류의 작품들이 투철한 현실인식에서 나온 것이 아님을 단적으로 보여주고 있다. 당시 고종이 명성황후 살해사건 이후 1896년 2월 21일부터 1897년 2월 21일까지 1년간 러시아 공사관에 피신해 있었던 현실자체와 '만국이 회동하야 사회가 일가로다'나 '아국태평 봉츅ᄒ세' '독립ᄌ

쥬 즐겁도다' '우리국가 향기롭다'라는 긍정적이고 낙관적인 시적 현실과는 많은 차이가 나는 것이다. 이 애국·독립가 유형의 창가는 현실에 대한 직접적 반응에서 산출된 것은 틀림없으나 그것이 투철한 현실인식에서가 아니라 단지 관념적 이상의 형태로 나타났다는 한계를 지적하지 않을 수 없다.92)

개화기시가가 현실에 충실한 것이었으면서도 그것이 투철한 현실인식에서 나온 것이 아니라 일종의 소망의 형태로, 관념적 이상의 형태로 나타났다는 점은 바로 개화기시가의 한계로 지적될 수 있는 반면에 현실지향과 관념지향이라고 하는 두 양식의 충격적 혼거라는 점에서 한국시사상 한 특색으로 지적될 수 있는 것이다. 이러한 점은 물론 '사회등'가사에서는 다른 양상으로 나타나긴 하지만93) 개화기 시가가 지니는 일반적 현상이었다.

한 편 육당이나 춘원의 경우에도 이 범주에서 예외는 아니다. 육당은 신문명의 보급이라는 차원에서 경부철도가를 지었지만 '바람과 새보다도 빨리 달리는' 기차의 차창 밖의 풍경을 흥겹게 묘사하면서 '새로일운 뎌쟈는 모다 일본집 / 二千餘名 日人이 여긔산다네'라고 하여 문명과 개화라고 하는 원래의 의도와는 상반된 인식을 보여주고 있는 것이다. 이러한 면은 소위 신체시의 대표격으로 일컬어지는 「해에게서 소년에게」에도 그대로 적용될 수 있는 성질의 것이다. 「해에게서 소년에게」는 자유시를 향한 한걸음의 전진을 뜻하는 것이긴

---

92) 이를 두고 조동일은 '대한제국의 樂章', 조남현은 '감상적인 로맨티시즘의 운문'으로 칭하고 있다. 조동일,『한국문학통사 4』, 251면. 조남현,『개화가사』, 형설출판사, 1983. 218면.
93) 예를들면 <대한매일신보>에 게재된 '사회등'가사는 풍자적 기법을 통해 일제와 매국집단에 대한 강렬한 저항정신을 표상하고 있다. 김학동,『한국개화기시가연구』, 시문학사, 1990. 조남현,「사회등가사와 풍자방법」, 국어국문학회, 국어국문학 72.73합병호, 1976. 강은해,「개화기가사연구」, 계명대학교 대학원 석사학위논문, 1979. 참조.

해도 내용면에서 보아 창가나 개화가사와 비교해서 크게 다른 점은 없다. 즉 형태적인 면에 있어서 연단위의 독립성은 긍정적인 가치를 지니는 것이고 개화가사나 창가에서 보이던 직설적 충동은 상대적으로 반감되어 있지만 전체적으로 보았을 때 이 작품의 성격은 개화가사나 창가에 나타난 계몽성과 교훈성에서 벗어나지 않는다. <소년>지 창간호에 권두시로 제시된 「해에게서 소년에게」는 同誌의 편집태도와도 깊은 관계에 있는데[94] 바다의 무한한 힘의 가능성을 소년의 새로운 희망과 가능성에 비유하고 있는 것이다.

바다는 열려진 세계이며 인간세상의 모든 권세, 시기와 질투와 비할 바 아닌 포용의 세계이기에 소년들로 하여금 이러한 기상과 포용력, 신문명에의 開眼을 강조하고 있는 것이 이 시의 주된 골자이다. 따라서 육당의 자세는 소년들에게 비견을 제시해 주는 지도자의 것이지 서정적 주체로서의 자세는 아니다.

> '바다'는 그만큼 새로움에의 전진기지였다. 그러나, 육당의 '바다'는 아직 관념으로서의 바다에 지나지 않았다. 「해에게서 소년에게」에서 각연 앞뒤에 파도소리의 의성화가 되풀이되고 있고 파도소리뿐만 아니라 그 내용에서도 바다의 생태가 비교적 구체화되어 있어, 바다를 제재로 한 여타의 것에 비해 출중한 편이기도 하지만, 선행되고 있는 육당의 교훈적 태도로 인하여 생동하는 바다가 채 못 되고 관념의 껍질을 벗지 못하고 있는 것이다.[95]

즉 이 시에 나타난 바다와 소년의 이미지는 시적 형상화를 거치지 못한 웅변조로서 생경한 관념의 나열에 머물고 만 것이다. 개화기에

---

94) <소년>지의 편집태도는 김윤식,『근대한국문학연구』, 일지사, 1973. 참조.
95) 정한모,『한국현대시문학사』, 일지사, 1982. 202면.

공통적으로 나타나고 있는 주제, 즉 독립·애국·개화에서 이 시는 벗어나지 못 하고 있으며 서구문화의 수입은 바다를 통해서 이루어지고 구질서를 무너뜨리고 신질서를 세우며 새로운 민족사를 건립하는 것은 소년에게서 가능하다는 육당의 의도가 이 시에 그대로 나타나고 있는 것이다. 육당의 이러한 관념적 목적의식은 산을 제재로 한 시들에서도 그대로 적용될 수 있는 성질의 것이다.

　개화기의 시가들은 이처럼 시대와 사회의 요구에 충실한 것이었고 시대가 민족적 자각과 정치적·사회적 자각을 요구하면 할수록 서정성은 거세될 수밖에 없었다. 구체성과 사실성을 결여한 위에 각종 구호가 큰 목소리로 공허하게 나타났던 것이 개화기시가의 공통적인 양상이었다. 물밀듯이 들어오는 선진문명과의 크나큰 격차를 인식했을 때 거기에는 그 격차를 메울 논리적 순서와 시간이 허용되지 않았던 것이다. 따라서 개화기의 시가들은 계몽이라는 시대적 요청에 부응하여 관념의 허울을 쓰고라도 토운을 높인 교훈성을 띨 수밖에 없었고 그것은 어쨌든 시대의 소산이었음은 말할 나위 없다.

　개화기가 역사적으로 볼 때 전대미문의 혼란을 겪고 있었던 것처럼 시가의 양상에 있어서도 한국시가에 있어서 지속적으로 존재해 오던 현실지향과 관념지향적 성격은 이처럼 충격적으로 결합해 있었다고 볼 수 있다. 극복되어야 할 현실이 너무나 거대했던 것만큼 그것이 나타나는 방향은 지극히 관념성을 띨 수밖에 없었던 것이 바로 개화기시가의 일반적 양상이었던 것이다.

　한국의 근대시가 1910년대까지의 개화기시가의 연속선상에 있다고 할 때 근대시는 바로 개화기시가의 이 관념성의 연장선상에 있는 것이다. 한국의 근대시가 지금까지 이어져 오던 문학에 있어서의 모든 정신사적 배경이 분열되며 각종 이즘이 모색되고 난립되는 것이라고 한다면 개화기시가가 지향했던 현실지향적인 배경은 이와는 별도로 따로 분리되어 모색되었으며 이는 1925년을 전후한 현실지향의 시들에서 다시 확인할 수 있는 것이다.

Ⅱ-4 한국근대시의 두 양상

한국근대시는 그 기점을 설정하는 것부터가 논란거리로 제기 될 수 있다. 그것은 '근대'라는 개념이 단지 시대의 구분만을 뜻하는 것이 아니라 가치개념까지 포함하기 때문에 야기되는 것이며 또한 '근대'라는 개념이 사실상 서구적인 시각에서 도출된 것이기 때문이다. '근대'라는 시대적 개념과 시에 있어서의 '근대'라는 두 가지의 중첩된 문제로 인하여 여기에는 항상 논란이 뒤따를 수밖에 없는 실정인 것이다. 따라서 '근대시'의 기원을 조선후기로 상정한다고 하더라도[96] 거기에는 여전히 사회상황과 문학적 현상은 반드시 일치하지는 않는다는 엄연한 현실이 존재하고 있기 때문에 그 설득력은 약할 수밖에 없는 것이다.

따라서 우리는 기존의 논의대로 근대시의 기점을 <태서문예신보>의 출현 이후나, 더 소급해서 적용한다 하더라도 <학지광> 이후로 잡는 것이 보다 타당하다는 것을 알 수 있다. 왜냐하면 <태서문예신보>나 <학지광>의 시들은 전대와는 다른 새로운 형태의 것이면서 개인적 서정주의에 입각해 있어서 전대의 시와는 변별적이기 때문이다.[97]

---

96) 예를들면 박철희는 사설시조를 자유시로 인정하고 있고 김윤식·김 현은 조선후기에서 근대의 기점을 설정하고 있다. 박철희,『한국시사연구』, 일조각, 1984. 김윤식·김현,『한국문학사』, 민음사, 1982. 참조.
97) 정한모는 1)릴리시즘, 2)시의 운율에 대한 새로운 자각, 3)시의 언어에 대한 자각, 4)서구의 시에 대한 이해 등으로 보아서 근대시의 출발을 <태서문예신보>로 보고 있다. 정한모,『한국현대시문학사』, 일지사, 1982. 250-252면 참조.

전술한 바와 같이 한국시가의 두 축을 관념주의와 현실주의라고 할 때 4구체 향가와 10구체 향가, 평시조와 사설시조는 그 두 관점을 대립적으로 보여주고 있었으며 그것은 결국 시대와 역사적 제 조건에 의해 다른 양상으로 나타났던 것이다. 즉 향가의 경우 사회계층의 분화와 불교적 세계관에 입각한 두 양식의 편차를 보여주고 있고 시조의 경우는 유교윤리에 입각한 사회질서와 그것을 거부하는 데 따라 변별적으로 나타났던 것이다. 이런 면에서 본다면 문학은 개인의 구체적 반응양식이면서도 전체적으로는 당대 사회의 제 조건과 밀접한 관련을 가지고 있음을 부인할 수 없는 것이다. 요약컨대 이 두 양식은 한국시사에 있어서 근본적으로 내재하면서 상호 작용과 반작용을 거듭하는 가운데 변모를 보이며 나타나는 것이다.

이들 두 양식이 개화기 시가에서 혼재되어 있음은 앞에서 살펴본 바이거니와 1910년대 후반에 등장하는 소위 근대시들은 개화기시가의 교술성과 집단성을 거부하면서 개인적 서정의 세계를 구축하고 있었다. 근대시의 효시로 흔히 지적되는 <태서문예신보>의 김억이나 황석우의 작품들과 <학지광>의 일부 작품들은 개인적 서정의 측면에서는 시사적 가치가 충분히 보상될만큼 공인되고 있으나 그 서정의 바탕에는 당대가 요구하는 현실인식을 전적으로 배제하고 있다는 점에서 한국시가에서 지속적으로 작용해 오던 현실지향적 측면이라는 큰 부분을 상실하고 말았던 것이다. 시인은 시인자신의 개인적 측면에서 자유로운 반면 사회적, 역사적 안목을 요구받는다는 입장에서 볼 때 자유롭지 못 하다. 이런 면에서 근대초기의 시들은 부정적 평가에 직면하게 된다. 그러한 현상은 물론 다음 장에서 상술하는 바와 같이 내.외적인 여건에서 필연적으로 대두되는 당위성을 가지고 있다. <창조>나 <백조>, <폐허>의 근대 초기시들이 지향하는 바는 당대 현실에 대한 구체적이고 능동적인, 긍정적 이상향의 설정이기보다는 퇴폐적이고 퇴행적인 자신들의 관념으로의 도피이며 그것은 오히려 당대에서 적극적으로 극복되어야 할 대상이었음을 유념할 필요가 있다.

근대 초기시에서 부정되었던 현실지향적 성격은 1920년대에 있어서 신경향파의 모습으로 재현한다. 현실주의시는 향가와 고려 속요, 시조에서 지속되어 온 것이었지만 20년대의 경우 그것은 사회주의의 영향 하에서 배태되고 성장되어 온 특징을 갖는다. 1920년대 벽두부터 러시아 혁명의 성공에 자극된 몇개의 좌익성향의 단체들이 나타나고[98] <개벽>, <신천지>, <신생활>, <조선지광>, <생장> 등의 잡지들이 등장하게 된다.

초기의 한국 경향시 형성에 주역이 된 두 개의 문학집단은 염군사(1922, 9)와 파스큘라(1923)이며 이 시기는 목적의식이 선행하지 않은 자연발생기라고 할 수 있다. 이익상이나 김석송은 그 이전에 이미 현실지향의 작품들을 발표하고 있었고 특히 김석송은 20년대 현실주의시들이 사회주의의 영향에 의해서만이 아니라 자생적인 면을 구비하고 있었음을 보여주는 대표적인 시인이다.[99]

20년대 현실주의시들이 보다 의식적으로 문단 전면에 부각되는데

---

[98] 예를들면 1920,4월의 조선노동공제회, 6월의 조선교육협회와 조선청년연합회, 1921년에는 서울청년회, 사상연구회(5월), 경성인쇄직 공무회 등이 설립되었다. 또한 이 무렵 동경유학생수도 급증하게 되었는데 이들은 곧 사회주의 이론의 동조자가 되었다. 김용직, 『현대경향시 해석/비판』, 느티나무, 1991, 9-10면 참조.

[99] 김석송의 시는 이미 몇몇 논자들에 의해서 논의되었나. 한계선, 「신경향파 시론의 형성」, 서울대 국어국문학과, 관악어문연구 6집. 김용직, 『한국근대시사』, 새문사, 1983. 오세영, 「민중시와 파토스의 논리」, 서울대 국어국문학과, 관악어문연구 3집, 1978. 장부일, 「1920년대 전반기 시의 현실지향성」, 울산대 국어국문학과, 울산어문논집 1집, 1984. 한 편 이동순은 그의 시가 단순 서정주의적인 시계열에 비해 사회현실의 상황을 환기시켜주는 특별한 효과를 가지고 있다고 지적하였다. 이동순, 「일제시대 저항시가의 정신사적 연구」, 경북대학교 대학원 박사학위논문, 1988.6. 156면.

기폭제 역할을 한 것은 김기진이었다. 그는 당시의 <백조>를 비롯한 詩誌들에 충만해 있는 영탄과 몽환의 세계를 비판하며 '力의 藝術'을 주창하고 나섰고 이어 1925년에는 조선프롤레타리아 예술동맹(KAPF)이 결성되어 문단은 극심한 양분화 현상을 초래하게 된다. 카프가 의식적으로 결성된 목적문학파라면 거기에 찬동하지 않는 문인들은 의식적이건 무의식적이건 국민문학파의 일원이었으며 여기에서 모색되는 것이 전통의 양식을 추구하는 민요적 시였다. 따라서 1920년대의 문학을 논할 때 우리는 이 두 가지의 큰 문학상의 조류를 상정하지 않고는 그 전모를 파악하기가 사실상 불가능함을 깨닫게 되는 것이다.

　카프는 그것이 주창하는 바 이념을 선행시키고 문학을 자신들의 목적을 위한 수단으로 전락시킨 탓으로 바람직한 작품의 양상을 보여주지 못 한, 특수한 일면을 가지고 있지만 문제는 그렇다고 해서 현실주의 자체가 부정되거나 소홀히 취급되어서는 안 된다는 점이다. 오히려 우리가 주시해야 할 점은 향가에서나 사설시조에서 볼 수 있었던 현실주의의 긍정적 가치가 20년대에 와서 오히려 부정적인 양상을 보여 줄 수 밖에 없었던 원인은 무엇인가에 있다고 하겠다. 그것은 곧 일제시대의 시의 양상이 내적인 요인에 의해 자연적으로 변증법적 과정을 거쳤다기보다는 외적 상황에 의해서 압도되어 있었음을 뜻한다. 가령 20년대의 현실주의 시가 당대에 유행한 사회주의 이론에 접복되어 있었다든가 몇 차례의 검거로 인하여 해체된 것은 이 시대의 현실주의시의 한 특수한 양상으로 지적할 수 있다. 즉 20년대 현실주의시는 사실상 사회주의라는 외적 영향과 식민지배를 위한 외적 탄압에 의하여 왜곡되어 왜소화되어 갔고 자체적인 반성과 극복의 시간은 충분히 주어지지 않았던 것이다. 결국 어느 시대에나 있어 온 것이지만 문학은 자체내의 자율성을 가지는 반면 한 편으로는 그 자율성에 반하는 외적 상황과 끊임없이 직면하고 있다고 할 수 있다.

 카프의 현실인식의 양상이 구체적으로 식민지 정책을 얼마나 투철하게 관통하고 있었던가 하는 점은 앞으로 많은 논의가 있어야 하겠지만 어쨌든 한국시가에서 지속적으로 작용해 오던 관념주의와 현실주의의 경향이 20년대에 와서 극단적인 분열의 양상을 보였고 그것이 특수한 양상으로 나타났다는 점은 그것이 곧 식민지 현실의 상황에서 유래된 것이었음을 부인할 수 없다. 특히 20년대는 당대의 여러 가지 내외적인 조건에 의해서 이 두 가지 양식이 첨예하게 대립되어 표면화되어 있어서 한국 근대시의 전모를 밝히기 위해서는 현실주의와 관념주의라는 축을 설정하여야만 비로소 가능하리라고 보이는 것이다.

 30년대 이후의 한국시는 보다 다양한 양상으로 전개되어 현실주의와 관념주의라는 2분법으로는 사실상 많은 무리가 따르는 것이 사실이지만 그럼에도 불구하고 이후 현대시에 이르기까지 이 두 가지 양식은 끊임없이 변모되는 가운데 지속되고 있다고 보아야 할 것이다.

Ⅲ 관념주의시의 배경과 전개

Ⅲ-1 관념주의시의 시대적 배경

1) 식민지 현실과 그 인식

한국근대시가 특수한 사정을 전제로 하고 이해되어야 한다고 할 때 그 특수한 사정이란 다름아닌 일제의 식민지 치하였다는 점을 뜻한다. 문학의 자율성은 아무리 강조되어도 지나치지 않지만 한 편으로는 사회의 소산임을 부인할 수도 없다.

치밀한 계획하에 조선 침략을 획책해오던 일본은 1910년 한일합방 후 통감부를 즉각 총독부로 개편하였고 3.1운동이 일어난 1919년까지 무단정치를 감행하였다. 무단정치의 구체적인 형태는 헌병경찰제도로 나타났는데 이는 한반도의 완전장악을 위해 치안조직에 역점을 두어야 했기 때문이었다. '일본의 경우 헌병과 경찰은 별개의 것이었는데도 불구하고 식민지 한국에서는 군사경찰과 보통경찰을 일체화한 헌병경찰제도였다.'[100] 1910년대의 한반도의 행정구역은 220개군, 2517

면으로 되어 있었는데 헌병분주소는 1624개소에 달했으며 이들에 의한 감시, 규제, 취체, 처벌의 결과 1912년에는 연행, 구금, 투옥된 총 숫자가 5만명을 상회하였고 1918년에는 무려 18만명에 달했다.[101] 이것은 곧 한국의 무단 지배를 위한 일제의 극악함을 그대로 보여주는 것이다.

이러한 정치적 여건에 견주어 볼 때 경제적 상황 또한 그에 못지않게 혹사당하게 되었다. 한일합방 이전에 이미 그들은 동양척식회사를 설립하고 농토와 자원 및 경제력의 수탈에 박차를 가했다. 무단정치 하에서 일본이 가장 힘을 들였던 경제정책이 1910년 3월부터 1918년 11월에 완료된 토지조사사업이다. 이 사업은 근대적인 소유권이 불명확했던 한국의 실정에 근대법상의 소유권을 강제함으로써 농민의 법지식의 결여, 무지, 정보부족등을 이용한 토지수탈작업의 일환이었다. 그 결과 그들의 소유지는 모두가 총독부나 그들이 비호·방조하는 자들의 손아귀에 넘어가 버렸던 것이다.

1918년의 통계는 전농가호수의 3.3%가 지주였고 그 중에는 대략 100정보 이상의 경우는 일본인이, 100정보 이하는 한국인지주의 비율이 높았다.[102] 소작농과 자작겸 소작농은 전 농가의 77%였고 지주의 토지를 경작하면서 수확의 5할 내지 7할을 지주에게 바쳤기 때문에 경제적 궁핍은 극에 달했다.

한 편 소유개념이 더 불명확했던 임야의 경우는 총 1600만 정보 중 1300만 정보가 일본의 국유가 되어 營林署에 소속되었고 민영림도 그 소유가 명확해 짐으로써 땔나무조차 구하지 못 하게 된다. 이런 상황에서 농민들은 화전민이 되거나 도시빈민이 되거나 유민이

---

100) 강재언,『일제하 40년사』, 풀빛, 1984. 44면.
101) 김용직,『한국근대시사』, 새문사, 1983. 121-122면.
102) 강재언, 앞의 책, 48면.

되었던 것이다. 즉 일제의 무단정치는 강압과 수탈, 궁핍의 대명사였던 것이다.

이러한 식민지의 현실에 대해 당대 지식인들의 관심사는 전혀 엉뚱한데 있었다.

  a) K兄! 이 宇宙間에 棲息하는 사람以外에 엇써한動物이 울고 십지안이한 울음을우고 웃고십지안은 우슴을우스며 가고십지안이한곳을가고.하고십지안이한 일을하여야한다는不美한因習을가젓슴니가. 만일우리가이모든因習을打破할쑤가잇섯드라면, 우리는 얼마나자랑할만한生命을가진우리여슬가요.만일우리가그것을 打破할수업는우리일것갓흐면 우리는永遠히不幸으로부터 버서날수업는우릴것임니다. 永遠히罪惡을 거듭하는우릴것임니다.103)

  b) 그러나우리는過去의 藝術,思想, 宗敎,制度 밋科學에잇서서 世界最古文明國 支那 印度,巴比倫,埃及과갓치 世界文化에무엇을 貢獻한것이잇는지冷靜히생각하여보쟈….要컨대우리의先祖의思想 과事業이人類의思想或은幸福에影響을及하여준것이업다고自白치아니하면아니되겠다.104)

  c) 남에게 빗이잇스나 우리에는 아모러한 빗이업스며 남에게 자랑이잇스나 우리에겐 아모러한 자랑이업도다. 임의 가젓든 빗은낡어 褪色된지오래엿고 새로운이에 부르지짐은 아직도쓰거움지못하야 옛날의번격어리든 榮華의꿈이약이만 朦朧히 灰色하눌에 스러져가는별빗갓흔데 애닯은追憶의동네에헤매이는 젊은 사람의마음은 그얼마나 서늘한가슴뮈여지는哀愁에 적시웟스랴 밤마다밤마다 고요한밤마다 어지러운풀동산위에안져 하욤업시 이슬에저져쩌는풀을 낙구며 가만가만이노래부르고 도라가는北斗七星을안어 눈물석긴 압흐고슯흔 기인追憶의냄새에 맥맥한가

---

103) 김찬영,「k형에게」, <폐허> 1호, 29-30면.
104) 李丙燾,「朝鮮의 古藝術과 吾人의 文化的 使命」, <폐허> 1호, 3-11면.

슴만쥐어쓰들샨이엿다.105)

1920년대 초기의 시인들은 거의가 현실의 부정을 인식의 공통점으로 하고 있다. 그런데 부정되어야 할 현실은 식민지 치하의 정치적이거나 사회적인 데 그 원인이 있는 것이 아니라 불합리한 인습과 문화적 후진성에 근거하고 있다.

a)의 글은 인습 때문에 초래되는 자신의 불행을 말하고 있다. 그것은 타파되어야 할 불미스러운 것이며 그것이 타파되지 않는 한 영원히 불행과 죄악이 계속 될 것이라는 것이다. 물론 전통적 인습에 반발하는 것은 그 이전부터 제기된 것이긴 하지만 그것을 사회전반의 것으로 일반화하거나 또는 개체의 자유로운 생존을 억압하는 것으로 구체화되지는 못 했었다. 이것은 곧 현실에 대한 인식이 사회적이고 집단적인 것에서 개인적인 것에로 옮겨짐을 말하는 것이다.

b)와 c)는 우리나라의 문화적 열등감을 표현한 글이다. '우리는 세계문화에 공헌한 것이 없고' '빛과 자랑이 없다' 과거의 빛도 낡고 퇴색되었으며 그런 옛날을 뒤돌아보며 젊은 사람은 슬퍼한다는 것이다.

위의 예에서 찾아볼 수 있는 것은 현실은 부정되어야 할 대상인데 그 부정되어야 할 원인이 일제하의 식민지 현실이나 역사인식에서 연유하는 것이 아니라 지극히 피상적이고 감상적인데 있다는 것이다. 거기에는 식민지 지식인이 보여야 할 역사의식이나 적극적이고 미래지향적인 의지보다는 그나마 조금 나아보이는 과거에 대한 나약한 향수로 나타나고 있는 것이다.106)

---

105) 「六號雜記」, <백조> 1호, 141면.
106) 과거지향성과 퇴행성은 물론 현실의 부정 위에서 가능한 것이다. 이 때 부정되고 있는 현실이 전반적으로는 3.1운동의 실패에 기인하고 있겠으나 그것이 직접적이고 의식적인 것으로 나타나지는 않고 있다.

이러한 현상은 결국 개화기에서 보였던 사회의식, 즉 자국:외국, 개화:반개화라는 보다 큰 갈등관계에서 개인:사회라는 보다 축소된 갈등관계로 전이된 결과로 보여진다. 개화기에 있어서의 갈등관계는 개화든 수구든 자국의 보호라는, 사회와 관계된 큰 테두리 속에서 유지될 수 있었다고 한다면 근대초기에 있어서의 갈등관계는 나와 관계된 축소지향적인 것이면서도 역사의식에서는 유리된, 감상적인 차원에 있음을 알 수 있는 것이다.

이미 몇몇 논자들에 의해서 지적된 것처럼[107] 1920년대의 시의 경향은 전적으로 3.1운동의 실패에 기인된 것은 아니다. 위의 예의 어느 곳에도 3.1운동의 좌절의 흔적은 찾아 볼 수 없다. 그것보다는 기존 인습에의 거부, 개인의 자유를 구속하는 사회와의 갈등, 문화적 후진성에서 느끼는 좌절감이 더 강하게 나타나는 것이다. 물론 그렇다고 해서 20년대의 시들이 3.1운동의 실패와 전혀 무관하다는 것은 아니다. 3.1운동의 실패는 이 땅의 지식인들에게 큰 좌절감을 주었음에 틀림없으며 그러한 분위기가 사회를 지배했으리라는 것은 상상하기에 어렵지 않다. 즉 적어도 3.1운동의 실패는 20년대 시들을 해명하는데 있어서 직접적이기보다는 간접적인 관계에 있는 것이며 더 직접적인 것은 당대 지식인들의 개인적 차원의 갈등과 좌절에 있었던 것이다.

가령 다음과 같은 작품에서 우리는 근대초기의 관념지향적 성격이 3.1운동과는 무관하게 개인적 차원에서의 갈등과 고뇌에서 비롯되었음을 알 수 있다.

  쓰어라 ! 훨신 〃〃

---

[107] 김흥규,『문학과 역사적 인간』, 창작과 비평사, 1980. 김 철,「1920년대 동인문학의 전개와 그 역사적 성격」, 한국비평문학회, 비평문학 창간호, 1987.7.

Ⅲ 관념주의시의 배경과 전개   71

  물우의로 空氣우의로
  고기의부레로 새의날애로
  훨신〃〃쓰어라!
    O   O
  쓰어라 훨신〃〃,
  자옥한 틔끌에
  파뭇치지말고,
  다썩어 惡臭나는데
  네코를 박지말고,
    O   O
  훨신〃〃쓰어서
  淸淨, 新仙, 豊美,
  自由, 快樂한
  저기 저우의로
  고기의부레로
  새의날애로.
      ―開城吟孤生,「쓰어라!」전문108)

 이 작품은 개성 음고생이라는 독자가 투고한 것으로서 현실의 부정 위에서 관념세계를 추구하는 모습을 단적으로 보여준다. 비록 작품 안에서 그것이 구체적으로 형상화되어 있지는 못 하다 하더라도 현실을 자욱한 티끌로, 다 썩어 악취나는 곳으로 인식하고 청정, 신선, 풍미, 자유, 쾌락한 세계를 지향하고 있으며 그러한 세계는 바로 현실의 세계가 아니라 저기 저 위의 관념세계에 있음을 표상하고 있는 것이나. 현실과 유리된 저기 저 위의 세계는 불위나 공기 위의 세계이며, 새의 날개나 고기의 부레는 바로 현실과 유리된 관념세계를 지향하는 바의 대리표상이다. 문제는 위에서도 지적한 것처럼 이러한 부정적인 현실인식이 역사의식과는 유리된 채로 주관적이고 관

---

108) <태서문예신보>, 제16호 7면. 1919.2.17.

념적인데 있는 것이다.

　현실의 부정 위에서 내면화되고 주관화된 관념세계의 추구는 <태서문예신보>의 거개의 작품들에서 공통적으로 추출할 수 있는데 특히 근대 초창기에 크게 활약했던 김 억이나 황석우의 시에서도 명확히 볼 수 있는 것이다.[109] 김 억이나 황석우의 시에서 적어도 우리는 현실세계가 제외되어 있거나 철저히 배제되고 주관화된 세계만이 나타나고 있음을 쉽게 확인할 수 있기 때문이다. 이는 개화기시가에서 확보되지 못 했던 릴리시즘의 확보라는 최대의 성과이기도 하지만 한 편으로는 당대의 현실이 철저히 외면 당했다는 데에서 또 다른 손실일 수도 있다. 개화기시가에서 지나치게 강조되었던 현실이 이렇게 주관화되고 내면화된 관념의 세계로 나아가는 과정은 <학지광>의 시에서나 <태서문예신보>에서 중견시인으로 활약했던 해몽이나 백대진, 최영택 등의 소위 신변시에서 구체적으로 확인할 수 있다.[110]

　따라서 20년대 초반으로 이어져 큰 영향력을 행사했던 관념지향적 성격은 3.1운동의 실패에 전적으로 기인된 것이 아니라 이미 그 이전부터 현실부정의 또 다른 근거 위에서 나타나고 있었던 것이며 그것도 전문적인 시인들에게서뿐 아니라 일반독자에게서도 확인되고 있는 것이다.

　물론 20년대의 시인들이 현실을 부정하고 개인적 자유를 갈망하게 된 데에는 식민지의 현실과 3.1운동의 실패라는 민족적 좌절감의 큰 테두리 내에 있음을 부정할 수는 없다. 그러나 남의 나라의 식민지밖

---

109) 예를들면 한국최초의 근대시로 일컬어지고 있는 김 억의「봄」이나「봄은 간다」(<태서문예신보> 제7호, 1918.11.30)는 릴리시즘의 확보라는 긍정적인 측면 이외에 주관적 관념세계의 추구라는 점에서 주목 될 수 있다.
110) 이들의 시는 현실에서 관념으로, 사회성에서 개인성으로, 객관성에서 주관성으로 시선이 이동되는 과정에 있다. 본고 3-3 1)신변시의 시사적 위상 참조

에 될 수 없었던 원인을 그들은 문화적 후진성에서 찾았던 것이고 아직도 구태의연한 인습에서 찾았던 것이다. 현실에 대한 이러한 인식과 반응이 집단적인 양식이 아니라 개인적 고뇌로 나타났던 점은 그 시대가 지향하는 목적의식의 부재에서 비롯된다. 개화기의 시가들이 '신문명을 배워서 보국하자'는 보편적 목적 아래 쓰여졌다고 한다면 20년대 초기의 시인들은 이러한 민족적 의지가 집약된 목적의식을 가지지 못 했던 것이다. 한일합방이 기정사실화 되었고 그것을 어쩔 수 없이 받아들이며 그 체제에 순응하는 과정에서 거기에는 사회에서 분리된 개인의 영탄과 좌절밖에 있을 수 없었던 것이다. 따라서 이들은 집단에서 분리된 채 부정적인 현실에 대해 구체적 방안을 제시하지 못 하고 역사의식의 부재속에서 곧바로 관념적 도피에 빠졌던 것이다.

김홍규는 한국근대초기시의 성격을 논하는 자리에서 그 원인으로서 당대작가들의 신분계층에 대해 주시하고 있다.

> 그러면 1920년대 초기시의 제 양상과 낭만적 상상력의 구조를 낳은 역사적 기초 및 그 성격은 무엇인가? 요점부터 지적한다면, 그것은 전진적 역사주체로서의 역할이 소거(消去)된 식민지 중산층 지식인들의 방황과 무력감 그리고 고독한 개인주의의 자기표현이라고 본다.111)

> 도덕적 급진주의와 정치적 무력감이 하나의 논리 안에 공존하였다는 점을 고려할 때 비로소 우리는 1920년대 초기의 낭만적 상상력이 왜 반사회적 개인주의와 낭만적 도주에 젖어들고 마침내는 내면의 밀실만을 자유의 유일한 터전으로 생각하게 되었는지 이해할 수 있다.112)

---

111) 김홍규, 「1920년대 초기시의 낭만적 상상력과 그 역사적 성격」, 『문학과 역사적 인간』, 창작과 비평사, 1980. 261면.

이 견해는 한국근대시의 성격을 논하는데 있어서 매우 적절한 해답을 제공하고 있다고 보여진다. 당대의 문학을 담당했던 계층이 주로 중산층의 자제들이었고 거개가 일본 유학을 했다는 점과 추상적 역사의식에서 오는 현실의 부정, 그리고 사회현상에 대한 반응이 개인과의 관계로 나타나는 점등은 서로 밀접한 관계를 가지고 있다고 생각할 수 있기 때문이다.

2) 문화정치와 목적의식의 상실

20년대 초기의 시들이 현실과 유리된 채 관념세계를 지향한 점과 관련지워 생각할 수 있는 또 다른 요인은 소위 일제의 무단정치에서 문화정치로의 전환이라고 할 수 있다. 3.1운동 이후 일제는 문화정치를 표방함으로써 겉으로는 식민지 지배를 완화하는 듯 했지만 실상은 그것이 보다 교묘한 식민지 수탈방식이라는 것[113]은 새삼스럽게 논할 성질의 것은 아니다. 그러나 표면상으로는 문화정치의 영향으로 각종 신문과 잡지가 간행되고 각종 집회가 허용되었다. 우선 언론분야에서 특기할 사실은 <동아> <조선> 양대 민간지의 창간이며 문학잡지로는 1919년에 <창조>가, 1920년에 <개벽>, <학생계>, <폐허>가 1921년에 <장미촌>, 1922년에 <백조>와 <신생활>, <조선지광>이, 23년에 <금성>등이 발행되었다. 3.1운동이전에 나온 잡지는 그 총수가 10종 안팎에 그쳤음에 비추어 보면 이 무렵 우리 주변에서 발간된 잡지들의 숫자가 상대적으로 두드러짐을 알 수 있다.[114] 한 연구결과에 의하면 1919년 이후 10년 동안에 발간된 잡지의 수가 해방 전까지

---

112) 김홍규, 앞의 책, 265면.
113) 강동진, 『일제의 한국침략정책사』, 한길사, 1980.
114) 김용직, 『한국근대시사』, 새문사, 1983, 141면.

의 잡지 창간 총수의 절반에 해당하는 250여종에 이른다고 한다.115) 물론 당대의 잡지들의 수명이 그리 길지는 못 했다고 볼 때 잡지의 수만으로 모든 것을 평가하기는 어렵다고 하더라도 '표면적으로는 식민지의 사회, 경제, 문화의 모든 양상을 일변시키기에 족한 것이었음은 넉넉히 짐작할 수 있다'고 하겠다.116)

그런데 일제의 문화정치라고 하는 것이 이런 긍정적인 면과는 별도로 오히려 부정적인 면으로 작용했음도 간과할 수 없는 일이다. 박영희는 문화정치가 시행된 이후인 1920년대를 회고하는 글에서 "그때는 개인생활이나 사회의 분위기가 어딘가 너그러운 데가 있었다"고 말하고

> 그 후 부터는 모든 것이 허가제이기는 하였으나 결사와 집회를 허가하였고 언론과 출판도 허가되었다. 이 기회를 타서 조선청년들의 건설적 정열의 홍수는 문화면으로 벅차게 쏟아져 흐르기 시작한 것이었다.117)

고 회상하고 있다. 3.1운동 이후 문화정치시대의 사회분위기는 이들의 회상대로 '너그러운 데가 있었고' '사회각층이 한창 버석거리며 변환하던 시국'118)이었으며 이에 따라 '이내 독립국이 되는 듯한'119) 착각에 빠져 있었던 것이다.

그러나 일제의 문화정치란 한갓 식민지 지배를 연장하기 위한 하나의 수단이었을 뿐 그것이 곧 우리나라의 문화를 고양시키기 위한 것은 아니었음을 상기할 필요가 있다. 일예로 우리는 문화정치라는

---

115) 백재순,「잡지를 통해 본 일제시대의 근대화운동」, <신동아> 1968,4
116) 김 철, 앞의 논문.
117) 박영희,「초창기의 문단측면사」, 58면.
118) 홍사용,「백조시대에 남긴 여화」,『한국문단이면사』, 깊은샘, 1983, 97면.
119) 홍효민,「한국문단측면사」, 위의 책, 15면.

표명 아래 간행되었던 신문·잡지에 대한 검열을 주시할 필요가 있다. 출판물에 대한 검열제는 1907년 7월부터 강요되고 있었는데 이후 事前檢閱과 納本檢閱이라는 이중검열로 민족정신의 앙양이나 식민지 정책에 대한 불복을 철저히 탄압하여 전반적인 민족문화 말살을 목표로 삼았다.[120] <소년> <청춘>의 정간 및 폐간, <신생활>지의 폐간, <개벽>지의 압수, 정간, 폐간 등은 이 때의 상황을 잘 대변하고 있다. 실제로 <개벽>에는 '그렇게도 사방팔방으로 꼼짝달싹 못 하게 되어서는 落世家의 문자대로, 머리를 깎고 深山을 향할 外에 他道가 없읍니다.'[121] 라고 당시의 상황을 말하고 있는 것이다.

> 雜誌의 發刊이란 荊棘의 길을 걷는 것 外에 아무것도 아니었고, 時事와 政治에 近似한 말씨도 重罰을 받았고 오직 學術, 技藝, 統計, 廣告類만을 揭載할 수 있을 뿐이고 그것도 가지가지로 制限된 限界 내에서 <許可>란 어려운 關門을 거쳐서 發行하는 것이 그 實情이었다.[122]

이러한 상황하에서 당대 시인들이 선택할 수 있는 길은 절필을 하거나 작품을 미발표로 두거나 또는 검열제라는 현실과의 타협아래 순응 또는 우회적인 길을 찾는 것이라고 할 수 있다. 당대의 시들이 내면화로 관념화로 나타나는 것은 이런 의미에서 시인 자신들의 성향과 외적 강요라는 이중성 위에 선택된 것이었던 것이다.

3.1운동 이후의 당대 지식인들의 정치적 사회적 욕구를 문화라고 하는 간접적인 곳으로 유도하려고 하는 계산 아래에서 문화정치는

---

120) 송민호,「일제하의 한국저항문학」,『일제하의 문화운동사』, 현음사, 1982. 224-227면.
121) <개벽> 34호, 1924년.
122) 김근수,『한국잡지개관 및 호별목차집』, 영신아카데미 한국학연구소, 1973. 113면.

표방되었던 것이며 따라서 범민족적으로 분출되었던 독립에의 의지는 오히려 교묘하게 분산되게 되었던 것이다. 따라서 문화정치는 당대 지식인들로 하여금 식민주의의 정체를 더욱 희미하게 하고 사회 현실에 대한 인식을 오히려 오도함으로써 그 이전부터 싹을 보이던 사회와 개인의 분리를 더욱 가속화시켰던 것이다.

물론 3.1운동이후의 모든 문화운동을 모두 일제의 기만술에 말려들었다고는 볼 수 없을 것이다. 거기에는 분명 민족문화의 각성과 일제에 대한 상대적 의미로서의 민족의식의 성장이 있었기 때문이다. 그러나 적어도 20년대 초기에 있어서의 문학에 대해 논할 때에 우리는 상당히 부정적인 시각을 버릴 수 없음도 사실이다. 당대의 문학을 담당했던 사람들이 문화정치의 허실을 관통하는 역사적 안목을 가졌었다고 보기는 어렵기 때문이다. 당대현실을 보는 시각이 역사적 안목이기보다는 개인적 고뇌와 번민에서 비롯되는 것일 때 그리고 그러한 원인을 문화의 후진성과 봉건적 인습에서 찾을 때 문화정치는 한갓 자신들 개인을 위한 관념적 도취와 자기만족을 위한 것으로 이용되었을 뿐인 것이다. 식민정치라고 하는 것이 한 집단에 대한 다른 집단의 지배논리라고 한다면 그것을 타개하기 위해서 필요한 것은 피지배집단의 유대와 공동체 의식이라고 할 수 있다. 따라서 당대에 있어서의 근대화는 곧 반식민, 자주독립과 등식관계에 있을 때 비로소 역사적 당위성을 획득하는 것이다. 이러한 면에서 본다면 일제의 문화정치는 전통과 현실의 부정위에서 개인적 자유를 구가함으로써 집단으로서의 일체감을 무력하게 했고 사회적 정치적 현실을 왜곡되게 했던 것이다.

즉 일제의 문화정치는 민족의 결집력을 약화시켜 오도하고 당대 지식인들의 현실인식을 보다 교묘하게 왜곡시켰던 것이며 무력한 개인주의를 보다 촉진케 함으로써 관념주의 문학을 촉진시킨 것으로 평가되는 것이다.

Ⅲ-2 관념주의시의 문학적 배경

1) 상징주의와 순문예의식

한국의 근대시는 내적인 면에 있어서 개화기시가의 교술적 성격을 거부하고 거기에 외적인 자극으로서 서구의 문학이 작용한 결과로 나타났다고 할 수 있다. 전술한 바와 같이 개화기의 시가는 외세의 침입에 대한 현실의 적극적인 반영이면서 그 목소리는 공허한 관념으로 나타났다는 데서 한국시가에 지속적으로 작용과 반작용을 거듭하던 현실주의와 관념주의가 혼거한 양상으로 나타났던 것이다. 개화기의 시가는 시대적 요청에 부응하는 가운데 사적인 양식이 아니라 공적인 반응양식이었으며 따라서 릴리시즘과는 자연적으로 거리가 멀었다. 근대시의 요건을 릴리시즘과 운율에 대한 새로운 자각, 시어에 대한 자각[123] 이라고 할 때 개화기의 시가는 이 요건들 중 어느 것도 충족시킬 수 없었던 것이다.

근대시가 개화기시가를 극복의 대상으로 삼았다고 할 때 그 성격은 개화기시가의 반대명제 위에 서게 된다. 그것은 곧 현실에의 반응양식, 즉 공적 반응의 거부였던 것이다. 개적 정서를 표현한다는 의미에서 근대시는 현실에 대한 반응을 개인적인 것으로 국한하게 되었고 따라서 거창한 구호보다는 보다 축소되고 소극적인 반응양식이 선택되게 되는 것이다. 극복의 대상을 현실과 관련시켜 볼 때 개화기시가가 지니고 있었던 보다 적극적인 현실의 반응이 곧 교술성으로

---

[123] 정한모, 『한국현대시문학사』, 일지사, 1982, 251-252면.

나타났던 것을 감안한다면 근대시가 현실문제에 소극적이었다는 점은 개화기시가의 극복과정에서 생겨난 반대급부였다고 할 수 있다. 한 편 그것은 당대 지식인의 현실인식과 함께 서구문예의 도입과 밀접하게 관련된 것이었다.

개화기시가의 극복이라는 내적인 형성요인 위에 근대시 형성에 보다 직접적인 자극을 준 것은 상징주의의 도입이라고 할 수 있다. 1918년의 <태서문예신보>는 창간사에서 밝힌 바와 같이 서구의 문예를 소개하고자 하는 의도에서 발간되었고 그 중 특히 상징주의의 직접적인 영향하에 있었음은 주지의 사실이다. <태서문예신보>의 출현과 더불어 비로소 한국문학은 세계문학에 동참하게 된 셈이며 한국문학의 시야는 그만큼 확장되었다고 할 수 있을 것이다. '<태서문예신보>는 '일체 문예에 관한 것을 충실하게 번역할 목적'으로 발행되었지만 본래의 의도와는 달리 문학중심으로, 그 중에서도 특히 시중심으로 편집·간행되었다. 한 편 시와 시론은 주로 상징주의와 관련된 것들이었고 그것이 한국근대시 형성에 미친 영향은 지대한 것이었다. 따라서 한국의 근대시를 논할 때 상징주의의 영향을 무시하고서는 논의 자체가 사실상 힘들다고 말 할 수 있다.

상징주의는 넓게는 사실주의 및 자연주의에 대한 반동으로 싹텄고 Jean Moreas가 1886년 9월 18일 <Le Figaro>지에 「상징주의선언」을 발표한 것을 기점으로 시작되었다.

상징주의의 성격은 Gustave Moreau가 "나는 내가 만지는 것도, 내 눈에 보이는 것도 믿지 않는다…나의 내적인 감정만이 나에게는 영원한 것으로 보이고, 반박의 여지없이 확실한 것으로 보인다"[124] 고 한 데에 잘 나타나 있다. 상징주의는 사상과 감정을 직접적으로 묘사하

---

124) Henri Peyre, *La Litterature Symboliste*, Collection QUE SAIS-JE ? NO. 82. 윤영애 역, 145면.

거나 구체적인 이미지들과 공공연하게 비교해서 규정하는 것이 아니라 '이런 사상들과 감정들이 어떤 것인가를 암시함에 의해서, 다시 말하면 설명되지 않은 심벌들을 사용해서 독자의 마음 속에 그것들을 재현시킴에 의해서 사상과 감정을 표현하는 예술' 125)이다.

그러나 이러한 개인적 국면 이외에 상징주의는 구체적인 이미지가 시인 내부의 특정한 사상이나 감정이 아니라 현실세계가 불완전하게 나타내고 있을 뿐인 광대하고 보편적인 이상세계의 심벌로서 사용되는 다른 국면을 가지고 있다. 즉 그것은 현실을 넘어서서 사상의 세계를 꿰뚫어 보려는 시도라고 진술될 수 있다. 그 사상들은 시인의 정서를 포함한 시인 내면의 것이거나, 혹은 인간이 도달하고자 염원하는 완벽한 초자연계를 이루는 플라톤식의 사상들일 수도 있다.126)

실증주의와 과학만능사상의 붕괴와 자연주의소설의 이상의 결여라는 한계에 대하여 상징주의는 「영혼의 세계」와 절대의 세계에 대한 초월적인 갈망을 이론으로 체계화한 것이며 「영혼의 상태」를 동경하는 이상주의와 예술의 순수성 혹은 음악성, 즉 절대적인 순수시의 실현을 궁극적인 목표로 삼고 있다.

상징주의는 우주적 진실·실체·전형인 「관념」을 궁극적 이상으로 추구한다는 점에서 형이상학적 이상주의 즉 관념론에 입각해 있고, 發光體가 되는 시어 내지 시를 통해서 「관념」의 세계를 사모하고 표상해낸다는 점에서 시적·미학적 이상주의에 입각해 있는 셈이다.127) 따라서 상징주의는 암시나 주문을 통해서 대상을 직접적으로 형상화하고자 했다는 점에서 관념주의와 극단적인 주관주의에 빠지게 되며 '관념론과 상징주의가 동일시 될만큼 상징주의는 가장 현저

---

125) Charles Chadwick, *Symbolism*, Methuen & Co Ltd, 1971. pp 2-3.
126) Charles Chadwick, 앞의 책, 3-6면 참조.
127) 김기봉, 「상징주의」, 오세영편, 『문예사조』, 고려원, 1983, 199면.

한 관념론적 경향을 취한다.'128)

> 시는 「사상」에 대해서가 아니라 「관념」에 대해서, 즉 외부세계의 유사에 대해서 비로소 표현되는 「관념」에 봉사하는 것이다…상징주의는 무엇보다도 일종의 관념론으로서, 즉 예술 형체로 표현되기 위해서 보들레르에 의해서 노래 불려진 구상적인 세계와 추상적인 세계와의 「교감」,구상적인 세계의 여러 감각 영역 사이의 「교감」을 살린 관념론으로 나타내야 한다.129)

백대진과 김 억.황석우 등에 의해서 상징주의 시론이 도입되고 『오뇌의 무도』를 위시한 상징주의시의 번역 소개, 또 거기에 입각한 창작시들은 여러가지 면에서 한국근대시의 새로운 경지를 개척한 것으로 평가될 수 있다. 형태면에 있어서 자유시와 산문시 쟝르의 모색 및 확립과 함께 개적 정서의 인식, 시어와 운율에 대한 인식 등은 개화기시가가 내포하고 있었던 시적 결함을 극복한 것이었다. 즉 상징주의는 형태면에 있어서 자유시의 성립을 가져 왔고 내용면에 있어서는 릴리시즘에 입각한, 더욱 확고한 시적 인식을 확립시켰다.

또한 그것은 현실인식의 측면에 있어서 개화기시가의 반대명제에 의해 부각되었던 개인적 관념세계의 추구에 대해 더욱 명확한 근거를 제공하였던 것이다. 개화기시가에 대한 반대명제는 교술성을 거부하는 릴리시즘을 확립하고 한편으로는 그 교술성의 원인으로 작용하고 있었던 적극적인 현실반응을 거부하였다. 그것은 시가 곧 개인정서의 세계임을 인식한 긍정적인 결과이며 또 당대의 상황에 비추어 볼 때, 지식인들이 지향하고 있었던 관념세계의 추구였다는 것을 부인할 수 없다. 따라서 한국근대시에 나타나는 현실성의 결여와 관념

---

128) 방 티겜, 『불문학사조 12장』, 민희식 역, 문학사상사, 1981. 215면.
129) 방 티겜, 앞의 책, 261면.

세계의 추구는 내·외적인 조건에 의해 필연적으로 대두된 것이라고 하겠다.

그러나 20년대 상징주의는 본격적 개화까지는 이르지 못 하고 상징풍에 머물고 만 것이 사실이다.[130] 그 이유는 몇 가지로 해석이 가능한데 우선 당대의 시인들이 상징주의에 대해 철저히 인식하지 못 했다는 점을 들 수 있다. 선행하는 사조나 유파가 명확히 존재하지 않았기 때문에 그 기반은 약할 수밖에 없었고 시쟝르에 대한 인식조차 불완전한 채로 이론적 무장이 빈약한 상태에서 상징주의가 도입되고 시험되었던 것이다. 또 한편으로는 식민지라고 하는 시대적 여건과 신경향파의 대두에서 그 원인을 찾을 수 있다. 식민지 상황에서는 현실에 무관한 것이 미덕일 수 없었고 그 와중에 모색된 것이 전통쟝르인 민요와 시조, 민요적 시였던 것이다. 그것은 신경향파가 주장하는 힘의 문학에 대한 국민문학파의 반응이면서 다른 한편으로는 상징주의가 도피할 수 있었던 출구였던 셈이다.

따라서 한국에 있어서 상징주의는 상징주의 자체로 개화하고 발전했다기보다는 근대시 형성에 지대한 영향을 미쳤고 이후에도 간접적인 영향을 미치면서 나름대로 변모해 갔다고 할 수 있다. '생산된 작품 수는 많았으나 널리 애송되는 가작 하나 변변히 없이'[131] 상징주의는 근거를 잃고 만 것이다. 이런 면에서 본다면 상징주의 도입에 앞장섰던 시인들이 곧바로 민요적 시세계로 후퇴하는 것은 서구적인 시각으로 볼 때 상징주의에서 낭민주의로 전이했다는 것이 아니라 당대 한국문학 자체 내의 동일한 가치관 속에서의 변모라는 것을 뜻한다. 이렇게 볼 때 한국에서의 상징주의가 개화하지 못한 것은 결함

---

130) 김은전, 「상징주의의 수용과 그 전개」, 김용직 외, 『문예사조』, 문학과 지성사, 1981. 451면.
131) 김은전, 앞의 논문, 451면.

이 아니라 오히려 한국문학내의 자체적인 한 특성으로 보여지는 것이다.

2) 낭만주의와 전통의 양식

한국의 근대문학이 일제 식민지의 질곡의 상황 아래에서 형성되고 전개되었다고 할 때 거기에는 필연적으로 역사의식과 결부된 민족의 문제, 국가의 문제가 수반되게 된다. 서구의 상징주의가 근대시의 형성을 촉발하고 당대 지식인의 취향에 알맞는 근거를 제공한 것은 전술한 바와 같다. 그러나 한 편에서는 지속적으로 민족의식이 성장하고 있었는데 그것은 구체적으로 국문사용과 조선혼의 고취, 국어연구 등으로 나타났다.

'국문사용'에 대한 본격적 논의는 1896년경부터 시작되는데 이들 논의에서 국한문 혼용에 관한 것은 극히 적고 국문전용을 권장하는 것이 대부분으로, 이것은 1908년경까지 집중적으로 계속되기 때문에 범민족적 확산을 충분히 인정할 수 있다.[132] '국문사용'의 주장은 국문이 언어의 도구성에 있어서 한문보다 앞서며 단시일 내에 습득이 가능하여 신과학문명을 발전시키는데 편리하다는 인식에 근거하고 있다. 이 주장은 조선혼과 함께 민족교육의 필요성과 관련하여 이루어진다.

1920년대의 한국의 민족주의는 일제의 문화정책을 역이용하여 민족문화를 탐색하고 그 정신적 지주를 확립하고자 한 것으로서 조선어학회의 국어연구, 장지연, 박은식, 신채호, 정인보, 문일평, 손진태

---

132) 고종의 칙령에 의하여 모든 공문서에 국한문이 범민족적으로 쓰여지게 되는 1894년부터 유길준의 『서유견문』을 선두로 국문의식은 확산된다.
정종진, 『한국현대시론사』, 태학사, 1988. 20-21면 참조.

등의 민족사학으로 설명될 수 있다.

조선어학회의 <한글> 잡지 발간, 사전편찬, 맞춤법 제정, '한글날' 제정 등은 민족문화를 일반에게 널리 선양하는데 공이 컸으며, 민족주의 사학에서는 독립운동의 정신적 지주를 제공하기 위해 박은식은 '민족의 혼'을 지키기를 역설하였고, 정인보는 '조선의 얼'을 지키기를 강조하였으며 최남선의 '조선정신' 문일평의 '조선심' 등은 모두 민족의 독립을 되찾고자 하는 노력과 연결된 것으로서 정신주의적 경향을 띠고 있었다.133) 이들은 대개 현실에 있어서의 정치적 패배를 보상하기 위하여 문화적인 전통의 우수성을 강조하고 있는 것이다.134)

국문사용과 조선혼의 주장은 상징주의의 도입과 더불어 한국근대시의 기초를 확립한 것이지만 한 편으로는 그 한계가 뚜렷이 나타난다. 즉 국문사용을 주장하는 것이 심경적 상식적 차원에서 이루어진 점, 조선혼의 함양에 대한 구체적 방안이 제시되지 못한 점 등이 그것이다.135)

조선혼은 1920년대의 문학의 양상과 밀접한 관련을 가지고 나타나게 되는데 그 구체적 방법론은 시조부흥론과 민요에의 탐구, 민요적 시의 창작으로 나타난다. 3.1운동 이후 민족주의의 기운이 전 민족을 통해 일체감을 형성하면서 광범위하게 나타났고, 문학의 경우 그것은 구체적으로 국민문학운동으로 나타났으며, 그 결과 전통과 고유의 정신유산인 시조와 민요를 전범으로 삼게 되었던 것이다. 이러한 경향은 1920년대 중반의 소위 프롤레타리아 문학이 등장하면서 보다 의식적으로 부각되어 한국시사의 주류를 이루게 된다.

---

133) 이기백,『한국사신론』, 일조각, 1981, 433-434면.
134)『한국현대사 6』, 신구문화사, 1971, 65면.
135) 정종진, 앞의 책, 25면 참조.

국문사용이나 조선혼의 주장, 전통양식의 탐구 등은 낭만주의 문학의 특성과 결부되는 것이다. 한국문학에 있어서 낭만주의는 의식적으로 도입된 것이 아니며, 따라서 그 자생적인 측면이 항상 강조되고 있는 것[136]은 그것이 식민지 현실이라고 하는 한국적 특수상황과 결부되어 있었기 때문이다.

근대 초기에 서구 상징주의를 도입하고 새로운 시를 모색하던 시인들은 거개가 전기의 상징주의적 시풍을 부정하고 민요적 시로 선회하게 되는데, 그것은 20년대 초에 석송 김형원을 위시한 신경향파 시인들이 기존의 문예운동에 대한 반성과 비판으로 현실생활을 중시한 문학론을 발표하면서부터 자신들의 거취를 명확히 하지 않으면 안 될 입장에서 선택된 것이었음을 직시할 필요가 있다. 즉 상징주의에 경도되었던 이들 시인들은 당대문단의 양극화 현상에서 간접적이나마 양자택일을 강요받을 때 민요적 시를 선택하게 되는 것이다. 서구적인 시각으로 볼 때 별종의 경향인 것처럼 보이는 민요적 시로의 선회는 당대의 문단상황으로 본다면 오히려 당연한 결과일 수 있다. 왜냐하면 현실의 적극적인 반영보다는 자신들의 관념 속에서 이상향을 추구하던 이들에게 있어서 민요적 시는 또 다른 합리적인 안식처가 될 수 있었기 때문이다. 이런 점에서 볼 때 한국의 근대시는 관념지향과 현실지향이라는 두 가지의 축에 의해 구축되어 있으며, 초기의 상징주의 시풍과 민요적 시세계는 결국 동일한 연장선상에 있음을 확인할 수 있는 것이다. 즉 20년대 시인들이 초기의 상징주의 시풍을 부정하고 나온 것은 그것이 시적 방법론에 있어서의 부정이지 상징주의가 근본적으로 가지고 있는 관념세계 추구의 부정은 아닌 것이다.

---

136) 조동일, 『한국문학통사 5』, 지식산업사, 1989. 44면. 오양호, 「서구 낭만주의의 수용」, 박철희 편, 『문예사조』, 이우출판사, 1988. 185면.

오세영은 20년대의 민요적 시세계를 낭만주의라 말한 바 있다.137) 서구의 낭만주의는 문학적 측면에 있어서는 고전주의, 특히 신고전주의에 대한 반동으로 나타났고 철학적 측면에 있어서는 계몽주의의 반동으로 나타났다. 신고전주의시대의 권위주의는 정신 및 지성의 힘, 즉 이성에 대한 무한한 신임에서 비롯되었는데, 예술가도 과학자와 마찬가지로 계산과 판단과 이성에 따라 창작을 할 수 있으리라고 기대하였고138) 그 결과 인간의 다양하고 자유분방한 상상력의 결여와 기계적 도식을 낳게 되었다. 신고전주의의 경직된 문학관을 거부하고 낭만주의는 상상력과 감성 및 주관적 세계인식에 토대하여 문학을 유기적이고 창조적인 생명의 힘으로 보고자 했다.139)

낭만주의자들은 이 세계가 논리적인 법칙으로 이루어진 것이 아니며 이성이나 논리로써 실체를 파악할 수 있는 것이 아니라 오히려 비논리적이고 감성적인데 그 본질이 있으며 우연 혹은 직관적인 힘에 의해서 지배되는 생명체의 하나라고 이해한다. 따라서 이들은 낭만적 아이러니 위에서 보편성보다는 개성을, 물리적 실체보다는 관념을, 객관성보다는 주관성을 강조하게 되고 상상 속에서 이상세계를 건설하는 것이다. 낭만주의의 이념상의 특징은 계몽주의가 지향했던 경험적 실증주의 혹은 감각적 사실주의에 대한 안티테제로서 관념주의라는데 있다. 현실자체는 불완전한 것이므로 진정한 의미를 가질 수 없다고 믿기에 관념세계를 동경하게 된다.140) 현실을 불완전한 것으로 볼 때 거기에는 무한에 대한 동경이 나타난다. 즉 낭만주의의 정신적 기조는 <동경>이며, 낭만주의 문학을 <동경의 문학>이라고

---

137) 오세영, 『한국낭만주의시연구』, 일지사, 1982.
138) Lilian R.Furst, *Romanticism*, Methuen & Co Ltd,1973. pp 15-16.
139) 오세영, 「낭만주의」, 오세영편, 『문예사조』, 고려원, 1983. 80면.
140) 르네 웰렉은 낭만주의자들의 이러한 관념지향성을 신플라토니즘(Neo-Platonism)이라고 정의하고 있다. Rene Wellek, *Concepts of Criticism*, p.163.

할 수 있다.141) 이 때 동경의 대상은 시간적으로는 복고주의적 경향을 띠면서 신화세계나 원초적 자연, 혹은 그리스 로마문화나 중세와 같은 것으로 나타나고 공간적으로는 이국정조(exoticism)로 나타나 동양이나 원시상태의 미개척지로 또는 내면적 동경으로서 꿈과 사랑, 영원한 삶으로서의 죽음으로 나타나는 것이다.

낭만주의자들이 세계를 이성으로 도달할 수 있는 유한한 것이 아니라 무한히 살아 움직이는 것으로 파악했을 때 거기에는 유기체적 세계관이 자리하게 된다. 여기에서 곧 역사주의적 태도가 나타나게 되고 자연적으로 선사시대와 신화시대 또는 민중과 민속문학에 관심을 가지게 되어 민족의 발견이라고 하는 민족주의 이념으로 발전하게 된다. 따라서 이들에게는 민요와 전설, 신화가 중요한 연구대상이 된다.142)

이런 점에서 볼 때 20년대의 민요적 시는 낭만주의의 제반 특성과 그 맥을 같이 하고 있다. 왜냐하면 그것은 소극적이긴 하지만 민족주의 이념에서 창작되었고 현실주의 문학과 대비될 때 관념지향의 것이기 때문이다. 문제는 그것이 보다 진취적이거나 미래지향적이 아닌 복고적인 경향에서 모색되었다는 점이며, 현실주의에 대한 반대급부로서 소극적이고 관념적인 현실인식에서 가능했다는 점이다.

낭만주의와 상징주의는 문학적 표상 및 형상화에 있어서의 표현기법의 두드러진 차이는 차치하고라도 보다 근본적인 차이를 가지고 있다. 낭만주의가 주로 감성체계에 바탕을 둔 서정적 산물인데 반해서 상징주의는 주로 감각체계와 이성체계에 공히 근거를 둔 이념저 정화인 것이다.143) 이러한 차이점에도 불구하고 낭만주의나 상징주의

---

141) 지명렬, 『독일낭만주의연구』, 일지사, 1988. 14면. A.하우저도 낭만주의의 특질을 고향에 대한 향수와 먼 곳에 대한 향수로 보고 있다. A.하우저, 『문학과 예술의 사회사』, 백낙청 외 역, 창작과 비평사, 1981, 205면.
142) 오세영, 앞의 논문, 105-110면 참조.

는 사실주의와 자연주의로 대표되는 현실 혹은 현상 집착의 현실주의를 탈피하여 영혼의 상태를 동경하는 이상주의 내지는 관념주의라는 점에서 동일한 성격의 사조이다.

협의의 역사적 의미에서 볼 때 상징주의는 보다 큰 전체적인 것, 즉 낭만주의 운동의 일부로 다루어져야 한다[144]거나 상징주의는 그 기교나 관점에 있어서 낭만주의를 공들여 손질한 것[145]이라는 견해는 결국 상징주의와 낭만주의의 유사성 내지는 동질성을 설명한 것이다. 그 동질적인 성격으로 인하여 1920년대 한국문단의 실정에 두 사조는 부합되었던 것이다. 암울한 시대에 미래에의 비젼이 전무한 상태에서 지식인들은 더 이상의 현실극복의지를 보이지 못 하고 쉽게 정신적인 위안을 구했던 것이며, 현실세계보다는 이상의 세계를 동경하고 관념 속에서 안락을 추구하는 이들 사조는 당대 시인의 취향에 더 없는 은신처를 제공한 것이다.

이들에게 있어서 현실은 극복되어야 할 대상이 아니라 '어둡고 속악한, 자욱한 티끌의 썩어서 악취나는 곳'이며, 지향하고 있는 세계는 그와는 상반되는 어떤 장소, 즉 낭만적 이분법에 의한 관념세계인 것이다. 이러한 현실의 부정과 관념세계의 추구는 낭만주의나 상징주의에서 공히 가능한 것이었기에 한국의 근대시에서는 그 두 사조가 은밀히 동거할 수 있었던 것이다. 두 사조는 당대의 한국에 있어서 별로 구분의 가치가 없었던 것이며, 단지 유사한 성격으로 해서 같이 동거할 수 있었고, 한국의 특수 사정에 의해서 자연스럽게 전이될 수 있었던 것이다. 이러한 점은 상징주의를 주도적으로 도입한 주요한이나 김 억 등에서 구체적으로 확인 할 수 있는 것인데 이들이 후기에

---

143) 김기봉, 「상징주의」, 오세영 편, 『문예사조』, 고려원, 1983. 178-179면 참조.
144) E.Lucie-Smith, *Symbolist Art*, 이대일 역, 열화당, 1987. 26면.
145) Lilian R.Furust, *Romanticism*, Methuen & Co Ltd, 1973. p.63.

는 민요적 시계열로 선회하고 초기의 시작활동을 오히려 부정하는 것은 결국 식민지라고 하는 한국의 특수사정으로만 설명할 수 있는 것이다. 즉 이들은 관념세계의 추구와 동일선상에서 민족혼을 추구하는 변모를 보이고 있을 뿐인 것이다. 그렇기 때문에 이들의 시에 있어서 초기를 상징주의로 본다거나 후기를 낭만주의로 본다는 것은 단지 서구적인 시각에서나 가능할 뿐임을 알 수 있다.

한국 근대의 초기시가 관념지향적 성격을 띤다고 할 때 그 요인중의 하나는 전술한 바와 같이 서구사조의 영향이었다. 낭만주의가 자생적인 면이 강조된다고 하더라도 의식적으로 수용된 상징주의의 경우 그 영향관계는 직접적으로 추출될 수 있다. <태서문예신보>를 중심으로 하여 상징주의가 수입되어 당대 문단에 지배적인 영향력을 행사했고 그것이 이후의 한국시의 흐름에 획기적인 선을 그었음은 재론의 필요가 없다고 하겠다. 관념지향적 성격을 지닌 낭만주의나 상징주의는 당대의 분위기에 적합했던 것이며, 그것이 관념주의 문학을 형성하는데 주도적 역할을 했으리라고 충분히 짐작할 수 있다.

Ⅲ-3 관념주의시의 전개

1) 신변시의 시사적 위상

한국의 근대시가 개화기시가를 그 극복의 대상으로 삼았다고 할 때 그 극복의 대상은 현실을 근거로 한 작가의 교술적 태도였으며, 그 과정에서 개화기시가가 설정했던 관념적 이상은 어떤 형태로든 지속되어 있었다고 볼 수 있다. 한국의 근대시인은 개화기시가의 교술성을 부정한 나머지 현실에의 반응 그 자체를 부정의 대상으로 삼아 시적 자아가 사회성을 상실하고 개인성에만 집착했다고 볼 수 있다.
 근대시가 가지고 있는 개인적 서정, 즉 릴리시즘은 이러한 요구에 의해 선택된 것이다. 그러나 개인적 정서를 근대시의 한 요건으로 든다고 해서 그것이 곧 현실로부터의 도피나 철저한 개인주의를 뜻하는 것은 물론 아니다. 작품을 사회의 반영이라고 할 때 그 거울은 불변하는 자연의 모방이 아니라 변하고 흘러가는 사회의 반영이며, 스땅달의 비유를 인용하자면 '거리를 질주하는 말에 실은 거울'146)인 것이다. 즉 까뮈의 말처럼 '예술가는 그가 원하건 원하지 않건 간에 이미 역사에 乘船하고 있으며'147) 승선 그 자체가 곧 참여를 뜻하는 것이기 때문이다.
 이런 의미에서 본다면 우리가 소위 '최초의 근대시'라고 일컫는 안서나 상아탑의 작품들은 개화기시가와는 여러모로 변별되는 것들이라고 할 수 있다. 이들의 시에서 우리는 언어의식의 탐구나 개별적 운율인식 등 긍정적인 요소뿐만 아니라 당대의 현실에 대한 철저한 외면 및 개인적 감정에만 충실한 모습을 확인할 수 있기 때문이다.
 한국의 근대시를 가능하게 한 모태는 <태서문예신보>였다. 이 신문은 1918년 9월 26일에 발행인 尹致昊, 주간겸 편집인 張斗澈에 의해 창간된 타블로이드판 8면의 주간지였다. 매주 정기적으로 발행되지는 않았지만 1919년 2월 16일까지 21주동안 16호를 발행하여 '당시의 사정으로는 좋은 성적'148)이었다고 할 수 있다. 이 주간지는 창간사에서 밝힌대로 '태셔의 유명한 쇼셜 시됴 산문 가곡 음악 미슐 각본 등 일체 문예에 관한 기사를 문학대가의 붓으로 즉접 본문으로붓

---

146) 이상섭, 『문학비평용어사전』, 민음사, 1981. 120면.
147) 김봉구, 「작가와 사회참여」, 『작가와 사회』, 일조각, 1982, 429면.
148) 정한모, 『한국현대시문학사』, 일지사, 1974. 243면.

터 충실하게 번역해야 발힝할 목적'149)으로 창간되었으나 본래의 의도와는 달리 예술 전반에 관한 것이기보다는 문학중심으로, 그 중에서도 특히 시중심으로 편집·간행되었다.

<소년>과 <청춘>이 문학지이기보다는 지리.역사를 중심으로 한 교양지였음에 비추어 <태서문예신보>는 교양면보다 문학면이 현저하게 우세하고 특히 서구의 시론과 작품을 대거 소개함으로써 당대의 문인과 독자들의 시의식을 높였던 것이다. 이러한 과정에서 김억과 황석우에 의해서 본격적인 근대시의 출발을 보게 됨으로써 이 문예지의 문학사적 위치는 더욱 확고해졌다고 할 수 있다.

이 신문에는 15명이 42편의 창작시를 발표하고 있는데 김 억과 황석우를 제외한 13명은 무명시인들로서 이들의 작품 수는 모두 25편이다.150) 이들 중 장두철이나 백대진, 최영택 등은 그들의 문학사적 위치를 고려한다면 <태서문예신보>의 중견시인이라고 할 만하다. 즉 이들은 김억이나 황석우의 시의식에는 미치지 못 하지만 일반독자들보다는 높은 수준에 있어서 근대시로 가는 이행기에 있어서 징검다리 역할을 충실히 수행한 것으로 보이기 때문이다.

이들 무명시인들의 작품은 김 억과 황석우로 대표되는 근대시 직전의 양상을 보여주고 있다. 즉 형태적인 면에서 개화기시가와 근접해 있지만 교술성의 거세라는 측면에서 나름대로의 위치를 차지하고 있는 노래체의 작품들, 스토리 전개에 치중하지 않고 서정성에 주안점을 둔 <신춘향가>,이일과 開城吟孤生의 내적 시선을 확보한 작품들

---

149) <태서문예신보> 제1면, 1918.9.26.
150) 이 신문에는 김억 12편, 최영택 6편, 황석우 5편, 장두철 4편, 이일 3편, 백대진 2편 등의 작품이 실려 있다. 이들 중 김억과 황석우를 제외한 13명은 무명시인이라고 할 수 있는데 그 이유는 이들이 작품활동을 지속적으로 하지 않은 점, 문학사에서 거의 취급되지 않은 점, 대부분이 일반독자들로서 비전문적 문인이었다는 점 때문이다.

은 개화기시가에서 근대시로 이행하는 양상을 보여주고 있다. 한 편 해몽, 최영택, 백대진 등에 의해 새로운 성격의 작품도 모색되었는데 이들의 작품은 자기의 신변에 관한 체험이 위주로 되어 있어서 '신변시'라고 칭할 수 있다.

신변시란 주로 자기 신변에 관한 체험에서 쓰여진 것으로서 신변소설과 그 맥을 같이 한다.

> 현실과 切斷해서 심리라는 딴 내부의 세계로 가는 것과 같은 의미에서 작가는 현실과 분리해서 자기 개인의 身邊事에 한하여 私小說을 쓸 수도 있는 것이다. 그 점에서 이 때에 유행한 심리주의 소설과 신변소설과는 형식적인 것보다는 훨씬 거리가 가까왔던 것이다……심리문학과 신변소설과는 결코 相容될 수 없는 딴 세계의 문학이 아니다……당시의 모든 작품은 심리세계가 아니고 완전히 신변적인 私事의 세계였다. 그가 주로 취재해 간 세계는 어머니나 아내나 아들을 상대로 한 家庭事이거나 혹은 친우와의 交友錄, 酒朋의 이야기 등이었다.151)

위의 인용문은 백 철이 한국근대소설을 논하는 자리에서 정의한 것이긴 하나 이를 신변시에도 적용할 수 있다. 한국근대소설사에서 신변소설은 '일차적으로 당대 지식인들의 역사의식의 결핍과 밀접한 관계에 있다'152) 고 할 때 이는 곧 세계를 보는 작가의 시선이 사회적인 데에서 개인적인 것으로 이동하고 있음을 말하는 것으로 풀이할 수 있다. 따라서 이는 역사의식과는 무관하게 자신의 내부로 더욱 침잠하는 심리주의 소설과 같은 맥락에서 파악해 볼 수 있는 것이다. 즉 신변소설은 대사회적인 객관의 세계에서 주관의 세계로, 현실세계에서 관념의 세계로 나아가는 중간지점에 위치하는 것이다.

---
151) 백　철, 『신문학사조사』, 신구문화사, 1982. 518면.
152) 조진기, 『한국현대소설연구』, 학문사, 1984. 348면.

서정시의 본질을 주관의 표출이라고 할 때 모든 서정시는 개인적 경험의 범주에 있으나 신변시의 경우 주관적 정서표출에까지는 이르지 못하고 시선이 사회적인 것에서 개인적인 것으로 옮겨져 있는 것이다. 이는 한국의 시사적 맥락에서 본다면 사회적, 교술적인 개화기의 시가에서 서정적, 주관적 세계의 근대시로 이행되는 과정에 있는 것이다. 육당과 춘원을 위시한 공리주의 문학에서 안서나 상아탑으로 대표되는 무상성의 것으로, 개화기시가의 현실지향적 성격에서 근대시의 관념지향적 성격으로, 객관지향의 세계에서 주관지향의 세계로 이행되는 중간지점에 이들 신변시는 위치하는 것이다.

신변시를 쓴 작가들은 <태서문예신보>에 있어서 소위 중진급에 해당하는 백대진, 해몽, 최영택 등이며, 작품으로는 백대진의 「뉘웃츰」, 「어진안히」, 해몽의 「외-외-이다지도」, 「우리아버지의 션물」, 최영택의 「누이의 익원」 등이다.

정한모는 이들의 작품이 서술형식을 취하고 있음에 주목하고,

> 口話體의 서술 형식인 이러한 시들을 읽으면서 한편으론 아직도 詩에 대한 自覺이나 표현이 素朴한 상태에 머물러 있다고 볼 수 있지만, 崔永澤, 白大鎭, 海夢의 세 사람이 다 같이 공통된 점을 지니고 있는 것으로 보아 자각과 표현의 未熟으로만 돌려 버릴 수 없는 무엇이 있는 것 같기도 하다. 153)

라고 언급하면서 '혹 이들은 英美의 詩중 「譚詩」 narrative poetry 같은 것에 끌리고 있었던 것은 아니었을까'고 추정하고 있다.

당신의 병이,
비록 골슈에 드럿스나,

---

153) 정한모, 앞의 책, 257면.

며희당화가,
화―ㄹ쩍 붉어지면,
나을―줄 아럿든 바.....

웃지희
황국단풍의시절이 다지나도록,
아모 차도 업시,
더욱 더ㅎ여 가노?

실낫갓치파리희가는 당신의 모양이,
눈에 씌울쩌마다,
압허,신음ㅎ는 당신의 목소러가,
귀에 부디―칠쩌마다,
나눈우러,
긴,넙은힝쥬치마를
모조리 젹시엇네.154)
　　　　　― 백대진,「어진안희」전 7연중 1-3연

오라버니　〃〃〃〃　살펴쥬세요
계집이란 자라며는 시집을가셔
남편에게 숭순ㅎ며 시부모봉양
그리ㅎ야 자식낫코 사라가는게
인싱의 원리 원칙된다홈닛가?

겨도 임의계집팔자 되얏스잇가
여긔디ㅎ 의무라셔 업셔될가요
멀지안어 이문데가 닥쳐올겐디
엇젼지몸셔리가 작고쳐져요 155)
　　　　　― 최영택,「누이의 익원」전 5연중 1,2연

---
154) <태서문예신보> 제10호, 제6면. 1918,12,7.
155) <태서문예신보> 제10호, 제6면. 1918,12,7.

아들아—네가 너무릅을 써난지가
오날 꼭 십칠년이 아니든냐
나는 그써에 너를 일코
가진고초를 다격으며 차져보앗스나
인희보지를 못ᄒ얏고
실셩까지 ᄒ얏드가
엇지엇지ᄒ야
다시셩흔몸이되야 가지고
부평의신셰, 난봉의 팔자로 이곳에 일으러
팔년동안이나 별악운을 다격더니 156)
　　　　　— 최영택,「아들에게」49행중 10행

지각업셔,
우슴사리 되엿고,
짜러, 아버지의 거룩ᄒ신 일홈ᄭ지,
더럽혓슴니다.

아버지끠셔는—
져써문에,
몸편히 주무신젹도 업스셋고,
맛잇게, 잡스신젹도 업스셋지요.

오히려, 지금에도,
악마의 창ᄀᆺ흔고향에셔,
굽어진등을, 간신, 간신히 펴가시면셔,
사시려고만 ᄒ시지요.157)
　　　　　— 백대진,「뉘웃츰」전 6연중 1-3연 —

---

156) <태서문예신보> 제12호 제4면, 1918,12,25.
157) <태서문예신보> 제4호, 제7면, 1918,10,26.

아버지 이제는 어데게십니가
놉고 놉흔 그 구름우에
높고 넓은 그 궁전에서
아모것도 모르는 이ᄌ식을
넘녀ᄒ시는 눈으로 보호ᄒ시겟지요?

아츰에 글방에 갈ᄯ이며는
허리를 굽히시면서 져가는 뒤를 바라보시고
저녁에 다녀와셔「아버지」ᄒ고 습ᄌ지를 듸리며는
변〃히 쓰지도못ᄒ 그 글씨를
열심으로 보시고 깃버ᄒ시엇지요?
네—네—그ᄉ랑을—쯔거운 그ᄉ랑을
아모러니 잇겟셔요? 158)
　　　　— 해몽,「우리아버지의 션물」, 전 7연중 1,2연

　이들의 시는 자기들의 신변에 관한 것을 직서하고 있으며 주로 대화체로 되어 있는 점, 특히 아내나 아들, 아버지에 관한 회고로서 고백체로 되어 있다는 공통점을 지니고 있다. 그것은 곧 이들의 시선이 대사회적인 것보다는 가정이라고 하는 보다 축소된 것으로 이전해 있으나, 개인적 서정에까지는 아직 이르지 못 한 모습을 띠고 있음을 말하는 것이다. 이들은 간혹 이 작품들에 대해 '산문시'라고 명기하고 있어서 단적으로 쟝르의식의 결여를 보여주고 있고159) 시에 대한 인식이 미흡한 결과 긴장감이 없고 서술로만 일관하는 결함을 보여주고 있다. 이 점에서 본다면 오히려 육당의 시의식 수준에도 미치지 못 하고 있다고 할 수 있다. 그러나 형태적으로 보았을 때 이 작품들

---
158) <태서문예신보> 제6호, 제7면, 1918.11.9.
159) 졸고,「한국근대시의 모색과 갈등」, 상지대학교 논문집 제10집, 1989.9.

은 모두 자유시의 모습을 띠고 있고 언어가 구어체로서 많이 순화되어 있으며 적어도 교술성은 거세되어 있어서 개화기시가에서 근대시로 진일보한 것으로 평가하여 무방할 것이다. 정한모가 '자각과 표현의 미숙으로만 돌려버릴 수 없는 무엇이 있는 것 같기도 하다'160) 고 한 점은 이들의 시가 서구의 서술시161)의 영향을 받았다는 것보다는 바로 한국근대시사에서 차지하는 위상을 암시하는 것으로 해석하고 싶다.

문학에 있어서 주관과 객관, 관념적 이상과 현실은 부단히 교체되면서 진행되는 것이며, 한국근대시의 주된 경향이 관념지향의 극단화로 나타난다고 할 때, 이 신변시들은 개화기시가에서 근대시로 이행되는 과도기의 양상을 여실히 보여주고 있는 것이다.

따라서 작품의 질적 가치와는 무관하게 이 신변시들은 근대시로 가는 이행기에 있어서 일정한 위상을 부여받을 수 있으리라고 생각된다. 또한 백대진이나 해몽, 최영택 등이 차지하는 <태서문예신보>에 있어서의 중견급 위치와 擬似詩에서 근대시로 이어지는 과정에서의 신변시가 차지하는 위상은 이들의 시가 결코 우연의 소산이 아니라는 확증을 주는 것이다. 하나의 문학적 현상은 단순한 우연이 아니라 내적 필연성에 의해 나타난다고 할 때 개화기시가와 근대시 사이에는 이들의 신변시가 있어 징검다리 역할을 했던 것이다.

2) 상징적 세계와 퇴폐미

근대 관념주의시의 양상은 크게 두 가지 경향으로 유형화될 수 있

---

160) 정한모, 앞의 책, 257면.
161) narrative poetry를 김종길은 '설화시', 김우창은 '이야기시', 오세영은 '서술시', 정한모는 '담시'라고 번역하고 있으나 '서술시'가 적당하다고 생각한다.

다. 그 하나는 <학지광>과 <태서문예신보>를 중심으로 도입되고 모색된 상징주의적 경향이고 다른 하나는 시조나 민요적 시로 대표되는 낭만주의적 경향이다. 그러나 한국근대시에 있어서 이 두 경향은 엄격히 변별되는 것이 아니라 관념지향이라고 하는 공통된 선상에서의 변모라고 할 수 있다.

한국근대시에 있어서 상징주의는 백대진과 김 억, 황석우에 의해서 집중적으로 도입된다. 백대진은 당대의 우리문학을 夢想的이고 自歎的이며 空想的이라고 진단하고, 인생을 위하여 그 목적을 달성하는 자연주의문학을 주창하였다.162) 그런데 그가 주장하는 자연주의 문학의 배경은 당대사회를 '물질문명으로 인하여 생존경쟁이 생겼고 생활난과 물질욕으로 인하여 인생의 어두운 면이 생겼기 때문에 이러한 실인생을 묘사하는 것이 자연주의문학으로서 신문학자의 임무'라는데 있었다. 따라서 그가 인식하고 있는 현실이라는 것은 식민지의 현실을 왜곡하고 있는 피상적인 것이었음을 알 수 있다. 그의 문학이론의 근거는 결국 문학의 공리적 기능에 있으며 궁극적으로는 인생주의를, 방법론적으로는 자연주의문학을 주장하고 있는 것이다.

그의 상징주의소개는 「二十世紀初頭歐洲諸大文學家를 追憶홈」163)을 필두로 「최근의 태서문단」164)까지 이어지는데, 주로 말라르메 계열의 지적 상징주의에 치중해 있었다. 그러나 그의 상징주의 소개는 시사적으로 최초라는 의미는 부여받지만 그것이 큰 영향력을 행사한 것 같지는 않다. 그것은 그가 더 이상 상징주의에 대해 탐구하거나 시론을 발표하지 않았을 뿐만 아니라, 자신의 시에서 상징주의를 구현하지 못 했기 때문이다.

---

162) 백대진, 「현대조선에 자연주의 문학을 제창함」, <신문계> 3권 12호, 1915.12.5.
163) <신문계> 4권 5호, 1916.5.5.
164) <태서문예신보> 4호(1918.10.26.), 9호(1918.11.30.).

한편 안서의 상징주의 소개는 그의 문학론 전반에 걸쳐 있지만165) 근본적으로는 예술지상주의적 문학관 위에서 정서적 상징주의에 심취해 있으며, 언어에 의한 교감세계의 추구나 그 방법에 대한 관심 없이 '신경에 닷치는 음향의 추구'라고 하는 언어의 음악성 정도에 머물고 있고, 데카당스로서 상징주의를 비롯한 당시의 사조를 이해하려고 하였던 것이다.166) 즉 그는 자신의 평가대로라면 '그렇게 위대한 시인도 아니고 소수의 독자만을 가진' 쏠로굽에 대해서 대대적으로 소개하고 있는데 그것은 쏠로굽이 비애를 가진 작가이며 뚜르게네프에 경도되었던 자신의 문학관 곧 데카당의 옹호와 깊은 관계가 있기 때문이다. 이는 그의 번역시나 창작시가 감상적 수준에 머문 점과 맥을 같이 하는 것이다. 실제로 그는 상징주의 시인 중에서 베를레느에 가장 심취해 있었으며 그의 전 문학기를 통하여 이 음악성을 구현하기에 전력을 바쳤던 것이다.

이들과 비교해 볼 때 황석우는 예이츠의 이론에 의거해서 자신의 취향을 거의 내보이지 않은 채 명확한 이론적 분류를 시도하고 있다.167) 이러한 객관적이고 논리적인 태도는 이후 그의 시가 다른 시인들보다는 비교적 작은 변모를 보인다는 점과도 관계가 있다.

비록 백대진과 김 억, 황석우에 의해 상징주의 이론의 제국면이 소개되었다고 하더라도 실제 번역시나 창작시의 경우는 주로 데카당적 분위기가 주조를 이루었으며 주로 음악성 및 운율에 대한 문제가 집중적으로 강조된다. 일례로 1921년에 초판본이 간행된 『오뇌의 무도』에는 베를레느의 시 21편, 구르몽의 시 10편, 예이츠의 시 6편, 사멩의

---

165) 안서의 상징주의 소개는 주로 다음의 글에서 집중적으로 다루어지고 있다. 「요구와 회한」, <학지광> 10호, 1916.9.4. 「쏘로굽의 인생관」, <태서문예신보> 7-14호. 「프란스 시단」, <태서문예신보> 10-11호.
166) 본고 4-1,1. 참조.
167) 본고 4-1,3. 참조.

시 8편, 보들레르의 시 6편이 수록되어 있고 상징주의의 대명사로 일컬어지는 말라르메나 랭보의 시는 한 편도 수록되어 있지 않다. 이것은 곧 수용자의 취향을 말해주는 것인데, 즉 베를레느의 시의 특징인 '선율'에 대한 관심168) 과 우수에 찬 정조를 선호했음을 뜻하는 것이다. 당대의 시인들이 가을과 관계된 우수를 노래하거나 퇴폐적 경향을 띠고 있었음은 보편적 현상이었는데, 이것은 곧 수용자의 개인적 취향과 아울러 3.1운동의 여파로 인한 현실의 부정적 인식에 근거하는 것이다. 이 점 러시아의 뚜르게네프의 영향과도 무관하지 않다.169) 초창기의 시인들이 산문시를 모색하다가 다시 운율이 성한 민요적 시를 선호하게 되는 것은 쟝르인식의 결여와 시기상의 문제로 지적될 수 있지만170) 무엇보다도 이들이 선율을 중시한 때문이라고 볼 수 있다.

초기의 김 억과 황석우, 주요한의 시에는 상징주의적 요소가 짙게 나타나지만 한국에서의 상징주의의 본격적 흐름은 <백조>와 <폐허>를 거점으로 형성되며 백조파를 기다려 비로소 하나의 <양상>을 띠게 된다. 박종화·박영희의 시에 범람하는 冥府·죽음·관·유령·밀실들은 時代苦의 상징으로서의 심상이며, 백 철이 말하는 <병적 낭만주의>와 <퇴폐주의>를 형성하는 요소가 된다.171)

주요한의 「불노리」는 물과 불의 이원적 상징세계에 의해 구축되어

---

168) 베를레느는 각운을 완전히 폐기하는 경지에는 이르지 못 하고 말년에는 오히려 운율을 강조하게 된다. Charles Chadwick, Ibid. p.23. 한 편 안서는 초기부터 운율에 관심을 보이기 시작하여 민요적 시로 나아갔고 후기에는 격조시라는 엄격한 율격을 창안한다.
169) 한계전은 프랑스 상징주의보다 러시아의 뚜르게네프의 수용이 앞섰다고 지적하고 그 영향이 지대했음을 밝히고 있다. 한계전, 『한국현대시론연구』, 일지사, 1983. 33-34면.
170) 졸고, 「한국근대산문시의 모색과 갈등」, 상지대 논문집, 10집, 1989.9.
171) 김은전, 「상징주의의 수용과 그 전개」, 김용직 외, 『문예사조』, 문학과 지성사, 1981. 440-446면 참조.

있다. 불의 세계는 일상적인 삶에서 해방된 개방성과 자유로운 인간성을 뜻하며 반면 물의 세계는 이성과 현실성을 강조하게 된다. 그것은 요한이 살았던 이원적 삶을 암시하고 있는 것이며, 더 넓게는 시대적 갈등을 대신하고, 그 두 세계 사이에서 갈등하고 방황하는 자신의 모습을 나타내는 것이다.[172] 초월적 대응물로 나타나는 황석우의 「碧毛의 猫」를 거쳐 이상화와 박종화, 박영희에 오면 상징적으로 나타나는 퇴폐적 요소는 그 극에 달한다.

이들의 시에 나타나는 꿈과 죽음, 밀실은 낭만적 이분법에 의해 현실의 부정적 인식에 근거한 관념으로의 도피처이다.

> 오-검이여 참삶을 주소서,
> 그것이 만일 이세상에 엇을수업다하거든
> 열쇠를 주소서,
> 죽음나라의열쇠를 주소서, 참「삶」의 잇는곳을 차지랴하야
> 冥府의 巡禮者―되겟나이다.
> ― 박종화, 「밀실로 도라가다」일부

> 도라가라 도라가라
> 그대의 뜻대로,
> 永遠한安息의터로 도라가라,
> 다시 괴로움업고 압흠업는
> 安息의樂土로 도라가라.
> ― 박종화, 「輓歌」일부

> 검은옷을 骸骨에 걸고
> 말업시 朱土빗흙을 밟는 무리를 보라,
> 이곳에 生命이잇나니
> 이곳에 참이잇나니

---

172) 본고 4-1, <2> 참조.

莊嚴한 漆黑의 하늘 敬虔한 朱土의 거리!
骸骨! 無言!
번쩍거리는 眞理는 이곳에 잇지 아니하냐.
아- 그러타 永劫우에.
— 박영희 「死의 禮讚」일부

현실에는 참 「삶」이 없기 때문에 밀실로 돌아가 冥府의 열쇠를 구하려 한다. 참 「삶」이 있는 곳, 곧 진리의 세계를 위해서는 명부의 순례자가 될 수 있고 관속에 들어가 죽을 수도 있으며 시체를 안을 수도 있다고 주장한다. 진리의 세계를 찾는 욕구가 강하면 강할수록 상대적으로 현실부정의 의미는 강해지는 것이다. 현실이란 단지 虛華의 시장이고 저주의 대상일 뿐이다. '다시 괴로움 없고 아픔 없는 안식의 낙토'는 죽음의 세계뿐인 것이다. 즉 죽음 자체에 생명이 있고 진리가 있다고 믿는다.

삶이란 죽음과 연결되어 있기 때문에 살 가치가 있다는 인식 하에서 시인이 죽음 자체를 찬미함은 당시의 보편적 현상이었다.[173]

죽음의 세계는 일종의 무형식성의 세계이고, 이러한 무형식성은 <영원한 생성>이며 그 자체 무한한 가능성을 내포하는 근원이다.[174] 잠의 永續이 죽음이라는 의미에서 밤은 죽음과 같이 무의식상태로 돌아가는 것이며 인간에게 있어서 재생의 작용을 하게 된다. 한 편 꿈은 밤에 연결되면서 의식이 무의식 상태로 돌아간 경지이다. 따라서 밤과 꿈은 죽음의 또 다른 표현인 것이다.

이들이 긍정의 장소로 설정한 잠과 꿈, 밀실과 죽음은 동일한 내용

---

173) 예를 들면 東園의 「小曲」(<창조> 8호), 惟邦의 「죽음의 노리」(<창조> 8호) 월탄의 「흑방비곡」, 회월의 「유령의 나라」, 노작의 「커다란 무덤을 쎠안고」, 「시악시의 무덤」등이다.
174) 이강훈, 「근대낭만주의시에 관한 고찰」, 台也崔東元先生華甲記念 『國文學論叢』, 삼영사, 1983. 440면.

의 서로 다른 표현이며, 그것은 곧 주관과 객관, 관념과 현실, 무한성 과 유한성이라고 하는 낭만적 이분법 위에서 선택된 것이었다. 문제는 이들이 설정한 긍정의 장소가 허무적이고 퇴폐적인 것으로 점철되었다는 점이며, 이런 의미에서 당대의 시대적 요청에 비추어 볼 때 그것은 오히려 부정되고 극복되어야 할 대상이었던 것이다.

결국 한국에서의 상징주의는 상징주의 자체로 개화했다기보다는 자유시의 확립이라는 외적인 문제에 영향을 미쳤고, 그것이 당대 현실과 조우하여 퇴폐적 경향으로 변모되어 나타났다고 하는 것이 보다 타당할 것이다.

3) 민요적 시와 퇴행의 양식

한국근대의 민요적 시는 개화기 이후 싹터오던 민족의식과 3.1운동 이후의 문화정책에 힘입은 민족문학수립의 일환으로 성립된다. 20년대의 문화정치 표방은 한국인의 문화적 각성을 촉발시켰고 문학에 있어서는 전통적이고 고유한 정신유산에 관심을 가지게 하였다. 그 결과로 소설에 있어서는 역사의 소설화가, 시에 있어서는 시조와 민요의 탐구가 활발하게 진행된다. 그것은 곧 민족주의 이념의 문학적 표현이었고 그 정신적 기조는 '조선혼'과 '조선심'이었다.

한 편으로 민요적 시는 서구의 문예사조인 상징주의가 들어오면서 겪게 되는 **外來素**와 **傳統素**의 갈등 속에서 모색된 것으로서 거기에는 서구문예에 대한 일방적 추종을 거부하고 우리것을 지키고자 하는 긍정적인 측면을 지니고 있다. 20년대의 외래지향적 문학은 성격상으로는 퇴폐적이었고 시형상에 있어서는 자유시 내지는 산문시를 지향하고 있었다. 이에 대한 반동으로서 전통적인 율격과 시형을 탐구하여 새로운 시형을 모색한 것이 민요적 시였다.

즉 민요적 시는 형태면에 있어서는 자유시에 대한 반동으로서 율격이 우세한 준정형시, 내용적인 면에 있어서는 민족주의에 입각한 조선심이 근간이 된 것으로서 당대 문단의 반성적 태도에 의하여 초기에는 무자각적, 무의식적인 시운동으로서 싹텄던 것이다. '민요시'란 명칭이 작품상에서 처음 사용된 경우는 김소월의 시 「진달래 꽃」(<개벽> 25호, 1922.7.)에서 부터이며 이 용어는 아마 김억에 의해 처음으로 사용된 것인 듯하다.[175] 김 억은 그의 번역시집인 『잃어진 진주』의 서문에서 시를 분류하면서 민요시를 설정하였고 그에 대한 이론을 피력하고 있다. 그런데 이 역시집이 발간된 것은 1924년 8월이며 서문은 1922년 1월 15일에 쓴 것이라고 밝히고 있어서 이에 따른다면 1922년 초나 또는 그 이전, 즉 3.1운동이후부터 민요적 시에 대한 관심이 지대했으리라고 추측할 수 있다.[176]

20년대 들어오면 민족주의에 입각한 전통문화 탐구의 일환으로서 민요에 대한 연구가 왕성해지고 그에 입각한 시들이 발표되기 시작한다. 이러한 경향이 몇몇 시인에 한정된 것이 아님은 당대 시인들 대부분이 유파를 떠나서 여기에 참여한 것이나 잡지 등에 민요나 민요적 시가 허다하게 수록된 것으로 쉽게 짐작할 수 있다. 당대의 문단 전면에서 활약했던 많은 시인들이 '민요시파'로 분류될 만큼 여기에 심취해 있었던 것이다.

이런 운동이 보다 구체적으로 의식화된 것은 20년대 중반의 현실

---

175) 박경수,「한국 근대 민요시 연구」, 부산대학교 대학원 박사학위논문, 1989. 2.
176) 여기에서 안서는 시를 크게 서정시, 서사시, 희곡시로 나누고 서정시를 民衆詩(人生詩), 寫像詩, 未來詩, 後期印象詩, 立體詩, 民謠詩, 自由詩, 象徵詩, 寫實詩, 理智詩(哲學詩, 思想詩)로 세분하고 있다. 그는 민요시를 '민요시는…종래의 전통적 시형(형식적 조건)을 밟는 것입니다. 이 시형을 밟지 아니하면 민요시는 민요시 답은 점이 없는 듯 합니다'라고 정의하여 그의 취향을 단적으로 드러내고 있다.

지향의 시들이 등장하면서부터인데, 즉 그 이전까지 막연히 외래문예에 대한 안티테제로 인식되던 것이 계급문학이 등장하고부터는 보다 의식적으로 표면화되었던 것이다.

> 종래에는 특별히 민족주의가 이데올로기로서 표면에 내세워지지 않았었지만, 프로문학의 등장과 함께 민족주의는 자연히 의식화되고 표면화되게 되었다…그 때 계급문학을 반대하는 측의 기성문학자들은 기본적으로 민족주의의 이데올로기의 입장에 서고 있었다고 볼 수 있다. 그러던 것이 1926년대에 와서 프로문학의 세력이 커짐에 따라 기성문학측도 그 민족주의 이데올로기를 명백히 하게 되었던 것이다.177)

따라서 무의식적이고 자연발생적이었던 민요적 시운동은 20년대 중반에 프로문학이 등장함으로써 표면에 부각되게 된다. 당시 프로문학이 계급의식을 강조하면서 문학의 사회적 실천을 내세우게 되자, 국민문학 운동자들은 그러한 계급의식을 초월한 곳에서만이 진정한 문학이 성립될 수 있다고 주장하였다.178) 이러한 문단의 양분화 현상에서 비록 민족문학 자체에는 관심이 적었던 작가라 할지라도 프로문학에 반대하는 작가는 직접적이든 간접적이든 민족문학의 편에 서게 된다. 서구문학을 도입하고 순수문학을 편향하던 김억이나 주요한 등이 1924,5년을 전후하여 민요적 시세계로 선회하는 것은 이를 뒷받침하는 것이다.

민요적 시는 한마디로 민요를 지향하면서 씌어진 개인창작시179)라고 할 때 그 지향점은 물론 민요의 율격, 민요에서 쓰이는 시어, 구조, 그리고 내면적인 지향점까지를 포함한다. 즉 율격에 있어서는 3

---
177) 백　철, 『신문학사조사』, 신구문화사, 1982. 360면.
178) 권영민, 『한국 민족문학론 연구』, 민음사, 1988. 131면.
179) 오세영, 『한국낭만주의시연구』, 일지사, 1982. 38면.

음보 내지 4음보가 선택되고 민요에 나타나는 관습적 시어와 병치 구조, 내면적으로는 민요가 지향하는 향토적 세계와 민담적 배경 및 자연을 담게 된다. 한편 민요적 시의 보편적 정서는 비극적이고 불행한 사랑을 포함하는 여성편향적인 것이 대부분이다.

민요적 시의 선택은 외래문화에 대한 전통문화의 확립이라는 민족주의 이념의 구체적 실천이라는데 긍정적 가치를 지니고 있으면서 그러한 시형의 선택은 시사적 당위성을 얻을 수 있다. 개화기의 시가는 기계적 음수율이 주종을 이루고 있었는데 이후 <학지광>이나 <태서문예신보>에서 모색된 시들은 자유시 내지 산문시 형태로 나타났으며 그렇게 모색된 산문시는 곧 자취를 감추고 보다 율격이 우세한 민요적 시가 선택되었다. 이것은 한 편으로는 시쟝르에 대한 구체적 인식 없이[180] 이들 시가 무비판적으로 수용되었기에 그 존립근거가 허약했다는 것을 뜻하고 따라서 시의 전개상으로 볼 때 자유시형을 취하면서도 율격이 우세한 민요적 시가 필연적으로 선택 될 수 있었던 것이다.[181] 즉 민요적 시는 서구문화에 대한 반동과 민족주의 의식, 시쟝르상의 당위성에 의해 필연적으로 선택된 양식이었다.

민요적 시는 여러가지 면에서 긍정적인 요소를 지니면서 한국근대시의 주류를 형성했지만 다른 한 편으로는 부정적인 가치를 수반하고 있다. 문학의 생활화를 주장하는 프로문학에 대한 대타의식 위에 민요적 시가 있다고 할 때 그것은 바로 소극적 현실인식을 뜻하는 것이다. 순수문학의 탐구라는 측면에서는 그것이 미덕이 될 수도 있

---

[180] 근대시인들의 쟝르의식의 결여는 누차로 지적된 바 있다. 정한모, 『한국현대시문학사』, 일지사, 1982. 졸고, 「한국근대산문시의 모색과 갈등」, 상지대 논문집 10집, 1989.9. 한 편 당대 시인들이 민요와 민요적 시를 동일시하거나 詩와 謠 또는 歌를 구분하지 못 하고 '詩歌', '歌謠', '노래', '小曲', '民謠', '俗謠' 등의 명칭을 사용한데서도 이를 확인할 수 있다. 박경수, 앞의 논문, 20면.

[181] 졸고, 「한국근대산문시의 모색과 갈등」, 상지대 논문집 10집, 1989.9.

겠으나 식민지 현실과 결부될 때 일종의 현실도피라는 부정적 평가를 받게 된다. 이들의 시가 민족의식이라는 토대 위에서 구축되어 있다고는 하지만 그것은 간접적이고 소극적인데 머문다. 즉 구체적인 현실참여로서의 민족의식을 전제하지 않고 있는 것이다. 민요적 시는 보편적으로 향수와 향토 및 자연예찬, 민속적 세계에 머물고 만다. 고향과 국토를 사랑하고 재래의 민담이나 민속에 관심을 가지는 자체가 물론 민족의식의 발로라고 할 수는 있지만 그것은 다만 소극적인 향토애 이상이 아니다.

민요적 시에 나타나는 정서는 위와 같이 소극적이고 관념적인 현실인식에 기초하고 있으며 주로 민요가 지향하는 긍정적인 처소인 시간적 '과거'와 공간적 '저기'를 지향하고 있다. 즉 시간적으로 볼 때 현재와 미래가 '미움'과 '없음'으로 부정적 의미를 갖는 시간이며 과거가 '있음'으로 표현될 수 있는 긍정적 공간으로 나타나는 것이다.[182] 공간적으로 볼 때는 '여기'가 고되고 실속없고 바람직하지 못한 不在의 장소라면 '저기'는 바람직하고 그리운, 實在의 공간으로서 동경의 대상이 된다.[183] 민요적 시가 지향하는 곳이 바로 민요의 지향점인 '과거'와 '저기'라고 하는 것은 곧 현실의 부정적 인식에 근거한 결과이다. 그러나 문제는 민요적 시세계가 현실의 부정적 인식에서 출발하여 긍정의 대상으로 삼은 처소에 도달하기 위한 어떠한 적극적 의지도 보이지 않은데 있다. 대부분의 시들은 그러한 부정적 현실에 대해 슬퍼하는 여성적 편향에서 씌어진 것들이며 슬픔 그 자체를 한탄하며 노래한데 지나지 않는 것이다.

이러한 의미에서 민요적 시는 현실에 대한 시인들의 退行意識의 발로이다.[184] 그들은 부정적 현실을 타개하기보다는 고향으로 자연으

---

182) 김대행, 『한국시의 전통연구』, 개문사, 1983. 121면.
183) 김대행, 앞의 책, 124-125면.

로 유아기로 퇴행함으로써 자신을 방어하고자 하는 것이다.185) 이들이 소재로 삼고 있는 고향이나 농촌, 자연은 자신들의 심리적 방어기제를 위한 수단으로서 관념상에서 선택된 것이었지 구체적 현실에서 얻어진 것이 아니었다. 즉 그들은 소극적이고 관념적인 현실인식 하에서 민족주의를 표방하면서 안전한 모태로의 회귀를 갈망하는 것이다. 인간이 외부의 위험으로부터 보호받기 위해 자궁 속을 꿈꾸고 그것이 유아기로의 퇴행으로 나타난다고 한다면 자연이나 고향은 이와 동일한 성격의 것이다. 따라서 이들이 선택했던 소재들은 결국 자신들의 현실로부터의 방어기제 역할이라는 동일한 선상에 있는 것이며 전항에서 살펴본 꿈과 밀실, 죽음의 세계와 동등한 성격의 것이다. 즉 상징적 시들이 탐닉했던 내면세계나 민요적 시가 지향했던 내면세계는 근본적으로는 동일한 것이며 다만 외면상으로 서로 차이를 보인 것이라고 할 수 있다.

민요적 시는 그 내면에 있어서 퇴행적 심리에서 쓰여졌을 뿐만 아니라 그 형식상에 있어서도 일종의 퇴행의식에서 선택된 것이다. 당대의 민족주의는 복고적인 경향을 강하게 띠고 있었는데 그 과정에서 탐구의 대상으로 등장한 것이 시조와 민요였던 것이다. 이미 상징주의가 도입되어 자유시와 산문시를 모색했었고 개인적 서정에까지 이르렀던 시양식은 다시 율격이 우세한 준정형시로, 개인적 반응보다는 집단민중의 정서라는 반응으로 나타났다는 것은 그것이 내적으로나 외적으로 퇴행의 양식이었음을 뜻하는 것이다.

예외는 있지만186) 20년대 관념주의 시인들은 대개가 이 두 가지의

---

184) 오세영, 앞의 책, 28면.
185) 이런 의미에서 민요적 시는 일종의 심리적 방어기제이다. 유아기로의 퇴행은 특히 홍사용에게서 잘 나타난다. 본고 4-2,2. 참조.
186) 예를 들면 변영로와 양주동 같이 낭만적 색채가 풍부하되 비교적 건전한 시풍을 유지한 시인도 있다. 김은전, 앞의 논문. 449면.

특성을 공유하거나 어느 한 쪽을 선호하고 있었다고 보여진다. 김 억이나 주요한, 홍사용 등은 이 둘을 공유했던 좋은 예이며, 황석우나 박종화 등은 보들레르적인 상징적 시풍에서 크게 멀어지지 않았다. 한 편 이장희의 경우는 이와는 상관없이 자신만의 내면적 시세계로 일관했던 경우이며, 이상화의 경우는 전기의 관념지향적 시세계에서 후기의 현실지향적 성격으로, 다시 그 둘의 합일점을 찾은 경우이다.

그러나 전술한 바와 같이 이 두 가지의 경향은 서로 이질적이거나 변별적이라기보다는 관념주의라고 하는 동질적인 카테고리 속에서 보인 변모라고 하는 것이 보다 타당할 것이다. 이들 두 가지의 시경향은 유사한 성격으로 인하여 동시대에 동거할 수 있었던 것이며 이후 한국시단에 크고 작은 영향을 미쳐 온 것이라고 볼 수 있다.

IV 관념주의시의 실상

IV-1 서구문예의 수용과 그 변모

1 김억:예술지상주의와 시적 향방

1) 초기의 시와 시론

안서의 문학경력은 크게 초기와 전기, 후기로 구분할 수 있다.[1] 그의 문학은 1924-5년경을 기준으로 큰 변모를 보이는데 전기는 자유시형, 외래지향, 서구시의 번역·소개 등으로 설명될 수 있는 반면 후

---

1) 안서의 시세계를 구분하는데 있어서 대개는 1925년을 전후하여 전기와 후기로(오세영,박경수) 나누고 있고 박노균과 필자는 특히 초기를 따로 설정하였다. 한 편 조동구는 '습작기'(1914-1917), '자유시 이론의 확립과 자유시의 실험기'(1918-1923), '민요시에의 관심과 자유시 형태의 변화기'(1925년 전후), '격조시형론과 정형시에로의 후퇴기'(1920년대 후반이후)로 세분화하고 있다. 이는 시집을 중심으로 분류한 것이나 대체적으로는 전기와 후기, 특히 전기의 활동을 주시한다면 초기를 더 설정할 수 있을 것이다. 박노균,「안서 김억연구」, 서울대학교 대학원, 현대문학연구 제41집, 1982. 조동구,「안서 김억 연구」, 연세대학교 대학원 박사학위논문, 1988. 참조.

기는 소위 격조시형, 전통지향, 고전 및 한시의 번역과 소개 등으로 설명될 수 있다. 한 편 초기는 안서가 본격적으로 문학활동을 시작하기 전인 1918년 이전에 해당한다. 초기에 해당하는 1918년 이전의 그의 시작활동을 보면 <학지광> 창간호(1914.4)에「未練」,「離別」을 발표하였고 제5호(1915.5.2)에「夜半」,「밤과나」,「나의적은새야」등을 발표하고 있다. 이 중「夜半」은 —1915.1.4日 夜—라 附記되어 있고「밤과나」는 (散文詩), —1915.1.15—,「나의적은새야」는 —1914.1.19日 夜--라 附記되어 있다. 이 작품들은 자유시 내지는 산문시에 해당될 성질의 것으로서 당대의 문학적 현실에 비추어 그 시사적 가치 또한 높게 평가받을 수 있다.2) 그의 문학초기에 있어서 안서는 주로 상징주의의 수입과 관련하여 자유시 또는 산문시를 모색하면서 그의 시세계를 탐색했던 것으로 보인다. 그런데 이 시기에 있어서 더욱 관심을 끄는 것은 그가 서구의 문학에 심취해서 자유시나 산문시만을 모색했던 것이 아니라 이미 민요적 시를 모색하고 있었다는 점이다. 김억의 첫 창작시집인 『해파리의 노래』에는 1915년의 작품이라 하여 몇 편의 시를 싣고 있다.

  더욱 마즈막에 附錄비슷하게 조곰도 修正도 더하지 아니하고 本來의 것 그대로 붓친「北의小女」라는 表題아레의 멧篇詩는 只今부터 九年前의 1915년의 것이였읍니다. 하고 그것들과 밋 그밧게 멧篇詩도 오래된것을 너헛읍니다. 이것은 著者가 著者自身의 지내간날의 넷 모양을 그대로 보자하는 혼자생각에 맛하지 아니합니다.3)

---

2) 이 작품들에 주목한 논문들로는 김영철,「<학지광>의 문학사적 위상」,『한국근대시논고』, 형설출판사, 1988. 졸고,「한국근대산문시의 모색과 갈등」, 상지대논문집, 제10집, 1989. 등이 있다.
3) 김억,『해파리의 노래』서문, "머리에 한마듸" 4-5면.

이 서문에서는 이 작품들이 1915년의 것, 오래된 것들이며 조금도 수정도 가하지 않고 실었다고 말하고 있다. 그러나 사실상 이 작품들은 <태서문예신보>에 처음 게재할 때의 원문 그대로가 아니라 1922,3년경에 다시 손질을 본 것으로서 게재 당시보다는 훨씬 더 자유율화된 것이다.[4] 그러나 이러한 퇴고과정을 거쳤음에도 불구하고 「北邦의 小女」題下의 작품들 중에는 이미 민요적 요소가 많이 들어 있어서 그가 시작 초기부터 민요적 시에 큰 애착을 가지고 있었던 것으로 풀이할 수 있다. 즉 그가 서구의 시의 영향으로 발행한 『해파리의 노래』의 작품들은 거의가 자유시임에도 불구하고 이들 민요적 시를 부록으로 싣고 있으며 더욱이 1914,5년경에 같이 씌어진 산문시들은 이 시집의 부록에서 제외되어 있어서 그의 시적 취향을 시사하고 있다. 구체적으로 「北邦의 小女」란 제목 하의 작품들은 「北邦의 짜님」, 「流浪의 노래」, 「난흠의 노래」, 「亡友」, 「三年의 녯날」, 「무덤」, 「봄의 仙女」, 「聲樂」, 「나의 理想」 등 9편이다.

형태면으로 보았을 때 이 작품들은 각 연이 4행 내지 6행으로 고정되어 있고 전체 연의 수는 4연 내지 5연이며 단지 「北邦의 짜님」만이 15연으로 구성되어 있다. 이처럼 행과 연에 많은 관심을 가지고 형태를 고정시키고자 한 의도는 이후 안서가 격조시라는 정형시로 나아가는 것과 무관하지 않다. 특히 이 중 「流浪의 노래」, 「난흠의 노래」, 「亡友」, 「三年의 녯날」 등은 민요의 율격으로 알려지고 있는 3음보 혹은 4음보의 율격을 지키고 있으며 반복과 병치가 기본구조를 이루고 있는 점, 여타의 시보다는 단순하고 간결한 점 등으로 보아 민요적 시의 영역에 속한다고 하겠다.

이들 시는 물론 수적인 면에서는 『해파리의 노래』에서 차지하는 비중이 적다고 하겠으나 이후의 문학적 변모로 볼 때 중요한 가치를

---

4) 정한모, 『한국현대시문학사』, 일지사, 1974. 373면.

지닌다. 즉 안서의 시의 출발은 서구시에서만 기인된 것이 아니라 적어도 시작초기에 산문시를 비롯한 자유시뿐 아니라 민요적 시에도 관심을 가졌던 것이며 『해파리의 노래』에 이들 산문시는 제외하고 민요적 시를 수록한 점으로 보아 민요적 시에 대한 애착이 더 강했음을 알 수 있는 것이다. 민요적 시에 대한 이러한 애착은 그의 내부에 항상 자리하고 있었던 것이며 그의 후기의 문학활동은 이러한 내적 요인이 밖으로 드러난 것에 지나지 않는다.

지금까지 알려진 안서의 최초의 문학론인 「예술적 생활」에는 그의 예술지상주의적 문학관이 잘 나타나 있다. 여기에서 그는 예술적 이상을 가지지 못한 인생은 空虛며 無生命이며 無價値한 것이라고 주장하고 實人生을 기저로 하고 인생으로 하여금 向上, 創造, 發展케 하는 예술을 주장한다. 따라서 인생의 향상은 곧 예술의 향상이고 예술의 향상은 또한 인생의 향상이어야 한다는 것이다. 그런데 인생과 예술의 합일을 주장한 그의 논지는 후반에 가면 예술지상주의를 표방하는 것으로 바뀌어진다.

> 個人의 中心的 生活을 藝術的 되게 하여라. 그러면 社會的 生活도 藝術的 되리라,——몬져, 個의 生命의 斷片을 모아, 藝術的 되게 하여라. 그러면 藝術은 人生로의 藝術的 되리라.
> 아〃 나로 하여금 藝術的 생활을 맛보게 하여라,—— 사랑의 生活로의 藝術的 陶醉에서, 生命의 滿足的 享樂을 엇게 하여라...
> 아〃 藝術的 生을 바래는 맘!
> 東天하늘은 차〃 밝아온다! 5)

이와 같은 그의 예술지상주의적 문학관은 그의 다른 글에서도 발

---

5) <학지광> 6호, 1915.7.

견되는데6) 예를 들면 다음의 글에서는 그것이 더욱 극명하게 드러난다.

> 만일 藝術이 人生에게서 製作된다는 理由로써 人生의 附屬物이라고 한다면 그것은 人生이 人生에게서 낫다고 해서 人生을 人生의 附屬物이라고 하는 것과 가튼 結論에 싸지게 될이니 이에서 甚한 矛盾과 偏見은 업슬 것입니다 7)

따라서 예술과 인생은 각각 그 독립된 목적과 가치가 있는 것이지만 인생이 예술과 결부될 때 인생은 예술의 소재뿐인 것으로 파악하고 있는 것이다. 안서의 이러한 문학관은 道德, 因習, 制度등을 인위적이고 일시적인 것으로 평가하고 모든 귀찮은 현세구속을 떠나야만 生의 본능적 충동을 만날 수 있다고 주장하는 데까지 이른다.8) 그가 이렇게 문학의 사회성 내지 윤리성을 부정하고 예술지상의 편향에 서게 되는 데에서 그의 예술관은 결국 현실도피 내지는 역사의식의 결여로 귀결되는 것이다.

한 편 안서는 서구의 상징주의를 소개하면서9) 상징주의의 제경향 중에서 베를레느의 음악적인 곳에 치중하고 있고 백대진과 달리 처음부터 정서적 상징주의에 치중해 있었으며 이러한 경향은 그의 전 문학기에 있어서 일관된 경향이었다고 할 수 있다.

상징주의를 언어에 의한 교감의 세계의 추구나 그 방법에 관한 관

---

6) 김억,「예술대인생문제」, <동아일보>1925.5.11-6.9.
7) 김억,「예술의 독립적 가치」, <동아일보> 1926.1.1-1.3.
8) 김억,「프로문학에 대한 항의」, <동아일보>, 1926.2.7.-2.8.
9) 안서의 상징주의 소개는 그의 문학론 전반에 걸쳐 있지만 주로 다음의 글에서 집중적으로 논의되고 있다. 1)「要求와 悔恨」, <학지광> 10호, 1916, 9.4.2)「쏘로쑵의人生觀」, <태서문예신보>7-14호, 1918.11.30.-1919.1.13. 3)「프란스 詩壇」, <태서문예신보>10-11호, 1918.12.7.-12.14.4) 4)「스핑쓰의 苦惱」, <폐허>창간호, 1920.7.25.(프란스시단을 재수록 한 것임)

심이나 이해가 없이 "신경에 닷치는 음향의 자극"이라고 하는 언어의 음악성 정도에 머문 것이라든지 데카당스로서 상징주의를 비롯한 당시의 사조를 이해하고자 한 점은 앞에서 그가 추구했던 예술지상주의적 문학관과 3.1운동이후의 시대적 환경과 연관할 때 매우 시사적인 것이다. 한국근대시의 선구적 역할을 담당한 안서의 데카당스의 선호는 1920년대의 시경향에 큰 영향력을 행사했을 것이라고 추론하는 것은 조금도 어색하지 않다. 이 데카당스의 선호와 상징주의의 음악성에 대한 제한적 인식이 곧 그의 시문학의 골격이라고 해도 지나치지 않을 것이다. 실지로 그는 정서적 상징주의 계통인 베를레느에 가장 심취해 있었고 후기로 갈수록 음악성에 지나치게 경도되어 시적 파탄에까지 이르는 것이다.

즉 그의 문학관은 문학의 사회성과 윤리성을 부정한 예술지상주의에서 현실도피나 역사의식의 결여로 귀결되며 그 위에 상징주의에서 수용한 음악성의 추구에 다름 아니다. 이것은 그의 전 문학기를 통하여 일관하는 것이다.

2) 민요적 시와 관념적 현실인식

(1) 조선심과 시적 지향

초기부터 후기까지 안서의 다양한 시세계를 지속적으로 관통하는 것이 있다면 그것은 외면적으로는 음악성의 추구이며 내면적으로는 '조선심'의 추구에 있다. 전술한 바와 같이 안서의 기본적인 문학관은 예술지상주의로서 문학의 사회성과 윤리성을 부정하는 것이다. 이러한 문학관 위에서 후기에 그가 민요적 시나 시조로 회귀하는데 정신적 지주가 되어 그의 문학적 변모를 합리화시키는 것은 '조선심'이라고 할 것이다. 그는 이미 초창기에 '조선사람다운 詩體'와 '조선어의 특질'을 강조한 바 있다.[10] 그의 이러한 태도는 1924년 1월 1일에 동아일보에 발표한 「朝鮮心을 背景삼아」에서부터 표면적으로 부각되고 있다.

> 뎡말로 現代의 朝鮮心을 理解하는 詩人이 잇다하면 그 詩歌는 一般은 몰으나 엇던 큰 部分의 사람에게는 반드시 큰 共鳴의 音樂을 줄줄 압니다. …(중략)… 다만 압흐로 나타날 詩歌는 現代의 朝鮮心을 背景잡은 生과 力의 詩歌라야 될 줄 압니다, 하는 짤븐 말을 들입니다.[11]

> …웨그런고 하니 우리의 詩作은 넘우도 現實世界와는 다른 世界에 잇는 째문이다 詩壇의 詩作이 現在의 朝鮮魂을 朝鮮말에 담지 못 하고 남의 魂을 빌어다가 옷만 朝鮮것을 입히지 안앗는가 疑心한다…(중략)…몬저 우리는 일허진 朝鮮魂을 차자야 할 것이다…그 魂이 엄는 詩歌는 적어도 그 「魂」의 所有된 時代에는 한푼의 價値도 엄는 것이다.[12]

안서가 진단한 당시의 시단은 조선말로 되었을지언정 혼은 당시의 현실을 외면한 다른 세계에 있기 때문에 무가치한 작품을 생산하고 있다는 것이다. 따라서 어느 땐가 올 조선심을 소유한 시대가 되면 당대의 작품들은 한 푼의 가치도 없을 것으로 보고 있다. 그에게 있어서 조선심은 작품을 존재케 하는 제1원리인 셈이며 영원성을 구비한 것이다. 이 조선심은 그가 상징주의를 소개하면서 표현한 '詩魂'과 연결된다. 시혼은 시인자신의 내부에 있는 자유롭고 영원한 정신인데[13] 결국 이 시혼이 당시의 시대적 현실에 부합되어 조선심으로 표방된 것으로 보인다. 그러나 안서가 조선심을 주창하게 된 것은 진정

---

10) 김억, 「시형의 음률과 호흡」, <태서문예신보>14호, 1919.1.13.
11) 김억, 「조선심을 배경삼아」, <동아일보>1924.1.1.
12) 김억, 「시단1년」, <동아일보>, 1925.1.1.
13) 김억, 「시단의 1년」, <개벽>, 42호, 1923.12.

으로 그가 시대적 현실의 반영이라거나 당대의 요청에 부응하기 위한 것이었다고 보기 힘들다. 시에서 현실과 사회성을 부정하던 그가 '현실세계'를 주장할 때 일단은 그것이 큰 변화를 예견하는 것처럼 보이지만 막상 그 '현실세계'가 식민지하의 참담한 생활이나 민족적 울분을 직접적으로 반영, 또는 극복하자는 의미가 아니라 소극적이고 관념적일 때 그것은 결국 그가 주장하던 예술지상주의와 크게 다른 점이 없는 것이다. 그러면 안서가 주장한 조선심을 배경으로 한 시는 어떤 것인가?

> 이 点에서 朝鮮詩歌의 밟지 아니할 수 업는 길의 하나로는 朝鮮말을 尊重함에 잇다고 합니다. …(중략)…엇더한 詩歌에서든지 鄕土性을 써나서는 그 詩歌의 眞味라는 것이 鑑賞될 수가 업서…(중략)…結局 한 마듸로 말하면 文藝에 업서서 아니 될 固有의 鄕土性이란 作品에 對한 作家의 個性 그것과 가타서 그것이 업시는 그 나라 民族을 代表할만한 固有한 文藝가 잇슬 수 업슴니다.14)

> 朝鮮詩歌의 語形은 다른 곳에서 求할 것이 아니고 朝鮮사람의 思想과 感情에 쏘는 呼吸에 가장 갓갑은 詩調와 民謠에서 求하지 아니할 수가 업는줄 압니다. 다시 말하면 詩調나 民謠의 形式 그것을 그대로 採用하지 아니하고 이 두가지를 混合折衝하야 現代의 우리의 思想과 感情이 如實하게 담겨질만한 詩形을 發見하는 것이 조치 아니할가 합니다.15)

위 예문에서 볼 수 있는 것과 마찬가지로 안서가 주장하는 朝鮮心을 배경으로 한 시는 鄕土性에 기초한 것으로 그 궁극적인 도달점은

---

14) 김억, 「밟아질 朝鮮詩壇의 길」 上, <동아일보>, 1927.1.2.
15) 김억, 「밟아질 朝鮮詩壇의 길」 下, <동아일보>, 1927.1.3.

詩調와 民謠에 있다. 즉 안서에 있어서 조선심은 시대적 요청에 적극적으로 응한 것이라기보다는 그가 초기부터 모색하던 민요적 시로 회귀하기 위한 하나의 이념이었던 것이며 그 지향점은 구체적으로 향토적인 정조에 있는 셈이다.

예술지상주의와 역사의식의 결여, 음악성의 추구와 향토정조를 배경으로 하는 조선심의 추구는 이후 안서의 문학적 변모를 강하게 암시하고 있는 것이다.

(2) 기계적 율격모형과 그 실제

시는 언어로 표상된 예술이라는 전제 위에서 시가 다른 언어예술, 즉 소설이나 희곡과 다른 점은 그것이 운율적으로 창조된다는 점이다. 즉 시에서의 아름다움이란 그 언어의 조직이 실현하는 음악성에서 비롯된다고 하겠다.16) 그러나 시가 다른 문학쟝르보다 음악과의 친화성이 있다고 해서 그것이 곧 음악에 종속된다거나 음악보다 낮은 예술형태라는 말은 아니다. 시는 어디까지나 언어예술이면서 의미, 이미지, 은유, 상징과 같은 요건으로 이루어지는 것을 잊어서는 안 된다.17)

한국근대시사에서 김 억보다 더 한국어의 특질과 강한 음악성을 강조한 시인은 없었다. 안서에게 있어 예술은 인생의 표현이며 작품은 개성의 표현이다. 예술은 우주의 많은 곡조(리듬 ; 筆者注)를 자기대로 조절한 소우주이다. 이 우주의 자연적 동적 곡조는 수단에 따라 음향수단, 문자수단, 색채수단으로 나눌 수 있고 음향수단은 음악이나 舞蹈같은 것을 말하며 문자수단은 문학, 색채수단은 미술을 말한다.18) 이 중 안서가 가장 바람직하게 여기는 것은 음악이다. 왜냐하

---

16) 조창환, 『한국현대시의 운율론적 연구』, 일지사, 1986. 9면.
17) 이기철, 『시학』, 일지사, 1986. 7면.

면 예술은 이 우주의 다양한 곡조를 표현해야 하는데 그 곡조, 즉 동적인 리듬은 음악만이 가능하다고 믿기 때문이다.

안서의 경우 시에서의 음악성만을 지나치게 강조한 나머지 시의 다른 요소들은 경시하고 있고 따라서 그의 이론대로라면 가장 음악적인 시가 가장 훌륭한 시라는 도식이 성립하게 된다.[19] 일차적으로 운율을 외연적으로 볼 때 그것은 형식을 지켜주는 필요불가결한 요소가 됨은 이론의 여지가 없다[20]고 하더라도 의미와 완전히 절연된 것이라고 볼 수도 없기 때문에[21] 안서의 시에 대한 이러한 인식은 시의 내면적 깊이와 넓이를 한정하는 요소로 작용할 것은 자명한 이치이다. 그런데 더욱 중요한 것은 조선의 '적당한 시형'을 찾고자 노력해야 한다고 주장하면서도 조선어의 특질을 이해하는데 있어서 그가 한계를 보였다는 사실이다. 그는 국어의 특질이 음절수에 있다고 규정하고[22] 음절수를 다양화함에 따라 시의 효과를 얻고자 노력했다. 이것이 그가 최종적으로 도달한 소위 格調詩論이다.

안서는 음수율의 바탕 위에서 모든 율격이론을 전개하고 있는데 오늘날의 율격이론으로 볼 때 음절수만으로는 한국시가의 율격을 설명할 수 없다는 것은 상식에 속한다. 한국시가의 율격이론이 시간적 등장성을 중심으로 한 음보이론으로 진행되면서 음절은 각 음보 내에서 기저자질로 작용하고 있는 것으로 본다. 즉 율격을 형성하는 기

---

18) 김억, 「작시법」II, <조선문단>, 1924.5. 102-103면.
19) 졸고, 「안서시의 경직성에 관한 일고찰」, 영남어문학회, 영남어문학 13집, 1986
20) 이기철, 「한국시가의 형식과 운율에 관한 연구(1)」, 영남어문학 5집, 1978. 130면.
21) R.Wellek & A.Warren, *Theory of Literature*, Penguin Books, 1966. p.158.
22) 김억, 「격조시형론소고」(3), <동아일보>, 1930.1.18. "이러케 음율적 빈약을 소유한 언어에는 자유롭은 시형을 취하는 것 보다도 음절수의 定形을 가지는 것이 음율적 효과를 가지게 되는 것은 나의 혼자롭은 독단이 아닌줄 압니다."

저자질은 음절의 수와 장음, 정음의 실현이며 이 때 음절은 기층단위의 필수 구성자질이기는 하지만 그렇다고 음절만으로 기층단위(음보)를 구성해야 하는 필연성을 지니고 있는 것도 아니다.23)

안서는 기저자질과 기층단위를 구분하지 못 하고 그 둘을 동일시함으로써 기저자질의 가장 중요한 자질인 음절을 기층단위 그 자체로 파악하여 음수율로써 국어의 특질을 설명하고 있는 것이다.

율격의 기층단위를 음절로 파악한 안서는 당연히 많은 형태의 율격모델을 제시하고 있다.

> 輕快可憐한 것으로는 4.4調(單調는 하나마)와 3.4調, 4.5調, 5.5調이나 4.5調와 3.4調가 제일 조흔듯 합니다. 그러고 힘잇고 무겁은 것으로는 5.7調외다. 보드랍은 직접적 정서를 노래하기에는 6.5調, 7.5調, 8.5調, 그러고 얼마큼 默思的 氣色이 잇기는 하나마 7.7調 가튼 것일줄 압니다. 그 남아지 14音節 이상되는 詩形으로는 어대까지든지 깁흔 思慮나 무겁은 追憶이나 그러치 아니하면 思想的엣 것을 묵직하게 노래할 수가 잇는 것이외다.24)

안서가 이처럼 다양한 율격모델을 제시하고 있는 것은 음수율에서 오는 제약을 극복하고자 하는 노력의 일환으로 보이지만 그렇다고 해서 그것이 곧 음수율의 기계적 제약에서 벗어나는 것은 아니다.

안서에 의하면 시의 낭독의 기본요소는 '音步'와 '音力'인데 音力은 두 음절로 구성된다고 한다. 따라서 2음절을 全音, 1음절을 半音으로 규정하고25) 7.5조는 半音(1음절), 全音(2음절)의 조화있는 音群으로 되고 음절수가 12음절이 된다는 점에서 가장 서정시에 가까운 보드랍고 매끈한 율동을 가진 形이라고 주장하고 있다. 안서가 말하는

---
23) 성기옥, 『한국시가율격의 이론』, 새문사, 1986, 84-90면.
24) 김억, 「격조시형론소고」(14), <동아일보>, 1930.1.30.
25) 김억, 「격조시형론소고」(6), <동아일보>, 1930.1.30.

音力은 소위 mora를 말하고 있는듯 하다.26) 대개 1mora는 단모음 1, 2mora는 장모음 1이고 때로 ½, 1½, 2½등도 있을 수 있으나 대체로는 1,2정도만 쓴다.27) 즉 일반적으로 mora의 수치는 단모음이 1, 장모음이 2로 표시되며 변동에 따라 몇 가지로 분류되는데 안서의 音力 1은 최소한 2mora가 되며 2음절을 全音, 1음절을 半音이라고 하고 있다.

안서가 어째서 2음절을 音力이라고 하여 全音으로 삼고 1음절을 半音으로 말하는지는 명확치 않다. 다만 7.5조가 이 둘의 조화로운 화합으로서 보드랍고 매끈하다고 하는 것으로 보아 半音인 1음절은 全音의 보조적인 역할을 수행하는 것으로서 운율적 미를 창조한다고 보는 듯하다.

> 都大體 한 마듸로 하면 音律的 變化는 奇數調에 만히 잇고 偶數調에는 적은 줄 압니다. 웨그런고 하니 奇數에는 半音(音律的 單位)이 잇고 偶數調에는 全音(半音이라는데 對하야 보면)이기 째문이외다. 그리하야 前者를 終止的이라 하면 後者는 連續的이 될 것이외다.28)

즉 偶數調인 4.4조 같은 것은 全音으로만 구성되기 때문에 律的 變化가 적고 반면에 7.5조 같은 것은 半音이 있기 때문에 변화가 있어 바람직하다는 것이다. 실제로 그는 소월의 「대수풀노래」의 7연을 다음과 같이 율독하고 있다.

    半달여울의 여튼물에   2 . 2 . 1   2 . 2

---

26) 오세영, 앞의 책, 256면.
27) 이기철, 『시학』, 일지사, 1986. 101면.
28) 김억, 「격조시형론소고」(6), <동아일보>, 1930.1.21.

```
          어갸차소리   連자즐때    2 . 1 . 2      2 . 2
          금실비단의   돗단배는    2 . 2 . 1      2 . 2
          白日 靑天에  어리윗네    2 . 2 . 1      2 . 2
```

따라서 그는 이 시를 다음과 같이 '음율단위'로 나누고 있다.

```
          半달 여울 의 여튼 물에
          어갸 차  소리 連자 즐때
          금실 비단 의  돗단 배는
          白日 靑天 에  어리 윗네
```

 이가운데 한 音節로 音律單位가 된 「의」,「차」,「의」,「에」와 가튼 半音은 반듯시 두 音節로 單位가 된 「半달」,「여울」,「여 튼」,「물에」 가튼 것을 읽을 때에 소비되는 꼭 가튼 시간이 必 要한 것이 아니고 좀 느리게 읽든지 그러치 아니하면 읽은 뒤 에 조금 休息을 하든가 또는 좀 긴 休息을 하든지 如何間 音步 에 調化가 되면 그만이외다.29)

 라고 하여 1음절의 조사를 따로 떼어 한 음보로 읽을 것을 주장하고 있다. 현재의 율격이론으로서는 안서의 이론에 대해 많은 문제점과 오류를 지적할 수 있지만 長音과 休止를 염두에 두고 있는 점 등으 로 미루어 볼 때 당시의 이론적 수준의 바탕 위에서 자기가 생각한 음악적 시를 구축하기 위해 부단히 노력하였다고 볼 수 있다. 즉 시 에서의 음악성을 견지한 그가 한국어의 특질을 음수율로 파악하고 그 바탕 위에서 감정표현의 방법에 따라 다양한 율격모델을 제시하 고 있다는 것은 그가 곧 선구자적인 입장에서 한국시의 가능성을 구 체적으로 타진해 본 것이라고 하겠다.

---

29) 김억,「격조시형론소고」(6), 1930.1.21.

그러나 시의 리듬은 한 편의 시 전체가 그 의미구조와의 미묘한 상관관계를 통하여 결정된다30)고 볼 때 일정한 음절단위의 형식을 반복한다고 해서 기대한 율격효과를 얻을 수 없다는 것은 인식하지 못 했던 것이다.

안서는 자신이 고안한 율격모델에 따라 엄격한 음수율에 의거하여 詩作한 것으로 보인다. 그는 이미 詩作의 초기에 정확한 7.5조의 시를 모색했고 『안서시집』은 소위 격조시론에 의거해 쓰여진 시집이다. 『안서시집』에 수록된 작품들은 음수율로 파악했을 때 7.5조라고 할 작품이 44/104로 전체의 42%를 차지하며 7.7조가 7편, 4.5조가 6편, 5.7조가 6편, 8.5조가 4편, 5.4조가 3편 등이며 이외에 7.6.7조, 6.6조, 6.5조, 9.5조 등 음수율에 의한 작품이 92편으로 약 90%를 차지하고 있다.

한 편 그의 『민요시집』에는 7.5조가 46/79로 58%를 차지하며 4.4조가 16/79(20%) 그 외 6.6조가 2편, 7.8조가 2편, 7.7조가 2편, 5.5조가 2편 기타 7편이며 음수율로 파악되지 않는 것은 단 2편뿐이다. 이로 미루어 안서는 비교적 자신의 시론에 따라 음수율에 충실했으며 7.5조와 4.4조를 즐겨 사용했고 그 외에도 다양한 음수율로 詩作한 것으로 보인다.

안서의 시 「오다가다」는 여러가지 복잡한 성격으로 말미암아 안서의 시에서 새로운 가능성을 시사하기는 하지만 음수율에 집착해 있던 그는 새로운 가능성을 인식하지는 못 했던 것 같다.31) 가령 무의

---

30) 이상섭, 『문학비평용어사전』, 민음사, 1981. 246면.
31) 「오다가다」는 안서의 작품 중 비교적 성공한 것으로서 이 작품은 자신이 고안한 음수율적 모델이 파기되고 있음을 잘 보여준다. 그러나 그는 이 음수율이 파기됨으로 해서 시적 효과가 오히려 살아나고 있다는 점을 인식하지 못 했던 것 같다. 졸고, 「안서시의 경직성에 관한 일고찰」, 영남어문학회, 영남어문학 제 13집, 1986.9. 참조.

식적으로 이러한 시형태를 창작했다 하더라도 그의 완고한 시론이 그것을 용납하지 못 했는지도 모른다. 율독상의 다양함은 고사하고 한 작품 내에서 음수율적으로라도 7.5와 5.7이 공존하는 작품도 그의 시에는 드물기 때문이다. 더구나 '힘있고 무겁은'것이라고 생각한 5.7조와 '보드랍은 직접적 정서'를 노래하기에 알맞다는 7.5조를 한 작품 내에 공존시킴으로써 시적 효과가 살아났으며 실지로 율격만으로는 시의 정서를 창출할 수 없다는 사실이 이 시에서 밝혀지고 있음에도 불구하고 그는 그것을 인식하지 못 했던 것이다.

결국 안서는 외관상으로는 다양한 듯 보이는 자신의 율격모델이 실제 詩作에 있어서는 많은 제약을 가하는 완고한 것임을 인식하지 못 한 채 자신의 시론에 끝까지 머물러 있었던 것이다.

(3) '님'의 인식과 구조의 문제

한국문학에 있어서 '님'은 중요한 제재로 다루어져 왔고 시대상황과 결부됨으로 해서 그 내적 공간이 확대되기도 한다. 1920년대의 시인들이 님을 많이 노래한 사실은 익히 지적된 것이며 각 시대에 따라 그 양상은 달리 나타나고 있다.[32] 한국시가에 있어서 '님'은 지속적으로 등장했던 것인데도 불구하고 특히 1920년대의 시에서 중요시되고 있는 점은 결국 1920년대라고 하는 식민지의 현실과 깊은 관계를 가지게 된다. '님'의 부재는 이 시대 시인의 중요한 문제였고 시의 방법적인 면이 어느 정도 체득된 이후의 정서의 강렬성이 '님'으로 표상되어 나타났다고 볼 수 있다.

시에 나타나는 '님'은 정서의 강렬성을 주는 본원이요, 그 귀일점이기도 하다.[33] 한 편 1920년대 시인들이 시적 상황으로서 '님'을 설

---

32) 조동일, 「김소월·이상화·한용운의 님」, 『우리문학과의 만남』, 홍성사, 1978.

정하는 것은 '님'의 부재라고 하는 당대의 현실과 관련하여 긍정적 가치평가를 받을 수도 있는 반면에 다른 한 편으로는 시적 미성숙과 도 관계를 지닌다고 할 것이다. 즉 서정적 자아는 독립적으로 존재하고 있는 것이 아니라 '님'과의 대립적 구조 속에서만 존재의 당위성을 얻게 되며 그러한 대립적 구조에 의해 시의 골격을 유지하는 것은 상상력의 빈곤에서 오는 메카니즘으로 작용한 듯이 보이기 때문이다. '님'이 존재하는 공간은 어느 시인에게나 거의 획일적으로 정해져 있으며 인식의 태도 역시 부정적이라는 점에서 공통점을 지니고 있다.

안서의 경우 자아와 세계와의 관계에서의 '세계'나 나·너의 관계에 있어서의 '너'는 '님'으로 표상된다. 따라서 안서도 다른 20년대의 시인들과 마찬가지로 '님'을 노래한 시인에 해당된다고 할 것이다. 안서의 시에 있어 '님'을 지칭하는 용어로는 '그대'가 빈도가 가장 높고 '님'이 두 번째이며 그 외 '당신' '사랑', 직접적인 호칭으로는 '어머니' '서관아씨' 등도 쓰이고 있다.

안서에게 있어서 이 '님'의 세계가 특히 중요시되는 점은 자신이 시의 내용으로 설정한 조선심과 밀접한 관련을 가지기 때문이며 또한 안서시의 골격을 형성하기 때문이다. 안서의 조선심은 향토정조에 기인하고 있는데 그 구체적 양상으로 나타나는 것이 '님'의 세계이다.

   봄철의 아즈령이 찌여올을때
   엿프른 어린풀을 함끠밟으며
   달금한 첫사랑에 몸을니즘도
   어느덧 해를모하 三年이러라.

   아카시아아래의 그대무릅에

---
33) 신상철, 『현대시와 '님'의 연구』, 시문학사, 1983. 10면.

누어선 잊업는꿈 길이매즈며
내世上의웃음을 서로밧꿈도
어느덧 해를모하 三年이러라.

파리한 그대얼골 꿈에보고는
異鄕의 겨울밤을 안자세우며
流離의 쓰린몸을 탄식한것도
어느덧 해를모하 三年이러라.

— 「三年의 녯날」 1,2,5연

바람은살살 풀잎사귀감도는
팔한물 거픔지는 長箭바다ᄭᅡ,
하이한 나리꽃은 혼자서 피여
햇햇듯 이저리 시달리우네.

나의 사람은 只今어데 게실고,
넘노는꽃을 無心히 보노라면
생각은다시 그대를 싸도나니,
누굴차자 나여긔, 長箭왓든고.

— 「나리꽃」 전문

    결국 안서에게 있어서 '님'은 과거의 연인이면서 현재에도 없고 미래에도 없으며 作中의 '나'가 異鄕에 있는데 대한 故鄕의 의미 이상으로 확대되지 않는다. 물론 잃어버린 고향이 당대의 조국이라고 확대 해석될 여지는 남긴다고 할 수도 있겠으나 그것이 자신의 감정에 한정 될 때, 그리고 '관념과 소극성'[34]에 기초하여 연인과 과거지향으로 구체적으로 표상되어 나타날 때 그러한 가능성은 희박해진다.

---

34) 오세영, 앞의 책.

그대는 먼곳에서 반듯거리는
내길을 밝혀주는 외롭은 빗,
한줄기의 적은빗을 그저 쌀으며
미욱스럽게도 나는 걸어가노라.

그대가 잇기에 쉬임도 업고
그대가 잇기에 바램도 잇나니,
아 〃 나는 그대에게 매달리여
씌끌가득한 내世上에서 허덕이노라.

나는 아노라, 그대의곳에는
목숨이흐름이 문의곱은물결을 짓는
아름답은 봄날의 곳밧속에서
和平의꿈이 웃음으로 매자짐을.

나의발은 疲困에 거듭된 疲困,
나의가슴에는 가득한 새쌈한 어둠음!
아 〃 그대 곳 업다면, 나의 몸이야
엇더케 걸으며 엇더케 살으랴.

아 〃 애닯아라, 그대의곳은
限끗도없는 머나먼 地平線끗!
그러나, 나는 그저 걸으랴노라,
눈먼새 의동무를 쌀아가듯시.

　　　　　　　　　— 「나의 이상」 전문

　여기에서 나와 님의 관계는 비교적 그 성격이 뚜렷이 구분된다. '나'의 존재는 '님'이 있기에 가능하다. '님'은 나의 길을 밝혀주는 빛이며 나를 존재하게 하는 원인이다. 여기에서 '나'는 어떤 독자적인 존재가 아니라 다만 '님'에 소속되고 '님'에 의해 좌우되는 것으로 표상된다. 즉 시적 화자인 '나'는 적극적 의지의 존재가 아니라 소극적이고 수동적인 인간형이다. 여기에서 우리는 안서 김억의 현실에 대한 태도와 관념지향성을 확인할 수 있는 것이다. 이것은 비단 안서에게만 국한되는 것이 아니라 한국근대 시인들에게서 보편적으로 지적될 수 있는 것이다.

'님'은 여기에 존재하는 것이 아니라 저기 먼 곳, 구체적으로는 '限끗도업는 머나먼 地平線끗'에 존재하며 그 곳은 결과적으로 내가 도달할 수 없는 곳이다. '님'이 존재하는 곳은 목숨의 곳이며 웃음이 있는 긍정적 공간이다. 반면에 내가 존재하는 곳은 티끌이 가득한 곳이며 피곤하고 어두운 곳이다. 여기에서 나와 님과의 관계는 다음과 같이 도식화된다.

나	님
異鄕	故鄕
현재	과거
여기	저기
절망	희망
어둠	밝음
피동	능동
소극적	적극적

이와같이 안서의 시는 나와 님과의 관계가 명확히 구분되는 대립적 병치에 의해 구축되고 있으며 그것이 내면적으로 용해되어 있기보다는 표면적으로 부각되어 있어서 의미적 효과가 반감되는 결과를 초래하고 있다. 그런데 문제는 나와 님과의 대립적 구조가 아니라 그러한 님의 공간이 관념적인데 있다. 그것은 달리 말하면 작가의 현실인식 태도가 현장성보다는 관념성에 치우쳐 있다는 것을 뜻한다. 당

대의 식민지 현실로 인해 '나'가 부정적인 공간에, 시대적 상실감의 보상심리로서 '님'을 긍정적 공간에 설정한다고 했을 때 보다 바람직한 것은 투철한 역사의식에서 근거하여 그 긍정적 공간을 향한 적극적이고 진취적인 태도를 보이는 것이라고 하겠다. 그러나 안서의 경우 이 두 공간은 그 나름대로 존재한다는 의미에서만 시적 의미를 가지는 것이지 식민지 현실과 역사의식과는 유리되어 있는 것이다. 이것은 그가 근본적으로는 예술지상주의적 문학관과 역사의식의 부재 속에서 문학활동을 했다는 의미에 다름 아니다.

즉 그의 '님'은 관념 속에만 존재하기 때문에 구체성을 띨 수 없고 님의 긍정적 공간으로의 도달은 원천적으로 부정되어 있는 것이다.

나와 님의 관계를 대립적으로 병치하는 것이 안서시의 기본골격이라고 한다면 그 사이에 매개물로 존재하며 나와 님과의 관계를 해명해 주는 것이 꽃과 바다이다. 안서에게 있어서 꽃은 그 자체의 미를 표현하기 위한 개체로서의 꽃이 아니라 落花를 전제로 하여 나와 님과의 관계를 슬퍼하기 위한 매개물에 지나지 않는다.

   봄바람이 휘돌아
   꽃이 필때엔
   다시곰곰 옛생각.

   지낸歲月 모도다
   뜬구름이라
   부잡을길 업스나,

   아슯은 이내心思
   바릴곳업서
   꼿을잡고 우노라
     ―「봄바람」 전문

나의 소재가 부정적인 곳이기에 꽃은 부정적으로 인식되며 비를 맞고 낙화한다. 비의 이미저리가 지닌 하강의 이미지는 사랑의 상실과 관련되며 낙화는 사랑의 좌절을 뜻하게 된다. 안서의 시에서 님의 인식이 종적으로 나타날 때 그 매개물은 꽃으로 등장하며 이미지 전개는 다음과 같이 도식화되어 나타난다.

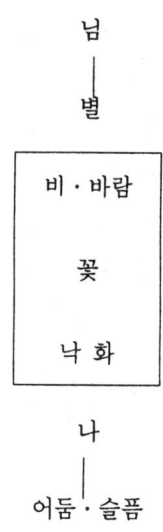

이 □가 안서의 시에서 꽃이 등장할 때의 내용이다.
 '님'이 종적으로 인식 될 때 꽃이 매개물로서 등장했다면 횡적으로 인식 될 때는 바다가 매개물로 등장한다.

   하이한한바다 넓히는 百里랴千里랴.
   외롭은달이 혼자서 배우를 밝혀줄제,
   바라보니 맑은하늘, 故鄕은 어데런가
   한갓되히 근심만 구름짓에 써돌거니.
       — 「달아레서 水夫의올픈」 전문

머나먼 한바다엔 쌈한횐돗대.
돌아보니, 내맘엔 앗득한그대
　　　　　　　—「長箭海岸서」 2연

왼밤을 새와가며
반쯧 빗낫다
쏘다시 쌈해지는
외롭은 燈臺.

달빗도업시
물우에 써도는맘
燈臺와함씌
씃업시 헤메나니.

반쯧 빗날쌘
그대를 그려보고
색캄해질쌘,

외롭은 이내 身勢
다시금 보여
잘줄이나 잇으랴.
　　　　　　　—「燈臺」 전 5편 중 1편 전문

　이처럼 님이 횡적으로 인식될 때는 바다가 매개물로 등장하는데 님은 바다 저 편에 존재하며 궁극적으로 도달할 수 없는 곳에 있다. 배와 등대는 님에게 도달하기 위한 수단으로 등장한다.
　이미지 전개는 다음과 같이 도식화된다.

나 —   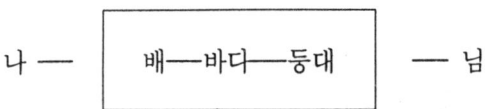   — 님

이 □가 바다가 등장하는 시의 내용이다. 안서에게 있어서 바다는 나와 님을 괴리시키는 방해자 이상이 아니다. 일반적으로 바다가 주는 이미지, 즉 광활한 공간, 무한한 힘과 가능성[35] 등은 안서의 시와는 거리가 멀다. 안서의 시에서 바다는 나와 님 사이에 설정된 장애물로서 단지 그 자체를 슬퍼하기 위한 매체일 뿐이기 때문이다. 바다에 대한 이러한 인식은 꽃에서도 유사하게 드러난다. 꽃은 아름다움을 발산하거나 生을 찬미하기 위한 것이 아니라 落花의 슬픔을 토로하기 위한 매개물일 뿐이다.

안서의 시에는 꽃과 바다가 복합적으로 나타나는 경우는 드물고[36] '님'의 인식방법에 따라 꽃이나 바다가 유형화되어 나타나며 수직구조나 수평구조중의 어느 하나가 선택되어 형상화된다.

안서가 시를 刹那의 生命을 刹那에 느끼게 하는 藝術[37]이라고 정의하였을 때 그것은 시인의 자유로운 상상력, 다양한 사물인식을 뜻할 듯이 보였지만 실상 그의 작품에서는 그러한 것을 찾아 볼 수 없다. 오직 유형화된 사물 인식태도와 포괄적이지 못 하고 철저히 배제적인 시적 태도에서 그의 시는 존재하고 있었던 것이다. 즉 그의 시는 철저한 배제의 원리에 입각해 있고 이러한 도식적인 구도 하에서 안서는 자신이 고안한 엄격한 음수율적 율격모델에 따라 꽃과 바다를 '슬프게' 노래한 시인이었던 것이다.

---

35) 김학동, 『한국개화기시가연구』, 시문학사, 1981. 120면
36) 꽃과 바다가 동시적으로 등장하는 경우는 거의 없다. 오세영, 『한국낭만주의시연구』, 296면 참조.
37) 김억, 「시형의 음률과 호흡」, <태서문예신보>14호. 1919.1.13.

안서가 시간과 장소를 가리지 않고 모티브만 잡으면 댓바람에 작품화시키는 多産性의 시인이었다[38]는 말은 그가 이처럼 시의 내용과 형식을 유형화시킨 결과로서 가능했을 뿐이었다. 시에 있어서 음절수로 엄격한 율격모델을 설정하고 그 모델에 자신의 감정을 실어나갈 때에 이미 그것은 시정신이 결여될 소지를 안고 있었다고 보아야 하며 또한 내용마저 유형적으로 설정될 때에 시인의 자유분방한 감정의 토로를 기대하기는 어려울 것이다.

2 주요한:이원적 삶의 시적 대응

1) 시의 변모양상과 그 내적 특성

(1) 시의 변모양상

주요한이 문학활동을 한 시기는 <학우>[39]창간호에 「에튜우드」를 발표한 때부터 1929년까지 약 11,2년간이라고 볼 수 있다.[40] <학우>지에 실었던 「에튜우드」는 『아름다운 새벽』에 수록할 때 작품을 재배열하고 그 창작연도가 1918년이라고 밝히고 있고 <창조> 창간호에 실었던 작품들, 「불노리」「새벽꿈」「하아햔 안개」「선물」은 1919년 1월작이라고 밝히고 있으며 <창조>2호에 실었던 「해의시절」과 「아츰處女」는 1919년이라고만 밝히고 있다. 또한 同詩集의 「푸른하늘아레」와 「홀로안저서」는 1917년으로 밝히고 있어서[41] 그의 작품창작은

---

38) <문학사상> 13호, 문학사상사, 1973.10.
39) <學友>誌는 1919.1.1. 日本 京都 學友社에서 발간되었으며 창간호가 종간호가 되었다. 정한모, 앞의 책, 293면 참조.
40) 한 편 그의 일본에서의 시작 활동에 관해서는 橫山景子, 「주요한의 일어시 작품에 관한 연구」, 경북대학교 대학원 박사학위논문, 1989.6. 참조.
41) 이 작품들은 日文으로 써서 발표했을 것으로 추정되고 있다. 정한모, 앞의 책, 294면.

1917년까지로 거슬러 올라갈 수 있지만 공식적인 작품활동은 <학우> 지에 작품을 발표한 1919년 1월이라고 볼 것이다. 따라서 그가 작품 활동을 한 기간은 10년이 조금 넘는다고 할 수 있다. 그러나 10년이 라는 이 짧은 기간에 발표한 작품들을 일별해 볼 때 그 경향은 너무 나 이질적이어서 '그가 심한 문학적 혼란에 빠져 있지나 않았는가 하 는 인상을 받는다.'42)

가령 그의 시경향을 대표하는 작품들 중에는 그의 대표작으로 일 컬어지면서 '한국근대의 최초의 자유시'라고 평가되어온 「불노리」계 통과 그가 중점적으로 추구했던 민요적 시계열, 상해망명시절에 쓴 시들, 시작생활 말기에 쓴 「채석장」등의 다양한 작품들이 존재하고 있다. 여기에 그가 말기에 많이 쓴 시조까지 포함시킨다면 그의 시경 향은 다양하다 못해 난해하기까지 하다. 물론 이 네 가지의 시경향은 외견상으로는 서로 상충되고 이질적이다. 형태상으로 보았을 때 주요 한의 시는 산문시-자유시-민요적 시-시조를 두루 망라하고 있으 며43) 이 극과 극을 가능하게 했던 것은 바로 그의 이원적 삶이었던 것이다.44)

주요한의 문학경력을 크게 전기와 후기로 나누기도 하고45) 또 초

---

42) 오세영, 『한국낭만주의시연구』, 일지사, 1982. 208면.
43) 민요적 시는 형태상으로 보았을 때 자유시에 속하지만 본고에서는 구분해 서 논하고자 한다. 그것은 주요한이 이를 변별적으로 인식했기 때문이고 따라서 그의 시적 변모를 살피는데 있어서 구분하는 것이 효율적이기 때 문이다.
44) 주요한의 인생은 크게 두 경향으로 표방되는데 하나는 순전한 문학도의 모습이고 다른 하나는 비속한 현실에 충실한 생활인의 모습이다. 졸고, 「이원적 삶과 시적 대응」, 상지대 국어국문학과, 우산어문학 제1집, 1991.9.
45) 오세영은 주요한의 문학을 전기와 후기로 나누고 있는데 전기는 1919년부 터 『아름다운 새벽』을 간행하는 1924년까지, 후기는 이후 『봉사꽃』을 간행 한 1930년까지이다. 전기는 자유율과 서구적 언어감각으로 특징지워지고 후기는 정형율의 지향과 전통지향으로 특징지워진다. 특히 오세영은 그의 일관된 시세계를 민요적 시세계로 보고 있음이 특이하다. 즉 그는 주요한

기와 중기, 말기로 나누기도 한다.46) 전기와 후기로 나누는 경우 1924년 『아름다운 새벽』을 분수령으로 하여 초기는 서구적 언어감각과 엑조티시즘에 근거한 자유시(자유율)에 치중하던 시기이며 후기는 전통지향에 근거한 정형시(정형율)에 치중한 시기이다. 한편 3기로 나누는 경우에 있어서는 상해망명시절에 비중을 두어 중기를 새로이 설정하고 이 시기를 자유시지향성과 민요적 시 지향성이 공존해 있었다고 보고 있다. 물론 이 두 가지의 견해는 나름대로의 타당성을 가지고 있지만 필자는 대체적으로 보아서 전자의 견해가 무난할 것이라고 생각한다. 3분법의 경우 초기의 설정 자체가 단 몇 개월에 걸쳐 있어서 어색할 뿐만 아니라 그의 상해시대의 작품들이 형태적으로는 자유시와 산문시, 민요적 시 지향성이 공존하고 있고 무엇보다도 민족의식과 이국정조 및 고향상실감을 표출한 것들이어서 어느 정도 변별되기는 하지만 넓게 보아 초기의 시 특성과 유사성이 많기 때문이다. 이는 양왕용의 3분법이 상해시대 <독립신문>의 작품들47)을 주요한의 것으로 명확히 인정한데 근거하고 있다면 필자는 아직 그것이 주요한의 것이라고 단정하기에는 여러모로 망설여지기 때문이다.

어쨌든 그의 시적 지향은 후기로 갈수록 정형률을 띠게 되고 발표시기를 다소 무시한다고 하면 산문시에서 자유시와 민요적 시를 거

의 초기시를 일시적이고 무자각적인 세계로 간주한다. 오세영, 앞의 책 참조.
46) 양왕용은 오세영이 구분한 전기를 초기와 중기로 세분하고 있다. 초기는 1919년 1월부터 1919년 3월까지로 일본유학기간이며 중기는 1920년 2월부터 1924년 9월까지로 그가 귀국하기 전까지인데 이 시기는 그의 상해망명시절이다. 양왕용, 『한국근대시연구』, 삼영사, 1982. 143면.
47) <독립신문>의 시에 관해서는 임형택, 「항일민족시」, 성균관대학교 대동문화연구소, 대동문화연구 14집, 1981. 김윤식, 「주요한재론」, <심상> 9권 2호, 1981.12. 참조.

쳐 시조로 귀결되는 셈이다.
  문제는 이렇게 상충되는 시세계를 가능하게 했던 것은 무엇인가이다. 형태적으로 보았을 때 산문시와 시조라고 하는 양극단이 주요한에게 있어서 가능했던 동인은 무엇이고 일관성을 부여하는 것은 무엇인가 또 시의 내면을 보았을 때 「채석장」에서 보이는 현실지향성과, 「불노리」나 민요적 시계열에서 보이는 관념지향성은 어떤 맥락 위에 있는가 이러한 물음에 답할 때 우리는 주요한의 다양한 시세계를 일관된 축 위에서 이해하게 될 것이다.

  (2) 주요한시의 내적 지속성
  주요한의 다양한 시세계를 가능하게 했던 것은 무엇인가. 우선 우리는 그의 초기 작품인 「불노리」의 관념지향적 성격에 관심을 가질 필요가 있다. 그가 회고하고 있는 바와 같이 「불노리」는 '서구의 작품의 모방'이었고 그 작품이 지향하고 있는 세계 또한 현실지향적이기보다는 관념지향의 것이다.
  「불노리」를 낭만주의로 보든 상징주의로 보든 그것은 사실상 큰 문제가 되지 않는다고 할 수 있다. 한국근대문학에서 어느 특정한 사조를 추출한다는 그 자체가 어려울 뿐만 아니라 어느 사조로 확정짓는다고 해도 그것이 그리 큰 의미를 갖는 것이 아니기 때문이며, 어떤 문학사조나 어느 특정인의 경향이 수용된다고 하더라도 거기에는 항상 자국의 문화적 토양과 그 작가의 문학적 취향에 따라 변별적으로 수용되고 변모되는 것이기 때문이다.
  「불노리」에 나타나 있는 세계는 현실성이 결여된 격한 감정의 세계이면서 물과 불의 상징에 의해서 그 시대적 의미를 내포함으로 인해서 가치있는 것이다. 「불노리」는 그 내적 구조에 의해서 당대의 역사적 상황이 무의식적으로 표출되어 있을 뿐 '당대의 총체적 역사관이 배제됨으로써 다분히 주관주의적 속성으로 머물고 만다.'48) 이것은 곧 「불노리」가 당대의 역사적 현실과는 유리된, 주관적 관념세계의 지향을 지칭하는 것에 다름 아니다.

주요한은 그의 초기시, 즉 <창조>지의 작품들에 대해 '그 경향도 일정한 것이 아니라 그때 그때의 기분에 의하여 잡연하였던 것'49)으로 말하고 있다.

한편 그의 초기시에는 「눈」과 「불노리」의 경향 뿐 아니라 '건강지향성'의 것도 있다.

> 해여, 바람이여, 지금, 내가슴에 넘처오라.
> 풀무불에 제튼〃한 팔을 쑤드리는 이샹한 대장쟁이처럼.
> 사른**熱情**으로 나의가슴을 달구리라.
> 드른바 해마다 **勇敢**한 불근개, 히를 물어감가치50)
> 지금나는 이말믄한51) 두손을 그불속에 너으리라.
> **偉大한季節**이여, 나를위하야 채리는 **華麗**한 잔최에
> 오직하나인 내불솟의 「말」을 **金**으로 색이리라.
> 나는 네푸르른바람에 쉬는것보다,
> 네달씀한 피곤을 맛보는것보다,
> 다만 네가슴에 더욱 쓰거운 「말업슴」의 길을 불로 닥그리라.
> ―「해의시절」일부52)

> 아름다운 새벽이여 둘너싸라,
> 희고흰 새벽안개여 더운젓통을 씨스라,
> 나의 깨긋한삶익 단냄새가.

---

48) 박민수, 『현대시의 사회시학적 연구』, 느티나무, 1989. 61-62면.
49) 주요한, 「창조시대의 문단」, <자유문학> 창간호, 1956.6.
50) 시집 『아름다운 새벽』에는 '해를 물어간다는 용감한 불조개가치'로 되어있다.
51) 시집에는 '이 연한'으로 되어 있다.
52) <창조> 2호, 1919.3.20. 32면.

모든 强한 愛人의 가슴속에 녹아들기 위하야.

아 // 짱이여 봇들라, 나를,
너의 질긴 풀줄기로 나의 버슨발을 매여
시언치아는 이몸을 너의 풀바테 쓰러업지르라.

이슬에저즌 아츰이여, 빗나라, 빗나라, 그때에
안탁가운 나의사랑을 쯔거운 그의가슴에 비최기 위하야.
—「아츰처녀」전5연중 3-5연[53]

이 작품들은 밝음의 세계를 지향하고 있다는 점에서 「불노리」와는 다른 계통의 것으로 볼 수 있다. 「불노리」의 세계가 자신과 세계와의 내적 갈등을 어둠의 세계를 지향하는 것으로 표출하고 있다면 이 시편들은 그와는 대조되는 밝음의 세계를 지향하는 점에서 당대의 시경향에서 탈피한 새로운 경지를 개척한 것으로 평가할 수 있는 것이다. 그것은 곧 당시의 2.8운동과 3.1운동과 연관됨으로 해서 '상황의 극복의지'[54]로 보여질 수도 있다. 정한모는 이러한 의지를 '의지적 지향'으로 보아 그의 망향시편에서 보이는 '회귀적 지향'과 함께 주요한시의 두 측면이라고 보고 있다.[55] 이러한 시의 경향은 그가 이후 곧바로 상해로 망명을 한다거나 망명지에서의 활동 등으로 유추해 볼 때 민족의지의 소산이라고 추정할 근거를 제공하고 있다.

주요한은 후일에 자신의 대표작이 「불노리」와 「채석장」, 「비소리」, 「아츰처녀」라고 한 바 있다.[56] 또한 첫 시집의 이름을 『아름다운 새

---

53) <창조> 2호. 32면.
54) 양왕용, 앞의 책, 154면.
55) 정한모는 이 의지의 근원을 휘트먼의 영향과 당시의 상황 때문이라고 풀이하고 있다. 정한모, 앞의 책, 331-334면.
56) 주요한, 「내가 뽑은 나의 대표작」, <시문학> 1973.8. 94-97면.

벽』이라고 하여 그의 이러한 건강지향성의 시세계가 의식적이었음을
밝히고 있다.

> 「개렴」(槪念)으로 노래를 부르려는 이가 잇습니다 더욱이 민
> 중예술을 주창하는이 사회혁명뎍 색채를 가진이중에 그런이가
> 잇습니다. 그러나 그런이는 십상팔구가 「개렴」의 노래가 됩니
> 다. 이 책에 모흔 노래는 「개렴」에 의하야 쓴것이 아닙니다. 쏘
> 「개렴」을 지으려고 쓴것도 아닙니다. 이는 다만 째를 짜라 니
> 는 마음의 파동의긔록입니다. (중략) 그러나 나는 여긔 두가지
> 자백할것이 잇습니다. 첫재는 내가 의식뎍으로 「데까단티즘」을
> 피한것이외다. 「나」와 「사회」는 서로 쩌나지 못할것이외다. 그
> 럼으로 엇더한 적은「나」의 행동이던지 「사회」에 영향을 주지아
> 늠이 업슬 것이외다. 나는 우리 현재 사회에 「데까단」뎍, 병적
> 문학을 주기를 실혀합니다. 그럼으로 나는 「데까단」뎍 경향을
> 가진 작가를 조하하지 아느며 자신도 그런 경향을 피하기로 주
> 의하엿습니다. 오직 건강한 생명이가득한, 온갓 초목이 자라나
> 는 속에 잇는 조용하고도 큰힘 가튼 예술을 나는 구하엿습니
> 다.[57]

시집의 발문에서 밝힌 것과 마찬가지로 그는 당시의 카프계열의
이데올로기 지향과 당대에 주조를 이루던 퇴폐적 성향을 모두 거부
하고 있다는 점에서 주목된다. 나와 사회와의 관계를 역설하는 것으
로 보아 문학의 사회적 효용성을 인식하고 있고 이러한 의식적 지향
하에 쓰여진 것이 이들 건강지향, 밝음지향의 시편들인 것이다

그러면 이러한 시편들은 과연 어느 정도의 시대적 당위성과 구체
성을 획득하고 있는 것일까. 그의 이 시편들이 '당시 어둡고 답답하
고 슬픈 현실 속에서 밝고 싱싱한 것을 바라볼 수 있는 눈을 열어 주

---

[57] 주요한, 「책끗헤」, 『아름다운 새벽』 발문.

었다'58)는 평가는 전적으로 옳은 것인가. 그리고 그가 주장하는 '오직 건강한 생명이 가득한, 온갖 초목이 자라나는 속에 잇는 조용하고도 큰힘 가튼 예술'은 구체적으로 어떤 내적 필연성을 가지고 있는 것인가. 불행하게도 이러한 물음에 대한 답은 부정적일 수밖에 없다. 아츰처녀로 상징되는 각각의 요소들 즉 '새로운 햇빗' '이슬에 저즌 길' '아름다운 새벽' '땅' '이슬에 저즌 아침' 등 힘찬 생명력의 심상들은 결국 사랑에 근원을 둠으로써 시대적이고 역사적인 것으로 확산되기보다는 스스로 그 깊이를 '인간의 본원적 생명력의 지향'59)으로 한정하는 결과를 초래하는 것이다. 따라서 그가 지향한 세계는 자신이 말한 바와 같이 '오직' 건강한 생명과 '조용'하고도 큰 힘 '같은' 예술 그 이상도 이하도 아닌 것이다. 즉 그가 지향한 밝음의 세계에 대한 구체적 인식이 뒷받침되지 못 함으로 해서 당대의 시와는 변별되는 이채로움은 있었다고 하더라도 자기가 비판했던 '데까단티즘'의 문학과 근본적으로는 궤를 같이 하고 있었던 것이다. 여기에 대해서는 김흥규의 다음과 같은 지적이 정곡을 찌른 것으로 보인다.

> 주요한의 시에서 볼 수 있는 열정은 어떤 궁극적 가치나 새로운 세계의 실현을 향해 스스로를 던지려는 지향을 분명하게 지니고 있지 않다. 그의 열정은 차라리 열정 그 자체를 위한 열정이다. 그의 밝은 감정이란 절망이 어떤 실제적 비전이나 의지에 의해 극복된 결과가 아니라 다만 병적인 색체를 피하고 밝은 것을 그릴 필요가 있다는 심정적 동기에 근거한다.60)

따라서 주요한의 초기시에서 나타나는 건강지향, 밝음지향의 세계

---

58) 정한모, 앞의 책 336면.
59) 박민수, 앞의 책, 56면.
60) 김흥규, 「1920년대 초기시의 역사적 성격」, 『문학과 역사적 인간』, 창작과 비평사, 1980. 247면.

는 당대문학에 비추어 이채로움이 인정된다 하더라도 그 자체에 있어서 구체적인 역사성과 내적 동기를 결여함으로 인해서 당대문학에 대한 단순한 반동 이상이 아니며 그가 지향하는 관념세계의 또 다른 양상일 뿐인 것이다. 이러한 양상은 가령 다음과 같은 상해시절의 시에도 그대로 지속되고 있다.

> 맵시나게자른압머리와
> 귀꼬리의纖細한彫刻은바람이슬치며
> 연지바른쌤!
> 조곰두터운입셜은꼿닙인가한다
> 파란션두른웃옷은볼기에다앗고
> 소매는쩗아희고가느른팔을드러내며
> 연홍色바지에치마는닙지안엇다
> 씰크스톡킹사이로희미한발목의曲線
> 눈을魅하는살빛!
> 가느른손가락에감긴손수건은무릅우에!
>   ―「上海이애기」중「支那少女」일부61)

> 새날을맞는발금과기름자의쎄가
> 보드러운光線과푸른影子――녀름날
> 잔듸밭우에늘근오리나무그늘에노닌다
> 우슴을씐太陽이時計臺의板面에反射하고
> 巧妙하게整頓된꼿밭은
> 프란스사람의아름다운情緖를나타내엿다
>   ―「公園에서」중「아츰」전문62)

---

61) <창조> 제4호, 1920.2.
62) <창조> 제4호, 1920.2. 창조 4호에 실린 '上海이애기'라는 제목하에는 「歌劇」,「支那少女」,「公園에서」가 실려있는데 「공원에서」라는 제목아래 「아츰」,「낮」,「저녁」,「밤」의 작품들이 실려있다. 한 편, 시집 『아름다운 새벽』에는 '상해풍경'편에 支那少女가 上海소녀로 이름이 바뀌어져있고 「公

상해시절에 쓰여진 위 작품들은 단순한 이국적 풍모의 외형적 묘사에만 그치고 있어서 서경시에만 머문 느낌이다. 그가 3.1운동으로 인해 망명을 했고 또 상해에서 독립신문의 기자생활을 했다는 사실은 이 작품들과는 전혀 상관이 없어 보이고 다만 이국정조 exoticism 만이 부각되어 있는 것이다. 이 중에서도 특히 「公園에서」 중 「밤」이 서경에만 그치지 않고 의미를 내포한 듯이 보이는데 그나마 '로만틱한녀름밤이온몸을피곤케하도다.'라고 끝맺음으로써 민족의식이나 당대의 역사의식과는 무관함을 노정하고 있다. 여기에서 유추할 수 있는 것이 그의 상해망명의 동기이다. 그의 말대로 상해망명과 화학과에 입학한 것은 정말 강한 민족의식의 발로였던가를 우리는 의심하게 되는 것이다. 설사 화학과에의 지망이 춘원이 「무정」에서 '과학! 과학!'이라고 설파한 것과 동일한 연장선상에 있고 그것을 몸소 실천한 것이었다고 하더라도 그의 작품상에 나타난 것으로 볼 때 상해망명시절은 그의 일본유학에서의 의식과 별반 다름이 없어 보이는 것이다. 그의 상해시절의 시편은 여행자가 느끼는 이국풍경에 대한 신기함 이상이 아니며 '민족의식의 발로'와는 먼 거리에 있는 것이다.

한 편 상해시절의 작품 중 또 다른 경향은 소위 망향시편이다. 시집 『아름다운 새벽』에는 고향생각 편에 「그봄을바라」를 비롯한 11편의 시가 수록되어 있고 그 제작연대는 1920년작이 8편, 22년작이 2편, 23년 3월작이 1편이다. 따라서 이들 작품은 그의 상해시절에 강한 향수의 배경에서 씌어졌음을 알 수 있다.

　　　　푸른 물 모래를 비최고 흰돗대 섬을 감돌며,
　　　　돌건너 자지빗 봄 안개 서름업시 울격에,

園에서」가 「불란서 공원」으로 이름이 바뀌어져 있다.

IV 관념주의시의 실상

서산에 꼿 썩 그러, 동산에 님 뵈오러
가고 오는 흰옷 반가운, 아〃 그 쌍을 바라,
그대와 함께 가 볼거나………

쯔거운 가을해, 멧견에 솔나무 길이 못되고,
어린 아우 죽은 무덤에 일홈 모를 꼿이 피어,
적은 동리 타작마당, 잠자리가 노는 날,
꿈가튼 어린시절 차즈러, 아〃 그 산을 바라,
그대와 함께 가 볼거나………

아츰에 저녁에 해묵은 느름나무 가마귀 울고
담정에 가제 푸른 넉굴, 다정한 비 뿌릴제
섬돌 빗누른 꼿을 쓰더서 노래하던,
집웅나즌 나의 고향집, 아〃 그 봄을 바라,
그대와 함께 가 볼거나………
　　　　　　　ㅡ「그봄을바라」전문

　우리가 이 시에 의미를 부여할 수 있다면 그것은 곧 그가 민요적 시계열의 징후를 보이고 있다는 것일 뿐이다. 이 시에서 우리가 그의 민족의식을 읽어 낸다는 것은 무리이다. 물론 당대의 상황에 비추어 고향에 대한 향수가 그 자체 식민지 현실에 대한 거부의 몸짓이라고 확대해석할 수도 있겠으나 요한의 다른 작품들이나 그의 후기의 민요적 시들을 고찰할 때 그것은 곧 허구임이 드러난다. 그것은 그가 지향하고 있는 것이 '꿈가튼 어린시절'이라는 과거지향적인 것, 그리고 그것이 작품내에서 감상에 머물고 있다는 한계를 직시함으로써 쉽게 파악된다. 따라서 우리는 그의 상해망명시절이 그 동기야 어떠했든 철저한 민족의식이나 역사의식의 발로라고 보기 어려우며 작품 속에서 구현되고 있는 세계는 단지 소재나 외형의 변화일 뿐 그 근본 자체는「불노리」에서 보여준 관념성 이상이 아니라고 감히 단정지을 수 있는 것이다.
 이러한 내적 특질은 그의 후기, 즉 1924년 『아름다운 새벽』을 간행하고 귀국한 이후에 보다 구체적으로 확인된다. 그는 『아름다운 새벽』 발문에서 다음과 같이 말하고 있어서 그의 후기시의 지향점을 분명히 제시하고 있다.

> 둘재로 자백할것은 이삼년래로 나의 시를 민중에게로 더 갓가히 하기 위하야 의식덕으로 로력한것이외다. 나는 우에도 말한바와가치 「개렴」으로된 「민중시」에는 호감을 가지지 안엇스나 시가가 본질덕으로 민중에 각가울수 잇는것이라 생각하며, 그러케 되면 반드시 거긔 담긴 사상과 정서와 말이 민중의 마음과 가치 울리는 것이라야 될줄 압니다. 그럼으로 이책중에 「나무색이」,「고향생각」등에 모흔 노래는 이런 의미로 보아 민중에 각가히 가려는 시험이외다. —꽂—

 여기에서 우리는 이미 주요한이 후기에 어떤 방향으로 시를 전개할 것인지 시사받을 수 있다. 그 첫째는 민중에 가까이 가고자 한다는 것, 둘째는 개념으로 된 민중시 즉 카프계열의 이데올로기 시를 거부한다는 것 등이다. 그가 당대의 문학을 데카당으로 비판하고 카프계열을 거부하면서 민중에게로 가까이 가고자 하는 점에서 그의 작품경향에 대한 어느 정도의 윤곽이 예상된다. 그리고 그가 「나무색이」편이나 「고향생각」편을 그 예로 지적하였을 때 그것은 보다 확고해지는 것이다.
 먼저 그가 민중에 가까이 가고자 했을 때 그 민중의 개념은 구체적으로 어떤 것인가를 살펴보자. 무엇보다도 요한에게 있어서 민중은 20년대 문학의 대표적 이슈였던 계급성과는 전혀 무관한 것이며 Folk 와 같은 개념이다.[63] 민중의 개념을 이렇게 설정했을 때 그가 추구하는 민중문학이란 '사상과 정서와 말이 민중의 마음과 같이 울리는 것이어야 한다'고 주장했음에도 불구하고 당대 민중의 현실과 괴리될 것은 자명한 이치이다. 당대의 현실은 민중에게로 가까이 가고자 부르짖는 추상적인 구호가 아니라 보다 구체적인 역사인식과 민족의 장래에 대한 비젼이 요구되는 시기였기 때문이다. 이런 의미에서 식민지의 현실에서 민중을 단지 Folk와 같이 규정한 것은 소극적일 수 있으며 보다 절박한 현실타개책으로 승화되지 못 할 것이었다.

이러한 인식하에서 그가 민중에게로 가까이 가기 위하여 모색한 것이 바로 민요적 시오 시조였던 셈이다. 이 점은 요한이 당시의 국민문학파의 일원이었음과 상호 유기적인 관련하에 놓인다.

> 과거 우리사회에 노래라는 형식으로된 문학이 잇섯다하면 대개 세가지가 잇섯다 하겟습니다. 첫재는 중국을 순전히 모방한 한시오 둘재는 형식은 다르나 내용으로는 역시 중국을 모방한 시됴이오 셋재는 그래도 국민덕 정죠를 여간 나타낸 민요와 동요입니다. 그 세가지 중에 필자의 의견으로는 셋재것이가장 예술덕 가치가 잇다고봄니다.
> 그러면 이 신시운동의 전도의 목표는 무엇인가 적어도 나의 생각으로는 두가지의 목표가 잇다고함니다.첫재는 민족덕 정조와 사상을 바로 해석하고 표현하는것 둘재는 조선말의 미와 힘을 새로 차저내고 지어내는 것입니다.[64]

결국 요한에게 있어서 민중시의 모범은 민요와 동요이며 그 목적은 민족정서와 사상을 바로 해석하고 표현하는 것, 조선말의 미와 힘을 새로 찾아내는 것이었다. 그러면 그는 그가 주장한 바와 같이 조선말의 미와 힘을 어떻게 구현했고 민중에게로 얼마나 가까이 다가

---

63) 오세영, 앞의 책, 195—197면.
64) 주요한, 「노래를 지으시려는 이에게」, <조선문단> 제1호, 1924.10.

갔는가. 한 마디로 말해서 그것은 그의 이상이었을 뿐 그의 작품은 민중에게로 가까이 가지도 조선말의 미와 힘을 새로 찾아내지도 못하였던 것이다. 그러기에는 그의 민중에 대한 인식이 너무나 관념적이었고 현실에 대한 인식이 미비했던 것이다.『시가집』에 실린 다음과 같은 작품에서 우리는 그의 주장이 어떻게 구체화되어 나타나는지 볼 수 있다.

강남제비 오는 날
새옷닙고 꼿 꼿고
처녀 색시 압뒤서서
우리 누님 뒷산에 갓네.

가서 올줄 알앗더니
흙 덥고 금잔듸 덥허
평풍속에 그린 닭이
우더라도 못온다네.

섬돌우에 봉사꼿이
피더라도 못온다네.
　　　　　ー「가신누님」 전문

비소리 끈첫다 넛는
가을은 아름답다.
빗맑은 국화송이에
맷친이슬 빗나고
찡 우는소리에 해져므는
가을은 아름답다.

곡식닉어 거두기에 밥브고
은하수에 흰돗대 한가할째

절아레 노픈 남게
싸막이 소리치고
피무든단풍닙 바람에날리는
가을은 아름답다.
　　―「가을은 아름답다」 전 3연중 1,2연

따라서 요한이 도달한 세계는 단순한 민속적 세계 이상이 아니다. 그것은 한 편으로는 망명지에서의 향수의 시와 궤를 같이 하면서 민중을 핑계로 한 향토와 자연으로의 도피인 것이다. 물론 그의 후기시들이 전부 다 이런 것은 아니다. 가령「늙은 농부의 한탄」65)같은 시는 당대 현실을 어느 정도 직시하고 있지만 그러나 그것이 지속적인 관심으로 나타나지는 않았던 것이다. 따라서 그의 민요적 시들은 그에게 있어서 지속적으로 견지되어 오던 관념지향의 또 다른 양상으로의 표출이지 그것이 진정으로 민중에 가까이 접근했다거나 민족정서와 사상을 바로 해석하고 표현하는 것과는 거리가 먼 것이었다. 그러기에는 그의 민중에 대한 인식, 당대현실에 대한 인식은 보다 구체적이지 못 했기 때문이었다. 민중을 강조하면 할수록, 현실에 밀착하면 할수록 오히려 시적 파탄에 직면하고 시인으로서의 길을 회복할 수 없었던 이유는 바로 그러한 원인에 근거한 것이었다. 이러한 면은 그의 후기의 시「채석장」을 검토할 때 극명하게 부각되어 나타난다.

---

65) 일부를 예로들면 다음과 같다.
　도조주고 빗물리면/남을건 무엇잇나/남을것 업슬바엔 / 물속에 잘썩엇지// 살아서 곪을바엔/물귀신 잘되엇지//서리치고 눈날린다/훗옷닙고 쌍을파니/손등얼어 터질란다/하로종일 파고파도/죽으릴것 모자라네//철로길 고처노면/누가타고 댕길것가/철로길 생긴뒤로/못사는놈 더쌓엇네//지은죄가 잇다하면/농부된것박게업네/탕수물에 풍덩실/죽지못한 죄쑨일세//옥에가친 아들놈/팔자업다 써들더니 / 네가 다시세상나와/팔자 잘타거들랑/팔자업는 세상울/만들고 살아봐라//동해바다에도 해가진다/이놈에 두눈에서/눈물이 소시니/세상도 다 기우럿나보다.

「채석장」은 그가 주장한 바 민중시라는 것이 결국 향토정조의 민요적 시로는 불가능하며 현실에 좀 더 밀착했을 때 가능하다는 것을 터득한 것으로서 긍정적 평가에 준하지만 그것이 구체화되지 못하고 선각자의 구호로만 머물고 말았다는 한계를 가지고 있다. 말하자면 '그의 민족의식의 표출은 현실세계에서 적극적으로 행동하기 어려울 때에만 시로서 형상화되었지'66) 자신이 적극적인 현실적 기능을 담당했을 때에 시적 삶은 더 이상 지속될 수 없었던 것이다.

즉 그의 시가 몇 가지의 색다른 양상을 보여주긴 했지만 그것은 관념세계였을 때 가능했던 것이지 구체적인 현실에 직면했을 때는 그 근거가 소멸되고 마는 것이었다. 현실상황에 대한 인식이 조금 더 분명해지고 그것이 조금 더 구체화되었을 때 「채석장」이 나올 수 있었음에도 그 현실에 더 접근해 갔을 때 그는 더 이상 시를 쓸 수 없었던 것이다. 「채석장」이 그의 마지막 작품이 되었다는 것은 그의 이러한 문학적 한계를 함축적으로 보여준 것이라고 보인다. 급기야 그는 자기가 부정했던 시조의 세계로 회귀하고 보다 현실적인 생활인으로서 현실을 구체적으로 인식했을 때는 시의 길을 버릴 수밖에 없었던 것이다. 그것은 곧 그의 시가 존재한 바탕이 당대 현실의 절실한 인식에서 출발한 것이 아니라 현실과는 유리된, 관념의 세계에서만 가능했다는 것을 증명하는 것이다.

2) 「채석장」의 의미

그의 후기시 중에서 특히 우리는 「채석장」에 흥미를 가질 필요가 있다.

핑,핑,핑,지구의 근육을 쑤르는 강철의소리 여름날 쓰거운 벼

---

66) 양왕용, 앞의 책, 175면.

치 쓰거운 바위에 부어나릴때 푸른숩과 흰들의 중간에서 인생의합창소리는 니러난다.
『노래하자 태양아, 나무숩아, 흐르는 시내야 올라가자 선구자야 깨트려라 새길을,
  우리에게 주라, 위대한 힘을 마글자업는 힘을』

  핑,핑,핑, 쑤준이 쉬지안코, 거긔 기우려라 너의 전부를,
  바위를 깨무는 의지를 신념을, 강철의 심장을, 그날에 산은 평지가되고 바다와 바다가 서로 통하리니
『노래하자 바람아, 소낙비야, 무성한 숩들아, 올라가자 선구자야 깨트려라 새길을,
  우리에게 주라, 위대한 힘을 마글자업는 힘을』

  여름날 쓰거운 벼치 구리빗의 근육을 태운다 흰들, 불근흙, 푸른산, 소리와 빗갈의 군악
  여름이다 여름이다 그늘기푼 산의 여름, 광활한드을의 여름
  생명은 한낫의 긔구다, 다라서 버리는 「정」과가티 우주의 의지에 그 전체를 싸화 희생하는 행진곡이다
  그러나 얼마업서 해결은 오리니, 화강석의 길은 뚤리리니
『노래하자 우렁찬 시절아, 불타는 여름아 올라가자 선구자야 깨트려라 새길을,
  우리에게 주라, 위대한 힘을 마글자 업는 힘을』

  핑,핑,핑, 최후의 일격이다 준비는 다되엿다,
  폭약은 장치되엿다, 불을 그어멜 사람은 나오라, 위대한 승리에 취할 사람은 나오라,나오라,나오라,
  녀름날 자연은 모도가 잠잠하게 불붓는 광경 잠잠한것은 힘세다 위대하다, 오 잠잠한 합창의 소리
  너는 듯느냐 그소리를, 『최후의 일격이다, 준비는 다 되엿다』
『노래하자 태양아, 나무숩아, 흐르는시내야, 올라가자 선구자

야, 깨트려라 새길을,
우리에게 주라, 위대한힘을, 마글자 없는 힘을」
— 「채석장」 전문67)

　이 작품은 주요한이 1929년 6월에 <조선지광>에 발표한 것이다. 그 시기는 주요한 개인으로 보면 이미 시인으로서의 삶을 거의 마감한 때이고 또 그 이전의 그의 시론이란 앞에서 본 것과 마찬가지로 민중시를 구호로 관념적 민요시의 세계를 이상으로 삼았던 것이다. 따라서 우리는 그의 이 마지막에 해당하는 작품에 대해서 충격을 받게 된다. 그것은 작품의 우열에서 오는 것이 아니라 주요한 개인의 시적 취향과 그 전개에서 오는 충격이다.
　「채석장」은 주요한에게 있어서 여러가지 면에서 의미있는 작품이다. 우선 그의 작품에서는 드문 산문시라는 점68)과 그의 말기의 작품으로서 최후를 장식하는 것으로 볼 수 있다는 점이며 또 하나는 그의 시세계와는 판이하게 현실과 밀착되어 있다는 점이 눈길을 끈다. 주요한은 「눈」과 「불노리」를 산문시로 썼고 그 이후로는 자유시 내지는 민요시와 시조로 선회했을 뿐 아니라 불노리 계통에 대해 후회까지 하고 있었음에도 불구하고 왜 후기의 막바지에 다시 산문시를 선택해서 大尾를 장식했을까? 그것은 어쩌면 그가 주장했던 민중시라는 것이 향토정조에 머문 율문우위의 민요시로는 불가능하다는 것을 깨달았음을 뜻하는지도 모르고 그의 민중시라는 것이 결국은 채석장처럼 좀더 현실에 밀착할 때에야 가능하다는 것을 뒤늦게 터득했었는지도 모르는 일이다. 한 편 김윤식이 주목한 것처럼69) 이 작품

---

67) <조선지광> 제85호, 1929.6.
68) 주요한의 산문시는 「눈」과 「불노리」, 그리고 「채석장」 세 편이다. '송아지', '耀', '牧神'을 주요한의 필명으로 인정한다면 여기에 「大韓의 누이야 아우야」와 「祖國」, 「물이 흐르고 바람이 불어서」가 추가된다.
69) 김윤식, 「주요한 재론 —<채석장>에 이르는 길」, 심상 9권 2호, 1981.12.

이 수록된 것이 M.L기관지인 <조선지광>인 점으로 보아 그가 개념으로 된 민중시를 더 이상 거부하지 못 했을지도 알 수 없다.

위와 같은 많은 의문점들은 결국 주요한의 詩作이 이 작품으로 인하여 종말을 고하고 더 이상 작품을 생산하지 않았기에 또 다른 근거를 제시하지 않음으로써 의문으로만 남을 수밖에 없다.

어쨌든 「채석장」은 주요한의 시세계에서 민중시의 절정[70]인 셈이며 또 한 편으로 산문시의 계보를 잇고 있음으로 해서 의미있다고 보여진다. 그러면 이 작품의 공과는 무엇인가. 이 작품이 주요한의 시적 취향에 비추어 볼 때 적극적으로 현실을 지향하고 있다는 점에서 그리고 전술한 바와 같이 시작의 서두를 「불노리」라는 산문시로 장식하고 그 종말을 「채석장」이라는 산문시로 장식했다는 점에서 의미있는 일이다. 그는 초기에 「눈」이나 「불노리」같은 산문시로 시의 서장을 열었고 「채석장」이라는 산문시로 시를 마감한 것이다. 「눈」이나 「불노리」는 산문적 율조로 인하여 자신에 의하여 부정되었고 그러면서도 마지막으로 선택된 시형식은 「채석장」이라는 산문시였던 것이다. 즉 그의 시력으로 볼 때 처음과 끝은 산문시가 위치하고 있고 그 가운데에 자유시와 민요시, 시조가 있었던 것이다. 따라서 그는 자신의 발언과는 무관하게 자유시나 산문시가 더 바람직한 시형태라는 것을 간접적으로 인정한 것이라고 확대해석할 수 있을지 모른다. 또한 그가 민요시에서 추구했던 과거지향적이고 소극적인 향토 정조에만 머무는 민속의 세계가 실은 민중시와 괴리되어 있음을 늦게나마 인식한 것인지도 모른다. 이렇게 「채석장」이 가지는 주요한 개인의 시사적 비중에도 불구하고 우리는 이 작품이 가지고 있는 또 다른 국면을 지적하지 않을 수 없다. 그것은 이 작품이 현실을 지향한다는 긍정적인 국면을 개척하고 있음에도 불구하고 관념의 허울

---

[70] 김윤식, 앞의 논문, 37면.

에서 온전히 벗어나지 못 했다는 점이다. 거기에는 '육당의 신시의 계승자로서의 일면'[71])을 보여주고 있는 선각자의 목소리가 거세되어 있지 않은 점이다. 각연의 후미에 반복되고 있는 후렴은 당시 주요한의 의지를 담은 것으로 볼 수 있다.

이 작품의 배경은 수양동우회사건과 깊은 관련이 있는 것으로 밝혀지고 있는데[72]) '그것이 수양동우회를 혁명적인 쪽으로 이끌고자 하다가 좌절된 것의 내면화라 볼 수 있고 『너는 듣느냐 그 소리를, 최후의 일격이다, 준비는 다 되었다』라는 『막을 자 없는』 힘을 지닌 선구자의 모습을 땀흘리는 채석장의 인부들을 통해 드러낸' 것이다. 그러나 무엇보다도 이 시의 결점은 그러한 현실지향이 보다 더 구체화되지 못 하고 선각자의 구호로만 멈춘 사실에 있다고 할 것이다. 그가 민중시를 부르짖고 민중에 가까이 가고자 했을 때 거기에는 이미 자신이 감당하지 못할 간격이 존재했던 것이며 그것은 자신의 현실과 역사에 대한 관념적 인식에서 파생된 것이었다.

결국 채석장은 주요한의 시적 특질에 비추어 볼 때 또 다른 긍정적인 요인을 내포하고 그것이 의미하는 바는 큰 것이지만 그가 지향해 온 관념성을 완전히 탈피하지 못 한 것으로 보아야 할 것이다. 말하자면 그의 민족의식의 표출은 현실세계에서 적극적으로 행동하기 어려울 때에만 시로서 형상화되었지 자신이 적극적인 현실적 기능을 담당했을 때에 시적 삶은 더 이상 지속될 수 없었던 것이다. 따라서 이 작품은 그의 '시적 무덤'과 같은 것으로 현실의 생활인으로서의 주요한에게는 더 이상 시작의 근거가 존립할 수 없었던 셈이다.

즉 그의 시가 몇 가지의 색다른 양상을 보여주긴 했지만 그것은 관념세계였을 때 가능했던 것이지 구체적인 현실에 직면했을 때는

---

71) 정한모, 앞의 책, 334면.
72) 김윤식, 앞의 논문.

그 근거가 소멸되고 마는 것이었다. 현실상황에 대한 인식이 조금 더 분명해지고 그것이 조금 더 구체화되었을 때 「채석장」이 나올 수 있었음에도 그 현실에 더 접근해 갔을 때 그는 더 이상 시를 쓸 수 없었던 것이다. 「채석장」이 그의 마지막 작품이 되었다는 것은 그의 이러한 문학적 한계를 함축적으로 보여준 것이라고 보인다.

3) 「불노리」의 이원적 상징세계

「불노리」는 1919년 2월 <창조> 창간호에 발표된 작품이다. 지금까지 「불노리」에 대한 연구는 그것이 최초의 자유시냐 하는 점과 또 그것이 자유시냐 산문시냐 하는 점에서 시작하여 그 내적인 특성에 이르기까지 다양하게 진행되어 왔다. 논자들에 의하여 많이 지적된 바와 같이 이미 그것은 한국 최초의 자유시는 아니며 그 '최초'라고 하는 명성은 그 이전의 김 억이나 또는 <학지광>에 수록된 작품들로 돌아가지 않으면 안 되게 되었다.[73]

또한 그것이 자유시냐 산문시냐 하는 점에 있어서도 산문시로 인정하는 견해가 우세한 듯 하다. 「불노리」의 쟝르에 대해서는 주요한 자신부터가 혼동하고 있으며[74] 논자에 따라서 다양하게 정의되어 왔다.[75] 그러나 산문시의 '산문'은 시의 상대개념으로서의 '산문'이 아

---

[73] 정한모, 『한국현대시문학사』, 일지사, 1974, 243-292면. 김용직, 「선구의 공과 창작시의 벽」, 『한국근대문학의 사적 이해』, 삼영사, 1977. 206-247면. 홍기삼, 「안서의 선구적 위치와 문학」, 문학사상, 1973.5. 292-303면. 등 참조

[74] 「노래를 지으시려는 이에게」, <조선문단> 창간호, 1924.10. 49면에서는 자유시로, <자유문학> 창간호, 1956.6. 134-137면에서는 산문시로 명명하고 있다.

[75] 김윤식은 '수필토막'으로, 김춘수는 '율적 산문'으로, 정한모는 '자유시'로, 오세영은 '산문시'로 정의하고 있다. 김윤식, 「주요한론」, 시문학, 1973.8. 김춘수, 「한국현대시형태론」, 정한모, 『한국현대시문학사』, 오세영, 『한국낭만주의시연구』.

니라 운문(또는 율문)의 상대개념임을 고려한다면 불규칙적인 리듬과 산문의 형태로 된 것이 산문시라는 논리에 도달하게 된다. 산문시와 자유시는 본질적으로 동일하며 다만 문장의 연결방식이 행과 연에 있느냐 혹은 단락에 있느냐에 의해서 구별된다.[76]「불노리」는 시가 갖추어야 할 이미지나 상징 등에 의한 긴장을 가지고 있을 뿐만 아니라 철저한 단락구조로 이루어져 있기 때문에 당연히 산문시이다.[77]

한편「불노리」의 미적 가치에 대해서도 논자에 따라 다양한 견해가 개진되었다. 김홍규는「불노리」의 구조를 자세히 분석하면서 '기괴한 이미지와 더불어 여러 갈등의 고양된 대결이 아닌, 일종의 착란상태를 드러낸다'고 하면서 착란된 감정의 과장과 우발적인 감각이 뒤얽혀 있는 것이라고 평하고 있다.[78] 그리고 긍정적인 평가로서 최원규는「불노리」를 '낙원회귀의 의지'를 가진 것으로 보고 있으며,[79] 오세영은 요한의 전체시를 일관하는 私的 象徵을 불의 상징으로 보고 이 작품이 가지고 있는 불과 물의 상징성을 깊이 있게 탐구하고 있다. 즉 요한의 시에 있어서 불은 生의 본능인 리비도를 상징하며 물은 그것을 억제하는 초자아를 상징한다는 것이다.[80] 그것은 또한 사회·문화사적 맥락에서 볼 때 서구적 성개방의 윤리와 전통적 성억압의 윤리를 상징하며 나아가 서구의 휴머니즘과 구시대의 유교이념을 뜻하는 것으로 보고 있다. 이는 요한이 살았던 1910,20년대의 한국사회의 가치관의 갈등과 그 맥을 같이 하는 것으로서, 따라서「

---

76) Alex Preminger, *Princeton Encyclopedia of Poetry & Poetics*, Princeton Univercity Press, 1974.
77) 양왕용도 같은 견해를 보인다. 양왕용, 앞의 책, 148면.
78) 김홍규,「'근대시'의 환상과 혼돈」,『문학과 역사적 인간』, 창작과 비평사, 1980. 202면.
79) 최원규,「주요한의 불노리-낙원회귀의 의지」, 김용직·박철희 편,『한국현대시작품론』, 문장, 1987.
80) 오세영,「불의 상징과 리비도의 억압」, 앞의 책.

Ⅳ 관념주의시의 실상 155

「불노리」가 시사적으로 가치 있는 것은 바로 이러한 시대적 고민, 그 이념을 물과 불의 이미지로 표현했기 때문이라는 것이다.81)

> 아아날이저믄다, 西便하늘에, 외로운江물우에, 스러져가는 분홍빗놀………아아 해가저믈면 해가저믈면,날마다 살구나무 그늘에 혼자우는밤이 쏘오것마는, 오늘은四月이라패일날 큰길을물밀어가는 사람소리는 듯기만하여도 홍성시러운거슬 웨나만혼자 가슴에눈물을 참을수업는고?
> 아아 춤을춘다, 춤을춘다, 싯벌건불덩이가, 춤을춘다. 잠∥한 城門우에서 나려다보니, 물냄새 모랫냄새, 밤을쌔물고 하늘을쌔무는횃불이 그래도무어시不足하야 제몸싸지물고쓰들째, 혼차서 어두운가슴품은 절픈사람은 過去의퍼런꿈을 찬江물우에 내여던지나, 無情한물결이 그기름자를 멈출리가이스랴?── 아아 썩거서 시둘지안는 쏫도업것마는, 가신님생각에 사라도죽은 이마음이야, 에라 모르겟다, 저불씰로 이가슴태와버릴가, 이서름살라버릴가 어제도 아픈발 쓸면서 무덤에가보앗더니 겨울에는 말랏던쏫이 어느덧피엇더라마는 사랑의봄은 쏘다시 안도라오는가, 찰하리 속시언이 오늘밤이물속에……그러면 행여나 불상히 녀겨줄이나이슬가……할적에 퉁, 탕, 불쐬를날리면서 튀여나는매화포,펄덕精神을차리니 우구구 쩌드는구경꾼의소리가 저를비웃는듯, 꾸짓는듯. 아∥ 좀더 强烈한熱情에살고십다, 저긔저횃불처럼 엉긔는煙氣, 숨맥히는불꼿의苦痛속에서라도 더욱쓰거운삶을살고십다고 뜻밧게 가슴두근거리는거슨 나의마음……

> 四月달 다스한바람이 江을넘으면, 淸流碧, 모란봉 노픈언덕우에, 허어허케흐늑이는사람쎄, 바람이와서 불적마다 불비체물든물결이 미친우슴을우스니, 접만혼물고기는 모래미테 드러백이고, 물결치는뱃슭에는 조름오는「니즘」의形像이 오락가락──얼린거리는기름자, 닐어나는우슴소리, 달아논등불미테서 목청쩟

---

81) 오세영, 「어째서 <불노리>인가」, 문학사상, 1982.2.

길게쌔는 어린기생의노래, 뜻밧게 情慾을잇그는 불구경도인제
는겹고, 한잔한잔 또한잔 끗업슨술도 인제는 실혀, 즈저분한뱃
미창에 맥업시누으면 까닭도모르는눈물은 눈을데우며,간단업슨
장고소리에겨운男子들은 째〃로 불니는慾心에 못견듸어 번득이
는눈으로 뱃가에 쒸여나가면, 뒤에남은 죽어가는촉불은 우그러
진치마깃우에 조을째, 뜻잇는드시 찌걱거리는배젓개소리는 더
욱 가슴을누른다‧‧‧‧‧‧

 아〃 강물이웃는다, 웃는다, 怪상한우슴이다, 차듸찬강물이
씸〃한하늘을보고 웃는우슴이다. 아아배가 올라온다, 배가오른
다, 바람이불격마다 슬프게슬프게 찌걱거리는배가오른다‧‧‧‧‧‧

 저어라, 배를, 멀리서잠자는 綾羅島까지, 물살빠른大同江을
저어오르라. 거긔 너의愛人이 맨발로서서 기다리는언덕으로 곳
추 너의뱃머리를돌니라. 물결쯔테서 니러나는 추운바람도 무어
시리오, 怪異한우슴소리도 무어시리오, 사랑일혼靑年의 어두운
가슴속도 너의게야무어시리오, 기름자업시는「발금」도이슬수업
는거슬―――. 오〃다만 네確實한오늘을 노치지말라.
 오〃사로라, 사로라! 오늘밤! 너의발간횃불을, 발간입셜을,눈
동자를, 또한너의발간눈물을‧‧‧‧‧‧   (1919.1.3.)

 이 작품은 전체가 5연으로 구성되어 있고 물과 불이라고 하는 두
개의 대립된 이미지에 의해 구축되어 있다.
 1연에서는 시인이 처한 상황이 제시되고 있다. 날이 저물고 분홍빛
놀이 서편 하늘에,'외로운' 강물 위에 '스러져' 가고 있다. 그 뒤에 오
는 것은 날마다 살구나무 그늘에서 혼자 우는 밤이다. 이러한 작중
화자의 비극적 상황은 4월 초파일 홍성스럽게 지나가는 사람들의 모
습과 대립적으로 제시된다. 즉 작중화자는 그 군중에 같이 어울릴 수
없는 국외자인 것이다.

2연에서는 불놀이의 상황이 더욱 구체적으로 제시된다. 현재 타오르는 불길은 제몸까지 물고 뜯으며 격렬하게 타오르는 반면 '혼자서 어두운 가슴 품은 젊은 사람'은 과거의 퍼른 꿈을 찬 강물 위에 내어 던지고 있다. 그러나 그 강물은 멈추지 않고 도도하게 흘러가는 냉철한 것이다. 여기에서 화자는 과거의 님 생각에 물속으로의 투신을 생각하지만 그것은 이루어지지 않는다. 그런 생각을 하는 찰나에 매화포, 우구구 떠드는 구경꾼 소리에 정신이 들었기 때문이다. 즉 과거에 대한 회상과 죽고싶다는 생각은 현재의 현실을 망각한 상태에서 오고 불놀이에 정신을 차리는 순간 좀더 강렬한 정열에 살아야겠다는 의지를 가지게 된다. 여기에서 물은 과거와 죽음으로 표상되고 불은 현재와 삶으로 표상된다.

3연은 죽음과 삶, 즉 물과 불의 선택이라는 갈등에서 다시 현실로 돌아와 보게 되는 대동강변의 묘사이다. 까닭없는 눈물을 흘리며 지저분한 배밑창에 누워 있는 화자와 욕심에 못 견디어 번득이는 눈으로 뱃가에 뛰어나가는 남자들과 우그러진 치마, 그리고 성적 교응으로 상징되는[82] 찌걱거리는 배젓개 소리가 서로 대립적으로 제시되어 있다.

4연에서 화자는 강물이 괴상하게 웃는다고 말한다. 차디찬 강물이 껌껌한 하늘을 보고 웃는 모습이 괴상하다고 하는 것은 시적 화자가 느끼는 강물에 대한 두려움의 표현이다. 그것은 곧 2연에서 차라리 강물에 뛰어 들었으면 하고 바란 것과는 상반된 심적 상황이다. 즉 화자는 불놀이의 군중에 합류할 수도 없고 강물에 뛰어 들 수도 없는 갈등을 겪고 있다고 볼 수 있다. 따라서 괴상한 웃음을 웃는 강물에 뒤이어 배가 올라오고 있는 것은 이러한 화자의 심리상태, 즉 강물도 쉽사리 선택하지 못 하는 작중화자의 갈등을 소망의 형태로 나

---

82) 강우식, 『한국상징주의시연구』, 문화생활사, 1987, 69면.

타낸 것이다.

  5연에는 지금까지 등장하지 않던 청자 '너'가 등장함으로 해서 이 '너'를 두고 견해가 다양하게 나타난다. 즉 '너'를 '나'로 보지 않고 4연에서 배를 저어오던 뱃사공 혹은 '파일날 큰 길을 물밀어가는 사람'이라고도 보고[83] '나'와 동일시하기도 한다.[84] 그러나 이것은 또 다른 대상으로서의 '너'가 아니라 '나'를 객관화시킨 것이라고 보아야 한다. 4연에서 강물에 대한 두려움은 배를 타고 능라도로, 애인이 맨발로 서서 기다리는 언덕으로 곧바로 가기를 소망하는 것이다. 그러는 과정에서 추운 바람과 괴이한 웃음소리와 어두운 가슴이라고 하는 현실의 모든 것을 뿌리치고 달려가기를 바라는 것이다.「밝음」이 있기 위해서는 결국 적당한 그림자(어둠)도 용인할 수 있는 것이며 오로지 '확실한 오늘'만이 중요한 것이다.

  위에서 보듯이 이 작품은 물과 불로 상징되는 두 세계 사이에서[85] 어느 것도 쉬 선택하지 못 하고 방황하는 화자를 설정하고 있다. 불은 뜨거움, 정열과 발산, 상승의지를 나타내며 물은 그와 반대로 차가움과 냉정 수평적 하강의지를 나타낸다. 이 시에서는 불놀이의 세계가 밝고 자유로운 감정, 생명력을 대신하고 있다고 한다면 거기에 대립되어 나타나는 강물은 어둡고 소외되어 있으며 차가운 이성과, 본능을 억제하는 방어기제로 등장한다. 3연에 등장하는 자신이 처한 배밑창과 본능적으로 행동하는 남자와 기생들의 대비는 이를 잘 말해주고 있다. 그들의 성행위를 암시하는 '찌걱거리는 배젓개소리'가 더욱 가슴을 누르는 것은 이 화자의 억압된 성심리를 나타내고 있는 것이다. 강우식이「불노리」를 교응상징으로 본다든지 오세영이 리비

---

83) 김흥규, 양왕용의 견해.
84) 오세영, 최원규의 견해.
85) 이 작품에 나타나는 물과 불의 이미지에 대해서는 오세영,「어째서 <불놀이>인가」참조.

도의 억압으로 해석하고 이를 확대하여 1910,20년대의 시대에 처한 가치관의 갈등이라고 본 것은 이 경우 타당한 일면을 지닌다고 할 수 있다.

「불노리」의 세계가 물과 불이라고 하는 두 개의 대립된 이미지로 구성되어 있으며 그것이 각각 서로 다른 세계를 암시하고 있다고 할 때 시대적인 의미를 떠나 요한 자신에게 있어서 이것은 어떤 의미를 가질 것인가. 전술한 바와 같이 주요한은 두 가지의 극단적인 세계 즉 문학적 삶과 생활인으로서의 현실적 삶을 산 사람이었다. 이 둘이 공존할 수 없었음은 앞에서 살펴 본 바이다. 즉 그의 문학은 관념 속에서만 가능했던 것이지 현실과 밀착해 갈수록 작품세계와는 멀어져 갔던 것이다. 「불노리」에 나타난 물의 세계와 불의 세계는 그의 삶과는 어떤 관계가 있을까. 문학에 뜻을 둔 요한에게 있어서 정열적인 삶은 뛰어난 상상력과 왕성한 詩作을 의미하고 이것은 곧 불의 세계에 해당할 것이다. 그것은 일상적인 삶에서 해방된 개방성과 자유로운 인간성을 뜻할 것이다. 반면 물의 세계는 이성과 현실성을 강조하게 된다. 요한이 살았던 이원적 삶을 고려한다면 그의 「불노리」에는 이미 자신이 선택할 두 세계를 암시하고 있는 것이며 그 두 세계 사이에서 갈등하고 방황하는 자신의 모습이 들어 있는 것이다.

물과 불의 두 세계의 조화와 화합은 새로운 생명을 창조할 수 있는 것이지만 불행하게도 요한은 그 두 세계를 결합시키지 못 했다. 그의 말년은 철저하게 문학과는 멀어져 있었으며 그만큼 더 현실에 가까이 갔던 것이다. 즉 요한에게 있어서 그 두 세계는 서로 대립항으로 존재하며 그 중간 어느 곳에 자신이 위치했던 것이고 여건에 따라 어느 하나에 치중했던 것이다.

「불노리」는 최초의 자유시나 산문시로서 가치있는 것이 아니라 물과 불의 두 대립적인 상징에 의하여 시대의 갈등을 대신하고 있을 뿐만 아니라 작가 자신의 삶의 양식까지 함축적으로 대신하고 있기 때문에 가치 있는 것이다.

③ 황석우:궁핍한 삶의 시적 지향

象牙塔 黃錫禹는 안서 김 억, 송아 주요한과 함께 한국근대시의 벽두를 장식한 시인이다. 한국근대시사에서 차지하는 상아탑의 위치는 상징주의의 도입과 관련한 이들의 업적과 더불어 그 시적 변모에 있어서도 중요성을 더하고 있다고 할 것이다. 안서와 송아가 상징주의의 도입에서 출발하여 민요적 시세계로 나아갔음에 비추어 상아탑은 민요적 시세계 대신 자연 또는 우주의 시세계로 나아가 변별적인 모습을 보여주는 것이다. 한국근대시의 출발기에 있어서 중요한 위치를 점하고 있었던 이들의 시적 변모는 한국시사를 연구하는데 있어 여러가지로 시사하는 바가 크다고 할 수 있다.

그의 문단 경력은 그의 생애와 관련하여 크게 몇 단계로 구분이 가능하다. 먼저 그가 국내 시단에 등장한 것은 1919년 1월 <태서문예신보>에 「隱者의 歌」라는 제하에 「頌」과 「新兒의 序曲」을 발표하면서 부터인데 이후 <삼광>과 <여자계> <개벽>과 관계하고 <폐허>동인으로 참가하는 1921년까지 왕성한 시작을 보이다가 1921년 사상운동에 관계하면서 시작이 뜸해지며 1924년 '탑골승방여승사건'으로 시단에서 일단 자취를 감추고 만주 방랑길에 오르게 된다.86) 이후 귀국하여 <조선시단>을 발간하고 『자연송』을 간행하며 1935년 <조선문단>에 「五錢會費」를 발표하고 다시 긴 침묵에 들어가서 1958년 4월 <

---

86) '여자와 이 사건으로 말미암아 오늘날 황석우로 하여곰 문인사회에서 제거되였으며 조선사회에서 쪼끼여나다싶이 하였다.' 이 천, 「시인 황석우사건 진상」. <조선문단> 속간 제2호, 1935.4.

현대문학> 40호에 「나의 호흡과 말」을 발표하면서 재등장하게 된다. 그러나 1959년 4월에 뇌의 이상으로 사망함으로써 그 기간은 1년을 넘기지 못 하였다. 1959년 6월 <자유문학>에는 그의 遺稿인 「招待狀」과 「우주의 奇勝」,「잠!」등 5편이 발표되고 동 12월에 「宇宙」가 발표된다.

이렇게 보면 그의 문학활동은 사회적 환경과 결부되어 연대기적으로 크게 세 시기로 구분되게 되는데 그러나 그것은 주로 그의 사회적 환경과 결부되어 있을 뿐 시의 속성과는 어느 정도 거리를 가지게 된다.87) 그의 시경향과 결부시켜 시기를 구분해 본다면 1919년 등단에서부터 1920년 <폐허> 동인으로 참가할 때까지를 1기로 잡을 수 있고 만주방랑 이전인 1924년까지를 2기, <조선시단>의 발간과 『자연송』을 간행한 이후 사망하기까지를 3기로 잡을 수 있다. 1958년 시단에 재등장한 이후의 시들은 성격상 『자연송』의 시세계와 거의 동일하기 때문이다.

1) 시론의 양상

황석우의 시론은 크게 나누어 창작시론과 상징주의의 소개 및 월평을 비롯한 실제비평으로 구분된다. 근대초기의 문단에 있어서 그의 활동은 안서나 송아와 더불어 지대한 것이었지만 시론의 전개에 있어서도 선구자적인 위치를 점하고 있었던 것이다.

---

87) 황석우의 시작 시기를 양왕용은 1기; <태서문예신보>기. 2기;1919-1921. 3기;1928-1929. 4기;1930-1935. 5기; 해방후. 로 나누고 있다. 그러나 이것은 그의 사회적 활동을 고려한 것이긴 하나 시의 특성과는 거리가 있다고 하겠다. 한 편 김영철은 1기;1915-1921. 2기;1928-1934. 3기;1958-1959.로 나누고 있어서 무난하나 필자는 이와 견해를 달리하고자 한다. 양왕용, 『한국근대시연구』, 삼영사, 1982. 김영철, 『한국근대시논고』, 형설출판사, 1988. 참조.

황석우가 최초로 발표한 본격적인 시론은 「詩話」인데 이는 창작시론으로서 매일신보의 평론현상부문에서 선외가작으로 뽑힌 것으로서 평론 현상분야의 효시로 생각된다.[88] 백대진과 김 억에 의해서 상징주의가 소개되었고 또 창작시론으로서 김 억의 「시형의 음률과 호흡」이 발표된 뒤였지만 「시화」는 상징시론으로서는 그 내용이 훨씬 충실하다고 할 수 있다.

이 시론의 핵심적 내용은 '靈律論'으로 집약된다.

> 詩人은 神의 玉座에 對坐하는 榮光을 가젓다. 詩人은 實노 藝術界의 帝王일다. 詩人의 感興은 곳 神人과의 接觸―그 會話일다. 그러나 神의 말은 細菌보다 纖微하다. 이 纖微의 壙圖가 곧 「表顯」일다.
> 詩에는 「靈律」한 맛이 잇슬쓴이다. 技巧라함은 結局 「靈律의 整頓」에 不外ㅎ다. 다시 말ㅎ면 律이라 홈은 氣分의 織目(오리메)을 이름일다. 이 氣分의 機의 機微를 암에 이르러야 비로셔 一人의 詩人됨을 엇는다.[89]

> 詩에는 「人語」와 「靈語」의 別이 잇다. 詩의 用ㅎ는 語는 곳 이 靈語일다. 靈語람은 人間과 神과의 交涉에만 쓰이는 흔 語學일다....詩人의게는 瞑想이라는 日常科目이 잇다. 그러나 瞑想이람은 글쟈와 갓흔 「싱각홈」이라는 意味가 아닐다. 瞑想은 詩人의게 取ㅎ면 「神의 묘昏흔 宮殿에 入ㅎ려는 마음의 흔 齊戒」에 不外ㅎ다.[90]

-詩의 初學者의게-라는 부제가 붙어 있는 이 시론은 프랑스 상징주의 시론과 직접적인 연관을 가지고 있다. 우선 시인은 신과 인간

---

88) 김윤식, 『한국현대시론비판』, 일지사, 1976. 194면.
89) 황석우, 「詩話」, <매일신보> 1919.9.22.
90) 황석우, 「詩話」, <매일신보> 1919.10.13.

과의 관계 속에서 중재자의 역할을 하고 있고, 시인의 감흥은 신과 인간이 접촉할 때 쓰는 會話이다. 시에 사용되는 모든 기교는 결국 이 영율의 정돈일 따름이며 人語와 靈語 중 신과 인간과의 교섭에 쓰이는 말이 곧 靈語이다. 人語는 現實語로서 이 人語로서 얼마큼 시의 형식을 구비하였다 하더라도 그것은 시가 아니라는 것이다. 시인의 명상은 바로 신의 궁전에 들어가기 위한 마음의 齊戒이다. 이러한 단계를 거쳐서 시인이 도달하는 곳은 바로 신과의 접촉인 것이다.

황석우가 말하는 靈語는 바로 보들레르가 말하는 교감의 언어와 상통하고 있다. 보들레르의 천상계(신)와 지상계(자연), 인간(시인)과 지상계(자연), 인간(시인)과 천상계(신)의 삼단계적인 조응은 상아탑의 신-시인-인간과의 관계설정과 일치하는 것이다.[91] 주지하다시피 상징주의는 근본적으로 신비의 감각에 바탕을 두고 있고 외부에 존재하는 가시의 세계를 넘어서 그 너머에 존재하는 이상계에 숨겨져 있는 진리를 탐구하고자 했다. 따라서 상징주의는 미지의 세계, 무의식의 세계에 밀접히 조응되며 꿈의 세계에 파고들게 되는 것이다.

보들레르의 교감은 만상의 조응으로서 물질계와 영혼계가 소리와 메아리처럼 짝지어 부르고 대답하는 것이며 우리의 모든 감각, 즉 색채와 향기와 음향이 합쳐서 노력하여 공감각을 일으킴으로써 靈界에 도달할 수 있다는 것이다. 황석우에게서 보들레르의 공감각적 특질은 다음과 같이 나타나고 있다.

> 色彩 香 形의 造粧 選擇 調和 等은 固히 技巧의 重要項目이나 이는 僅히 그 外律 곳 그 粧飾形式에 不過ㅎ다. 「詩는 繪畵的이 되지 안어셔는 안이된다」함은 곳 이곳에 重ㅎ 根抵를 둔 말이다....詩는 繪畵的 要素와 共히 音樂的 要素와의 精을 握ㅎ 藝術일다. 그럼으로 「音響」의 節制 洗鍊이 詩의 가쟝 緊要ㅎ

---

[91] 김영철, 앞의 책, 315면.

工夫일다.92)

詩人은 詩를 보지 아니ᄒ고, 詩의 美를 듯는다. 여기가 「詩의 鑑賞의 秘訣」이 풀니는 곳일다. 凡人의 눈에는 詩는 「色을 가진 文字」로밧겐 아니 보히나, 實은 그 色이 遠林의 禽과갓치 적은 「ᄲᅡ이오린」을 가지고 그윽히 歌ᄒ여 잇기 때문일다.93)

시는 회화적 요소와 음악적 요소의 조화이며 따라서 色彩와 香.形의 선택과 조화가 시의 기교의 중요한 항목이 되는 것이다. 즉 상아탑이 이해하고 있는 시의 세계는 바로 보들레르의 시세계와 일치하고 있는 것이다.

한 편 그는 동지에 선외가작으로 뽑힌「朝鮮詩壇의 發足點과 自由詩」에서 당시 우리문단에 신체시란 말과 시풍이 만연되어 있음을 통탄하고 지난 시대의 것이 아니라 進化飛躍을 위해서 자유시로 나아가야 한다고 역설하고 있다.

自由詩의 發祥地는 더 말홀 것 업시 彼佛蘭西임니다. 自由詩以前에 在ᄒ 西詩는 音數 體裁 等에 關ᄒ 複雜ᄒ, 怪難ᄒ 法則에 支配되여 잇섯슴니다. 彼 알렉신드리안調의....이 專制詩形에 反抗ᄒ야 立ᄒ者가 곳 自由詩임니다. 自由詩는 그 律의 根底를 個性에 置하엿슴니다....

따러 律이라ᄒᆷ도 이 自由詩의 或 性律을 일음임니다. 이 律名에 至ᄒ야는 사람의게 依ᄒ여 各各 內容律,或 內在律,或 內心律, 或 內律,心律이라고 呼함니다. 그러나 이는 모다 自由律 곳 個性律을 形容ᄒ는 同一意味의 말임니다. 나는 此等種種의 名을 包括ᄒ여 單히 「靈律」이라 呼ᄒ려 홉니다.94)

---
92) <매일신보> 1919.9.22.
93) <매일신보> 1919.9.23.
94) 「朝鮮詩壇의 發足點과 自由詩」, <매일신보> 1919.11.10.

위에서 보듯이 황석우가 말하는 영율이란 곧 자유시의 율격인 내재율을 말한다. 그의 자유시에 대한 이해는 비교적 정확한 것이어서 당대 문단에서 혼란하게 쓰이던 신체시와 자유시를 엄격하게 구분하여 논하고 있고 자유시의 내재율 또한 명확히 인식하고 있었던 것으로 보인다. 이러한 주장은 이후 현철과의 논쟁에 다시 이어지고 있다.[95] 이 논쟁은 미완으로 끝났지만 아직 시와 신체시 및 자유시에 대한 명확한 인식이 부족했던 당대 문인들의 수준에 비추어 황석우가 '미래지향적이며 전위적인 시인이라는 것이 어느 정도 밝혀졌다'[96]고 할 수 있다.

한 편 황석우의 시론의 전개는 위에서 본 영율론과 자유시의 이론, 및 「日本詩壇의 二大傾向(1)」로 이어진다. <폐허> 창간호에 실린 「日本詩壇의 二大傾向(1)」은 —附 寫像主義—라는 부제를 달고 있으며 당대 한국시단에 상징주의의 안목을 폭넓게 했다는 평가를 받고 있다. 여기에서 상아탑은 일본시단의 주 경향은 象徵主義 運動과 民衆詩歌 運動의 두 큰 경향이 있다고 하고 상징주의에 대해 논하고 있다. 이 논문은 그가 <폐허> 창간호에만 관계하고 동인과 결별한 관계로 미완으로 끝난다.

---

95) <개벽> 5호(1920.11.)에 황석우가 「최근의 시단(월평)」을 내자 뒷 여백에 현철은 무기명으로 「시라고 하는 것은 무엇인가」를 실었다. 이에 대해 황석우는 동 6호(1920.12)에 「犧牲花와 新詩를 읽고」로 반박하고 현철은 바로 뒷 면에 「비평을 일고 비평을 하라」를 실었다. 그러사 황석우는 통 7호 (1921.1.)에 「주문치 아니한 시의 정의를 일러주겠다는 현철군에게」를 게재했고 현철은 동 8호(1921.2.)에 「소위 신체시형과 몽롱체」를 게재한다. 그러나 이들의 논쟁은 동 9호(1921.2)에 편집실에서 황석우의 「土塊文壇」과 「新體詩와 自由詩의 嚴正한 區別」, 현철의 「所謂 詩形과 朦朧體」를 개인의 감정문제에 치우쳤다는 이유로 싣지 않는다고 광고함으로써 미완으로 끝났다.
96) 양왕용, 앞의 책, 128면.

이에 앞서 주요한에 의해서 일본 시단의 소개가 있었지만97) 그것은 일본 상징주의의 소개라기보다는 島崎藤村의 로맨티시즘으로부터 北原白秋의 네오로맨티시즘까지의 작품의 번역에 주안점을 두고 있었다. 그에 비해 황석우는 일본상징시의 흐름을 계보적으로 밝히고 이론적인 면에 치중한 느낌을 준다.

그는 먼저 "日本詩壇의 主潮는 一言으로 말하면 口語詩의 自由詩 運動이라 하겠다"고 전제한 후 일본시단을 크게 두 개의 경향으로 나누고 있는데 하나는 三木露風, 日夏取之助,柳澤健 등의 여러 청년 시인의 손에 의해 인도되는 象徵主義 運動이고 다른 하나는 福田正夫, 富田卒花, 加藤一夫등을 비롯한 民衆詩歌 運動이라는 것이다. 이어서 그는 일본 상징주의 시인의 계보를 3기로 나누고 각각 대표시인을 선정하고 있다. 그런데 이 논문의 제목과는 달리 일본의 상징주의에 대한 소개는 실상 시인들의 계보만 피상적으로 분류하고 있을 뿐이다. 한 편 그 중에서 우리가 참고삼아 볼 것은 "日本詩壇에서도 이것이 輸入된지 十有年에 이것에 관한 硏究로서는 겨우 露風詩話와 川路柳虹, 山宮允 등의 2,3의 論文이 잇슬 뿐이다"라는 진술과 "우리 文壇에서도 2,3의 人이 이것을 紹介한 일이 있지만 모다 斷片的 紹介에 불과하엿다...조선인으로서 아직 이것을 모른다는 것을 그다지 허물 삼을 일이 되지 못 한다"는 부분이다. 이 당시에는 이미 백대진이나 안서에 의해서 상징주의가 상당 부분 소개 된 이후이기 때문에 황석우의 이 진술은 '결과적으로 자기변명을 한'98) 것이 된다.

황석우는 이 논문에서 일본의 상징주의 소개보다는 상징주의 자체에 대해 더 많이 논술하고 있는데 山宮允의 논문에 근거해서 상징주

---

97) 주요한, 「일본 근대시초」, <창조> 창간호 및 2호.
98) 김은전, 「상징주의의 수용과 그 전개」, 김용직 외, 『문예사조』, 문학과 지성사, 1981. 441면.

의를 廣義와 狹義로 나누고 광의의 상징주의에 知的 象徵主義와 情緒的 知的 象徵主義, 협의의 상징주의에 情緒的 象徵主義를 각각 포함시키고 있다. 이것은 대체로 예이츠의 所論에 의거한 것으로서 그가 예이츠의 象徵論에 기울어진 까닭은 이미 김 억에 의해서 말라르메나 보들레르, 베를레느, 랭보등 프랑스의 상징주의가 소개되고 난 이후였기 때문일 것으로 추정된다.

황석우에 의하면 지적 상징주의는 "知的 象徵과 또는 知的 象徵의 結合에 의하여 어느 觀念·思想을 表示하는 象徵主義이니, 諷喩·寓話·警話등은 다 이 知的 象徵主義에 屬한 者"라는 것이다. 그런데 이 지적 상징주의의 예로 들고 있는 것이 '伊蘇夫의 寓話' '兎와 龜의 이야기' '天路歷程' 등이어서 그가 전개한 논리와는 부합되지 않는다.

정서적·지적 상징주의는 "어느 觀念思想 象徵 또는 一群의 象徵에 의하여 表示하는 點"에 있어서 具象性이 풍부하고 藝術的 表現이 가능하다는 점에서 지적 상징과 다르다고 한다.

협의의 상징주의에 속하는 정서적 상징주의는 音, 形, 色, 香, 味의 상징에 의하여 어느 종류의 情緒·氣分을 換起하는 것이며 이것이 바로 프랑스의 근대 상징주의의 본질을 형성한 것이라고 말하고 있다.

1) 人또는 想像의 所産일다. 但이에 想像이라 함은 洞察 理想主義, 幻覺等 온갖 自然主義, 論理的 論議, 物質主義, 具體的 科學的 事實에 反하는 者.
2) 內容으로 하는 觀念, 思想, 情緒氣分 及 形式은 同樣의 價値를 有함.
3) 形式과 內容이 分離되어 있지 아니하고 二者 渾融한 二體를 이르러 있는 것.
4) 具象性에 富함.
5) 形式과 內容과는 渾融한 一體를 짓고 具象性에 富하여 있음으로써 知的 象徵主義에 在함과 같이 鑑賞에 際하여 審美的

享樂을 防하는 知,또는 意志의 活動을 要치 않는 것.
6) 藝術的 表現으로서 가장 審美性 及 必然性에 富하여 事物의 純一 的確한 本質的 表現인 것.

정서적 상징주의에 대한 부분은 다른 부분들에 대해 비교적 정확성을 띠고 있다. 정서적 상징주의를 프랑스 근대 상징주의의 본질이라고 본 점이나 자연주의, 물질주의, 구체적, 과학적 사실과 반대되는 개념으로서 정서나 기분을 환기하는 것으로 본 점 등은 바로 상징주의 문학의 본질과 부합되는 것이다. 그가 특히 具象性에 대해 강조하고 있는 것은 이후 그의 시전개에 있어서 큰 역할을 하게 된다.

황석우의 「日本詩壇의 二大傾向」은 몇 가지의 오류에도 불구하고 당시 서구중심의 이론소개에 덧붙여 일본의 상징주의에 대해 구체적으로 기술하고자 함으로써 상징주의에 대한 시야를 넓혀줌은 물론 당시의 서구문학의 수입이 일본을 매개체로 하고 있었음을 명확히 보여 준 점, 상징주의에 대해 명확한 이론적 분류체계를 시도 한 점 등의 의의를 가지고 있다.

이상에서 살펴 본 바와 같이 황석우의 시론은 근본적으로 상징주의와 맥을 같이 하고 있고 그 인식 수준은 당대 문단에 있어서 선구적이었다고 할 수 있다. 신체시는 이미 과거의 유산이며 우리가 나아가야 할 바는 자유시라는 주장과 靈語論 및 靈律論은 그의 시적 지향점이 정치나 사회면에 관심을 가졌던 그의 삶의 지향점과는 다르다는 것을 명백히 보여주는 것이다. 이러한 그의 시론이 시에는 어떻게 투영되어 있는가를 살펴보자.

2) 시의 전개양상

전기한 바와 같이 황석우의 시작시기는 그의 인생행로와 더불어 3

기로 구분될 수 있는데 그것과 시의 특성과의 관계는 반드시 일치하지는 않는다. 왜냐하면 그가 1958년에 23년간의 침묵을 깨고 시단에 재등장한 것은 큰 획으로 그어지는 것이지만 시의 기교상에 있어서 어느 정도의 차이는 지적될 수 있다 하더라도 대체적으로는 『자연송』의 시세계와 거의 일치하기 때문이다. 한 편 1919년부터 그가 사회운동에 몸담고 만주로 유랑의 길을 떠나는 1921년까지는 불과 2년의 기간이지만 시의 특성상으로는 두 시기로 세분될 수 있다. 그 전기는 <태서문예신보>와 <삼광>에 시를 발표하던 시기로 그의 시 특성상으로 볼 때 모색기에 해당하고 그 후기는 1920년 <폐허>의 시기로 볼 수 있다. <폐허>에 발표된 시들은 한결같이 상징주의의 요소가 발견되면서도 퇴폐주의적 경향이 강하게 나타나고 있다. 따라서 본고에서는 전기한 바와 같이 세 시기로 나누어 그의 시를 고찰하고자 한다.

(1) 모색기의 시

황석우가 국내시단에 처음 등장한 것은 1919년 1월 13일에 발간된 <태서문예신보> 14호에 「隱者의 歌」라는 제목 하에 「頌」,「新我의 序曲」을 발표하면서부터이다.

  君의肉— 冷한가을, 固한겨울,
  君아, 그대한번입다므면.

  君의靈 —「眞理」의싹나오는연한봄
  君아, 그대한번 눈다드면.

  君의眼— 闇의綠門에드는新月,
  君아, 그대한번戀人과向하면.
       —「頌」전문

勇士야들어라, 未來의戶口에나가 들어라,
官能의廢坵, 噫, 落月의 밋으로
고요히, 哀달게, 울녀나오는

尊한욱일의曲- 新我의 頌.
僞의骨董에魅한날근나는가고
영아는懺悔의闇 - 三位一體의胎에頰笑ㅎ다
自然. 人生. 時間.
　　　　　　　　　―「新我의 序曲」전 4연중 1,2연

　'K형의게'라는 부제가 붙어 있는「頌」은 君의 육체와 영혼과 눈이 각각 '冷한 가을, 固한 겨울', '眞理의 싹 나오는 연한 봄', '闇의綠門에드는新月'로 등식화되어 있다. 입을 다물고 눈을 감는다는 것이 죽음을 뜻한다고 할 때 죽음을 전제로 해서 육체와 영혼의 가치에 대해 언급하고 있는 것이다. 즉 육체는 죽고 나면 가을이나 겨울과 같은 부정적인 것이며 영혼은 진리의 싹이 나오는 봄과 같은 긍정적인 것이다. 연인과 사랑을 할 때 눈은 新月과 같은 것이다.
　「頌」은 구조상으로 단순하고 전달하는 내용도 간단하지만 여러가지 면에 있어서 상아탑의 시에 있어서 기념비적인 가치를 지니고 있다. 먼저 그것은 漢文懸吐套의 문체로서 육당 이전의 것에 머물러 있고 관념의 희롱이라고 볼 수 있다.[99] 물론 그 관념의 내용이 전대의 것과는 다른 것이기는 하지만 시적으로 용해되지 않고 있는 것이다. 상아탑의 시에서 지나치게 한자어가 많이 등장하는 것은 그의 시에서 일관적으로 지속되는데 이것으로 그는 몽롱하다든지 난해하다는 평가를 받게 된다. 한자어를 많이 씀으로 해서 그는 시의 의미하는

---

99) 정한모,『한국현대시문학사』, 일지사, 1982. 265면.

바를 직접적으로 전달하지 않고 그 이면으로 숨기고자 한 것으로 추측된다. 이것은 그의 시론에서 人語와 靈語를 구별하고 靈語는 일상어가 아닌 것으로 규정하고 있음과 관련시켜 볼 때 그것이 곧 시의 미덕이라고 생각한 것이 아니었던가고 추론할 수 있다.

한 편으로 이 부류의 시에서 지적할 수 있는 것은 그의 시의 방식이 은유적 방식에 의존하고 있음100)과 함께 그 경향이 퇴폐적이라는 사실이다. 황석우의 시의 특성 중의 하나는 거의가 이런 은유방식에 의존하고 있고 또 <폐허>까지의 시경향은 허무와 퇴폐성이 강하게 나타나고 있다. 「隱者의 歌」라고 할 때 隱者는 눈앞에 전개 된 현실을 외면 내지는 도피하는 은둔자를 뜻한다.101) 물론 이 때의 현실을 곧바로 일제 식민지로 치환하는 것은 많은 비약이 따르겠지만 현실의 부정과 관념세계의 지향이 그 근간이 되고 있다고 할 수 있다.

新我는 舊我에 대한 새로운 자각으로서의 자아각성이다. 자아의 심층세계를 살피고 암시를 통해 '낡은 나'를 '새로운 나'로 개혁해 보려는 마음을 보인다는 점에서 관념적인 개인주의를 엿보게 한다.102)

현실의 부정과 관념의 지향 및 지나친 한자어의 사용이 이들 시의 주축이 되어 있는 반면에 다음의 시들은 그와는 대조적이다.

    가을가고 결박풀어저 봄이오다
    나무, 나무에바람은연한피리부다
    실강지에 날감고 밤감아
    꼿밧에 매여 한바람, 한바람식탕기다.

---

100) 김재홍, 「한국현대시의 방법론적 연구」, 서울대대학원 석사학위논문. 1972. 정한모, 「20년대 시인들의 세계와 그 특성」, <문학사상> 13호, 1973. 10.
101) 장병희, 「상아탑 황석우시 연구」, 국민대 한국학연구소, 한국학논총3집, 1981. 155면.
102) 장병희, 앞의 글, 156면.

가을가고 결박풀어저 봄이오다
너와나 단두사이에 맘의그늘에
絃晋, 감는소리, 타는소리
싀야, 봉오리야, 細雨야, 달아
　　　　—「봄」전문

달기고 숫지적이는동산에
고는밤의接物을밧다
나의가슴에눈물이괴여가다
피곤과惱에부닥이던萬有는
밤의손바닥에어리만지며
고요히자다, 고요히자다
　　　　—「밤」전문

愛는密色으로익고
이곳, 저곳에 醉者의써듬들니다
아 여름은 열니다, 사랑의가지에 붉게열니다.
「노래하라, 노래하라」고, 째는손벽치고가다.
　　　　—「열매」전문 —

숫핀골에울니는봄소리
부드럽게 가슴에방울 써러지다
아, 꾀꼬리야
白日은녹(溶)고
째는가는길에 酩酊한다
아, 꾀꼬리야
　　　　—「鶯」전문

「어린 弟妹의게」라는 제목 하에 발표된 이 4편의 시들은 그 시적 수준으로 보아「隱者의 歌」보다 훨씬 뛰어날 뿐 아니라 그 경향도 판이하다. 우선 생경한 한자어가 거의 나타나지 않을 뿐 아니라 감각적인 시어로 풀어 쓴 것에서 우리말에 대한 세심한 배려를 엿보게 한다.「隱者의 歌」가 사물보다는 자신의 관념을 용해되지 않은 채로 토로하고 있다면「어린 弟妹의게」는 대상을 객관적으로 형상화하고 있는 것이다. 따라서 이 4편의 시는 전자의 것과는 시적 인식이나 방법에 있어서 전적으로 다르다고 할 수 있다. 이들 시는 근대 초기의 시적 수준으로 보아 최대의 성과라고 할 수 있다. 그것은 곧 이 시들에 사용되고 있는 시각적, 청각적인 이미지의 선명성에서 오는 것이다. 그 이미지들이 관념에 봉사하는 것이 아니라 객관적 실체를 구축하고 있어서 선명성을 더하고 있다.

초기에 보인 이 두 경향의 시세계는 상아탑이 관념의 詩化와 감각적 이미지의 구축이라는 나름대로의 실험의식의 소산이라고 할 수 있다. 그것은 어쨌든 상징주의 시학과 직간접적으로 연관되어 있다고 한다면 전자는 현실어 곧 人語가 아닌 靈語로서 현실이 아닌 피안의 세계에 도달하고자 한 결과로서 난해해졌다고 볼 수 있고 후자는 상징주의에서 말하는 공감각의 이미지를 구체적으로 실험한 것으로 보여진다. 이 두 가지의 경향에서 상아탑은 그 어느 쪽에서도 시적 정착을 하지 못 했다. <폐허>의 시나 『자연송』의 시에서는 이 경향들이 다소간 잔재를 보이며 지속되고는 있으나 근본적으로 계승하고 있다고는 보이지 않기 때문이다. 다만 방법론에 있어서 한자어의 남용과 은유적 유추에 의히는 젊은 그의 시에서 계속 확인된다.

(2) <폐허>기의 시

초기에 두 가지 경향의 시를 모색하던 황석우의 시는 1920년에 들어오면 다른 경향으로 나타난다. <창조>와 <폐허>, <개벽>, <장미촌>

에 수록되어 있는 시들은 흔히 20년대의 대표적인 시경향으로 지적되어 왔고 그 경향은 퇴폐적이거나 병적 낭만주의 또는 허무주의 등으로 지적되어 왔다. <폐허> 1호에 황석우는 「석양은 꺼지다」와 「碧毛의 猫」등 10편의 시를 발표하고 있고 <장미촌>에는 「장미촌의 향연」과 「장미촌의 제1일의 여명」을 발표하고 있다.

  太陽은잠기다, 저녁구름(夕雲)의癲狂者의기개품갓치, 어름비(氷雨)갓치,
  여울(渦)지고, 보라빗으로여울지는끗업는岩窟에太陽은잠겨써러지다,
  太陽은잠기다, 넓은들에길일흔
  少女의애嘆스러운가슴안갓흔
  黃昏의안을숨(潛)여太陽은잠기다,
  太陽은잠기다, 아〃 죽는者의움폭한눈갓치
  異國의祭壇의압헤, 太陽은휘도라잠(翔沈)기다.
       — 「太陽의 沈沒」 전문

  흙비갓치濁한
  무덤터(墓場)의線香내나는저녁안개에휩싸힌
  끗업는 曠野의안으로
  바람은송아지(雛牛)의우는것갓치
  弔喪의鐘소래갓치 그윽하게불어오며
  나의靈은 死의번개뒤번치는
  黑血희하늘밋,
  할문山에祈禱하는基督갓치
  업듸여운다
  「애인을내다고」라고,
  아〃 내靈은
  날째더리고온 단하나의
  愛人의간곳을차즈려

여름의 鬱陶한구름안갓흔
씃업는 曠野를허매히는 盲人이로라.
—「愛人의 引導」 전문

이 시기의 황석우의 시에는 석양이나 황혼, 저녁 등이 중요한 소재로 등장하고 있으며 그것은 당시의 시대상황과 함께 자신의 취향과도 무관하지 않다. 「태양의 침몰」 뒷 편에 그는 다음과 같이 자신의 심경을 피력하고 있다.

(이 全篇의 詩안에特히「저녁」이란말이만히씨혀잇스나이는한世紀末的氣分에붓잡힌나의最近의思想의傾向을가쟝率直히낫하낸 者일다, 讀者여諒之하라)103)

한국의 상징주의가 상징주의의 이상적인 美보다는 세기말적 우울사상이 주로 선택되어 수용되었다는 점을 감안한다면 황석우의 이 진술은 그의 말대로 가장 솔직한 고백일 수 있을 것이다. 문제는 거시적인 안목에서 볼 때 이들 시가 당대의 현실과 얼마나 밀접한 관련을 가지고 있는가일 것이며 국문학사상 어떠한 정신영역을 타개했는가일 것이다. 황석우가 즐겨 사용하고 있는 황혼이나 저녁은 물론 김억의 그것보다는 좀 더 역사적 체험과 관련되어 있다. 가령 '異國의 祭壇의 압헤' 태양이 휘돌아 잠긴다는 것은 고국의 태양을 상대적인 개념으로 설정함으로써 '민족의 원형의 빛'104)의 침몰을 뜻하고 있는 것이다.

그러나 이러한 것은 단지 시대상황과 간접적인 관계에 있을 뿐 보

---

103) <폐허> 1호. 1920.7.25.
104) 손광은, 「한국시의 상징주의 수용양상 연구」, 충남대학교 대학원, 박사학위논문, 1985.12. 87면.

다 적극적인 의지가 거세되어 있음으로 해서 부정적인 평가에 준한
다. 즉 시대적 좌절감의 표현만으로 시의 미덕으로 평가할 수는 없
다. 이광수는 이 시대의 문단을 평하는 자리에서 다음과 같이 논하고
있다.

> 그러나 今日의 文士의 生活方式은 漢文文士의 그것보다 더
> 욱 社會에 害毒을 만히 끼치는 것이외다. 今日의 文士들은 昔
> 日 文士의 缺點을 고대로 繼承ᄒ고 게다가 頹廢期의 日本文士
> 의 缺點을 加味ᄒ엿스며 그쑌더러 識見업고 鍊鍛업는 靑年의
> 흔히 ᄒ는 바와 갓치 그네의 缺點만 배우고 長處는 비호지 못
> ᄒ얏숩니다. 이리하야 오늘날 우리 文壇의 절믄 文士諸氏는 무
> 셔운 道德的 惡性病에 걸려잇숩니다.105)

이러한 비판은 결국 문학 또는 문인의 사회적 도덕적 책임의식을
강조한 것으로 볼 수 있다. 한 편 황석우는 편집후기인「想餘」에서
다음과 같이 술회하고 있다.

> 나는또한이雜誌를通하여, 世界人類의압헤서도質素한意志,人
> 間답은거짓업는, 우리의얼골과갓흔強한感情을가지고살녀한다.
> 華美보덤質朴에, 物質보덤靈에, 都會의燦爛한文明보덤, 田園의
> 고적한自然에살녀한다. 아아진실노우리의깃드려잇는世界는그야
> 말노한큰廢墟일다. 우리는이우에서왼갓人類로붓허超越하여, 한
> 長生의 強한意志, 거짓업는醇白한참感情을가진人間으로서, 우리
> 의팔노,다리로우리의永遠히살世界를세우려한다.우리는왼갓虛僞,
> 軟弱,不自然과血戰하여나갈뿐일다(錫)106)

---

105) 이광수,「文士와 修養」, <창조> 8호. 1921.1. 15면.
106) <폐허> 1호, 1920.7. 124면.

IV 관념주의시의 실상 177

따라서 우리는 여기에서 당대 문단의 경향이 단지 3.1운동의 영향으로서가 아니라 시인들의 기질에 상당히 큰 원인이 있음을 지적할 수 있다. 그것은 이들의 시적 경향의 근저가 일제의 침탈에 대한 민족의식으로서가 아니라 그것보다는 인간의 본원적 삶에서 유추되는 것으로 파악되기 때문이다. 민족이나 국가보다는 인류세계가, 허위와 연약, 부자연한 물질적 현세보다는 영원히 살 세계를 추구함으로써 그가 지향하는 바를 명확히 보여주고 있는 것이다.

이러한 것은 그가 靈語로써 신의 세계에 접하려 한 것이라든지 또는 사회사상에 있어서 아나키즘 Anarchism 에 심취해 있었음과 무관하지 않다. 신의 세계를 추구할 때 거기에는 현실의 부정 또는 현실에의 소극적 인식이 자리하게 되고 아나키즘을 지향할 때 조국이나 민족, 일제의 침탈에서 초극하게 되는 것이다. 따라서 이 시기의 시들은 사상적인 깊이보다는 그의 고백과 같이 당대의 세기말적 기분에 편승한 것으로서 단지 퇴폐적인 막연한 정서를 느끼게 할 뿐으로 다른 당대 대다수의 시인들과 마찬가지로 식민지 현실과 민족이념과는 간접적인 관계에 머무는 한계를 가지고 있다고 하겠다. 이 점은 <장미촌>에 수록된 작품들도 마찬가지다.107) 그의 이러한 시적 인식을 가장 잘 나타내고 있는 것이 「碧毛의 猫」이다.

　　어느날내靈魂의
　　午睡場(낮잠터)되는
　　沙漠의우, 수풀그늘로서
　　碧毛(파란털)의

---

107) 가령 「薔薇村의 饗宴」의 일부를 보면 '孤獨은내靈의月世界,/나는그우의沙漠에깃드려잇다/孤獨은나의情熱의佛土,/나는그우에한적은薔薇村을세우려한다,/그리하여나는스사로그촌의王이되려한다/' 이 작품도 고독이라는 정서를 형상화시키고 있으나 감각적인 성공은 거두고 있지 못 하다.

고양이가, 내고적한
마음을바라다보면서
(이애, 네의
왼갓懊惱, 運命을
나의熱泉(끓는샘)갓혼
愛에 살적삶어주마,
만일, 네마음이
우리들의世界의
太陽이되기만하면
基督이되기만하면).
—「碧毛의 猫」 전문

이 작품은 우리 시사상 고양이를 소재로 한 몇 안 되는 작품 중의 하나이다.108) 고양이를 魔性의 불길한 존재로 인식하고 기피의 대상으로 삼았던 전통적 관념을 거부하고 그것을 시적 진술의 대상으로 삼았다는 데에서 그것이 곧 서구의 영향적 측면에 있음을 찾아 볼 수 있고109) 따라서 그 신비성을 더하고 있다고 하겠다. 고양이는 우리 일상 속에 환상적으로 끼어드는 것으로서 신적인 동시에 악마적이며 그 특성 또한 모호하다.110) 또한 그 고양이는 파란털을 가짐으로써 신비감을 더해 주고 있는 것이다. 나의 처소는 '영혼의 낮잠터 되는 사막, 수풀그늘'로서 고적한 마음의 상태에 있다. 그런데 고양이는 나의 온갖 오뇌와 운명을 사랑으로 삶아주겠다고 한다. 그런데 나의 영혼이 자신의 태양, 기독이 되어 구원해주어야 한다는 조건이 붙어 있다. 따라서 고양이는 나의 부정적이고 고적한 현실을 피안의 세

---

108) 초기 시단에서 고양이를 대상으로 삼은 시인은 황석우와 이장희이다.
109) 고양이는 보들레르와 베를레느의 시에 자주 등장하며 萩原朔太郎의 시에도 등장한다. 김학동, 『한국근대시의 비교문학적 연구』, 일조각, 1981. 106-111면. 박철석, 『한국근대문학사론』, 민지사, 1990. 참조.
110) 아지자 외, 『문학의 상징·주제사전』, 장영수 역, 청하, 1989. 101면.

계로 인도하는 매개자로 등장하며 따라서 초월적인 대응물이다.

구조적인 모순점에도 불구하고[111] 이 시는 상징주의의 대표적인 작품으로 인식되고 있다. 그러나 나의 간절한 갈구의 원인은 막연하고 추상적이며 지극히 개인적인데 머물고 있음으로써 그 내적 공간이 확대될 여지는 가지고 있지 않다.

따라서 그의 <폐허>기의 시들은 당대의 사회적인 인식에 연유하기 보다는 개인적 고뇌와 세기말적 기분에 사로잡힌 자신의 심경의 토로에 지나지 않는 것이다.

(3) 『自然頌』의 성격

황석우의 유일한 시집인 『자연송』은 1929년 11월 19일 조선시단사에서 발간되었다. 여기에는 창작시 129편과 동경시대의 것 15편, 일문시 7편 등 총 151편이 수록되어 있고 <조선시단>에 수록된 50여편을 제외하면 나머지는 어디에 수록했던 것인지 알 수 없다. 이 시집의 자문에는 다음과 같은 그간의 경위와 시집을 내게 된 배경에 대해 진술하고 있다.

> 나는본래政治青年의한사람이엿엇다 나의어렷슬때붓허의모든 修養의길은法律과政治科學이엿엇다 나는곳政治家로서서려하는 것이나의立身의最高目標이엿다 그러나나는詩를쓰지안을수업는 어느큰설흠을가슴가운데뿌리깁게안어왓다 그는곳나의어렷슬때 붓어밧어오든모든現實의虐待와 쏘는나의간난한어머니와나를為 하여犧牲되얏던나의不幸한누이의運命에對한슬홈이엿다 그는맛 츰내나로하여금남몰으게嘆息해울고쏘는셩내여現實을社會를詛 呪하면서 더욱더욱내누이를울녀가면서모든周圍의誘惑과輕蔑과 싸와가면서詩를쓰게하엿다 나의詩를쓰는環境은實노괴로웟엇다

---

111) 김홍규, 『문학과 역사적 인간』, 창작과 비평사, 1980. 197-199면.

그는宛然히地獄以上이엿다 나는일부러모든無理를犯해가면서이
詩集을읽는다 이詩集은나의十餘年間의만흔詩篇에서自然詩만을
골라낸것이다 人生에對한詩篇들은쪼한篇을달리하여世上에내노
려한다 그러나이것들은모다나의社會運動以前곳大正九年以前과
쏘는滿洲放浪時代에된作들이다
　　近作은大部分이어느傾向色彩를갓은思想詩들이다　　나는爲先
이詩集을나의지낸날의生活記錄의一部分의斷片塔으로서내노코
쏘뒷날을約束해둔다

　여기에서 우리는 그가 정치지망생이엇다는 사실과 시를 쓰게 된 동기를 알 수 있다. 그가 시를 쓰게 된 동기는 자신이 살아오면서 느낀 '큰 설홈' 때문이며 그것은 곧 자신의 불행했던 성장과정과 깊은 관계에 있음을 알 수 있는 것이다. 현실과 사회를 저주하면서 괴로운 환경 하에서 그의 시작생활은 지속되었던 것이다. 따라서 여기에서 우리는 황석우의 사상적 배경과 전기한 바와 같이 그의 시가 자신의 고적한 삶을 위주로 사회와의 절연 내지는 간접적 관계만을 유지하고 있었던 이유를 알 수 있게 된다. 그가 영위했던 삶은 사회와 적대적 또는 피해의식적인 관계 속에 있었던 것이다. 그가 사회사상적인데 관심을 가지고 있었고 아나키즘을 표방하는 흑풍회와 관계하고 있었으며 그것이 특히 시적으로 표방되어 나타난 것은 만주방랑 이후라고 보여진다.
　국내에서의 불미스런 사건으로 인하여 그는 만주방랑길에 오르고 귀국한 이후에는 <조선시단>을 발간하여 다시 시단에 복귀한다. <조선시단>은 주로 신인을 발굴하는데 중점을 두었지만 이미 한국시단의 사정은 그가 의도하는 바와 같이 되지는 않았다. 시적 성과면에 있어서 20년대의 다양한 제경향의 모색 끝에 이미 30년대라고 하는 새로운 시대를 예고하고 있었기 때문이다.

Ⅳ 관념주의시의 실상 181

그에 의하면 『자연송』의 시편들은 자신의 십여년의 작품들중 사회운동이전인 1920년 이전의 작품들과 만주 방랑시대의 것이라고 밝히고 있다. 그가 말한 1920년 이전의 작품이란 부록으로 싣고 있는 동경시대의 것과 일문시를 두고 말하는 듯하고 만주방랑시대의 작품은 이 시집의 대부분을 두고 말하는 것 같다. 한 편 여기에서 주목되는 것은 그가 최근에는 경향색채의 사상시를 쓰고 있다는 부분과 인생에 대한 시들을 따로 묶을 것이라는 부분이다. 그런데 사실상 그가 어떤 경향시를 쓰고 있었는지 그가 지칭하는 인생시란 어떤 것인지 밝히기는 곤란하다. 그의 시작에서 경향시라고 할만한 것이 있긴 하지만[112] 그 양이 많지는 않은 것 같고 인생시라고 하는 것도 그가 말하는 자연시를 빼고 나면 결국 전항에서 고찰한 <폐허>기의 시들을 지칭한 것이 아닌가 한다.

그러면 그가 말하는 자연시란 어떤 것인가. 먼저 金基坤은 시집 「序」에서

> 다못이詩集은비록朝鮮안에서朝鮮사람의손에서生긴者이나그
> 는 「自然詩」라는일홈붓흔詩集으로서는彼워즈워즈의田園詩가잇
> 은뒤로는世界에처음낫하나는作品인것을말해둔다[113]

고 하여 워즈워드의 시에 견주고 있다. 한 편 시집의 내표지에서 황석우는 '自然을사랑하라. 自然을사랑하지못하는者는사람도사랑할참된

---

112) 예를 들면 다음과 같은 것이 이에 해당한다. '北風은 進軍한다 北風은 進軍한다. 北風은 마치 白晝거리에 叛旗를 뒤번치고 蜂起하는-기 擧亂의 激怒한 人民群-가티 소리치며 몰리고 몰녀온다.' 「北風來!」일부, <삼천리> 1932.1.
'...이不景氣한때에 우리에겐 拾錢도벅찬負擔일세. 經費적게걸니는곳으로모히세...그러한 떡집이야말노 우리들 無産勞動者의 理想的集會所요 會見所일세.' 「五錢會費」일부, <조선문단> 21호, 1935.2.
113) 김기곤, 『자연송』 序,

길을아지못한다. 사랑을배호는洗禮는自然을사랑하는曠野우에서밧어라.'고 하고 있다. 이렇게 보면 그가 주장하는 자연이란 루쏘가 말하는 '자연으로 돌아가라'는 주장과 일견 상통하는 것으로 보인다. 그러나 실상 그의 시집에 나타나는 자연은 루쏘나 워즈워드의 자연과는 거리가 있다. 그가 말하는 자연은 우주와 사계절 등 자연의 섭리 또는 우주의 질서와 관계된다.

   宇宙의
   太陽系는
   별의(世界의)金剛山

   太陽系의
   地球는꼿滿發한
   宇宙의小樂園, 小理想鄕.
       —「太陽系, 地球」전문

   宇宙는꼿업는暗黑이온대
   별과
   달과
   太陽은
   그곳곳의洞里목에빗치는街燈!
   그 發電所는造化翁의 心臟속!
   그리고달과太陽은地球의東西에갈닌晝夜燈이람니다.
       —「별, 달, 太陽」전문

   東쪽한울의꼿停車場에서
   달과太陽은交叉함니다
   달은水國으로설흠을실고가고
   太陽은陸地로歡喜를실고옴니다
       —「달과太陽의交叉」전문

이들 시의 인식과정을 보면 '宇宙 →太陽系 → 太陽 → 地球 →달'로 되어 있고 이들을 각각 의인화하고 있고 은유와 직유의 방법을 사용하고 있다. 그리고 보조관념은 모두 人事에 관계되는 것들이다. 또한 태양은 밝음과 희망을 상징하는 것으로, 달은 어둠과 슬픔을 상징하는 것으로 묘사되고 있다. 황석우의 시가 A = B 라는 은유적 방식에 의존하는 것은 초기부터 있어 온 주요 방법론이지만 <폐허>기에 보여 주었던 다양한 具象性마저 거세되고 동화적 세계를 감정이입도 없이 단선적으로 표현함으로써 단조롭고 언어의 유희같은 감을 준다.

우주와 관련된 이 시편들과 달리 자연현상을 소재로 한 것들도 결국은 동일한 차원에 있음을 알 수 있다.

　　아즈렁이는
　　太陽의好男子를보고
　　붓그러워하는「봄」의쌤빗
　　안이아즈렁이는
　　太陽의好男子를보고
　　貪내하는「봄」의醉한秋波빗.
　　　　　　　　　— 「아즈렁이」 전문

　　나무와풀들은
　　머리를쌍속으로박고
　　그가랑이를한울로向하여벌니고잇다
　　씃은곳그들의말하기어려운어느秘密한곳
　　花蜜은그들의아릿다운月經液이란다
　　　　　　　　　— 「나무와풀의生理學」 전문

　　落葉은

풀과
나무들의
그 産後의몸써서내리는것

落葉은
풀과
나무들의그즐겁운勞動의自敍傳을
짜우에記錄하는말, 그굴근글자.
　　　　　　—「落葉」전문

　시각이 우주와 태양계라고 하는 거시적인 곳에서 주위의 사물이라는 미시적인 곳에 옮겨져 있어도 그 인식방법은 결국 자연현상의 일부, 우주의 섭리의 일부로 되어 있고 의인법과 은유에 전적으로 의존하고 있음을 알 수 있다. 자신이 구축한 이 시집의 전체적인 틀에 각각의 사물은 종속되어 있으며 따라서 시적 긴장이나 참신한 상상력의 결과는 찾아 볼 수 없다.
　초기의 시들과 표현상의 차이가 있다면 난해한 한자어가 거의 사라지고 있다는 점이다. 실제로 그는 개작과정에서 「隱者의 歌」 등의 용해되지 않은 한자어에서 탈피하고자 노력한 흔적을 보이고 있고 114) <폐허>기에는 한자어를 괄호 속에 묶는 변모를 보이다가 『자연송』에 오면 그것이 거의 거세되어 나타난다. 이러한 양상은 그의 해방 후의 시에 오면 거의 사라지게 된다.

　　　어느 여름날의 이른 새벽이다
　　　나는 잠깨여 눈떴다

---

114) 김영철,「황석우의 시론과 시」,『한국근대시논고』, 형설출판사, 1988. 박인기,「황석우의 시적 지향 양상」, 서울대학교 국어국문학과, 관악어문연구 6집. 참조.

　　　　나의 머리맡에 와앉은 꼬마고양이도 눈떠서 야웅한다
　　　　고개 들어 창문을 열고 뜰아래를 보니
　　　　담밑의 채송화들도 눈떠서 귀엽게 웃는다
　　　　하늘도 가슴프레 눈떠서 우슴을 홀리고
　　　　머-ㄴ 재아래의 아침해도 눈떠서 빙그레웃고 떠올라오는듯
　　　　왼세계가 눈떠서 웃는 순간이다
　　　　우슴에 잠긴 우주다
　　　　　　　　　　　　―「웃음에 잠긴 우주」전문115)

『자연송』의 시세계에서 또 특이한 점은 <폐허>기에서 볼 수 있었던 퇴폐적 경향이 거의 사라지고 없다는 점이다. 한 편 그의 인생이 거의 투영되지 않고 있어서 그 자신 정서의 발로로 시를 쓴 것보다 기교로만 시를 쓴 것도 같다.116)

『자연송』은 출간 이후에 즉각적인 비판을 받았는데 예를들면 주요한과 정노풍은 다음과 같은 평가를 하고 있다.

　　　이詩集의全部가　詩라고부르기에는넘우遊戲的이라할진대　이
　　　冊의存在의價値가八九分落下되지안홀수업다...自然이라기보다도
　　　自然界의現象을材料로삼아　쓴것만은 사실이다...童謠라하면 넘
　　　우生硬하고不純하며博物의敎材로는不完全不正確하고　　純朴한
　　　「유모어」로　보기에는...結局一個의　遊戲-작난-으로밧게 볼수업
　　　다.117)

　　　...그는 民衆詩人으로 轉換하얏다고하나 그러나그가우리에게
　　　보혀준作品으로 보건댄 民衆詩人으로 轉換한 何等의實蹟을 발
　　　견할수가업다...이러한放浪生活의動機가과연生活苦로선지　쏘는

---

115) <자유문학> 통권 22호, 1959.1.
116) 양왕용, 앞의 책, 134면.
117) 주요한,「自然頌과 自家頌」, <동아일보> 1929.12.5-6.

性格的放浪性으로선지 그것은알수업는일이다. (그가)어쩌한社會
運動을過에하얏섯는지 都是記憶되는바업거니와…우리의生活과
는 훨신遊離된 이詩人의思索의世界를 엿볼수잇슬쑨으로 怪異하
게는 생각될지언정…이『自然頌』은 우리의自然 우리의日常生活
과關連된朝鮮의山川香氣와는 極히因緣이 적은『自然頌』에 지나
지못한다.118)

이들의 평가는 감정이 상당히 개입되어 있음에도 불구하고 비교적 『자연송』의 시세계의 단점을 잘 파악하고 있다. 특히 '생활과 유리되어 있는 사색의 세계', '조선의 산천향기와 인연이 적은' 것을 지적한 정노풍의 평가는 이 시집의 핵심을 파악한 것으로 볼 수 있다.

특이한 것은 위 두 평자가 황석우의 詩歷을 들어 상징주의 시인으로 단언하고 논리를 전개하고 있는데 비해서 황석우는 기회 있을 때마다 자신이 상징주의 시인이 아니라고 주장하고 있는 것이다. 그는 <조선시단>에서도 '編者는 本來가 그런 類의 詩作을 試驗해 본 일이 업슴니다.'119)고 주장하였고 위 주요한의 시집평에 대한 반박문에서도 '나는 그런 誤解를 바들 作風을 버린 지가 오래다. 그런 作風은 1920,21年度의 社會運動戰線에 나섯을 때 이미 淸算해 버리고 말았다.'120)고 주장하고 있다. 이는 초기 상징주의에 심취했던 시인들의 대표적인 사례이다. 그것은 곧 한국시단의 제반 특질들, 예를들면 상징주의가 퇴폐주의와 동일시되었다거나 식민지 현실에서 요구되는 기능이나 효용면에서 예술지상주의나 심미적인 문학사조가 오해받을 수 있다는 점 때문일 것이다. 실제로 황석우는 농민, 노동자, 아동 문학을 일으킬 것을 주장하고121) 인간의식에 눈뜬 민중운동 혁명운동

---

118) 鄭蘆風,「己巳詩壇展望」, <동아일보> 1929.12.9.-10.
119) <조선시단> 1928, 12월호. 83면.
120) 황석우,「自然頌에 對한 朱君의 評을 궤독하고서」, <동아일보> 1929.12.24.
121) 「시작가로서의 포부」, <동아일보>, 1922.1.7.

에 대해 열렬한 옹호자가 될 것122) 등을 주장하기도 하였던 것이다.

그러면 이러한 『자연송』의 시세계는 어떻게 가능하였을까. 정노풍의 지적과 같이 그것은 조선의 향토로서의 자연이 아니고 자신의 사색에 의해 구축된 비현실적인 것이었다. 그 일면은 자신의 시론에서나 시에서 확인되는 바 현실과 유리된 관념의 것이면서 그의 무정부주의적 사회운동과도 연관을 가지는 것이다. 이 시편들이 대다수 만주 유랑기에 쓰여졌다고 할 때 실상 그가 만주에서 보고 들었을 식민지 유랑민의 비참한 현실은 전혀 외면되어 있는 것이다. 그보다는 자연이라는 이름 하에 지구 전체 또는 우주 전체를 시적 대상으로 삼음으로써 그의 사상운동의 일단을 피력하고 있다고 할 것이다. 가령 민요적 시를 쓴 시인들의 경우 자연은 향토나 향수라고 하는 피상적이고 소극적인 것으로 나타났기는 하지만 그것이 조국애, 나아가서는 소극적 민족의식으로도 확산이 가능한 것이었다는 것을 비교해 볼 수 있다.

IV-2 개인적 공간의 사회성과 반사회성

1 이장희 : 자폐적 공간과 사물응시

1) 자폐적 삶과 복합심리

고월 이장희는 1920년대 시사에 있어서 특이한 시인으로 지적될 수 있다. 그 이유는 이장희의 시세계가 식민지 현실이라는 당대의 환경과 거기에 대한 반응으로서의 지식인의 고뇌와는 전혀 다른 세계, 즉 철저한 자신의 세계로만 침잠하였다는 데 있다. 20년대의 대다수

---

122) 「신년문단에 바람」, <동아일보> 1923.1.1.

의 시인이 직접적이건 간접적이건 간에 당대 사회와의 관계망 속에 있고 그로 인해 시사적 위상의 몫을 크게 부여받는다고 한다면 이장희의 경우에 있어서 우리는 그러한 평가기준을 무시하거나 적어도 이장희시의 특수성을 염두에 두고 평가에 임해야 하는 것이다. 그만큼 그는 자신의 삶에 있어서나 시세계에 있어서 사회와는 절연되어 있다.

지금까지 이장희에 대한 연구들[123]은 대개가 이러한 인식 하에서 진행되어 왔고, 그것이 이장희시의 본질이며 그의 시를 이해하는데 있어서의 첩경이라고 할 수 있다. 이장희시에 대한 연구는 거의가 심리학적 관점에서 이루어지고 있는데 이것은 그가 5살 때 어머니를 여읜 후 철저히 자폐적인 생활을 영위했으며 29살의 나이로 자살했다는 것, 그리고 특히 그의 시에는 이러한 자신의 삶이 명확히 투영되어 있다는 점 때문일 것이다.

이장희는 1900년 11월 9일 대구 서성로에서[124] 이병학과 박금련의 세째아들로 태어났다. 부친 이병학은 부인들의 사별로 세번 결혼을 하고 그 사이에서 태어난 자식은 12남 9녀로 21명이나 된다. 고월의 어머니인 박금련은 1905년에 3남 1녀를 두고 사망했고 고월은 5살 때부터 계모슬하에서 많은 동생들과 성장하게 된다. 부친이 일제시 중추참의원을 지내는 등 부유하긴 했지만 결손가정에서의 성장은 이후 고월의 정신세계에 큰 영향을 입힌 것으로 보이며 이후 그의 삶은 고독 속에서 내성적이고 자폐적인 것으로 일관하게 된다.

---

123) 기존의 연구성과로는 다음의 것들이 대표적이다. 김인환,「주관의 명증성」, 문학사상10호, 1973,7. 제해만,『이장희 전집』, 문장, 1982. 김학동,「고월 이장희론」,『한국근대시인연구 1』, 일조각, 1983. 김재홍,『이장희 전집·평전』, 문학세계사, 1983. 이기철,「이장희 연구」,『작가연구의 실천』, 영남대학교 출판부, 1986.
124) 그의 출생지를 제해만은 대구시 서성로 1가 105번지로 기술하고 있고 김재홍, 이기철은 103번지로 기술하고 있다.

계모 슬하에서의 어린 시절이 결코 유복하지 않았음은 그가 영리하고 공부 잘 하며 모필 글씨가 전교에서 1위였다는 사실과 달리 항상 초라한 의복과 어두운 얼굴, 영양섭취를 제대로 못 한 핼쑥한 얼굴이었다는 데서 잘 나타난다. 이런 내면을 모르는 친구들은 그를 '꿀봉'이라고 놀렸다고 한다.125)

한편 이장희의 성격에 관해서는 일본 경도 유학 중 고향에 왔을 때도 책을 끼고 처마 밑으로 다니며 친구들과의 교우가 거의 없었다는 점에서 짐작할 수 있다. 그가 교우한 문인으로는 양주동, 이상화, 오상순, 현진건 등 7,8인에 지나지 않았고 그가 대구에 와 있는지를 100여 미터 떨어진 곳에 살고 있는 상화도 몰랐다고 한다. 그만큼 그는 내성적이었고 비사교적이었으며 자신의 세계에만 칩거하고 있었던 것이다. 그는 온기도 없는 방안에서 금붕어를 자주 그렸고 죽기 전에도 철필로 금붕어만 그리다가 죽었다고 하는데 어쩌면 그 금붕어는 밀폐된 공간에서 말없이 살다가 가는 자신을 뜻하는지도 모른다.

그의 자폐성은 문학을 대하는 태도에도 나타나는데 이를테면 그가 베를레르나 보들레르, 杜甫, 秋原朔太郎, 예이츠를 좋아하면서도126) 자기 이외의 모든 문인을 俗物이라고 규정한 데서도 드러난다.

> 그는 환상세계가 넓은 것에 반비적으로 그의 현실세계는 넘우도 협소하였다. 그의 교제는 문단에 국한하였고...그는 문학편중주의자이며, 문학에서도 시문학지상주의자이였었다. 진정한 시인 이외에는 전부를 속물이라 하여 대좌하기도 싫어하였다.127)

---

125) 백기만, 「상화와 고월의 회상」, 『상화와 고월』, 청구출판사, 1954.
126) 백기만, 앞의 책, 125면.
127) 백기만, 「문학풍토기」, <인문평론> 1940.4. 82-85면.

또한 그의 시론에 대해서는

> 누가 古月의 서울아씨의 간열핀 몸맵시같이 艶麗纖細한 詩風에 對하여 誹謗하는 사람이 있으면 古月은 恒常 이렇게 答辯하였다.
> 「詩는 푸라치나線이라야 한다. 光彩없고 彈力性 없고 刺戟性 없는 굵다란 鐵絲線은 詩가 아니다」 古月은 이러한 詩觀 下에 푸라치나線을 만들기에 무척 애썼다.128)

라고 진술하고 있다.

그의 시관에 의하면 시는 불순물이 섞인 광채도 없고 탄력성도 없으며 자극성도 없는 굵다란 철사선이 아니라 푸라치나(백금)선이라야 한다는 것이다. 그만큼 그는 시작에 있어서도 티끌 없이 순수성만을 고집한 것으로 볼 수 있다.

그는 삼십년의 생애동안 철저하게 자신만의 세계에서 살고 있었는데 그 이유는 널리 지적된 것처럼 그의 성장과정에서 온 것으로 추측된다. 인생에 있어서 가장 민감한 소년기를 계모와 많은 형제들 속에서 자라서 어머니로부터의 충분한 사랑을 받지 못 하였던 것이다. 가령 다음의 시는 이장희의 시를 이해하는데 있어서 가장 중요한 단서를 제공하고 있다.

> 어머니 어머니라고
> 어린마음으로가만히부르고십흔
> 푸른하눌에
> 다스한봄이흐르고
> 쏘 흰볏을노으며

---

128) 백기만, 『상화와 고월』, 123면.

불눅한乳房이달녀잇서
　　　이슬매친포도송이보다더아름다워라
　　　탐스러운乳房을볼지어다
　　　아아 乳房으로서달콤한젓이방울지려하누나
　　　이째야말노哀究의情이눈물겨우고
　　　주린食慾이입을벌이도다
　　　이무심한食慾
　　　이복스러운乳房……
　　　쓸쓸한심령이여 쏜살가티날러지어다
　　　푸른하눌에날러지어다.
　　　　　　　　　─「靑天의 乳房」 전문

　어린 시절의 모정결핍은 청년이 된 후에도 그대로 지속되고 있어서 따뜻한 봄날의 태양을 보고 어머니의 가슴을 연상하고 있다. 따스한 흰볕을 달콤한 젖에 비유하고 주린 식욕이 입을 벌린다고 함으로써 모정결핍을 암시하고 있는 것이다. 그리고 그것이 의식적인 것이 아니라 무의식에 깊게 자리잡은 상흔임은 '무심한' 식욕이라는 데에서 나타나고 있다. 마지막 두 행은 현실의 상황과 소원을 표현하고 있는데 즉 자신의 상태를 '쓸쓸한 심령'으로, 모성으로의 회귀를 쏜살에 비유하여 그 절박성을 더하고 있는 것이다. 어머니의 젖을 보고 '굶주린 식욕이 입을 벌리는' '무심한' 행위는 유아기의 인간 본연의 것이라는 점에서 고월의 모성결핍은 그의 생애와 관련시켜 볼 때 충분히 공감이 가는 것이다.
　어린이는 어려서 이상적인 여인상으로서 어머니를 설정하고 연인감정을 가지며 그 어머니를 차지하고 있는 아버지에 대해서는 적대감정을 가진다. 이것을 소위 외디푸스 콤플렉스 *Oedipus complex* 라고 하는데 이것은 이후 성장을 하면서 자연적으로 해소된다고 한다. 고월의 경우 성장과정의 불완전성은 이것의 자연해소를 어렵게 했다.

즉 본래적으로 가지고 있던 어머니에 대한 감정이 해소되기 전에 친어머니를 사별하고 계모슬하에서 자랐기 때문에 어머니에 대한 감정은 그대로 지속되었던 것이다.

한 편 아버지에 대한 적대감정 또한 그대로 지속되고 있었다고 볼 수 있다. 그는 끝까지 아버지와는 사이가 좋지 않았는데 즉 중추원 참의인 아버지가 일어력이 부족하여 중간소임을 맡기고자 하였으나 한 번도 복종하지 않은 것이라든지 총독부 관리직을 하라고 해도 강경히 거역하였다든지 부자인 아버지가 매월 15원의 월급만을 주어서 군색한 살림을 하였다는 데서 짐작할 수 있다. 아버지는 이런 고월을 아예 버린 자식으로 취급하였다는 것이다. 또한 극약을 마시고 숨이 넘어갈 때에도 입을 꼭 다물고, 울부짖는 아버지에게 한 마디도 남기지 않았다고 한다. 그의 생애로 본다면 아버지와의 대립은 사상적 대립이기보다는 외디푸스 콤플렉스에서 오는 적대감정에서 연유하는 것이 더 큰 비중을 가지고 있다고 볼 수 있다.

프로이드의 영향을 받은 파슨즈와 베일즈(Parsons & Bales)는 사회화의 과정을 구강단계, 항문단계, 외디푸스단계, 청년기 단계로 구분하고 있는데 외디푸스 단계는 3세부터 사춘기까지이며 이 때 아이들은 性에 따른 역할의 여러가지 형태를 구분하게 된다.[129] 즉 일반적으로 3세부터 시작되는 외디푸스 단계는 청년기에 오면 자연적으로 해소되는 것인데 이장희의 경우 이 단계가 결손되어 나타나는 것이다. 모정의 결핍은 그의 정상적인 심리적 발달을 저해하고 있다고 보여지며 그 단적인 예가 23세의 청년이 쓴 「청천의 유방」이다. 어머니에 대한 연인감정과 아버지에 대한 적대감정이라고 하는 외디푸스 콤플렉스는 자연적으로 해소되지 못한 채 청년이 되고 자살하기까지 그의 심리근저에 강하게 남아 있다고 보는 것이 옳을 것이다.

---

129) 김채윤 외, 『사회학개론』, 서울대학교출판부, 1987. 87면.

고월의 시에서 지적되는 많은 복합심리130)는 결국 어머니의 죽음에서 오는 모정결핍과 모성고착 mother fixation, 그리고 아버지와의 적대감정에서 오는 외디푸스 콤플렉스에서 연유되는 것이다. 특히 고월의 경우 내성적이고 자폐적인 성격은 그러한 복합심리에서 이탈하지 못 하고 청년기가 되어서는 오히려 신경 쇠약증으로 악화되는 것이다.

> 욕구불만의 비조정적 결과로 생기는 현상 중의 하나인 自閉性 Autism 이라고 불리는 행동은 외부세계에서 떨어져서 자기만의 고립적 생활에 틀어박히는 것을 말한다…이들이 사물을 생각하고 있는 방식 즉 말하자면 自閉的 思考 Autistic thinking 에는 예를 들면 이제는 아무리 하여도 돌이킬 수가 없는 과거의 사건을 자기나름으로 다시 만들어 생각한다든가 혹은 도저히 불가능한 일도 이것을 장래 현실적으로 일어날 수가 있는 것 같이 공상한다든가 하는 따위의 경향이 있다. 말하자면 역사적 또는 사회적 현실을 무시한 제멋대로의 욕구와 정서를 가지고 사고를 채운다든가 하는 것이 자폐성의 특징이다. 이와 같이 자폐성으로 기울어진 사람의 행동은 현실세계의 면에서 유리된 공상적·비사회적 성질에 의하여 좌우되기 쉽다.131)

따라서 고월의 생애와 시의 성향으로 볼 때 여러가지의 복합심리와 자신의 자폐적 성격에 의하여 그 특성을 규정짓는 것은 당연한 귀결로 보인다. 그는 자신의 생활태도에서나 교우관계에서나 시의 경향 및 시론에 있어서 철저히 비사회적이고 자신만의 세계에서 살고 있었기 때문이다. 이러한 욕구불만에서 오는 반응으로서의 내향적 공

---

130) 고월의 시에서 지적되는 복합심리로는 Oedipus complex, Mother complex, Family complex등이다.
131) 장병림, 『사회심리학』, 박영사, 1984. 136-137면.

격이 바로 극도의 自虐性, 自己譴責, 自殺등으로 나타난다132)고 할 때 고월의 자살은 바로 주위의 환경과 자신의 성격에서 오는 귀결인 셈이다.

그의 시가 당대 조류에 휩쓸리지 않고 독특한 시세계를 구축했다는 것은 결국 그의 자폐성에서 연유하는 것으로 보인다. 따라서 「청천의 유방」을 논하는 자리에서 "이광수의 작품에 깊이 놓인 고아의식과 같은 부류에 드는 이 시는 식민지 지식인의 허무주의로 볼 수도 있다."133)는 평가는 이장희시의 내면을 깊이있게 천착한 것이 아니라 20년대라고 하는 시대상황에만 치중한 것으로서 마땅히 재고되어야 할 것이다.

어머니에 대한 연인감정과 모성고착은 고월이 나눈 오직 한 번의 짝사랑의 대상이었던 에이꼬에 대한 다음의 시에서도 확인된다.

> 외쩌러진 샛별이어,
> 내리봄이 어듸런가,
> 藍빗에 흔들리는 바다런가,
> 바다이면 아마도 섬이잇고
> 섬이면은 고은 꼿피는 水國이리라,
> 오,이질수업는 머나먼 憧憬이어.
>
> 흐르는,구름에 실려서라도
> 나는 가련다,가지안코 어이하리,
> 얄밉게도 지금은
> 水國의 꼿숩으로 돌아가버린
> 그러나 그리운 녯님을 뵈올가 하야.

---

132) 장병림, 앞의 책, 139면.
133) 김윤식, 『한국근대문학의 이해』, 일지사, 1978. 221면.

Ⅳ 관념주의시의 실상　195

　　그러면 님이어,
　　或시 그대의 門을 두다리거든
　　젊어서 시들은 나의 魂을
　　찟업는 安息에 멱감게하소서.

　　아,저두던에 울리도다,
　　마리아의 은은한 쇠북소래,
　　저녁은 갈사록 한숨지어라.
　　　　　　ー「憧憬」 전8연중 5—8연

　이 시는 고월이 일본 京都유학시절에 짝사랑하던 에이꼬라는 문학소녀를 그리워하며 지은 것이라 한다.134) 바다와 섬, 水國으로 이어지는 공간배경과 '오, 이질수업는 머나먼 憧憬이어', '그리운 넷님' 등의 어휘는 양주동의 회고대로 에이꼬와의 사랑이 그 동기가 되었으리라고 짐작할 수 있다. 그러나 이 시가 누구를 지향하고 지은 것인가는 사실상 그렇게 중요한 것이 아니다. 그것보다는 이 시가 가지고 있는 다른 특성들, 예를 들면 그것이 현실적인 사랑이 아니라 관념상에서 환상적인 사랑을 구가하고 있다는 점이나 표상되어 있는 '님'이 어머니의 또 다른 대리대상으로 되어 있다는 점일 것이다.
　이 시의 1연은 「여린 안개속에 눅아든/쓸쓸하고도 낡은 저녁이/어듸선지 물가티 긔어와서/灰色의 쏨노래를 알외이며/갈대가티 간열핀 팔로/찟업시 나의 몸을 둘너주도다」로 되어 있어서 '현실적인 면은

---

134) 양주동의 회고에 의하면 "언젠가 군의 짧은 書信 가운데 동경에 있는 M이란 女性을 그리워하노라 하면서, 「나의 M! 나의 M이 있는 동경! 나는 그곳을 最近에 한번 가보려한다.」이런 意味의 一節이 있었던 것을 생각한다. 군의 시 「동경(憧憬)」가운데 '오 잊을 수 없는 동경(憧憬)이여'한 것은 실로 동경(憧憬)과 동경(東京)의 同音을 취한 것이다. 이것은 직접 군에게 들었던 말이다."고 하였다. 양주동, 「낙월애상」, <조선일보> 1929.11.17-11.24.

거의 찾아 볼 수 없고 시종 환상적인 상태의 서술만 되어 있음'135)을 알 수 있다. 즉 그는 현실에 있는 에이꼬를 사랑하는 것이 아니라 M이란 여성의 환영을 동경하고 있었던 것이다.136)

여기에서 에이꼬는 '넷님'으로 표상되어 있고 '젊어서 시들은 나의 혼을 / 끝없는 安息에 먹감게' 해달라고 소망하고 있다. 여기에서 표상되어 있는 님은 절대적 구원자로서의 님이다. 그것은 양주동이 주장한 바와 같이 자신이 환영 속에서 이상화한 님이기에 가능한 것이다. '즉 그것은 에이꼬의 실상을 기억하고 있는 것이 아니라 아름답게 채색된 사춘기의 몽상적 환상을 사모하고 있기 때문이며, 현실을 무시한 채, 그것과의 모순을 전혀 개의치 않고 오티즘적 공상 속에서 삶을 이끌어 갔기 때문으로 보인다.'137)

이런 면에서 본다면 이 시에 나타나 있는 님은 어머니와 동일시되어 있는 어머니의 대리대상이다.138) 그것은 곧 하늘에서 어머니의 유방을 본 것과 같은 애정망상의 연장선상에 있는 것이다. '레오나르도 다 빈치가 마돈나를 그리는데 관심을 가진 것은 그가 어렸을 때 헤어진 어머니에 대한 그리움을 표현한 것이라고 프로이트는 말했다.'139) 따라서 이 시의 제작 동기가 에이꼬였거나 다른 여성이었거나

---

135) 이기철, 「이장희 연구」, 『작가연구의 실천』, 영남대학교 출판부, 1986. 175면.
136) "군은 정애(情愛)(저속한 문자를 쓰지 않는다. 군의 예민한 어감은 언제나 속된 문자를 타기하였다)에 관하여도 결코 진취적이 아니었으며 어디까지나 그 결벽대로 혼자 맛보고 즐기는 태도이었다. 나는 군이 M이란 여성의 환영(그 이 자체는 아니다)을 理想愛의 대상으로 삼고 혼자 고이 동경하고 혼자 애모하면서 그 예술적 美感의 원천으로 삼고 있음을 확실히 理會하였다. 군은...너무나 이상적이었고 너무나 공상적이었고...군은 여성을 애모한 것이 아니요, 그 환영을 동경하였던 것이다." 양주동, 앞의 글.
137) 김재홍, 『이장희 전집·평전』, 1983. 76면.
138) 제해만, 『이장희전집』, 문장, 1982. 86-87면.
139) 캘빈 S. 홀, 『프로이트 심리학 입문』, 범우사, 1990. 101면.

간에 그것은 결국 고월 자신의 자폐성에 의해 환상적, 관념적으로 표상된 어머니의 대리대상인 것이다. 그만큼 그는 모성에 고착되어 거기에서 이탈하지 못 하고 자폐적인 삶을 영위하고 있었던 것이다.

2) 이장희시의 특성

(1) 밀폐된 공간의 시적 인식

스피츠 Rene Spitz 는 어릴 때부터 사회로부터의 고립되어 제한된 대인 관계만을 유지할 경우 성인이 되어서도 원만한 성품이 되지 못할 뿐만 아니라 장기적인 사회고립현상은 개인의 성품을 빗나가게 하는데 그치지 않고 경우에 따라서는 심한 정신착란증까지 유발한다고 지적한 바 있다.140) 위에서 살펴 본 바와 같이 이장희의 성격은 자폐적이고 비사교적이고 침울하였으며 이는 로스 Ross Stagner의 분류에 의하면 '우울형'에 해당한다.141) 따라서 그가 자폐적 성격과 비사교적 성품을 가졌고 말년에 심한 신경쇠약증에 걸려 자살했다는

---

140) 이홍탁,『사회학원론』, 법문사, 1985. 122면.
141) 이홍탁, 앞의 책. 115면. 로스Ross Stagner는 Psychology of personality(New York, 1974)에서 '개인성품의 특징'을 다음과 같이 도해하고 있다.

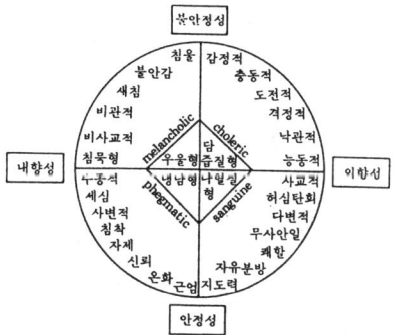

이로 볼 때 이장희의 성격은 '침울, 불안감, 새침, 비관적, 비사교적, 침묵형'으로 특징지워지는 우울형에 해당한다.

사실 등은 바로 스피츠의 견해를 뒷받침하는 것으로 볼 수 있다.

이러한 성격 하에서 시인이 대사회적인 시를 쓴다는 것은 있을 수 없고 자기자신의 내부로 침잠하거나 자기주변의 세심한 사물에 주의를 기울이는 것은 지극히 당연한 일로 보인다. 고월의 시에서 나타나는 특징중의 하나는 바로 주변의 사물에 세심한 주의를 기울이고 있다는 점이다.

> 날마다 밤마다
> 내가삼에 품겨서
> 압흐다 압흐다고 발버둥치는
> 가엽슨 새한머리.
>
> 나는 자장가를 부르며
> 잠재이랴하지만
> 그저 압흐다 압흐다고
> 울기만 함니다.
>
> 어늬듯 자장가도
> 눈물에 썰구요.
> ―「새한머리」전문

> 室內를써도는그윽한냄새
> 좀먹은緋緞의쓸쓸한냄새
> 눈물에더럽힌夢幻의寢臺
> 낡은壁을의지한피아노
> 크달은말러버린짜리아
> 파랏게숭업게여윈고양이
> 언재든지暮色을쯰인숨속에
> 코끼리가튼古風의비인집이잇다.
> ―「비인집」전문

애닯다
헐버슨 버들가지에
어느때부틈인지
연 한아 걸녀잇서
낡고 지처 가늘엇나니
그는 가을바람에 우는
녯생각의그림자-ㄹ러라

　　　　　　　　―「연」 전문

적은 쌈우수룸한 귓드람이어
엇지하여 이방에 들어왓는가
람프의 불비치 그리워선가
이방의 임자가 그리워선가

　　　　　　　　―「귓드람이」 전문

아이와 바둑이는 눈을 마즈며
쓸에서 눈과함께 노닐고잇네.

　　　　　　　　―「눈나리는날」전문

　이상의 시들에서 소재로 쓰인 것들은 전부가 시인 자신의 주변에서 채취된 것으로서 소품의 형식을 취하고 있다. 그 소재들은 일반적으로 사회와 격리되어 있거나 소외된 것 들, 또는 병든 것들로서 시인의 의식에 의해 선택되어진 것들이다. 밀폐된 공간에서 시인의 눈은 보다 세밀한 곳으로 향하고 있고 그깃은 곧 시인 자신의 의식의 투영인 것이다. 이장희의 시에 등장하는 소재들은 주로 식물성 어휘가 지배적인데[142] 동물이 등장한다 해도 그 동물은 미미한 것이거나 소외받은, 또는 인간세계와 절연되어 있는 것들이다. 가령 그의 시에

---

[142] 이기철,『작가연구의 실천』, 영남대학교출판부, 1986. 185-186면.

등장하는 동물들 즉 '병든 새'(「새한머리」), '귓드람이'(「귓드람이」), '바둑이'(「눈나리는날」), '파랏게 여윈 고양이'(「비인집」), '개고리'(「어느밤」,「적은노래」), '개'(「쓸쓸한 시절」) 등은 사회와 단절되어 있는 자신의 세계를 표현하는 소재들인 것이다. 이 소재들이 인간이 부재하는 공간이나 또는 인간이 등장한다 해도 그 소재와 동일화된 공간에 설정됨으로써 시적 분위기는 동적이기보다는 정적인 정조를 자아낸다.

한편 그렇게 선택된 소재들은 일반적으로 외부로 확산되는 것이 아니라 시인 자신의 내부에 머무는 특징을 가지고 있다.

  고요한 이한밤에
  니웃의 늙은이는
  고담책을 닑는고야.

  잇다금 개고리는
  압내서 우는고야
  개골개골 우는고야.

  잠못니루는 나는
  흰벽을 바라보며
  녯생각에 잠기나니.
      —「적은노래」전문

즉 그는 사물을 자신의 심경을 토로하는 것으로써 만족하고 있지 다른 목적의식이나 대사회적인 도구로 생각하지 않고 있는 것이다. 소재는 철저히 자신의 심경을 피력하기 위해 선택되며 거기에서 환기되는 정서도 자신에게 한정된다. 자신은 오로지 '벽을 보며 녯생각에 잠길' 뿐인 것이다. 이런 점에서 다음과 같은 지적은 매우 적절한 것이다.

> 그의 詩 가운데는 何等의 功利的 實用的인 것의 그림자나, 무슨 思想이나 理想이나의 色彩도 보기 어렵고, 무슨 目的意識의 發動조차 보기 드물고, 單只 匕首같이 날카로운 神經과 纖細 微妙한 感覺 - 美에 주리고 목마른 味覺과 觸覺이 어른거림을 볼 뿐이다.143)

따라서 고월의 시에서 우리는 사회적인 성격은 찾아 볼 수 없거나 있다고 하여도 극히 간접적이고 피상적일 뿐임을 알 수 있다. 고월에게 있어서 시는 불순물이 끼이지 않은 것이어야 하며 이 경우 불순물이란 그가 모든 시인을 '속물'이라 규정한 바와 같이 세속적이고 이해관계에 있는 모든 것을 말하는 것으로 볼 수 있다. 따라서 그는 오로지 자신만의 세계, 즉 가장 서정적인 주관의 세계에 충실했을 뿐만 아니라 시적 기교에 있어서도 철저히 이를 고수했던 것이다.

그러나 무엇보다도 이장희의 시의 가치는 이러한 자신의 시적 세계에 있는 것이 아니라 표현에 있어서의 감각적 형상화에 있을 것이다.

(2) 감춤과 드러냄

1920년대에 있어서 고월의 시가 가지는 시사적 위상은 그의 시가 당대의 문단조류인 감상이나 퇴폐에 물들지 않고 이후 이미지즘과 연결되는 감각성의 획득에 있다. 그의 시는 일차적으로 주관적 관념 세계에서 출발하지만 그 특징적 장점은 오히려 주관을 감추고 객관 세계를 드러내는 다수의 시편이 있다는데 있다.

즉 사물묘사에 있어서 주관은 배후로 소멸시키고 객관적 현상을

---

143) 오상순, 「고월 이장희군」, <동아일보> 1935.12.3~12.11.

감각적으로 형상화한 것이 당대 시인 중에서 그를 높게 평가하게 하는 이유이다.

>지는 햇비츨 바든 나무가지에
>잘새들 나라들어 우짓더니만
>어느듯 그소리도 긋처버리고
>넓은 들에 그림자 깁허지누나.
>
>저긔 산비탈의 적은 마을과
>언덕에 늘어섯는 나무나무는
>모다 구름과 함께 희미하여라,
>아아 이날도 벌서 저물엇는가.
>　　　　　ー「저녁」전문

 저녁 무렵에 느끼는 쓸쓸한 정서를 '잘새', '그림자', '나무', '구름' 등의 객관적 상관물로써 나타내 보일 뿐 주관의 직접적 정서는 **표출**하고 있지 않다. 이러한 것은 「봄철의 바다」나 「눈나리는 날」, 「녀름ㅅ밤 공원에서」 등에도 나타나는 것이지만 가령 「저녁」이라는 제목의 또 다른 작품에는

>누군지 다리우에 망연히 섯다,
>검은 그양자 그리웁고나,
>그도 날가티 이저녁을 쓸쓸히 지내는가.
>　　　　　ー「저녁」전3연 중 3연

 나의 정서가 '쓸쓸히'라고 표현되어 있긴 하지만 다리 위에 망연히 서있는 알 수 없는 사람과 그의 검은 모습을 묘사함으로써 뛰어난 감각성을 획득하는 것이다. 주관을 배후에 숨기고 객관세계를 지

향하는 이런 모습은 이 외에도 「비오는날」이나 「연」에 잘 나타나 있다.

    쓸쓸한 情緖는
    카―텐을 잡아늘이며
    窓넘어 비소리를 듣고 있더니
    불현듯 도까비의 걸음걸이로
    몽롱한 雨景에 비틀거리며
    뜰에핀 鮮紅의 진달래꽃을
    함부로 뜯어 입에물고
    다시 머-ㄴ 버드나무를 안고돌아라
                            — 「비오는날」 전문

    애닯다
    헐버슨 버들가지에
    어느때부텀인지
    연 한아 걸녀잇서
    낡고 지처 가늘엇나니
    그는 가을바람에 우는
    넷생각의 그림자-ㄹ러라
                            — 「연」 전문

  「비오는날」은 비록 감상적이긴 하지만 '쓸쓸한 나'라고 하지 않고 '쓸쓸한 정서'라고 함으로써 나를 숨기고 정서를 객관화시키고 있다. 따라서 여기에서 드러나는 것은 객관화되어 있는 나의 정서이다. 한편 「연」에서는 자신의 감정을 '연'이라는 객관적 상관물에 감정을 이입시키고 있는데 그 객관적 상관물과 자신의 감정은 '넷생각의 그림자'로 통로가 개설되어 있다.
  따라서 고월의 시에 나타나는 것은 객관화되어 있는 사물이고 주관은 숨겨져 있으며 그 둘 사이에는 나의 정서를 간접적으로 진술하고 있는 간접적 통로가 개설되어 있는 것이다. 그만큼 거리감이 주어져 있어서 당대의 시와 현저한 차이를 보여주고 있다. 이것은 곧 여러 논자들에 의해서 지적된 바와 같이 고월의 시가 30년대의 감각적 이미지즘과 연계되어 있음을 뜻하는 것이다.

  그는 이미 음악적인 시가 아니라 회화적인 시를 인식하고 있었다고 볼 수 있고 언어에 대한 인식이 남달랐다고 할 수 있다. 이런 점에 있어서 그의 시의 특징을 가장 뚜렷하게 보여주는 것은 「봄은 고양이로다」이다.

      꼿가루와가티 부드러운 고양이의털에
      고흔봄의 향기가 어리우도다.

      금방울과가티 호동그란 고양이의눈에
      밋친봄의 불길이 흐르도다.

      고요히 다물은 고양이의입술에
      폭은한 봄졸음이 써돌아라.

      날카롭게 쭉쌔든 고양이의수염에
      푸른봄의 생기가 쒸놀아라.
                          ―「봄은고양이로다」 전문

  고월의 시에서 고양이가 등장하는 것으로는 이 외에도 「고양이의 꿈」, 「비인집」이 있다. 그런데 여기에서 등장하는 고양이들은 모두 푸른 색깔이며 봄과 관련을 가지고 있다. 다만 「비인집」에 등장하는 고양이는 '파랏게숭업게여윈고양이'로 묘사되어 있어서 주변환경의 묘사에 일치하고 있다.

근대 시단에 고양이가 시적 대상으로 등장한 것은 아무래도 서구의 영향에 의하였을 것이라고 추측할 수 있는데 가령 고월의 경우 고양이는 보들레르와 라포르그의 영향을 받았을 것이라고 주장되고 있다.144)

그의 대표작으로 일컬어지는 이 작품은 이미 봄을 묘사하는데 있어서 기존의 틀, 예를 들면 꽃이나 새, 고향 등의 진부한 연상을 거부하고 魔性의 고양이를 등장시킴으로써 우리에게 경이감을 준다. 한편 그 구성상에 있어서도 '표현의도와 표현효과가 이만큼 빈틈없이 짜여지는 일도 흔치 않은'145) 것으로 평가되어 왔다.

여기에 등장하는 봄은 여러가지로 제시되어 있는데 즉 '고흔봄', '밋친봄', '폭은한 봄', '푸른봄' 등은 봄에 대한 다각적인 감각을 나타내 주고 있는 것이다. 한 편 그것들은 각각 '부드러운 고양이의 털'과 '호동그란 고양이의 눈', '고양이의 입술', '고양이의 수염'에 대응되면서 고양이에 관계된 전체가 봄을 나타내는데 효과적으로 사용되고 있는 것이다. 또 고양이의 신체 각 부분은 그것을 효과적으로 나타내기 위한 또다른 수식어에 의해 한정된다. 즉 고양이의 털은 꽃가루와 같이 부드러운 것으로, 고양이의 눈은 금방울과 같이 호동그란 것으로, 고양이의 입술은 고요히 다물은 것으로, 고양이의 수염은 날카롭게 쭉 뻗은 것으로 묘사되고 있다.

즉 이 시는 각 연에서 봄이 감각적으로 형상화되고 있고 그것이 각각 고양이의 신체 각 부분과 유기적으로 관계지워져 있으며 또 고양이의 신체 각 부분은 그것을 설명하는 수식어에 의해 삭삭 한정되고 있는 것이다. 따라서 각 연은 다음과 같이 도식적으로 되어 있다.

---

144) 김학동, 제해만은 보들레르의 영향을 받았음을 밝히고 있고 이기철은 여기에 라포르그의 영향을 받았을 것으로 덧보태고 있다.
145) 정한모, 『한국현대시의 정수』, 서울대출판부, 1979. 46면.

≪----하게 ---한≫ 고양이의 ≪---≫에
≪---한≫봄의 ≪---≫가 ≪---하다≫

문법적으로 보면 각 연은 동일한 구성의 반복이다. 따라서 각각의 연은 봄에 대한 독립적 이미지를 제시하고 있고 그것이 전체적인 봄의 이미지 구성에 종사하고 있다. 일견 고양이에게서 느끼는 서정적 감각이 단조롭게 나열된 것 같으면서도 긴장된 리듬감과 구조의 생동감을 느낄 수 있다.146) 즉 1연의 정지적 이미지와 2연의 동태적 이미지, 3연의 정지적 이미지와 4연의 동태적 이미지가 교차하면서 긴장감을 조성하는 것이다.

교묘한 언어구사와 감각적 이미지의 형상화라는 측면은 이 시의 최대 장점으로 지적될 수 있다. 또한 20년대 거개의 시가 내포하고 있었던 주관의 노출 및 감상과 퇴폐에서 이 시가 벗어나 있다는 것은 그만큼 근대 시사에서 차지하는 위상이 높음을 말하는 것으로 보아도 좋을 것이다.

② 홍사용:유년회상의 퇴보적 공간

1) 홍사용문학의 근저

(1) 어머니와 유년회상

홍사용의 시문학은 크게 전기와 후기로 나눌 수 있다. 전기는 <백조>시대부터 1928년까지로 볼 수 있고 후기는 그 이후에 해당한다. 즉 그는 1928년 5월 <別乾坤> 12, 13호에 「조선은 메나리나라」를 발표하면서 민요에 큰 관심을 보이고 있고 이후에는 민요적 시와 시조

---

146) 김재홍, 앞의 책, 117면.

를 발표하고 있다. 전기는 쟝르상으로 볼 때 자유시 계열에 치중하던 시기이고 후기는 민요적 시에 치중하던 시기이다. 그러나 전기의 자유시 계열도 오세영이 지적하였듯이 정서적으로는 민요적 시세계와 가깝다. 이러한 점으로 볼 때 홍사용은 한국 근대시에 있어서 다수의 시인들, 예를 들면 김 억이나 주요한과 같이 자유시에서 민요적 시로, 서구취향에서 전통지향으로 변모하는 동일한 궤적을 밟는다고 할 수 있다.

홍사용의 전기의 시는 어머니와 관계된 유년회상의 것이 많다.

  엇지노! 이를엇지노 아-엇지노! 어머니젓을 만지는듯한 달콤한悲哀가 안개처럼이어린넉슬 휩싸들으니……심술스러운 옹석을 숨길수업서 뜻안이한 우름을 소리처움이다.
     ―「白潮는 흐르는데 별하나 나하나」 일부[147]

  뒷동산의 왕대싸리 한잠비여서
  달든봉당에 일수잘하시는 어머님 녯이약이속에서
  뒷집노마와 어울너 한개의통발을 맨들엇더니
  자리에 누으면서 밤새도록 한가지꿈으로
  돌모로(石隅)냇갈에서 통발을털어
  손닙갓흔붕아를 너가지리 나가지리
  노마목내목을 한창시새워 나누다가
  어머니졸임에 단잠을 투정해께니
     ―「통발」전반부[148]

  하늘에 별이잇서 반짝어리고, 압동산에 달이도다어여쌉니다.
  마을의 큰북이 두리둥둥울째에, 이웃집 시악시는 몸꼴을내지요.
  송아지는 엄매-하며 싸리문으로 나가고, 아기는 젓도안먹고 곤

---

147) <백조> 창간호, 1922.1.
148) <백조> 창간호.

히만잡니다. 고요한 이집을 지키는나는, 나만아는 군소리를 노
래로 삼아서, 힘껏마음껏 크게만 불읍니다, 연매싼의 어머니께
서 깃거이 들으시라고……
　　　　―「별, 달, 쏘 나, 나는 노래만 합니다」일부149)

나는 王이로소이다 나는 王이로소이다 어머니의 가장어여쁜
아들 나는 王이로소이다 가장 가난한 농군의 아들로서……
그러나 十王殿에서도 쫓기어난 눈물의王이로소이다.
　　　　―「나는 王이로소이다」전 9연 중 1연150)

이 외에도 어머니가 등장하는 시는「어머니에게」,「꿈이면은」,「바
람이 불어요!」,「노래는 회색, 나는 쏘 울다」등이 있다. 어머니의 젖
가슴의 감촉, 어머니의 옛 이야기, 어머니의 켜드신 밝은 횃불, 마음
좋게 웃으시는 모습 등은 영원한 모성을 그리워하는 유아의식의 발
로이다. 성인이 어머니를 찾는 그 자체는 이미 현실생활의 도피에서
오는 관념세계의 안락을 꿈꾸는 것이다. 어머니의 품, 자궁은 가장
안전한 세계이며 거기는 세계와 자아가 구분 없이 동일화되는 곳이
다. 즉 거기는 현실과 완전히 격리된 장소이며 어머니와 나는 분리되
지 않고 동일하게 존재한다. 이렇게 본다면 홍사용이 어머니를 그리
워하는 것은 현실의 어떤 좌절에서 오는 퇴행의식이다.151) 원래 퇴
행이란 소원 성취욕구가 현실적 좌절을 경험할 경우 자아가 현단계
보다 더 어렸을 적으로 되돌아감으로써 자신을 보존하려는 심리현상
이기 때문이다.

그러면 홍사용이 이렇게 유년으로, 모태로 퇴행하고자 하는 원인은
무엇인가? 과연 그것은 '일제 식민지 하의 어두운 삶'152)이며 '강한

---

149) <동명> 17호, 1922.12.
150) <백조> 3호, 1923.9.
151) 오세영,『한국낭만주의시 연구』, 일지사, 1982. 365면.

민족의식'153)의 발로라고 할 수 있을까? 그렇다면 그 근거가 되는 것은 무엇인가를 우리는 밝히지 않으면 안 된다. 단지 1920년대가 일제하였기 때문에 모든 시인들이 사회적 울분에서 시를 썼고 따라서 모든 시는 그러한 배경 하에서 읽혀져야 한다고 하면 그것은 큰 오류를 범하는 것이기 때문이다.

먼저 우리는 사회현상을 밝히기에 앞서서 사회화의 관점에서 그의 시를 볼 필요가 있다.

(2) 사회화와 「나는 왕이로소이다」

홍사용의 대표시로 일컬어지고 있는 「나는 王이로소이다」는 유년 회상의 가장 대표적인 예이다. 이 작품은 이미 많은 평자들에 의해서 논의된 바 있다.

> 그 散文詩의 내용이 童心的이고 感傷的인 것과 아울러 그 오만한 태도를 말한 것이며, 印度 詩聖의 영향을 받은 作品이라는 露雀의 시, 「나는 王이로소이다」에서도 衆生의 세계를 내려다보는 獨尊的인 矜持가 깃들여 있음을 볼 수 있다. 그 왕이 지배하는 곳은 비록 울음과 눈물의 세계이지만.154)

그러나 여기서는 그 王이 世襲의 貴骨, 聖骨이라기보다는, 가장 가난한 농군의 아들인 왕이라고 하고 있다. 새 시대의 어떤 의미의 조류에 맞추기 위한, 전적으로 왕조사회나 군주제도를 마음으로 찬동하기나 옥구히지는 않은 것이 작자의 배려였음을 추단 할 수 있다.155)

---

152) 오세영, 앞의 책, 362.
153) 김학동, 『한국근대시인연구1』, 일조각, 1983. 265면.
154) 백 철, 『신문학사조사』, 신구문화사, 1982. 212면.
155) 박두진, 『한국현대시론』, 일조각, 1979. 59면.

그의 대표작으로 손꼽히는 「나는 王이로소이다」만 하더라도
그 주제를 나라를 빼앗긴 서러움에 두고 있다.156)

주제가 나라를 빼앗긴 서러움이라는 것은 앞으로 밝혀질 것이겠지만 국가권력을 뜻하는 王과 눈물의 왕이라는 '눈물'에 지나친 의미를 부여하였기 때문이라고 생각된다. 그것은 곧 시 자체의 의미와는 상관없이 사회여건만 문제삼은 결과이기 때문이다. 한 편 백 철의 견해는 전혀 거리가 먼 듯이 보이는데 '衆生의 世界를 내려다보는 듯한 獨尊的인 矜持'로 보기에는 아무래도 비약이 심하다. 아마 본문에 저 승에 있다고 하는 十大王, 돌부처가 나오고 홍사용이 불교에 관심이 있었기 때문에157) 그런 해석이 나온 것이 아닌가 한다.

이 시는 전체가 9연으로 된 산문시이며 첫 연과 끝 연은 현재형으로 되어 있고 2연-8연은 과거 회상으로 되어 있는 액자식 구성이다.

  1> 나는 王이로소이다 나는 王이로소이다 어머니의 가장어엿쁜
     아들 나는 王이로소이다 가장 가난한 농군의아들로서……
     그러나 十王殿에서도 쫓기어난 눈물의왕이로소이다.

  2> 「맨처음으로 내가 너에게 준것이 무엇이냐」이러케 어머니께
     서 무르시면은
     「맨처음으로 어머니께 바든것은 사랑이엇지오마는 그것은 눈
     물이더이다」하겟나이다 다른것도만치오마는……
     「맨처음으로 네가 나에게 한말이 무엇이냐」이러케어머니께서
     무르시면은
     「맨처음으로 어머니께 들인말슴은 「젓주셔요」하는 그소리엇
     지오마는 그것은 「으아!」하는 울음이엇나이다」하겟나이다 다

---

156) 박철석, 『한국현대문학사론』, 민지사, 1990. 53면.
157) 홍사용의 작품에는 돌부처가 많이 등장하고 1944년에는 사찰을 순례하고 불경도 연구하였다고 한다. 김학동, 『홍사용전집』, 새문사, 1985. 참고.

른말슴도 만치오마는……

3> 이것은 노상 王에게 들이어주신 어머니의 말슴인데요
王이 처음으로 이 世上에 올째에는 어머니의 흘리신 피를 몸
에다 휘감고 왓더랍니다.
그날에 洞內의 늙은이와 젊은이들은 모다 「무엇이냐」고 쏠대
업는 물음질로 한창 밧부게 오고갈째에도
어머니께서는 깃거움보다도 아모대답도 업시 속압흔 눈물만
흘리셧답니다
밝아숭이 어린 王 나도 어머니의 눈물을 쌀하서 발버둥질치며
「으아-」소리처 울더랍니다

4> 그날밤도 이러케 달잇는 밤인데요
으스름달이 무리스고 뒷동산에 부헝이 울음울든밤인데요
어머니께서는 구슬픈 녯이약이를하시다가요 일업시 한숨을
길게쉬시며 웃으시는듯한 얼굴을 얼는 숙이시더이다
王은 노상버릇인 눈물이 나와서 그만 옷까지 섭게 울어버리
엇소이다 울음의 뜻은 도모지 모르면서도요
어머니께서 조으실째에는 王만 혼자 울엇소이다
어머니의 지우시는 눈물이 젓먹는 王의쌤에 썰어질째에면 王
도 쌀하서 실음업시 울엇소이다

5> 열한살먹든해 正月열나흔날밤 맨재텀이로 그림자를 보러갓슬
째인데요. 命이나 긴가 짤은가 보랴고
王의 동무 작난꾼아이들이 심술스러웁게 놀리더이다 목아지
업는 그림자라고요
王은 소리처 울엇소이다 어머니께서 들으시도록 죽을가 겁이
나서요

6> 나무꾼의 山타령을 쌀하가다가 건넌 山비탈로 지나가는 상두
군의 구슬픈노래를 처음들엇소이다

그길로 옹달우물로 가자면 지럼길로 들어서면은 쩔레나무 가
시덤풀에서 처량히우는 한마리 파랑새를 보앗소이다
그래 철업는 어린王나는 동모라하고 조차가다가 돌뿌리에 걸
리어 넘어져서 무릅을 비비며 울엇소이다

7> 한머니산소압헤 꼿심으러가든 寒食날아츰에
어머니께서는 王에게 하얀옷을 입히시더이다
그러고 귀밋머리를 단단히 따어주시며
「오늘부터는 아모人 죠록 울지말어라」
아-그때부터 눈물의 왕은!
어머니몰내 남모르게 속깁히 소리업시 혼자우는그것이 버릇
이되엇소이다

8> 누-런썩갈나무 욱어진山길로 허무러진 烽火쑥압흐로 쫏긴이
의노래를 불으며 어실넝거릴째에 바위미테 돌부처는 모른체
하며 감중연하고 안젓더이다
아-뒤人 동산將軍바위에서 날마다 자고가는 쓴구름은 얼마나
만히 王의눈물을 실고갓는지요

9> 나는 王이로소이다 어머니의 외아들나는 이러케王이로소이다
그러나그러나 눈물의王! 이世上어느곳에든지 설음잇는짱은
모다 왕의나라로소이다
— 「나는 王이로소이다」 전문158) (번호;필자)

전체적으로 보았을 때 이 시는 현재의 상태에서 자신의 성장과정,
곧 사회화의 과정을 설명하고 있는 것이다.
사회화 *Socialization* 란 인간이 출생하여, 생활하며, 속해 있는 사회
에 적응해서 그 문화를 받아들이면서 성장하고 성격을 형성해 나가

---

158) <백조> 3호, 1923.9.

는 과정을 말한다.159) 인간은 태어나면서부터 외계의 사물과 접촉하여 적응해 가면서 자신의 성격을 형성하고 점차적으로 사회화과정을 거치면서 완전한 사회인이 된다. G.Allport는 성격형성과정을 다음과 같이 설명하고 있다.

조건반응 ──── 습관 ──── 습성 ──── 자아 ──── 성격

즉 우리의 일상행동은 발달사적인 견지에서 볼 때 비교적 단순한 조건반응을 습득하는 데서부터 시작되고 이 조건반응의 대부분이 결합되어 일상적인 습관을 이룩한다. 예를 들면 우리는 습관적으로 매일 이를 닦고 세수를 하는데 이 습관적 동작이 반복될 때 청결에 대한 행동경향을 가지게 되며 이 청결이라는 습성이 고정되면 또 다른 습관의 형성을 촉진하게 되어 청결한 복장을 하게 하는 태도를 자아내게 된다.160) 그런데 이 성격은 후천적, 혹은 사회적인 배경이 크지만 물론 선천적인 소질을 고려하지 않는 것은 아니다. 유아기의 사회화 과정에서 큰 영향을 주는 것은 가정이라는 사회이며 가정 중에서도 부모, 특히 어머니의 영향을 가장 크게 받는다.

「나는 왕이로소이다」의 2연은 어머니에게서 처음 받은 사랑이 눈물이었으며 어머니께 처음 드린 말씀이 '젖주셔요'라는 소리였지만 그것은 '으아ㅡ' 하는 울음이었음을 말하고 있다. 즉 처음 태어난 유아기일 때 왕은 어머니와 처음으로 사회적 관계를 맺기 시작하고 있는데 젖을 달리는 것은 곧 공복인 어린아이가 모유를 찾는 행동으로

---

159) 장병림, 『사회심리학』, 박영사, 1984. 108면. 사회화의 개념은 접근방법에 따라 달리 정의되기도 한다. 예를들면 문화인류학자들은 '문화에 동질화되어가는 과정'으로, 프로이드는 '초자아 *Super-ego*의 형성과정'으로, 사회학자들은 '사회구성원의 역할을 담당하게 되는 과정'으로 각각 정의한다.
전병재, 『사회심리학』, 경문사, 1990. 253-258 참조.
160) 장병림, 앞의 책, 109면.

서 아직 언어발달이 없는 상태의 욕구획득 과정이다. 그 울음은 인간의 본능적인 것으로서 그 울음 자체가 사실상 의미를 가지는 것은 아니다.

3연에 오면 같은 유아기 상태, 즉 '어머니의 흘리신 피를 몸에다 휘감고 온' 어린 왕은 '어머니의 눈물을 짤하서' 소리쳐 운다. 3연의 어린 왕은 2연에서와 동일한 상태이지만 그 울음의 내용은 다르다. 그것은 생리적 욕구에 의한 것이 아니고 '새로 태어난 아이가 세상으로부터 받는 과도한 자극의 폭격 즉 출생충격 *birth trauma*'161)에 의한 것이다. 그런데 이 연에서 진술된 울음은 출생충격에 의한 것이면서도 어머니의 정서에 동화되어 있는 좀 더 발달된 울음이다.

어머니의 (눈물을 감추려고) 고개 숙이는 모습에서, 어머니의 눈물이 뺨에 떨어지면서 '짤하서'울고 있다. 즉 어머니의 눈물을 인지하면서부터는 '노상 버릇인 눈물이 나와서' '울음의 뜻은 도모지 모르면서' 섧게 울어버린다는 것이다. 버릇이 되어 있는 눈물은 다름 아닌 2,3연의 본능적 울음에서 연유한 것이다. 또한 어머니께서 졸 때에는 왕만 혼자 울었으며 '어머니의 지우시는 눈물이 젓먹는 王의 뺨에 썰어질 때에는 왕도 짤하서 시름업시' 울게 된다. 이렇게 되면 이미 왕의 울음은 습관화된 것이고 2,3연의 본능적 울음에서 비롯하여 어머니의 영향하에서 생득된 4연의 울음과 유기적인 관련을 가지게 된다.

욕구의 획득과정으로 볼 때 유아가 공복일 경우 나타나는 행동은 모친에 의해서 모유가 주어짐으로 해서 해소되며 이 행동은 그것으로 중지된다. 이 때 유아는 욕구의 충족과 모유의 관계를 의식하지

---

161) 캘빈 S.홀, 『프로이트 심리학입문』, 황문수 역, 범우사, 1990. 79면. 어린 유기체는 흔히 공포에 압도당한다. 그의 자아는 과도한 자극을 지배할 수 있는가를 가르쳐 줄만큼 발달하지 못 했기 때문이다.

못 하지만 차츰 성숙해 감에 따라 요구를 만족시키는데 도움이 되는 모유 자체를 얻으려는 행동을 하게 된다. 즉 욕구를 만족시키는 데 관련이 있는 환경의 일부에 행동이 방향화하는 선택적 행동을 하게 된다.162) 곧 자신의 생리적 욕구를 항상 충족시켜 주는 것이 어머니임을 알고부터는 모친 그 자체를 찾게 된다. 모친은 공복일 때에 수유해 주고 추울 때는 몸을 따뜻하게 해 주는 등 욕구를 만족시키는 데 관계하고 있으며 항상 모친이 옆에 있다는 것이 모친에 대한 의존성과 애정을 발전시킨다. 결국 공복이 아닌 경우에도 모친을 찾게 되는 것과 같이 원래는 생리적인 욕구를 만족시키는 수단이던 것이 목적 그 자체가 변형되는 것이다.

따라서 3연과 4연에서의 왕의 울음은 이미 생리적 욕구 충족 대상으로서의 어머니에서 어머니 자체로 목적이 변해 있으며 어머니의 눈물이 자신에게 자연스럽게 감정이입되고 있다. 갓난애는 주위의 사물을 분별하는 말을 배우기 전에 어머니의 영향을 받는데 그것은 감정적인 영향 곧 감정이입이다.163) 울음의 뜻은 도무지 모르면서 따라서 운다는 것은 아직 왕이 사회화의 미분화 상태에 있음을 말한다. 유아기의 미분화는 자기와 외계 또는 타인과의 관계가 미분화되어 있거나 현실과 상상이 미분화된 것을 말하는데 이러한 미분화는 아동기에 들면 분화하게 된다. 3연과 4연에서의 울음은 아직까지 사회가 어머니로만 한정된 상태에서 그러한 미분화 상태를 보여 주는 것이다.

왕이 울음을 더욱 의식적으로 체험하는 것은 5연부터이다. 열한살 되던 해 명이 긴가 짧은가 맨재텀이로 그림자를 보러 갔는데 '목아지 업는 그림자'라고 동무들이 놀리고 왕은 죽을까 겁이나서 '어머니께

---

162) 장병림, 앞의 책. 112면.
163) 캘빈 S.홀, 『프로이트 심리학 입문』, 황문수 역, 범우사, 1990. 167면.

서 들으시도록'소리쳐 운다. 4연까지는 가정 내에서 경험하는 눈물의 내용이라면 5연부터는 소년기의 사회화 과정에서 겪는 내용이다. 그런데 목아지 없는 그림자는 전혀 자신의 의사와는 상관없는 것이며 일방적으로 자신에게 주어지는 '불안'이다. 여기에서도 그는 어머니에게 호소하기 위해 소리쳐 울게 된다. 이 때의 울음은 자신에게 습관화된 반응양식이면서 어머니를 향하고 있다는 점에서 어머니와 자신을 연결하는 심리적 안정의 역할을 하고 있다.

어떤 사건에 대한 인간의 반응은 그 사건이 일어나는 상황을 어떻게 정의하느냐에 따라 그 성격이 매우 다르다는 것을 알 수 있는데164) 예를 들면 뺨을 때리는 행위에 대해 그 상황에 따른 반응을 보면 다음과 같다.

행위	상황	정의	반응
1)뺨을 때린다	두 사람이 싸운다	모 욕	분 노
2)뺨을 때린다	장 난	장 난	장난응수
3)뺨을 때린다	아들이 거짓말을 해서 아버지가 때림	처 벌	창 피
4)뺨을 때린다	갓난애가 아버지를 때림	천진난만한 행위	애 무

그런데 5연에서 볼 때 명이나 긴가 짧은가 장난삼아 보러간 그림자에 대해 왕의 동무인 '작난꾼아이들이 심술스러웁게 놀리'는 행위에 대해 왕은 죽을까 겁이 나서 어머니께서 들으시도록 소리쳐 운다. 위 표에서 장난으로 정의된 장난의 상황인 2)의 항목을 장난응수로 반응하지 못 하고 있다. 장난삼아 보러간 행위와 장난으로 놀리는 동년배의 행위에 왕은 심각한 반응을 보이고 있는 것이다. 이것은 곧

---

164) 전병재, 『사회심리학』, 경문사, 1990. 275면.

왕이 또래집단보다 미성숙된 것으로서 사회화가 온전히 성취되지 못했음을 나타내는 것이다. 또한 죽음에 대한 막연한 공포와 어머니께 자신의 상황을 호소하는 것은 아직도 미분화되어 있는 자신의 상태를 나타내고 있다.

6연에 오면 왕은 인생을 보다 깊이있게 체험하게 된다. '나뭇꾼의 山타령을 쌀하가다가 건넌山비탈로 지나가는 상두군의 구슬픈 노래를 처음들엇'고 파랑새를 '동모라하고 조차가다가 돌쌕리에 걸리어 넘어저서 무릅을 비비며 울엇'다. 인생에 있어서 죽음을 처음으로 경험하게 되고 자신은 파랑새가 동무인 줄 알고 달려갔지만 그것이 좌절됨으로 해서 비로소 왕은 자신과 세계와의 비동일성을 경험하게 된다. 즉 어머니와 세계로부터 미분화상태에 있는 왕이 사회에 노출되었을 때 사회는 더 이상 그것을 용납하지 않고 있는 것이다. '사람들은 계속 생존하려면 상상과 현실을 구별할 줄 알아야 하고 이러한 素因은 경험과 훈련에 의해 발달되며 보통의 경우 아주 어려서부터 어린애는 외부세계에 있는 것과 내면의 정신 속에 있는 것의 구별을 배우고 있다.'165) 그러나 왕은 미처 거기에까지 미치지 못 하고 있고 따라서 돌부리에 걸려서 넘어지는, 사회로부터의 응분의 처벌을 받는 것이다.

7연에서는 이제 왕이 강제로 어머니로부터 분화된다. '한머니 산소 압헤 꼿심으러가든 寒食날아츰에 / 어머니께서는 王에게 하얀옷을 입히시더이다 / 그러고 귀밋머리를 단단히 따어주시며 / "오늘부터는 이모ᄉ 죠록 울지말어라"고 한다. 그 때부터 눈물의 왕은 '어머니몰내 남모르게 속깁히 소리업시 혼자우는그것이 버릇이되'고 만다. 왕에게는 이미 울음이란 것이 습관화되어 본능에 자리하고 있고 울음을 우는 것이 마음의 평정을 얻는 길이다. 왜냐하면 '본능의 목표는 흥분

---

165) 캘빈 S.홀, 『프로이트 심리학입문』, 황문수 역, 범우사, 1990. 55-56면.

과정에 의해 교란되기 이전의 조용한 상태로 되돌아 가고자 하는 것이며 따라서 보수적이고 퇴행적이며 반복적이기 때문이다.'166) '어린애는 자신의 행위에 대해 내면적 통제를 확립하기 이전에 처벌을 받음으로써 무엇이 나쁜지를 배워야 하는데'167) 지금까지 왕에게는 울음에 대한 어떤 제제도 가하여진 일이 없었고 오히려 그것은 어머니의 정서에 동화되는 것으로서 작용해 왔다. 즉 왕은 울음이 처벌의 대상이 아니라고 인식해 왔던 것인데 한식날 '오늘부터 울지말어라'는 어머니의 말은 충격이면서 크나큰 억압이다. 왕은 여전히 어머니와 미분화 상태인 채로 남아 있고 싶지만 자기가 믿고 동일시해 왔던 어머니로부터 강제로 분화되는 것이다. 그것은 왕에게 큰 '억압 Repression'으로 작용한다. '억압의 모체는 사회이며 즉 사회의 禁制이다.'168) 그 억압에 의해 왕은 '외면적 욕구불만'169)에 싸이게 된다. 그런데 억압은 결코 완전히 이루어지는 것이 아니기 때문에 그 억압은 왕이 '어머니몰내 남모르게 속깊히 소리업시 혼자우는' 것으로 나타나고 있다.

8연에 오면 왕의 사회화는 보다 진척된다. 이제 왕은 사회로 나왔지만 그 사회화는 여전히 불완전한 것이다. 타고르의 「쫏긴이의 노래」(采果集중의 한 편)를 부른다는 것은 그것이 사회참여의 신호로 보이지만 그는 사회에서 고립된 채로 산길에서 혼자 어실렁거리고 있을 뿐이며 돌부처에게 자신을 의탁하고 싶어한다. 또한 장군바위에서 혼자 울고 있는 것은 어머니품을 떠나서 외부, 즉 사회로 나오긴 했

---

166) 캘빈 S.홀, 앞의 책 50-51면.
167) 캘빈 S.홀, 앞의 책, 64면.
168) 장병림, 앞의 책. 146면.
169) 외면적 욕구불만은 결핍과 박탈의 상태이고 내면적 욕구불만은 내면적 금지상태이다. 즉 어떤 사람이 무슨 일을 할려고 할 때 외부적 장애 (여기서는 어머니의 금지)가 방해할 때를 말한다. 캘빈 S.홀, 앞의 책. 63면.

지만 여전히 사회에 동화하지 못 하고 있음을 뜻하며 그것은 강제로 분화를 당했다 하더라도 그 분화는 완전히 달성되지 않은 채 여전히 어머니에게서 떠나지 못 하고 있음을 뜻한다. 따라서 왕은 마지막 9연에서도 나는 여전히 어머니의 외아들이며 이 세상 모든 것이 서럽게만 보인다는 것이다.

전체적으로 주인공인 왕은 심리적 성장이 정지된 固着 fixation 상태에 빠져 있다. 심리적 발달은 육체적 성장과 마찬가지로 일생에 있어서의 처음 20년동안 유아기, 유년기, 청년기, 성년기를 거치면서 이루어지는 점진적이고 계속적인 과정이다. 심리발달이 한 단계에서 다음단계로 착실한 발달을 하면서 옮겨가지 못 하고 머물러 버릴 때 그것을 고착이라고 한다. 고착은 불안에 대한 방어의 일종인데 그 불안이란 앞으로 전개되는 새로운 상황에 대해서 위험과 곤란이 앞에 놓여 있다고 생각하기 때문에 다음단계에 대해 느끼는 것이다. 과거에 친숙했던 것을 떠나 새롭고 익숙지 못 한 것을 향할 때 우리가 느끼는 불안을 이탈불안 separation anxiety 이라고 한다. 이탈불안이 너무나 클 때는 새로운 생활방식으로 나아가기보다 오히려 옛날의 생활방식에 고착되어 있으려 한다. 고착된 사람이 느끼는 위험은 주로 불안정과 실패, 처벌이다. 불안정은 새로운 상황의 요구에 대처할 능력이 없다고 느낄 때 생기는 정신상태인데 그는 새로운 상황이 그에게는 과도하며 따라서 그 결과도 고통스러울 것이라고 생각한다.[170]

이렇게 본다면 이 시는 주인공인 왕이 성년이 된 (1연과 9연) 현재, 자신의 탄생에서부터 청년기로 성장하기까지의 불완전한 사회화 과정을 말하고 있는 것이다. 그 과정에서 자신이 완전하게 사회화할 수 없었으며, 심리적 고착과 불안정에 대한 모태에로의 회귀의식을 담고 있다. 그는 새로운 상황에 대해 항상 불안정을 경험하면서 심리적으

---

170) 캘빈 S.홀, 앞의 책, 113-114면.

로 고착되어 있으며 성인이 된 지금도 눈물을 흘릴 수밖에 없는 현재에 대해 자신이 가장 귀한 아들인 왕으로 존재했던 과거, 유년에 대한 회상을 하고 있다. 어머니를 떠나 있기 때문에 이제는 사실상 왕은 아니지만(즉 육체적으로는 성숙해 있지만) '나는 왕이로소이다. 나는 왕이로소이다'를 반복하여 강조함으로써 어머니에게서 미분화되어 있던 과거와 현재를 동일시하고 있는 것이다.

따라서 이 시는 사회에 완전히 동화할 수 없는 현실이라는 욕구불만에 대해 유아기로의 퇴행, 모태의 회귀로써 비로소 안심하는 작가의 보상심리에 의해 쓰여졌음을 알 수 있다. 보상 Compensation 이란 열등감에 대한 방위기제이며 자신의 결함을 극복하는 또는 중립화하려는 시도이기 때문이다.[171]

「나는 王이로소이다」에 나타나는 불완전한 사회화에서 오는 유년 회상은 다음의 시에 오면 그 근거가 더욱 명확해진다.

> 어머니!
> 엇지하야서
> 제가 이러케 점잔어젓습닛가
> 어머니의 젓쪽지에 다시 매여달릴수도 업시
> 이러케 제가 점잔어젓습닛가
> 그것이 원통해요
> 이 자식은
> 어머니!
> 엇지하야서
> 십년전 어린애가 될수업서요
> 어머니께 꾸중듯고 십년전 어린애가 다시 될수업서요
> 그리고왜 인제는 꾸중도 안이하십닛가
> 그것이 설어요

---

171) 장병림, 앞의 책, 159면.

이자식은

어머니!
엇지하야서
어린것을 각구어 크기만 바랏습닛가
가는뼈가 굵어질스록 욕심과간사가 자라는줄을 몰으섯습닛가
거룩한 사랑을 갑싸게 저버리는줄 모르십닛가
그것이 늣기여저요
이자식은

어머니!
엇지하야서
썩달라는 저에게 흰무리썩을 주섯습닛가
틔끌업시 클줄만 아시고 저의생일에면은 흰무리썩을 해주섯습닛가
인제는 째무든옷을 버슬수도업시 게을너젓습니다
그것이 압흐게 뉘우처저요
이자식은

—「어머니에게」 전문 172)

　욕심과 간사, 사랑을 져버리고 때뭇은 옷을 입고 있는 화자가 회귀하고자 하는 곳은 어머니의 젖꼭지에 매어달리고 꾸중들으며 자라던 십년전의 자신이다. 그러나 이제는 가는 뼈가 굵어지고 점잖아져서 그렇게 할 수가 없는 것이다. 그것은 곧 성신석 성숙은 완성되시 않은 채로 육체적 성숙만 이루어져 있는 데서 오는 유아상태로의 회귀의지이다. 그것은 "짓거리지마라, 정몰으는 지어미야 / 날다려 안쫀치 못하다고? / 귀밋머리 풀으기前나는 / 그래도 純實하엿섯노라 // 이나

---

172) <개벽>37호. 1923.7.

라의 죠흔것은, 모다 아가것이라고 / ....모든세상이 이러한줄만 알고 왓노라."(「쑴이면은?」 일부, 밑줄;필자)에서도 나타나고 있다.

 그는 유족한 환경에서 외아들로 태어나 이 나라의 좋은 것은 모두 아가것이라며 '왕'처럼 귀하게 자라났고 어떤 제제나 처벌도 받지 않은 채 모든 세상이 純實한 줄로만 알고 살아 온 것이다. 그의 傳記로 보면 그는 부유한 집의 외아들로 태어났고 9세때 아버지를 사별한다. Adler에 의하면 외아들인 경우는 편애로 인하여 너무 귀여움을 받고 학교에 들어갈 때까지 자기 마음대로 하기 때문에 곤란에 대한 면역이 없다고 한다. '그는 잘 울거나 오랫동안 오줌을 싸거나 다른 사람의 주의를 끌기 위해 교실에서 나쁜 장난을 한다.'173) 그는 왕처럼 편애를 받으며 자라났고 유아기를 거쳐 소년기로 오면서 일반적으로 아버지를 통해서 외부세계로 인도되는 과정이 없는 것이다. 즉 노작에게는 사회화를 인도할 아버지가 없었던 것이다. 따라서 그는 새로운 환경에 대해 늘 불안정을 경험하게 되고 사회는 항상 자신에게 고난만 줄 것이라고 믿는다.

 그는 끝까지 유아상태로 남고 싶어 하지만 뒤늦게 어머니로부터 분화를 선언 당하고 따라서 십왕전에서 '쫓기어 난' 것이라고 생각한다. 그것은 곧 사회화가 자신의 의도와는 상관없이 이루어지고 있으며 아직 미숙한 자아에게 새로운 사회는 늘 불안만 안겨주는 것이다. 그것은 한 편으로는 자신의 사회화를 인도해 줄 부권의 상실과 관련되는 것이다.

 <백조>의 간행경비, 연극단체의 재정지원 등으로 가산을 탕진하게 되어 사회화를 좌절당하고 가족을 돌보지 않는데도 아들의 금의환향만 기다리는 어머니의 편애에 대한 죄의식은 또다른 억압으로서 행복했던 유아시기로의 퇴행을 가속화시키고 있는 것이다. 실지로 그는

---

173) 캘빈 S.홀, 앞의 책, 159-160면.

「귀향」이란 소설에서 저간의 사정을 간접적으로 말하고 있다.

> 내가 이 땅을 시방 다시 밟는 것은, 일곱해만이다. 일곱해라는 긴-세월은, 어느 곳에서 허비해발이고, 인저서야 귀향이든고.일곱해를 별러서 오늘에야, 내 고향에 돌아온다. 정다운 妹家에를 차저서 온다. 안이다. 나의 生家, 보고십흔 우리 어머니를, 맛나뵈올야고 오는 이 길이다. 어머니께서는, 아마나 퍽 만히 늙어섯겟지, 내가 처음에 집에서 써날 때에는 '이 자식이 훌륭한 사람이 되여 올 터이니, 보십시요'하고 어머니의 흘리시는 눈물을 더 나리게 하얏더니만……그런데 내가 시방 정말로, 훌륭한 사람이 되여 오는 것인가. 그래도 어머니께서는, 아마 이제도, 훌륭히 된 아들이 돌아오기를, 고대하고 게시겟지.174)

이 작품은 1928년 <불교> 10월호에 발표된 소설로175) 작자의 신변적인 것을 배경으로 하고 있다. '등장인물 및 노작의 생애와 비교하여 약간의 차이점이 없는 바 아니나, 이것은 작자가 의도적으로 허구화한 때문이다.'176)

2) 사회의 성격과 현실인식 태도

그러면 노작으로 하여금 사회화의 좌절을 경험케 하고 유년을 동경하게 하는 사회는 어떤 성격의 것인가. 지금까지 보아 온 것처럼 왕의 성격 결함은 일차적으로는 그의 성장과정에서 오는 불완전한 사회화에 큰 내적 요인이 있지만 또 하나 중요한 것은 그가 처한 사

---

174) <불교> 53호, 1928.10. 61-62면.
175) 김학동은 이를 수필류에 해당한다고 하고 그의 전집에서는 수필에 분류하고 있다. 그러나 이는 스토리를 가진 1인칭 소설이다.
176) 김학동, 『한국근대시인연구 1』, 일조각, 1983. 159면.

회환경과 현실인식 태도에 있다고 하겠다.
「나는 王이로소이다」에서 그의 사회화 과정은 사회의 횡포로 인해서 억압되어 있다. 즉 유아기에 그가 접할 수 있었던 유일한 사회인 어머니는 무슨 이유인지는 모를 울음과 눈물로 그에게 불안을 주었는데 이는 영문도 모르는 채 어머니로부터 일방적으로 경험한 것이었다.
그가 어머니 이외의 사회를 경험하는 것은 열한살 때의 일이다. 命이 긴지 짧은지 그림자를 보러 간다는 것은 '命이나'의 '나'에 주의해 볼 때 다분히 장난기가 섞여 있는 것인데 친구들이 목없는 그림자라고 놀림으로 해서 상처를 받고 소리쳐 울게 되며 또한 동무라고 따라간 파랑새는 결국 동무가 아니었고 그 대신 돌부리에 걸리어 넘어지는 고난, 즉 사회적 처벌을 경험한다.
그가 경험하는 사회는 5연에서의 '목아지업는 그림자'에서 느끼는 죽음의 공포와 6연에서의 상두군의 구슬픈 노래, 파랑새에서 느꼈던 좌절, 7연에서의 할머니 산소에 가는 일, 또 유독이 그 날에 어머니로부터 당하는 억압, 돌부처의 감중연하는 모습 등에서 느끼는 사회에 대한 배신감과 좌절과 비극으로 얼룩져 있다.
James는 외계의 사물과 자기의 신체와 구별하고 경험을 하게 되는 단계가 자아를 경험하는 최초의 단계라고 언급하였는데[177] 2연에서의 울음은 비록 그것이 욕구충족의 수단으로서 다른 의미가 없다고 하더라도 3연에서 어머니로부터 경험하는 것은 이유도 없는 슬픔과 눈물이었다. 즉 처음부터 왕이 외부에서 받은 것은 상처와 고난이었다. 이것은 결국 사회화가 온전히 이루어지지 않은 왕에게는 자아의 의도와 상관없이 사회가 일방적으로 가하는 것이며 고착된 자아는 비극을 경험할 수밖에 없게 된다. 그것이 죽음이라는 인생에 있어서

---

177) 장병림, 앞의 책, 115면.

의 비극과 연관을 맺어 감으로써 이 시는 불완전환 사회화의 과정에서 느끼는 인생의 비극에 촛점을 맞추고 유년으로의 회귀를 갈구하고 있는 것이다.

그가 경험하는 사회의 태도는 그가 청년이 된 후 누-런 떡갈나무 우거진 산길에서 '쫓긴이의 노래'[178]를 부르며 어실렁거릴 때에 돌부처가 감중연 하고 있는데서 보다 구체적으로 경험된다.

> 저 자라뫼(山名) 彌勒堂이의 돌부처는, 여전히 평안하신가.얼이엿슬적에는, 그압흐로 지나단일제마다, 몃번인지몰으게 소원을 빌고, 정성을 들이며, 미래의 섯다운희망도, 퍽만히 하솟거리엿고, 단단한언약도 만히하얏것만은, 내가 어리석엇슴인가, 돌부처가 나를 속이엿슴인가....차듸차고 우둥퉁하고 짝짝한 그 돌부처에게다,빌고   바라고   쏘   기돌으기는,얼마나만히하얏든가.[179]

돌부처의 심상은 두 가지 의미를 가진다. 유년기의 경험 속에서 돌부처는 세계와의 행복한 화합을 보장하는 살아있는 상징이지만, 청년기의 경험 속에서 돌부처는 한낱 돌덩어리에 불과하다. 그것은 아무 것도 보장 못 하는 죽은 상징이다.[180] 결국 어린 시절, 자아와 세계를 동일시하던 그의 세계관은 점점 변모될 수밖에 없고 자아가 적절히 대응하지 못 할 때 그 세계는 횡포로 인식되는 것이며 능동적이지 못 한 자아는 이 때 비극을 경험할 수밖에 없는 것이다.

즉 이 시에 등장하고 있는 사회는 미숙한 사회화를 경험하고 있는

---

178) 이 시는 타고르가 일본에 방문했던 1916년에 최남선의 청탁으로 秦瞬星 일행이 받아와서 <청춘>11호(1917,11,16)에 게재한 것으로 '망국민의 輓歌, 패배한 민족의 서러운 노래'이다. 박두진, 앞의 책 60면.
179) <불교> 53호, 1928,10.
180) 최원식, 『민족문학의 논리』, 창작과 비평사, 1982. 141면.

왕에게는 단지 두려움의 대상으로밖에 인식되지 않는다. 물론 돌부처에게 빌고 정성들이고 언약한 행위는 자아와 세계가 동일시되는 미분화의 일종이지만 그 부처가 감중연만 하고 있는데서 비동일화를 경험하고 자아는 더욱 실망과 좌절을 느끼게 된다. 유아기로부터의 사회화 과정에서 느낀 인생에 대한 슬픔과 두려움은 결국 마지막 연에서 설음 있는 땅은 모두가 왕의 나라라고 하는 극도의 비극적 세계관 위에서 유년으로의 퇴행을 갈구하고 있는 것이다.

이런 점에서 그가 후기에 민요적 시를 주로 창작한 것은 같은 근거에 서게 된다. 물론 그의 민요적 시는 강한 민족의식의 발로이고 그것이 홍사용에게 있어서는 다른 시인들보다 강하게 나타나는 것이 사실이지만 20년대의 민요적 시는 쟝르상으로 볼 때 퇴행의 양식이며 그 지향점은 유년과 향수, 현실도피인 것은 주지의 사실이다. 즉 그의 민요적 시는 외관상으로는 민족의식의 발로이고 고유의 양식의 추구이긴 하지만 그 내면은 전기의 자유시들과 동일한 배경 하에 씌어진 것이다. 또한 그의 시에 꿈이 많이 등장하는 것도 결국 같은 배경 하에 있다. 유년의 회상은 관념 속에서만 가능하며 꿈이 현실에서 이룰 수 없는 욕망을 관념적으로 실현시킨다는 의미에서 일종의 심리적 보상으로서 동일한 성격이기 때문이다.

노작의 현실에 대한 인식은 그의 소설에 어느 정도 나타나 있다. 노작의 소설은 지금까지 알려진 바로는 모두 5편으로「저승길」(<백조>3호, 1923.9.),「烽火가 켜질 때에」(<개벽>61호, 1925.7.),「歸鄕」(<불교>53호, 1928.10.),「뺑덕이네」(<조선일보> 1938.12.2.),「町總代」(<매일신보> 1939.2.9.) 등이다.

「저승길」은 3.1운동을 간접적 배경으로 하고 있어서 그 자체로도 의미를 지닌다.[181] 이 작품은 '만세꾼' 황명수의 뒷바라지를 하는 사

---

181) 3.1운동을 배경으로 한 소설은 其月의 「피눈물」(1919, 상해판 독립신문),

Ⅳ 관념주의시의 실상

상기생 회정의 죽음을 묘사하고 있다.

> 보이지안는 사랑의 줄이, 명수와 회정의 젊은 두몸을,씀짝할 수업시 억매어노키는, 명수가 스무살먹든해 봄이엇섯다. 한몸은 난봉을치는 기생방주인으로, 방을 빌리어주엇고, 한몸은 만세순의 신세라. 신변의 위험을 돌보아서, 일부러 오입쟁이 행세를하며,그방에 들어잇게되엿다. 회정은 주인이오, 명수는 손이엇섯다.
> 그둘의 사괴임은, 매우 의협적이엇고, 쏘한 넘우도 밀접하얏섯다.

그런데 회정이 기생이 된 것은 자신의 의지로서가 아니라 어떤 보이지 않는 강제적인 힘, 인간성을 파괴하고 구속하는 외부의 힘이다. 죽어가면서 그녀의 혼은 이렇게 부르짖는다.

> 아-나의것을, 모다 모조리 빼앗어간이는 누구이냐. 그강도질을한 죄인은 누구이냐. 못살게군이는 누구이냐, 하느님이냐, 사람이냐, 이몸 스스로냐, 항용말하는 팔자라는 그것이냐, 그러치 안으면 광막한 벌판이냐, 웃둑 솟은 뫼뿌리냐, 철철흐르는 한강수냐. 유연히 쯧업시 돌아가는 쯘구름이냐, 반작어리는 별빗이냐, 안갯속에서 노곤히조으는 참새새끼냐, 침침한곳만 차저서 기어드는 배줄인귀신이냐, 정말어쩐것이 범죄자며, 참말로나의 쏙바른 원수이냐.

이 작품에서 그는 파멸당한 한 기생의 이야기를 통하여 인간성을 파괴하는 일체의 봉건적. 식민주의적 질곡에 대한 강한 항의를 제출한다.[182] 즉 회정이 기생이 되는 것은 자신의 의지와는 상관없는 일

김동인의 「태형」(1922-23), 최서해의 「고국」(1924) 등이 있어서 그 수가 적은 편이다. 최원식, 앞의 책, 148면.

체의 사회적 압력에 연유한다.
「봉화가 켜질 때에」는 백정의 딸 귀영이의 성장과 변신, 죽음에 이르는 이야기이다. 백정인 최씨는 아내까지도 양반에게 빼앗기고 "백뎡놈도 미옵하나마 사람이외다"하고, 한마듸의 부르지즘이, 양반에게 발악한 것이라하야, 건너마을 뎡생원의 사랑마당에서 어더맛고, 울며 도망해왓다. 그는 이사를 가서 새롭게 인생을 시작하려 하지만 사회는 그것을 용인하지 않는다. 귀영이가 고향학생친목회에서 '백뎡의 쌀이라'고 쫏기어나게 되는 것이다. 기미년 만세운동이 일어나자 그녀는 '고요함에 반동은 움직임이라, 수백년 동안 학대에 지질리여 잠잣코잇든, 귀영이의피는, 힘잇게 억세이게 끌어올럿다.' 그녀는 옥에 같이 들었던 김씨라는 동지와 사랑이 깊어졌고 전통을 부수어버리고 형식을 없이 한다는 의미로 예식도 없이 살림을 차린다. 그러나 백정의 딸임을 안 뒤의 김씨의 태도는 돌변한다. '밥을 먹기 위하야 일하는 그것이, 무엇이 잘못이오. 사람들에게 먹을것을 드리는 직업이, 무엇이 천하오'하고 부르짖는 귀영에게 '더러운년 백뎡의쌀년이'라며 내쫓는다. 그들의 위선은 다음과 같이 고발된다.

>한창시절에는 "동포다, 형뎨와, 자매이다, 이나라사람들은, 눈물에서 산다, 약한자여-모듸어라, 한세인살림을 찻기위하야…"하며, 뒤써들든 남편도, 알쓸한사람을 저바릴째에는, 모든 것이 다그짓말이엿다. 허튼수작으로, 모든사람들에게 아첨하고 발러마치너라고, 쓰든말이엿다. 그도 쏘한, 남을 함부로 작난해 바려놋코, '가엽다'하는 인사도업시 거러가버리는, 뻔뻔한사나희엿슬 짜름이다.

귀영이는 상해로 건너가 열사단에 참가하고 비밀단원이 되어 고국

---
182) 최원식, 앞의 책, 151면.

에 돌아온다. 죽음이 다가오자 그녀는 기생 취정이에게 비밀수첩을 전해주고 죽는다.

이 소설에서도 주인공의 운명을 직접적으로 좌우하는 것은 외부의 부당한 힘이다. 백정을 천시하는 사회적인 태도는 끝까지 그들을 따라다니고 있고 남편도 거기에서 예외는 아니었던 것이다. 그들은 사회의 부당한 간섭에 저항하지만 결국 그것을 타파하지는 못 하고 있다.

홍사용이 사회의 강제와 좌절을 인식한 데에는 유년에서의 사회화 과정에서도 제시될 수 있지만 성인이 된 후의 그의 사회활동에서도 찾아볼 수 있다. 즉 그가 주관한 문예운동은 가산의 탕진을 가져왔고 3.1운동에 참여하였다가 피체되고 도피한 것이라든지 희곡「벙어리굿」이 초교에서 검열에 걸려 압수당한 것이라든지 희곡「김옥균전」이 총독부의 검열에 걸려 주거까지 제한받는 것 등이 그것이다. 또한 8.15해방 후에는 槿國靑年團 운동을 일으키려 하다가 그도 뜻을 이루지 못 하게 된다. 즉 그의 의식은 끊임없이 유년의 열등감을 보상하려고 사회화를 성취하고자 하지만[183] 식민지의 사회적 환경은 그것을 용납하지 않고 좌절만 경험하게 한다. 출판물에 대한 검열제와 식민지하의 질곡의 상황이 그 외적 압력으로 끊임없이 작용하고 있었던 것이다.

유년기부터 경험한 사회의 일방적이고도 부당한 횡포는 결국 그의 일생을 통하여 일관되게 인식되었던 것이고 항일이라는 사회화의 극

---

183) Adler에 의하면 열등감은 다음의 두 경우에 강화된다고 한다. 1)환경이 좋지 않은 경우(외아들이거나 막내일 경우, 편애 받거나 너무 엄한 경우) 2) 신체적 장애나 기형일 경우에 열등감을 느끼게 되며 이 때 그 열등감을 극복하려 할 때 보상이 생긴다. 노작의 경우 그의 사회활동은 성장기의 불완전한 사회화에 대한 보상의 결과로 볼 수 있다. 캘빈 S.홀, 앞의 책, 154-155면.

복의지는 외부에 의해 좌절되었으며 거기에서 상처받은 자아는 다시 유년과 모태의 회귀로, 꿈의 세계로, 향토성으로 나타났고 그 배경 하에서 그의 시세계는 존재했던 것이다. 그가 후기에 집착했던 민요적 시가 창작이기는 하지만 민요에서 변용된 시라기보다 차라리 민요 자체에 더 가까왔던 것은 바로 이 사회화의 욕구와 좌절, 과거로의 회귀라고 하는 두 축 위에서 선택된 것이었다고 할 수 있다. 왜냐하면 민요 자체는 현실을 근거하고 현장감을 갖는다는 의미에서 주관에 의해 굴절되고 채색된 민요적 시보다는 더 사회적이기 때문이다.

홍사용의 시가 개인의 불완전한 사회화 과정과 거기에서 오는 유년으로의 퇴행임은 위에서 살펴 본 바와 같다. 그러나 문학적 제 현상은 직·간접적으로 사회와 관련을 가진다고 할 때 그의 시는 사회와 어떤 관계를 가지게 되는가를 살펴보자. 「나는 왕이로소이다」의 주제가 '나라를 빼앗긴 설움'이라고 한다면 우리는 그 근거를 작품 내에서 밝혀야 하기 때문이다.

여기에서 왕인 나는 노작이 몸담았던 식민지의 지식인으로 대신할 수 있다. 그리고 어머니는 영원한 모성으로서의 조국을 뜻하고 사회화 과정에서 나타난 사회의 갖가지 횡포는 식민지의 질곡을 뜻한다고 풀이할 수 있다. '나'는 사회화 과정을 미처 완벽히 수행하지 못하는 미숙아로서의 당대 지식인이며 어머니는 나의 사회화 과정에서 이유없는 슬픔과 눈물만을 주어서 적극적이기보다는 소극적이고 능동적이기보다는 수동적인 성격형성을 하게 했다. 어머니의 어느 날의 일방적인 분화의 선언은 나에게는 큰 억압으로 작용하는 것이다. 한편 이러한 사회화의 미숙아인 나에게 사회화를 인도할 아버지의 부재상태에서 사회는 냉담한, 오히려 비극적인 상황만을 제시하며 나의 사회화 과정을 앞질러 나가고 나에게 고난과 처벌, 비극적 인식을 심어준다. 자아와 동일시되었던 의미에서 어머니와 같은 성격으로 제시되며 구원의 대상으로 믿었던 돌부처는 자아가 처한 상황에 대해 어떤 해결책을 제시하기보다는 묵묵부답의 감중연으로써 더 이상의 능동적 기능을 수행하지 못 하고 있는 것이다. 그것은 곧 미숙한 사회화의 자아에게 마치 어머니가 능동적으로 작용하지 못 했던 것과 같이 더 이상 자아를 보호하지 않고 일방적으로 분화를 선언하는 것과 같다.

따라서 이 시는 사회적 배경을 고려할 때 급변하는 정세, 식민지의 상황하에서 미처 사회화가 완전히 달성되지 않은 당대의 삶을 간접적으로 표현하는 것이다. 그의 소설에서도 나타나는 바와 같이 아직 봉건적 구습과 상대적으로 사회, 경제, 문화적인 면에서 당대의 삶의 양식을 제시하지 못 한 조국의 현실은 단지 수동적 성격형성에 기여하고 있는 어머니에 비유된다. 어머니의 어느 날의 일방적 분화 선언과 감중연하는 돌부처의 모습은 당대 삶의 양식, 즉 부권에 의한 사회화의 양식을 제공하지 못 한 채로 급변하는 사회화 과정에 주인공을 노출시킨 당대 현실과 같은 것이다. 따라서 사회화 과정의 미숙아인 자아는 사회에 익숙하지 못 한 채로 과거의 세계, 왕으로 공인받던 유년으로의 퇴행에서 심리적 보상을 얻어 안정을 얻고자 하는 것이다.

이러한 배경에서 비로소 홍사용의 시는 당대의 민족이념을 나타낸 것이라는 근거를 확보하게 된다. 그러나 문제는 그러한 사회의식이나 민족의식이 개인적 삶[184]의 방식으로 또는 20년대의 보편적인 남성화를 거세당한 고아의식[185]으로 나타났다는 점이다. 그것이 단지 퇴보적인 관념적 내면공간으로, 쟝르상의 퇴보적 형태로 나타났다는 것

---

184) 오세영, 앞의 논문.
185) 김윤식, 「한국시의 여성편향」, 『근대한국문학연구』, 일지사, 461면.

은 결코 능동적이고 바람직한 현상은 아니었던 것이다.

Ⅳ-3 관념주의의 승화와 극복

1 김소월:개인적 체험과 공동체의식

김소월은 한국근대를 대표하는 시인으로 그 시사적 위상을 높게 평가받아 왔다. 지금까지의 소월에 대한 연구업적이 다른 시인들에 비해 압도적으로 많다는 것[186]과 아직도 그의 시가 널리 회자되고 있다는 것이 곧 소월시의 우수성을 대변하는 것으로 볼 수 있다. 소월시의 특질을 해명하기 위하여 지금까지 진행된 연구 결과는 1)민족의 보편적 정서, 구체적으로는 恨에 접맥되어 있다는 것, 2)운율에 있어서 전통적 율격인 3음보격을 주로 사용하면서도 특히 의미에 따라 운율의 합당한 변화를 고려하였다는 것으로 크게 요약될 수 있을 것이다.

소월은 18세 되던 1920년 3월 <창조> 5호에「浪人의 봄」등 5편의 작품을 발표하여 문단에 등단한 이후 자살한 1934년까지 10여 년에 걸쳐 200여 편의 작품을 발표하였고[187] 이 작품들은 그의 생전의 유

---

[186] 지금까지 소월시에 대한 연구는 구체적으로 정리된 바는 없지만 200편을 훨씬 상회할 것으로 추정된다. 김종욱에 의하면 1981년까지의 연구결과가 170편이고 윤주은에 의하면 1982년까지의 연구결과가 188편이다. 김종욱, 『원본 소월전집』, 홍성사, 1982. 윤주은, 『김소월시 원본연구』, 학문사, 1983.

[187] 윤주은의 조사에 의하면 창작시 211편, 번역시 12편, 시론 1편이 있다. 윤주은, 『김소월시 원본 연구』, 학문사, 1983. 여기에는 <문학사상> 62호 (1977.11)와 <문예중앙> 1978 봄호, 및 <문학사상> 73호(1978.10.)에 수록한 遺稿는 제외되어 있다.

일한 시집인 『진달내꼿』(賣文社, 1925)에 127편이 수록되어 있다. 그의 詩作은 시집을 발행한 1925년에 집중되어 있는 점을 제외하고는 거의 매년 10-20편을 발표하고 있지만 작품의 경향으로 보아서는 그다지 큰 변모를 보이는 것 같지 않다.[188] 따라서 그의 시를 연구하는 데 있어서는 시집 『진달내꼿』을 위주로 하고[189] 발표시기는 다소 무시할 수 있으리라 본다. 즉 소월에게 있어서는 상화와 같이 시기적으로 큰 변모는 보이지 않으므로[190] 작품전체를 공시선상에 두고 고찰한다 하더라도 큰 오류는 아닐 것이다.

소월은 한국근대시사에 있어서 대표적인 시인이면서 한 편으로는 한국시의 또 다른 가능성을 보여주고 있다. 그것은 곧 그의 시세계가 개인적인 세계로 한정되는 여타 시인과 달리 민족공동체의 정서를 대변하고 있기 때문에 직.간접적으로 식민지 현실과 관련되어 있기 때문이다.

1) 詩魂의 지향점

소월의 유일한 시론인 「詩魂」은 <개벽> 59호(1925,5)에 발표된 것으로서 그의 시를 이해하는 단서를 제공하고 있다. 「시혼」은 대개 두 부분으로 이루어져 있는데 첫 째 부분은 소월 자신의 시창작에 대한 태도를 밝히고 있고 뒷 부분에서는 시창작의 일반적 원리에 대해 밝히고 있다.

---

188) 물론 그의 개작과정으로 보면 변모가 없는 것은 아니다. 특히 그는 개작과정에서 운율적인 면에 많은 관심을 기울이고 있다. 정한모, 「소월시의 정착과정연구」, 국문학연구총서 9, 『현대시연구』, 정음사, 1981.
189) 소월의 작품은 처음 잡지상에 발표할 때와 시집에 발표할 때가 차이가 있으나 그가 마지막으로 수정하여 수록한 시집의 경우를 텍스트로 삼는 것이 바람직하리라 본다.
190) 상화의 경우는 시기에 따라 작품의 경향이 판이하게 구별된다. 본고 4-3,2) 이상화 참조.

먼저 그의 사물에 대한 인식은 평범한 것, 미세한 것, 도시보다는 자연에, 밝음보다는 어둠에 대한 것에서 출발하고 잇다. 이러한 것에 대한 관습적 인식을 거부하는 것에서 그는 시의 출발점을 삼고 잇다.

> 적어도 平凡한가운데서는 物의 正體를보지못하며, 習慣的行爲에서는 眞理를보다더 發見할수업는것이가장어질다고하는우리사람의일입니다.
> 그러나여보십시오. 무엇보다도밤에깨여서한울을우럴어보십시오. 우리는나제보지못하든아름답음을, 그곳에서, 볼수도잇고늣길수도잇습니다. 파룻한별들은오히려깨여잇섯서애처럽게도긔운잇게도몸을떨며 永遠을소삭입니다...... 이런것들은적은일이나마, 우리가대나제는보지도못하고늣기지도못하든것들입니다...... 都會의밝음과짓거림이그의 文明으로써 光輝와 勢力을다투며자랑할째에도, 저, 깁고어둡은 山과숩의그늘진곳에서는외롭은버러지한마리가, 그무슨울음에겨웟는지, 수임업시울지고잇습니다.191)

낮과 밤, 문명과 자연, 큰 것과 작은 것 등의 대립적 구조를 통하여 전개되는 이 시론에서 소월은 오히려 밤과 자연, 미세하고 보잘 것 없는 것의 재인식에서 시가 출발하여야 함을 역설하고 있다. 그것은 일반적으로 크고 위대한 것, 밝고 화려한 것을 가치의 기준으로 삼는 상식성과 일상성을 거부하는 것이며 현상적인 것보다는 보다 원초적이고 근원적인 것을 긍정하는 것이다. 관습적이고 일상적인 것을 부정하는 것은 곧 시인의 예민한 관찰력과 직관력을 강조하는 것으로서 시인의 일반적 조건을 강조하는 것으로 볼 수 있으나 그것을 대립적으로 제시하고 양성적인 것보다는 음성적인 것에 우위를 둠으로써 그의 의식세계의 한 단면을 보여주고 있다. 이것은 곧 그의 내면세계가 그만큼 어둡다는 것을 암시한다.192)

---

191) 「시혼」, <개벽> 59호, 1925.5.

일반적으로 소월의 시가 어둡고 비극적인 것에 치중되어 있고 적극적이기 보다는 소극적 현실인식에 치우쳐 있음은 이 「시혼」에 나타난 그의 의식세계와 무관하지 않다. 송 욱은 도시보다 전원을, 문명보다 자연을 존중하고 도시문화 혹은 도시생활을 테마로부터 제거한 소월의 태도는 마땅히 비판되어야 한다고 역설하고 있다.193)

소월의 이러한 태도는 20년대 민요적 시들이 차지하는 시사적 위상을 함축적으로 보여주는 것이다. 즉 그것은 자연과 향수라고 하는 간접적 민족의식을 표방한 것이면서도 애써 문명과 도회를 무시함으로써 식민지 현실에 대한 적극적이고 진취적인 면은 소홀히 취급하였다는 점이다. 이러한 면만으로 본다면 소월은 적어도 시작의 저변에 흐르는 의식면에 있어서는 여타의 민요적 시인들과 크게 구분되지 않는다고 할 수 있다.

그 다음으로 소월은 「시혼」의 성격을 영원불변한 것으로 규정하고 있다. 현상계에 있는 모든 물체는 영혼이 있고 그 영혼은 '絶對로完全한永遠의存在며不變의成形'이라는 것이다. 모든 물체는 陰影을 가지고 있어서 시간과 공간에 따라 光度의 强弱과 深淺이 있는 것이지 陰影 자체가 없다고는 할 수가 없다는 것이다.

이것을 시에 대입시키면 시에는 물체의 영혼에 해당하는 시혼이 있고 그 시혼은 '적어도가튼한사람의詩魂은詩魂自身이變하는것은아니다.' 모든 물체가 음영을 가지고 있어서 현상적으로 달리 보이는 것처럼 시혼에도 음영이 있어서 각각의 시가 달리 보인다고 주장한다.

  그러나作品에는, 그詩想의範圍, 리듬의變化, 쪼는그情調의明

---

192) 마광수,「김소월의 시혼에 대하여」,『김소월연구』, 새문사, 1982. Ⅱ-50면.
193) 송 욱,『시학평전』, 일조각, 1983. 136-137면.

> 暗에싸라, 비록가튼한사람의詩作이라고는할지라도, 勿論異同은
> 생기며또는넑는사람에게는詩作各個의印象을주기도하며, 詩作自
> 身도亦是어듸까지든지儼然한各個로存立될것입니다……詩作에도
> 亦是詩魂自身의變換으로말미암아詩作에異同이생기며優劣이나
> 타나는것이안이라, 그時代며그社會와또는當時情境의如何에依하
> 야 作者의心靈上에無時로나타나는陰影의現象이變換되는데지나
> 지못하는것입니다……그러면 詩魂은本來가靈魂그것인同時에自體
> 의變換은絶對로업는것이며, 가튼한사람의詩魂에서創造되여나오
> 는詩作에優劣이잇서도그優劣은, 詩魂自體에잇는것이아니오, 그
> 陰影의變換에잇는것이며, 또는그陰影을보는玩賞者各自의正常한
> 審美의眼目에서判別되는것이라고합니다……그러면詩作의價値如
> 何는적어도그詩作에나타난陰影의價値如何일것입니다.194)

즉 소월에 의하면 한 작가의 시혼은 고정된, 영원불면한 것이며 다만 작품의 우열이 나타나는 것은 시대와 사회에 따라 음영이 변화된 때문이라는 것이고 독자의 태도에 의해서 비롯된다는 것이다.

이것을 도식으로 보이면 다음과 같이 될 것이다.

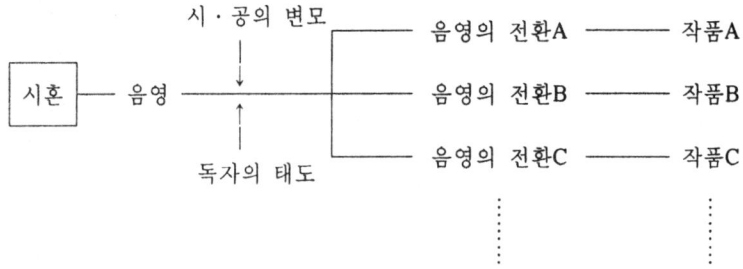

---

194) 「詩魂」, <개벽> 59호, 1925.5.

이러한 이론은 서정시가 순간의 감정에 의존한다는 견해나 각각의 문학작품을 인류의 원형의 파편으로 보는 원형비평의 이론을 연상시킨다. 다른 점이 있다면 소월의 경우 시혼은 개인에게 한정되어 있다는 점일 것이다. 서정시를 순간의 감정에 의한 것이라고 할 때 한 작가의 작품들을 대상으로 해서 그 심층구조를 파악하고자 하는 것은 결국 소월이 주장한 바 시혼을 파악하는 것과 동일한 것이라고 할 수 있다. 여기에서 우리가 주목할 수 있는 것은 소월이 시혼을 시인 개인에 있어서 영원불변한 것으로 파악하고 그것이 음영으로 나타난다고 할 때 그것은 '시대와 사회, 또는 당시의 정경에 의하여' 달리 나타날 수 있다고 한 점이다. 따라서 우리는 소월의 시에 대하여 소월 자신이 '시대와 사회'를 어떻게 받아들이고 陰影化했는가, 더 나아가서는 다른 시인들과 구별되는 그의 시혼은 어떤 것인가를 규명할 근거를 가질 수 있게 된다.

2) 소월시의 내면

(1) 개인적 정한의 시세계

  소월의 시는 주로 자연을 소재로 하고 있고 그것은 다음과 같이 세 부류로 나누어진다.

> A) : 개인의 정한을 서정적으로 나타낸 것.
> B) : 당대 현실을 보다 구체적으로 표출한 것.
> C) : A)가 확내되어 공동체의식으로 승화되는 것.

  A)의 부류는 개인의 서정에만 머물러 있어서 작품 자체의 아름다움은 평가될 수 있다 하더라도 그 내포가 확대되지 않고 개인의 서정적 국면에만 머무는 한계를 지니고 있다. 한편 B)의 경우는 소월의

시 중에서 양적으로 많지는 않지만 C)를 가능케 하는 근거를 제공한다. 소월의 시 중에서 佳作으로 평가되는 것들은 주로 C)에 포함되는데 이는 주로 소재로 쓰이는 자연의 양상이 식민지 현실로 확대되거나 '님'의 상실이라는 시대적 특성에 따라 의미가 부여되는 것들이다. 이 세 부류는 발표시기를 무시하면 의미상 변증법적으로 전개된다고 할 수 있다.

먼저 A)의 경우는 자연을 소재로 하되 개인의 정서표출에만 치중되어 있다.

> 실버드나무의 검으스렷한머리결인 낡은가지에
> 제비의 넓은깃나래의 紺色치마에
> 술집의 窓넙페, 보아라, 봄이 안잣지안는가.
>
> 소리도업시 바람은불며, 울며, 한숨지워라
> 아무런줄도업시 설고 그립은색캄한 봄밤
> 보드랍은 濕氣는 써돌며 쌍을덥퍼라.
> ─「봄밤」 전문

> 물고흔 紫朱구름,
> 하눌은 개여오네.
> 밤중에 몰내 온눈
> 솔숩페 꼿픠엿네.
>
> 아츰볏 빗나는데
> 알알이 쒸노는눈
>
> 밤새에 지난일은……
> 다닛고 바라보네.

움직이는 紫朱구름.
—「紫朱구름」전문

위 두 편은 바같의 서경에 대한 자신의 감정을 싣고 있다. 「봄밤」은 봄이라는 계절에 걸맞지 않게 슬픈 감정을 노래한 작품이다. 소월은 봄을 소재로 택하여 비, 바람, 꽃 등에 의지해서 슬픈 감정을 실은 시를 다수 발표하고 있다.[195] 소월이 봄을 소재로 하되 그것이 일반적으로 봄이 주는 이미지인 희망이나 생명을 뜻하는 것이 아니라 낙화와 슬픔을 주로 표상하고 있음은 곧 현실의 비극적 인식에서 연유하는 것으로 볼 수 있다. 그러나 봄이라는 계절에 나타나는 슬픈 감정만으로써 이 시가 시대적 아픔을 대변한다고 보기는 어렵다. 물론 소월시의 전체적인 면을 고려한다면 그러한 유추도 가능할지 모르겠으나 적어도 작품 자체에서 그러한 내포가 구조화되어 있지 않았을 때 그것은 해석상의 비약이 될 것이다.

「봄밤」의 경우 화자는 '아무런줄도 업시' 서러우며 따라서 바람은 울며 한숨짓는 것으로 보인다. 이런 점에서 본다면 이 시는 20년대 초기의 시들이 보이던 이유없는 슬픔, 즉 센티멘탈에서 크게 벗어나지 않는다. 예를 들면 안서의 경우 꽃은 단지 낙화를 전제로 한 슬픔의 시적 도구로 사용되었고 그 슬픔의 내용이 시대적인 데서 연유하는 것이 아니라 개인적인 감정에서 유래되었던 것이다. 즉 안서의 시는 내포가 확장되기보다는 자신의 감정으로만 축소되며 철저한 배제의 원리에 의해 시작이 이루어지고 있었던 셈이다. 한 편 「紫朱구름」은 「봄밤」과 달리 밝음의 정서를 나타내고 있어서 변별적이긴 하지만 소월의 경우 이러한 밝음의 시편은 그 수가 적은 편이다.

소월은 20년대의 다수 시인들과 마찬가지로 '님'을 노래한 시인이

---

195) 조남현, 「소월시에 나타난 사계절의 의미」, 『김소월연구』, 새문사, 1982.

다.196) 그의 시 중 대다수는 님이 구체적으로 표상되어 있지만 그렇지 않은 경우도 의미상으로는 동일한 관계망 속에 존재한다.

>그립은우리님의 맑은노래는
>언제나 제가슴에 저저잇서요
>
>긴날을 門박게서 섯서드러도
>그립은우리님의 고혼노래는
>해지고 겨무도록 귀에들녀요
>밤들고 잠드도록 귀에들녀요
>　　　　　　―「님의노래」 전 4연 중 1-2연
>
>한째는 만혼날을 당신생각에
>밤까지 새운일도 업지안치만
>아직도 째마다는 당신생각에
>축업는 벼개까의꿈은 잇지만
>　　　　　　―「님에게」 전 3연 중 1연

　작품 자체의 내적 의미로 볼 때 이 시편들은 단순한 연애감정에만 치우쳐 있다고 해도 무리는 아니다. 20년대의 시에 등장하는 님의 상실이 어디에서 연유하는가는 좀더 깊이 있게 천착되어야 할 문제이나 그것을 단지 3.1운동 이후의 좌절감으로만 연관시키기에는 많은 비약이 따르는 것이 사실이다.197) 이러한 시편들은 결국 소월 자신의

---
196) 여기에 대해서는 조동일, 「김소월·이상화·한용운의 님」, 『우리문학과의 만남』, 홍성사, 1978. 신상철, 『현대시와 '님'의 연구』, 시문학사, 1983. 참조.
197) 유종호는 20년대의 시경향에 나타나는 슬픔과 한을 식민지적 상황의 발로라고 보는 것은 쓸모없는 일반론이라고 비판한 바 있다. 즉 이는 당시의 지배국이었던 일본에 왜 비슷한 애조의 유행가가 퍼지고 있었는가에 대해선 아무런 해답도 제공하지 못 한다는 것이다. 유종호, 「임과 집과 길」,

개인적 감정에 치우쳐 있는 것이지 그것이 시대적 의미를 반영한 것이라고 보기에는 시 자체의 의미구조가 너무나 단순하고 비록 그것을 범박하게 시대상황과 관계를 맺고 있다고 하더라도 그 관계는 지극히 피상적이고 간접적이라고 할 것이다. 그러나 소월의 시는 개인적 정한을 담고 있는 이러한 부류로만 한정되는 것이 아니라 그것이 민족 공동체 의식으로 확산되고 그것이 미적으로 승화되는데 그 우수성이 있다.

(2) 비극적 체험의 형상화

지금까지 주로 논의되어 온 것처럼 소월을 한과 애수의 시인으로만 보는 것은 작품 B군을 고려하지 않고 A군과 C군을 동질적인 것으로 파악하고 A군과 C군의 차이를 단지 기교상의 우열로 보거나 C군이 의미상으로 더 함축적이라는 피상적인 관찰에 연유하는 것이다. 그러나 소월의 시에는 B군이 있음으로 해서 그의 시의 색다른 면을 제시함과 아울러 작품을 전체적으로 해명하는데 있어서 그의 시가 개인적 정한과 애수에만 한정되는 것이 아니라, 실은 당대의 현실과 공동체 의식의 기반 위에 있음을 보여 준다. 다음의 시들에서 이는 구체적으로 확인된다.

먼저 소월의 당대 현실에 대한 인식은 이 땅이 이미 식민지화 된, 남의 나라 땅임을 인식하는데서 출발하고 있다.

>   도라다보이는 무쇠다리
>   얼결에 뛰어넘어오니
>   숨그르고 발놋는 남의나라짱
>   ―「남의나라짱」 전문198)

『동시대의 시와 진실』, 민음사, 1982. 44면.

이러한 인식은 일제의 가혹한 수탈행위로 만주 등지로 떠날 수밖에 없었던 유랑민들의 삶을 경험함으로써 보다 구체화되어 나타난다.

   新載寧에도 나무리벌
   물도만코
   쌍조흔곳
   滿洲나 奉天은 못살고장

   왜 왓느냐
   왜 왓드냐
   자곡자곡이 피쌈이라
   故鄕山川이 어듸메냐

   黃海道
   新載寧
   나무리벌
   두몸이김매며사랏지요

   올벼논에 다은물은
   츠렁츠렁
   벼자란다
   新載寧에도 나무리벌
     ―「나무리벌노래」 전문[199]

 이 시는 실제로 일제의 농민수탈이 가장 조직적으로 행해겼던 황해도 재령군 북률면의 '나무리벌' 농민들의 뼈아픈 삶을 훌륭하게 묘

---

198) <동아일보> 1925.1.1.
199) <동아일보> 1924.11.24.

출해내고 있다.200) 일제의 음모대로 만주나 봉천으로 떠날 수밖에 없었던 시적 화자는 물많고 땅좋은, 부부가 평온하게 김을 매고 벼가 츠렁츠렁 자라던 나무리벌을 그리워하고 있다. 그것은 발자욱마다 피땀이 고이는 못살 고장 만주와 봉천을 대비시킴으로써 그 절실함을 더한다. 그러한 간난의 연속 속에서 그들은 '왜 왓느냐 왜 왓드냐'고 부르짖게 되는 것이다. 「나무리벌노래」는 과거에 대한 현재의 핍박과 서러움을 노래하는 것으로서 그것은 곧 식민지 현실의 공간이면서 민족 공동의 고난을 집약하고 있는 것이다.

식민지 현실에서 주권과 자유를 박탈당하고 핍박 속에서 암담한 현실을 살아가야 하는 민족 공동체에 대한 인식은 다음의 시에서 여실히 나타나고 있다.

>   공중에 써다니는
>   저기저새요
>   네몸에는 털잇고 깃치잇지
>
>   밧테는 밧곡석
>   논에 물베
>   눌하게 닉어서 숙으러젓네!
>
>   楚山지나 狄踰嶺
>   넘어선다
>   짐싫은 저나귀는 너왜넘늬?
>   ―「옷과밥과자유」 전문201)

---

200) 윤영천, 『한국의 유민시』, 실천문학사, 1987. 98-99면. '나무리'는 '여물평' 일대를 말하는 실제 지명이라고 한다.
201) <동아일보> 1925.1.1.

이 시는 퍼소나가 존재하는 현실과 시적 대상들과의 대비를 통해 결핍된 상황을 암시적으로 보여주고 있다. 새는 털이 있고 깃이 있음으로 해서 퍼소나가 가지지 못 한 옷을 가지고 있고 공중에 떠다님으로 해서 자유를 가지고 있다. 한 편 밭에는 밭곡식이 있고 논에는 물벼가 누렇게 익어서 고개를 숙이고 있다. 그러나 이러한 물질적 풍요는 퍼소나와는 상관없이 오히려 대립적으로 존재하고 있다. 나귀에 짐을 싣고 고개를 넘어가는 데에서 그러한 자유와 풍요를 박탈당한 자신의 모습을 확인하는 것이다. 이 시에서 우리는 「옷과 밥과 자유」라는 제목으로써 최소한의 인간생활을 영위하기를 갈구하는 작자의 의도를 읽을 수 있다. 각각의 연은 서로 관련이 없어 보이면서 서경적으로 묘사되어 있지만 제목과 연관될 때 비로소 깊고 절실한 의미가 살아나게 된다. 또한 마지막 행의 '짐실은 저나귀는 너왜넘늬?'라는 반문 속에는 '퍼소나의 고단함과 굴레와 자유없음의 긴 사연이 간결하게 암시되어 있다.'202) 이 시는 당대의 비극적 현실을 절실하게 제시하고 있으면서도 토운이 높거나 직접적이지 않으며, 함축성 있는 서정시로 적절하게 형상화한 수작이라 할만하다.

그러면 이러한 비극적 현실을 경험한 소월의 구체적 반응은 어떤 것이었던가.

> 나는 꿈쑤엿노라, 동무들과내가 가즈런히
> 벌짜의하로일을 다맛추고
> 석양에 마을로 도라오는꿈을,
> 즐거히, 꿈가운데.
>
> 그러나 집일흔 내몸이어,
> 바라건대는 우리에게 우리의보섭대일짱이 잇섯드면!

---

202) 유종호, 앞의 책, 45면.

이처럼 써도르랴, 아츰에점을손에
새라새롭은탄식을 어드면서.
—「바라건대는 우리에게우리의 보섭대일땅이 잇섯더면」전
4연 중 1,2연

　민족의 비극적 현실을 인식했을 때 소월은 개인의 정한에 머물지 않고 공동체 의식을 확보할 수 있었고 '집일혼 내몸'이 '보섭대일 땅을 찾는' 것으로 보다 구체화되어 나타난다. 그것은 전술한 바와 같이 처절한 식민지 현실에서의 민족적 삶을 절실하게 인식했을 때 가능한 것이었다. 이 시는 상화의 「빼앗긴 들에도 봄은 오는가」와 같은 영원한 모성인 땅을 피탈당한 민족의식의 소산이라고 할 수 있다.
　그러나 소월에게 있어서 이것은 보다 적극적으로 발전하지는 않고 있다. 예컨대 그러한 현실인식에서 나타난 결과가 현실이 아닌 꿈속에서 보습대일 땅을 찾는 소망의 형태로 나타나고 있는 것이다. 이 시의 끝연에서 노정되는 바와 같이 '집일혼 내몸'인 비극적 현실에서 '자춧 가느른 길이 니어가'기에 그만 '황홀한 이 심정'이 되어 버리고 말아서 '희망, 희망의 길'이라는 현실적 의지가 비현실적 관념의 세계로 전락되고 마는 것이다.203) 이것은 곧 소월의 현실인식이 철저하지 못 했거나 양성적인 것보다는 음성적인 것을 우위에 둔 그의 시작태도와 깊은 관련이 있는 것 같다.
　이러한 소망의 형태는 「밧고랑 우헤서」에 오면 '다시한番 活氣잇게 웃고나서,우리두사람은 / 바람에일니우는 보리밧속으로 / 호믜들고 드러갓서라,가즈런히가즈런히, / 서러나아가는깃븜이이, 오오 生命의 向上이어.//'와 같이 낙관적이고 희망적인 것으로 나타나게 된다. 그것은 식민지의 수탈로부터 보습대일 땅을 찾던 절박한 심정과는 대조

---

203) 박민수, 『현대시의 사회시학적 연구』,느티나무, 1989. 86면.

적이며 오히려 '황홀한 이 심정'과 동류의 것으로 흐르고 마는 것이다.

　결국 소월에게 있어서 현실지향의 시들은 곧 그 한계를 노정한 것으로 평가된다. 우선 이러한 경향의 시가 수적으로 적을 뿐만 아니라 의미구조상으로도 여러가지의 결함을 내포하고 있기 때문이다. 개인적인 정한의 세계에서 구체적 현실을 접했을 때 그는 거기에서 민족의 공동체적인 운명을 인식했지만 그것이 철저한 토대 위에 구축된 것은 아니었다고 할 수 있다. 왜냐하면 그가 현실에 직면하고 그것을 시화하였다고 하더라도 그것이 그 자체로 발전, 승화하기보다는 꿈의 세계로, 과거회상으로 회귀하고 말았기 때문이다. 이것은 소월의 개인적 기질과 시관을 참고할 때 이해될 수 있다.

　소월의 경우 대개는 소극적인 수동주의자의 모습만이 보이고 대상과 정면으로 조우하고 대결하며 화해하기보다 외로움과 슬픔이라고 하는 전도된 가치관 속에 머물기 때문이다.[204] 이 경우 우리는 이상화가 두 세계의 변증법적 합일을 이루는데 있어서 소월보다는 더 적극적이고 진취적인 곳에 정착했음을 상기할 필요가 있다.

　이 B군의 시들은 소월의 다른 시들을 개인의 정한에만 머물지 않고 민족의 보편적 정서나 공동체적 의식이라고 하는 보다 확대, 심화된 것으로 평가하는 구체적 근거를 제공한다.

(3) 공동체의식의 내면화

　소월시의 근거는 상실감과 결부되어 있다. 그것은 구체적으로 님과 집과 길의 상실로 나타난다.[205] 님의 상실은 당대 시인들의 공통된

---

204) 윤영천, 「소월시의 현실인식」, 임형택·최원식 편, 『한국근대문학사론』, 한길사, 1982.
205) 유종호, 앞의 논문.

인식하에 있었던 것인데 문제는 그 님의 상실이 시인에 따라서 어떠한 양상으로 구체화되고 어떠한 의지로 구현되었는가에 있다. 가령 안서의 경우 님의 상실은 전적으로 개인에게로 한정되고 사회적, 시대적 의미로 확대되지 않는 한계를 내포하고 있었고 상화의 경우는 상실 그 자체를 슬퍼하는데 그치지 않고 보다 적극적으로 그것을 극복하려고 하였다는 점에서 차이가 있다.

그러면 소월의 경우 이러한 양상은 구체적으로 어떻게 나타나는가 살펴보기로 하자. 소월의 시가 개인적 정한에만 머물지 않고 공동체 의식으로 확산될 수 있음은 전항에서 살펴 본 바와 같이 현실지향적인 면을 가지고 있었음에서 유추될 수 있는 것이다. 그의 시 대부분은 나와 님과의 대립적 관점에 설정되어 있고 거기에 대한 반응양식으로 구체화되어 나타난다. 한 편 유종호가 적절히 지적한 바와 같이 그는 집없음과 길없음을 인식하고 있다. 집이나 고향을 노래하는 작품 속에서 퍼소나는 집이 없거나 있더라도 집을 떠나 있다.[206] 집을 떠나 있음은 고향이나 님의 상실과 관계되며 길이 없음은 당대 현실의 비극적 국면을 제시하는 것이다. 그것은 소월 자신의 개인적 정한에서 출발하면서도 고향을 등져야 했던 민족의 현실과 고향에 다시는 돌아갈 수 없는 상황에 처한 이농민들의 처지와 결부될 때 그 의미는 확산된다. 즉 집없음과 길없음의 인식은 식민지 질곡의 상황에서 민족이 처한 동질성을 확인함으로써 가능한 것이었다.

문제는 이러한 인식이 소월에게서 어떻게 형상화되어 나타나는가이다.

  나보기가 역겨워
  가실때에는

---

[206] 유종호, 앞의 논문.

　　　　말업시 고히 보내드리우리다

　　　　寧邊에藥山
　　　　진달내꼿
　　　　아름따다 가실길에 뿌리우리다

　　　　가시는거름거름
　　　　노힌그꼿츨
　　　　삽분히즈려밟고 가시옵소서

　　　　나보기가 역겨워
　　　　가실때에는
　　　　죽어도아니 눈물흘니우리다.
　　　　　　　　　　—「진달내꼿」전문

　소월의 대표작 중의 하나로 평가되는 이 시의 우수성에 대해서는 별도의 논의가 필요없을만큼 다각도로 분석되어져 왔다. 외면적으로 보면 이 시는 이별의 情恨을 그 주제로 한 극도의 개인적 서정에 머물고 있다.
　그런데 이 시는 사실상 님은 떠나는 것이 아니라 떠난다는 가정하에서 앞으로의 자신이 취할 행위에 초점이 놓여져 있다.

　　　　(만약에) 나보기가 역겨워서 떠나신다면
　　　　　　1)말없이 보내드리겠다.
　　　　　　2)그 길에 진달래꽃을 뿌리겠다.
　　　　　　3)죽어도 눈물을 흘리지 않겠다

는 것이 이 시의 주된 골자다. 이러한 가정이 가능한 것은 님이 언제라도 떠날 수 있다는 화자의 자학적인 태도에서 말미암는다. 님이 떠나는 이유는 다름 아닌 나보기가 '역겨워'이기 때문이다. 나보기가 역겹다는 것은 실은 님의 태도인지 아닌지 확인되지 않은 상황이며 단지 자신이 스스로 설정한 '그럴 것이라'고 하는 가정이다. 님은 언제든지 떠날 수 있는 능동적이고 미래가 열려져 있는 반면에 나는 과거에 집착해 있으며 현실에 대해서는 체념적이다. 따라서 이 시는 변화되어 가는 것, 또는 변화할 것이라고 예상되는 것(님-새로움)과 기존의 것(나-과거) 사이에서의 갈등의 구조이다.[207] 이러한 갈등구조로 파악할 때 우리는 이 시를 1920년대의 사회 문화적 총체성과 관련시킬 수 있다. 식민지 현실에서 경험하는 전통적 사회관의 붕괴와 새로운 세계관의 확립을 불가능하게 하는 사회 문화적 현상이 이 시의 심층에 자리하고 있는 것이다. 문제는 이러한 내적 갈등이 절망적인 체념의 상태로, 소극적인 과거긍정에 머물었다는 사실일 것이다. 여기에 등장하는 님을 지금까지의 연구들이 그래왔던 것처럼 '조국'으로 단순화시키는 것에는 많은 무리가 따르게 된다. 님이 나를 떠나게 되는 것은 다른 어떤 불가피한 상황에 연유하는 것이 아니라 나보기가 '역겨워'서이며 또한 언젠가 돌아 올 수 있다는 가능성조차 제시되어 있지 않기 때문이다. 따라서 이 시는 이별의 정한이라는 표면구조에 국가상실이라는 사회적 원인이 그 심층에 자리잡고 있다고 보는 것이 보다 타당할 것이다. 이 작품의 우수한 점은 여타의 작품들이 이별의 정한만을 그 근간으로 하고 있는데 비해서 국가상실이라는 사회현상이 심층에 자리하고 있으면서 그 해석을 가능케 한데 있는 것이다. 그 두 대립항에서 개인적 정조의 측면이 압도적으로 전면에 부각되어 있다는 것이 소월시의 특색을 이룬다.

  소월의 시론에 따르면 시인 개인의 시혼은 영원불멸이며 단지 음영이 시대와 환경에 따라 변모되기 때문에 작품이 달리 나타난다고

---

[207] 박민수, 앞의 책, 82면.

했다. 따라서 A군과 B군 C군의 작품들은 동일한 시혼 아래에서 각각 경우에 따라 달리 나타난 양상이 된다. 즉 A군의 시들은 사물에 대한 개인적 정감이 우위에 있을 때 나타나는 것이고 B군은 당대의 식민지 현실을 구체적으로 경험했을 때 나타나는 것이다. 또한 C군은 그 둘이 융합되면서 그 내면적 깊이를 더해서 나타난 것에 해당된다.

그러나 문제는 A군과 B군의 합일이 되는 C군의 작품들이 사실상 A군에 더 가깝다는데 있다. C군의 작품들에서 우리는 간접적인 현실인식을 읽을 수 있을 뿐이며 현실에 대한 비판의식, 저항의식은 보다 깊숙히 내재되어 있는 것이다. 이러한 점은 결국 한 편의 시가 작가의 세계관 내지는 인생관에 깊이 좌우된다는 것을 뜻한다. 상화의 경우 소월과 유사한 경험의 과정을 겪으면서도 그 결과는 보다 외향적으로 나타났던 것이다. 소월이 시론에서 주장한 바와 같이 그는 도시보다는 전원을, 문명보다는 자연을, 밝음보다는 어두움을 선호하고 있었다. 이것은 결국 자신의 취향이 외향적인 곳으로 향하기보다는 내향적인 것을 선택하고 있음을 뜻하는 것이다. 따라서 그의 시의 귀결점은 질곡의 현실을 인식하였다 하더라도 그것을 내면화시키는 표현양식을 선택하는데 있는 것이다. 말하자면 그가 말하는 영원불변하는 시혼은 경험의 내면화에 있는 셈이며 그 본질에서 각각의 시경향이 '시대와 환경에 따른 음영에 의하여' 나타났던 것이다. 그의 시 대부분이 표면적으로 개인정조에 머문 듯이 보이는 것은 이러한 배경에 연유한다고 볼 수 있다.

이렇게 개인적 정조의 우위에도 불구하고 소월의 시가 20년대 시의 공통적 결함으로 지적되는 감정의 과잉노출에 떨어지지 않는 것은 무엇인가. 우선 일차적으로는 자신의 현실인식 태도를 지적할 수 있다. 그는 자신의 감정을 직접적으로 나타내기보다는 항상 그 대체물로서 자연현상을 이용하고 있으며 그런 뜻에서 '그의 자연물은 소월 대신 말하고 우는, 말하자면 소월의 감정이 짙게 배어 있는 정신적 상관물이라 할 수 있다.'208) 앞의 항에서 논한 바와 같이 그의 현실지향의 시편들은 더 이상 발전적으로 전개되지 못 하고 말았는데 그것은 곧 소월시의 본질적 근거가 거기에 있지 않고 감정의 절제를 전제로 한 자연의 대리표상에 있었음을 뜻한다. 따라서 그가 식민지 현실의 허무감을 더욱 절실하게 체득했을 때「초혼」과 같은 절대적 절망감으로, 또는 꿈으로 나타날 수밖에 없었던 것이다.

 소월의 시가 개인정조가 표면상 우위에 있으면서도 민족의 공동체의식이 저변에 흐르고 있고 또한 그것이 감정의 과잉노출로 전락하지 않은 것은 또 다른 한 편으로는 감정을 극도로 절제하는 시적 기교에 있다. 소월은 자연 자체에 몰입하여 자연에 동화되는 것이 아니라 항상 자연과 일정한 거리를 두고 그것을 관찰하며 자신의 심리적 등가물로서 자연을 이용하고 있다. '죽어도 아니 눈물 흘리우리다'의 반어적 위장이나「산유화」의 '저만치'라는 거리감은 다음의 시에서 그 심리적 근거를 찾을 수 있다.

> 하소연하며 한숨을지우며
> 세상을괴롭어하는 사람들이어!
> 말을납부지안토록 죠히쑴임은
> 다라진이세상의 버릇이라고, 오오 그대들!
> 맘에잇는말이라고 다할까보냐.
> 두세番 생각하라, 爲先그것이
> 저부터 밋지고드러가는 쟝사일진댄.
> 사는法이 근심은 못갈은다고,
> 남의설음을 남은 몰나라.
> 말마라, 세상, 세상사람은

---

208) 윤영천, 앞의 논문, 351면.

세상에 죠흔이름죠흔말로서
한사람을 속옷마자 벗긴뒤에는
그를 네길거리에 세워노하라, 쟝승도 마치한가지.
이무슴일이냐, 그날로부터,
세상사람들은 제각금 제脾胃의 헐한갑스로
그의 몸갑을 매마쟈고 덤벼들어라.
오오그러면, 그대들은이후에라도
하눌을 우러르랴, 그저혼자, 설쎠나괴롭거나.
　　　―「맘에잇는말이라고 다할까보냐」 전문

　말을 꾸며서 좋게 하는 것이 세상사는 버릇이지만 그것은 결국 자신에게 돌아오는 것이다. 말을 많이 해서 한 사람을 벌거벗겨 장승처럼 길거리에 세워 놓고 결국은 그 사람을 힐뜯게 된다. 따라서 그는 말을 하되 '두세번 생각'해서 하고 그저 혼자 섧거나 괴롭거나 하늘을 우러르기를 원하는 것이다. 이 말없음은 그의 시에서 자신을 숨기는 행위와 동질의 것에 속한다. 결국 자연과 일정한 거리를 유지하는 것, 자신을 몰입하지 않는 것, 섧거나 괴롭거나 그저 혼자 대상을 관조하는 것, 두 세번 생각하고 말을 삼가는 것 등은 소월의 시에서 자신을 이면으로 숨기고 말을 절제하며 감정을 외면화하지 않는 것과 동일한 것이다. 그는 절대 자신의 시에서 '맘에 있는 말을 다 하지' 않았다. 이 점 소월의 대상인식 태도를 유교이념의 속성 중에서도 지극히 피상적인 형식주의와 연관시킨 것[209]은 적절한 해석이라 할 수 있다.
　소월시는 일견 자신의 감정만 토로한 A군의 시로만 보기 쉽다. 그러나 그의 시는 거기에만 한정되는 것이 아니라 당대 현실의 공동체의식이 내포되어 있어서 사회적 의미를 유추할 수 있게 한다. B군의

---

209) 윤영천, 앞의 논문, 353-354면.

시들에서 보인 현실지향적인 면이 소월시를 해석하는 한 단면을 제공하고 있다. 따라서 C군의 시들은 막연하고 추상적인 사회적 맥락을 가지고 있는 것이 아니라 해석상 B군에 의해 그 구체성을 부여받을 수 있다. A군이 지향하고 있는 개인적 정한의 세계와 B군이 보여주는 현실지향적인 측면은 C군에서 변증법적으로 합일되고 있다. 소월시의 대표적인 것으로 지적되는 작품들은 이러한 내적 연관성 위에 있기 때문에 함축적인 의미가 부여되는 것이다. 그러나 이 두 가지의 경향이 소월 자신에게서 통합되고 극복되고 있으며 그것이 한국시에 있어서 긍정적인 평가에 준한다 하더라도 문제점은 여전히 남게 된다. 자아가 시적 대상에 몰입하지 않고 적절한 거리를 유지하는 것이 그의 시를 감상에만 떨어지지 않게 하고 건실함을 유지하게 하는 반면에 그 태도 자체는 소극적이고 도피적이라는 부정적 평가를 받을 수밖에 없다. A군과 B군이 통합된 양상으로 나타나는 C군의 경우와, 같은 통합의 양상으로 나타나는 상화의 「빼앗긴 들에도 봄은 오는가」의 경우는 큰 차이가 있다. 이것은 결국 시인 자신의 현실을 보는 시각, 즉 인생관·세계관에 의해 그 우열이 나타나는 것으로 파악된다. 소월의 경우 이미 그의 시론에서도 나타났던 바와 같이 도회보다는 전원을, 낮보다는 밤을, 크고 개방된 것보다는 작고 폐쇄적인 것을 선호하여 경험을 외면화시키기보다는 내면화를, 유교적 형식주의에 의한 감정의 절제와 대상과 일정한 거리를 두는 균제를 시적 이상으로 삼았던 것이다. 이런 면에서 본다면 소월은 한국시가에 지속되어 오던 관념주의와 현실주의를 각기 경험하고 그것을 합일시키는 훌륭한 성과를 이루었지만 전자에 보다 더 치우쳐 있었다고 할 수 있다. 그 두 가지의 경향 중 어느 것을 시적 귀결점으로 삼느냐 하는 것은 결국 시인 자신의 취향에 따르는 것이다. 작품은 결국 시인 자신의 세계관과 인생관의 표현양식이기 때문이다.

② 이상화:관념과 현실의 변증법

이상화의 작품활동 기간은 약 10년 정도라고 할 수 있고 그 중에서도 1925년과 26년에 시와 시론이 집중되어 있다.210) 지금까지 상화에 대한 연구는 110편이 넘고211) 그 대부분은「나의 침실로」와「빼앗긴 들에도 봄은 오는가」에 치중되어 있다.
이상화의 시에 대해서는 대체적으로「감상과 낭만」,「경향파적 경향」,「저항, 민족주의」라는 견해를 보이고 있고 이는 이상화의 시경향을 일별해 볼 때 가장 무난한 것이라고 볼 수 있다.212)
흔히 이상화의 작품 중「나의 침실로」를 한국근대 낭만주의를 대표하는 시로, 또「빼앗긴 들에도 봄은 오는가」를 항일 저항시의 대표적인 것으로 평가하고 있다. 물론 이것은 곧 이들 작품이 작품의 구조상으로나 시의 경향으로나 당대를 대표하는 것으로서 조금도 손색이 없기 때문이다. 그러나 이상화시의 탁월성은 각 편의 작품들이 우수한데만 연유하는 것이 아니라 그 각 편들이 한국근대시의 제 경향을 대표할 뿐만 아니라 한국근대시에서 지속적으로 작용해 온 두 경향, 즉 관념주의와 현실주의를 변증법적으로 합일시킨 데 있다. 이 두 경향이 한국시가에서 지속적으로 작용해 왔고 그것이 1920년대라

---

210) 1925년과 26년에 상화작품의 2/3가 발표되었고 27년 이후에는 거의 명맥만 유지할 뿐 창작의욕이 쇠퇴해 진다. 이기철,『작가연구의 실천』, 영남대학교 출판부, 1986. 49-50면 참조.
211) 이기철,「<나의 침실로>의 재해석」, 영남어문학회, 영남어문학 제15집, 1988,8.
212) 김학동,「이상화 연구」,『이상화전집』, 새문사, 1987. 이선영 외,『현대한국작가연구』, 민음사, 1976. 이명재,「이상화의 시와 저항의식 연구」,『이상화의 서정시와 그 아름다움』, 새문사, 1981. 이기철,『작가연구의 실천』, 영남대학교출판부, 1986. 참조.

고 하는 질곡에서 서로 분리되며 극심하게 깊이를 더해 갔다고 한다면 그 양극을 대표하면서 한편으로는 절묘한 합일의 귀감을 보여 준 시인으로 이상화를 꼽을 수 있는 것이다.

조동일은 '이상화의 시는 한 편씩 독립된 것이기도 하면서, 전체적으로 유기적인 관계를 가지기도 한다.'213)고 하고 있다. 즉 이상화의 시는 한 편 한 편이 독자적이면서도 전체적으로는 어떤 일관성 하에 있다는 것을 뜻하고 있는 것이다.

1) 상화시의 성격

(1) 전기의 관념지향

이상화의 작품은 대개 작품의 창작시기와 발표시기가 일치하지 않는 수가 많다. 즉 작품의 말미에 (舊稿)라는 단서를 붙이거나 창작년도를 밝히고 있는 것이 많은가 하면 또한 동일한 부류의 작품이 몇 년간의 시차를 두고 발표되기도 한다. 예를 들어 「緋音가온데서」라는 단서를 붙이고 있는 작품들의 발표시기를 보면 다음과 같다.

```
「緋音」-「緋音」의 序詞 ; <개벽> 55호, 1925.1.
「末世의 희탄」         ; <백조> 1호, 1922.1.
「나의 침실로」        ; <백조> 3호, 1923.9.
「二重의 死亡」        ; <백조> 3호, 1923.9.
「마음의 꽃」          ; <백조> 3호, 1923.9.
「虛無敎徒의 讚頌歌」  ; <개벽> 54호, 1924.12.
```

즉 이 작품들은 「緋音」이라고 하는 동일한 주제 하에 지어진 것이지만 序詞라고 할 「緋音」이 제일 나중에 발표되었고 가장 먼저 발표

---

213) 조동일, 「이상화의 <나의 침실로>분석과 이해」, 『이상화의 서정시와 그아름다움』, 새문사, 1981.

된「말세의 희탄」과는 3년의 간격이 있다. 따라서 상화의 작품에 있어서 발표된 연대 자체는 그리 큰 의미를 가지고 있는 것이 아니며 그가 작품에 명기하고 있는 연대, 혹은「…가온데서」라고 하는 단서에 따라 재편집해 보는 것이 상화시의 변모를 살피는데 있어서 여러 모로 편리할 것 같다.214) 그는 작품 말미에「緋音」,「벙어리 노래」,「慟哭」,「街相」등의 副題를 붙이고 있는데 이것은 작자의 특별한 의도가 있었던 것 같고 어쩌면 시집의 간행을 염두에 두고 있었는지도 모른다.

緋音의 시편들은 거의가 퇴폐적이고 허무적이며 관능적인 것이 그 특색으로 되어 있어서 1920년대 초기의 시와 그 경향을 같이 하고 있다.

> 저녁의 피무든 洞窟속으로
> 아 - 밋업는, 그洞窟속으로
> 끗도모르고
> 끗도모르고
> 나는 걱구러지련다
> 나는 파뭇치이련다.
>
> 가을의 병든 微風의품에다
> 아 - 꿈꾸는 微風의품에다
> 낫도모르고
> 밤도모르고
> 나는 술취한집을 세우련다
> 나는 속압흔우슴을 비즈련다.
>
> ―「말세의 희탄」전문215)

---

214) 이러한 의도 하에 이기철은 그의 작품을 작품 말미에 첨가되어 있는 副題別로 분류하고 있고 김학동은 시대별로 분류하고 있다. 이기철,『이상화전집』, 문장, 1982. 김학동,『이상화전집』, 새문사, 1987. 참조.

죽음일다!
성난해가, 니ㅅ 발을갈고
입술은, 붉으락푸르락, 소리업시홀적이며,
跋躅바든계집가티 검은무릅헤, 곤두치고, 죽음일다!

저녁바다의, 끗도업시朦朧한머-ㄴ 길을,
運命의악지바른손에끄을려, 나는彷徨해가는도다,
嵐風에, 돛대썩긴木船과가티, 나는彷徨해가는도다.
— 「이중의 사망」1,6연216)

이상화의 초기시에 해당하는 이 시편들은 감정의 과잉노출이라는 공통점을 지니고 있다. '아 - 밋업는, 그洞窟속으로', '걱구러지련다', '파뭇치련다', '나는彷徨해가는도다' 등은 절제할 수 없는 자신의 감정을 드러내고 있으며 이러한 감정은 사실상 시의 정서와는 가깝지만 미적 가치는 오히려 상실하게 하고 있는 것이다. 이 점에 있어서 상화의 초기시는 1920년대의 다른 시인들의 작품과 변별되는 것이 아니다.

1920년대의 관념주의시의 흐름이 국권상실이라고 하는 식민지의 질곡 속에서 어느 문화에도 동일화될 수 없었던 자기상실의 심리적 압박감에서 유래되었고, 그것이 당대의 문학적 환경, 즉 상징주의나 러시아의 우울문학에 편승하여 그 깊이를 더했다고 할 때 이들 시는 현실과의 괴리, 관념의 노출이라는 점에서 다른 여타의 작품들과 공통선상에 있는 것이다.

詩想을 저녁이라는 시간, 즉 부정적 인식에 촛점을 맞추고 그 저녁이 '피무든 동굴' '밋업는 동굴'로 인식되며 그 속으로 '끗도 모르고

---

215) <백조> 창간호, 1922.1.
216) <백조> 3호, 1923.9.

씃도 모르고' 걱구러지고 파뭇치려는 화자의 심리적 상태는 현실과의 유리 속에서 자체의 감정에만 치중하고 있음을 보여준다. 즉 구체적인 삶의 긴장은 거세되어 있는 상태에서 원인 없는 결과에만 충실함으로써 감정만이 극대화되어 나타나 있는 것이다. 자신의 개체적인 삶이 구체화되지 않고 그 시대의 공통적인 시경향에 동조했을 때 그것은 하나의 관습일 뿐인 것이다.

「緋音」이라는 동일한 副題 속에 포함된 것이면서도 「말세의 희탄」과는 성격을 조금 달리 하는 것으로 緋音의 序詞인 「緋音」이 있다.

> 이世紀를물고너흐는, 어둔밤에서
> 다시어둠을꿈꾸노라조우는조선의밤-
> 훗却뭉텅이가튼, 이밤속으론
> 해쌀이비초여오지도못하고
> 한우님의말슴이, 배부른군소리로들리노라
>
> 나제도밤 - 밤에도밤 -
> 그밤의어둠에서씀여난, 뒤직이가튼신령은,
> 光明의목거지란일홈도모르고
> 술취한장님이머-ㄴ 길을가듯
> 비틀거리는자욱엔, 피물이흐른다!
> ─ 「緋音」 전문217)

「緋音」은 <개벽> 55호(1925.1)에 발표된 것이지만 斷章五篇(舊稿)라고 되어있고 「緋音」의 序詞라는 부제가 있어서 「緋音」의 시편들의 대표격이라고 보아야 할 것이다. 현실의 부정적 인식이라는 점에서는 「말세의 희탄」과 그 궤를 같이 하고 있지만 「말세의 희탄」에서 지적되는 현실과의 유리가 어느 정도 극복되어 있다. 그것은 곧 '어둔 밤

---

217) <개벽> 55호, 1925.1.

에서 다시 어둠을 꿈꾸노라 조우는 조선의 밤'이라는 부정적 인식이 구체성을 획득함으로써 얻어지는 것이다. 즉 '조선'을 객관화함으로써 일제에 대한 조선의 밤이 대립적으로 제시되어 있고 어둔 밤인데도 다시 어둠만 꿈꾸느라 졸고 있음이 비판적으로 제시되어 있다든지 그 밤이 망각뭉텅이에 비유됨으로써 역사의식을 내포하고 있다. 또한 그 밤 속으로는 햇살조차 비치지 못 하고 온갖 좋은 말로 가득한 하느님의 말씀은 배부른 군소리라고 함으로써 식민지의 비참한 현실이 간접적으로 나타나고 있다. 낮도 밤이고 밤도 밤인 그 암담한 현실에서 광명의 목거지(잔치)란 이름조차도 모르는 뒤직이(두더지)같은 신령의 비틀거리는 발자욱엔 피물이 고여 있는 것이다.

따라서 이 시는 「緋音」의 시편 가운데서 식민지의 현실이 간접적으로나마 제시되고 그것이 비판적인 시각을 획득함으로써 영탄에만 치우친 다른 시들과는 구별된다. 이런 의미에서 이 시는 비록 직접적이지는 않지만 오히려 「街相」의 시편들과 유사함을 보여주는데 그것은 이 작품이 舊稿이고 緋音의 序詞이기는 하지만 그 발표 시기가 1925년인 것으로 보아 舊稿가 있었다 하더라도 발표당시에 개작했을 수도 있다고 보여진다.

「緋音」의 시편 중 「나의 침실로」는 1920년대 관념주의시를 대표하는 것으로서 그 시사적 가치에 대해서는 이미 많은 평가가 있어 왔다.

나의 寢室로
―「가장아름답고 오―랜것은 오즉꿈속에만잇서라」―「내말」―

「마돈나」지금은밤도, 모든목거지에, 다니노라 疲困하야돌아가려는도다,
아, 너도, 먼동이트기전으로, 水蜜桃의네가슴에, 이슬이맷도

록달려오느라.

「마돈나」오렴으나, 네집에서눈으로遺傳하든眞珠는, 다두고몸만오느라,
  쌜리가자, 우리는밝음이오면, 어댄지도모르게숨는두별이어라.

「마돈나」구석지고도어둔마음의거리에서, 나는두려워썰며기다리노라,
  아, 어느듯첫닭이울고-뭇개가짓도다, 나의아씨여, 너도듯느냐.

「마돈나」지난밤이새도록, 내손수닥가둔寢室로가자, 寢室로!
  낡은달은째지려는데, 내귀가듯는발자욱-오, 너의것이냐?

마돈나짧은심지를더우잡고, 눈물도업시하소연하는내맘의燭불울봐라,
  羊털가튼바람결에도窒息이되어, 얄푸른연긔로써지려는도다.

「마돈나」오느라가자, 압산그름애가, 독갑이처럼, 발도업시이곳갓가이오도다,
  아, 행여나, 누가볼는지-가슴이쒸누나, 나의아씨여, 너를부른다.

「마돈나」날이새련다, 쌜리오렴으나, 寺院의쇠복이, 우리를비웃기전에
  네손이내목을안어라, 우리도이밤과가티, 오랜나라로가고말자.

「마돈나」뉘우침과두려움의외나무다리건너잇는내寢室열이도업느니!
  아, 바람이불도다, 그와가티가볍게오렴으나, 나의아씨여, 네가오느냐?

「마돈나」가엽서라, 나는미치고말앗는가, 업는소리를내귀가들음은-,
　　내몸에피란피-가슴의샘이, 말라버린듯, 마음과목이타려는도다.

「마돈나」언젠들안갈수잇스랴, 갈테면, 우리가가자, 끄을려가지말고!
　　너는내말을밋는　「마리아」-내寢室이復活의洞窟임을네야알년만……

「마돈나」밤이주는꿈, 우리가얽는꿈, 사람이안고궁그는목숨의꿈이다르지안흐니,
　　아, 어린애가슴처럼歲月모르는나의寢室로가자, 아름답고오랜거긔로.

「마돈나」별들의웃음도흐려지려하고, 어둔밤물결도자자지려는도다,
　　아, 안개가살아지기전으로, 네가와야지, 나의아씨여, 너를부른다.
　　　　　　　　　　　─「나의 침실로」 전문218)

「나의 침실로」는 <백조> 3호(1923.9)에 발표된 것으로서 발표당시부터 극찬을 받았다.

　　…「말세의 희탄」에서 李相和君은 그의 뮤-즈를 깨웠다. '저녁의 피묻은 洞窟', '가을의 病든 품에다', '나는 술취한 집을 세우려 한다'고 例의 頹廢的 詩人의 情熱을 表現하며, 그는 例의 有名한「나의 寢室로」에서 그 극치를 보였다.219)

---

218) <백조> 3호, 1923,9.
219) 박영희,「백조 화려한 시절」, <조선일보>, 1933,9.13. 김학동, 앞의 책, 183

「나의 寢室로」(白潮第3號) 뒤덮인 눈우에 찬바람이 뒤설넬째에, 다사롭은 黃金色의 日光을 맘껏 밧는듯한 詩입니다. 그의 詩는 象徵입니다, 外部的 노래가 아닌 것만큼, 內部에는 모든 것을 잡아 모하두는 힘이 잇서, 여긔에 可見을 通하야 不可見의 世界를 볼 수가 잇습니다, 하고 읽으면 낡을사록 그 世界는 더 넓어지며, 더 김허집니다. 이것이 現實과 꿈이 서로 얽히어, 神秘롭은 調合을 내이는 것입니다.220)

1922년 相火가 白潮同人이 되었고 白潮 創刊號에 巨彈「나의 寢室로」를 던지자 詩壇은 놀랐고 백조2호, 3호에 連續的으로 發表한 詩篇들은 相火의 重量을 加하기에 足한 佳作들로써 그는 一躍一流詩人으로 認定되었다.221)

「나의 침실로」에 대한 이러한 평가는 현재까지도 별 이견없이 수용되고 있고 이 작품을 「빼앗긴 들에도 봄은 오는가」와 더불어 상화의 대표작으로 공인하고 있는 것이다. 특히 「나의 침실로」는 상화의 대표작일 뿐만 아니라 1920년대의 시경향을 대표하는 것으로서 그 시사적 가치가 높게 평가되고 있다. 오세영은 이 작품의 가치에 대해서 '첫째는 20년대의 다른 시들에 비하여 이 작품이 거둔 미학적 성공이며, 둘째는 소위 역사적 再構 historical reconstruction 라는 관점으로 볼 때 이 작품이 반영한 문예사조와 시대적 의미이다'222)고 평하고 있다. 즉 이 작품의 우수성은 당대의 시들이 내포하고 있었던 제경향, 즉 낭만성, 퇴폐성, 상징성 등을 대표하고 있을 뿐만 아니라 작

면에서 재인용.
220) 김 억,「詩壇의 一年」, <개벽> 42호, 1923.12.1.
221) 백기만,「상화와 고월」, 청구출판사, 1951.8. 156-157면.
222) 오세영,「어두운 빛의 미학」,『이상화의 서정시와 그 아름다움』, 새문사, 1981. I-9면.

품 자체의 아름다움 또한 뛰어나기 때문이다. 따라서 많은 논문들이 구조의 문제나 율격과의 상관성 문제, 또 이 작품에 내포된 의미를 찾고자 하는데 집중되어 온 것은 이 작품이 가지고 있는 시사적 가치를 높게 평가하는 것이라고 보아 무방할 것이다.

이 시는 전체가 12연으로 각 연이 2행씩으로 이루어져 있고 각 연의 첫머리에서는 「마돈나」를 애타게 부르고 있다. 한 행은 24음절에서 33음절로 이루어져 있어서 장행시이지만 띄어 쓰기를 거의 무시한 채로 읽도록 되어 있어서 작중화자의 급박한 심리상태를 그대로 전달해 주고 있다.

「가장아름답고 오-랜것은 오즉꿈속에만잇서라」라는 단서가 副題처럼 붙어 있는 이 시는, 따라서 꿈과 현실과의 대립에 의해서 구조화되어 있으며 존재로서의 현실과 화자의 지향점으로서의 꿈의 관계에 시의 비밀이 놓여지게 된다. 따라서 우리는 작중 화자가 처한 현실과 꿈을 대비해 봄으로써 이 시의 본질에 접근할 수 있을 것이다.

내용상으로 볼 때 이 시는 마돈나라고 지칭하는 여인을 애타게 기다리면서 불안해 하고 초조해 하는 심경을 묘사한 것이다. 이 작품에 설정되어 있는 시간은 '첫닭이 울기전, 개가 짓기전, 달이 지려는 때, 그래서 앞산 그림자가 길어지는 때, 날이 새기 전, 사원위 종이 울기 전, (새벽)바람이 부는 때, 별들의 웃음이 흐려지려는 때, 어둔 밤물결이 자자지려는 때, 안개가 끼여 있는 때.'로 설정되어 있어서 한밤에서 새벽까지이다. 그런데 중요한 것은 이렇게 설정한 시간이 지나면 화자의 의두가 무산되는데 있다 그만큼 시간이 절박하게 설정되어 있는 것이다. 또한 작중 화자가 처한 공간은 구석지고도 어두운 마음의 거리이며 사원의 종소리가 들릴 정도로 사원과 가까운, 앞산의 그림자가 가까이 올 수 있는 곳으로 설정되어 있다. 따라서 화자가 있는 공간은 사람들을 회피하여야 하는 비사회성의 곳임을 알 수 있다.

작중 화자인 '나'는 구석지고도 어두운 마음의 거리에서 '두려워 떨며' 상대를 애타게 기다리고 있고 밤새도록 침실을 닦아 두었으며 짧은 심지를 잡고 눈물도 없이 하소연하고 있다. 또한 양털같은 바람결에도 질식이 되고 얕푸른 연기로 꺼지려는 나약한 모습이다. 물론 이런 나약한 모습은 시적 대상에 '對한' 것이다. 작중 화자인 '나'의 심리적 상태는 매우 불안하고 강박관념에 억눌려 있는데 그것은 환청을 경험하는 데서 극대화되어 있다. '어느듯 첫 닭이 울고 뭇개가 짓도다' '내귀가 듯는 발자욱 - 오, 너의 것이냐 ?' 이 환청의 경험은 본인조차 '가엽서라, 나는 미치고 말았는가, 업는 소리를 내 귀가 들음은'이라고 할만큼 狂的인 것인데 이는 그만큼 시적 대상을 기다리는 화자의 급박한 심리상태를 보여주는 것이다.

또한 시적 대상으로서 화자가 목마르게 부르고 있는 '마돈나'는 이태리어로 성모 마리아를 뜻하는 것인데 이 마돈나는 '마리아'로, '아씨'로, '너'로 불리면서 동격화되어 있다. 즉 <마돈나 = 마리아 = 아씨 = 너>로 호칭되고 있는데 가장 聖스러운 尊稱인 마돈나와 마리아가 尊稱 또는 愛稱인 아씨로, 동격 또는 卑稱인 '너'로 하강하고 있는 것이다. 한 편 '마돈나'는 사랑하는 애인이나 부인을 칭하는 경우도 있어서 이 시에서 마돈나라는 이름에 집착하여 종교적인 해석을 가하는 것은 옳지 않은 것이다. 마돈나가 성스러운 존재에만 머물고 있지 않음은 '水蜜桃의 네 가슴에 이슬이 맺도록 달려오느라'223)라든지 '눈으로 유전하든 眞珠224)는 다 두고 "몸만" 오느라', '네 손이 내 목

---

223) 水蜜桃는 아름답고 성숙한 여성의 가슴을 말하려는 것으로 읽는 것이 타당하다고 생각한다.
224) 여기에 대해서는 해석이 다양하다. 김용직은 이를 '눈물'로 보았고 김춘수는 '값나가는 장식품 즉 겉치레'로 보았으며 조창환은 '영혼이나 정신성'으로, 이기철은 '가보로 전해지던 유물이나 장식품'으로 보았다. 이기철, 「<나의 침실로>의 재해석」참조. '몸만 오너라'에서 보면 여기서 화자가 필요로 하는 것은 다른 무엇도 아닌 너 자신임을 알 수 있고 따라서 '눈으로 유전

을 안어라', '바람이 불도다, 그와가티 가볍게 오렴으나'에서 확인할 수 있다. 즉 이 시에 있어서 마돈나는 아씨나 너에 대한 애칭으로써 철저히 肉化된 관능적 대상임을 알 수 있는 것이다. 이것은 또한 '너는 내말을 믿는 마리아'에서도 확인할 수 있는데 이 때 '나'는 마리아가 믿는 존재, 즉 예수 그리스도와 비유되어 있는 것이다. '나'가 그리스도에 비유되어 있음으로 해서 마리아는 내 말이라면 모두 믿는, 사랑에 빠진 대상으로서의 연인임을 알 수 있다.

그러면 시적 화자인 '나'와 대상으로서의 '너', 즉 '우리'의 상관관계는 어떻게 되어 있는가. 여기에 나타나는 '우리'는 '밝음이 오면 어댄지도 모르게 숨는 두 별'이며 '행여나 누가 볼는지-가슴이 뛰는' 관계이며 '사원의 쇠북이 비웃는' 관계, '안개가 끼여 있을 때 빨리 떠나야 하는' 관계이다. 즉 낮을 피해서 만나야 하고 다른 사람들이 보면 되지 않는 관계, 그래서 구석지고도 어두운 곳에서 만나야 하는 관계인 것이다. 따라서 화자는 시간이 경과해서 아침이 다가올수록 더욱 초조해지는 것이다. 이렇게 본다면 '우리'의 관계는 사회적으로는 공인 받지 못 할 상황에 있으며 비정상적인 것임을 알 수 있다.

시간과 공간, '나'와 '너'의 존재, 그리고 '우리'의 관계로 볼 때 이 시는 어두운 현실을 사는 주인공의 심적 갈등을 표현하고 있는 것이다. 그 심적 상태는 매우 조급하고 압박받고 있다. 관능적으로 肉化되어 있는 마돈나와 사회로부터 공인받지 못 하는 비도덕적인 '우리'의 관계는 바로 邪戀을 뜻하는 것이다. 비도덕적인 데 대한 죄의식에 시 '나'의 심리적 상태는 연유한 것이리고 보아야 한다. 따라서 이 시에 설정되어 있는 현실이란 연인과의 자유로운 사랑을 제약하는 기

하든 진주'는 너 이외의 물질적, 정신적인 것을 포함한 모든 것,즉 시적 대상이 소중하게 여기는 모든 것을 뜻한다고 볼 수 있다. 이들의 관계는 밝음과 사람을 회피해야 하는, 사회적으로 공인 받지 못 하는 비정상적인 것임과 시간적으로는 매우 촉박한 것임을 염두에 둘 필요가 있다.

존의 인습이나 도덕, 규율등 개인에게 가하는 사회의 억압일 수 있다.

그러면 어둠 속에서만 가능한 '우리'의 만남의 목적은 어디를 지향하고 있는가. 작중화자인 '나'가 대상인 '너'를 만나 가고자 하는 곳은 침실이다. 그 침실은 내가 밤이 새도록 손수 닦아 놓은 것이며 뉘우침과 두려움의 외나무다리 건너에 있고 또한 그것은 부활의 동굴이면서 어린애 가슴처럼 세월 모르는 곳으로서 아름답고 오랜 곳이다. 내가 손수 닦아 놓았다는 것은 이미 내가 준비해 두었다는 뜻이 되고 한 편으로는 다른 사람들에게 알리기를 싫어한다는 뜻도 된다. 말하자면 그 곳은 우리만이 알아야 할 비밀장소인 것이다. 그 곳은 어린애 가슴처럼 세월 모르는, 즉 비속한 삶이 아닌 순수성, 시간관념이 정지된 영원성과 神性의 장소이다. 그런데 그 침실은 '뉘우침과 두려움의 외나무다리 건너'에 존재하며 다른 사람이 열이도 없는 것이다. 그 침실을 사회와 연결시켜 주는 것은 외나무 다리 뿐이다. 즉 그것은 사회성과 일상성과는 단절되어 있는 공간인 것이다. 따라서 그 공간에서는 사회적인 규범이나 도덕과 단절되어 있고 비로소 어둡고 억압적인 현실에서 벗어날 수 있는 곳, '邪戀의 죄의식에서 해방된 공간이며, 생명의 절대화가 실현되는 장소'이다.[225] 그 침실은 사회성이 미치지 못 하는 곳이기에 둘은 자유로울 수 있고 심리적으로 불안한 현실에 비해 안정을 찾을 수 있다. 그런데 시적 화자는 사회에서 격리되는 것으로만 만족하지 않고 죽음을 통해서 새로운 삶을 의도하고 있다. 그 침실은 부활을 위한 죽음의 장소인 것이다. 죽음이란 우리가 회피할 수 없는 것이기에 '언젠들 안 갈 수 잇스랴, 갈테면, 우리가 가자, 끄을려 가지말고'라고 하여 우리가 지금 가야 하는 것에 대해 자위적으로 당위성을 부여하고 있다. 침실은 잠과

---

225) 박철석, 『한국현대문학사론』, 민지사, 1990. 84면.

꿈, 동굴과 동일한 이미지인데 그 꿈은 사실상 현실과의 연장선상에 있다. '밤이 주는 꿈'은 우리의 일상에서 꾸는 꿈이요 '우리가 얽는 꿈'은 현실 생활에서 이상으로 삼는 세계이며 '사람이 안고 궁그는 목숨의 꿈'이란 바로 다름 아닌 죽음을 뜻한다. 그 꿈들이 '다르지 안흐니' 바로 삶과 꿈, 죽음은 동일선상에 있는 변형인 것이다. 거기에서 우리는 현실의 굴레에서 벗어나서 부활을 통한 새로운 삶을 기약하는 것이다.

이렇게 볼 때 이 시는 '우리'의 이룰 수 없는 사랑에 번민하는 일종의 연애시임을 알 수 있다. 「가장 아름답고 오랜 것은 오즉 꿈속에만 잇서라」는 부제가 암시하듯 정상적이고 밝은, 축복 속의 사랑이 아니라 현실 속에서는 허용되지 않는 '邪戀 또는 悲戀'[226]에 처한 시적 화자가 그 도피처로서 침실을 설정하고 연인에게 거기에 가자고 청유하고 있는 것이다. 거기에서 현실을 초월한 사랑을 희구하는 것이 이 작품이다.

그러나 작품에서 드러나는 바와 같이 '나'나 '우리'는 자신들을 억압하는 현실에 대해 적극성을 보이지 않는다. 단지 이들이 택하는 현실의 타개책은 밀폐된 장소로의 도피이며 죽음을 통해 새로운 관계로 재생하기를 바라는 수동적인 태도뿐이다. 이들의 삶이나 죽음과는 관계없이 사회는 그대로 변함없이 존재하는 것이다. 즉 현실 그 자체는 극복할 수 없는 요지부동의 것이고 거기에 새로운 모습으로 적응해 나가야 한다는 수동적 인식이 자리하고 있다.

현실을 부정의 대상으로 삼고 관념 속에서 이상향을 찾는 것은 한국근대시의 일반적 경향이기도 했지만 그것은 낭만주의의 속성이기도 했다. 이 시는 1920년대의 시들이 지향하고자 했던 꿈의 세계, 식민지 현실에 대한 심리적 도피처로 삼았던 밀실과 죽음의 관념적 유

---

226) 김재홍, 『한국현대시인연구』, 일지사, 1987, 58면.

토피아를 통합하고 있는 셈이다. 이 시가 여타의 시들과 변별되며 그 시대를 대표하는 가작으로 지적되는 것 중의 하나는 심리적 안식처로 삼은 침실이 단지 연인과의 성충동을 해소하기 위한 것이나 극단적인 현실도피인 죽음 자체로 머물지 않고 '부활의 동굴'임을 명시하고 있기 때문이다. 엄밀히 말하면 이 시를 당대의 사회와 연관시켜서 논하는 근거를 제시하고 있는 것은 이 '부활의 동굴'과 그와 관련된 '마돈나'라는 호칭 때문이다. 마돈나가 '성모 마리아'일 때 인류를 구원하며 '화자가 사랑하는 젊은 여성'일 때 정적 자아를 구원하고 '조국'일 때 민족해방을 뜻한다는 논리[227]는 마돈나가 내포하는 종교적 의미와 자신들에게 가해자로 등장하는 사회, 그리고 '부활의 동굴'에서 식민지 조국의 부활의지를 유추할 수 있기에 가능한 것이다.

그러나 분명한 것은 이 시에서 우리가 직접적으로 읽어낼 수 있는 것이 위에서 검토한 바와 같이 사회적 용인이 허락되지 않는 사랑이라는 비극적이고 부정적인 현실과 그 도피처로서의 침실(꿈)의 이원적 대립에 의해 구축되어 있다는 점이다.

> 이 시에서는 절망 그 자체를 다루었을 뿐이지, 왜 절망해야 하며, 절망이 삶의 구체적 양상과 어떤 관계를 가지는가에 대해서는 한 마디도 하지 않는다. 1920년 전반기의 정신적 증후를 농후하게 지니고 있으면서 그러한 증후가 그 시대의 역사적 상황과 어떻게 맞닿고 있는가에 대해서는 전혀 관심을 보이지 않는다. 이런 이유에서 허황되고 관념적인 시라는 비판을 받아 마땅하다.[228]

물론 이 시가 사회적인 의미를 전혀 포함하고 있지 않다는 것은

---

227) 송명희, 「<나의 침실로>의 상징구조와 수사적 기법」, 『이상화의 서정시와 그 아름다움』, 새문사, 1981, 68면.
228) 조동일, 앞의 글, I-38면.

아니다. 식민지라고 하는 비극적 현실은 작품내적 '우리'의 상황 그 자체이고 불안하고 초조한 심리적 갈등은 당대의 지식인들의 모습이며 또 사회적·윤리적으로 강제의 시대에서 동일성의 상실을 현실보다는 꿈이나 죽음에서 회복하고자 한 점은 1920년대 시의 한 특질이다. '꿈은 좌절과 실의 그리고 허무의 심리적인 방어기제이자 도피적 전략'[229]이기 때문이다.

이 시를 '억제된 Libido의 해방, Super Ego에 의해 억압된 Id가 노출되고 활동하고 충족되는 과정을 표현한 것'이라고 했을 때[230] 그것은 곧 일제의 강제에 의해 자유로운 활동이 억압된 상태에서 자아의 강조는 기대할 수 없고 왜곡되고 병든 자아의 모습으로 나타날 수밖에 없었음을 뜻하는 것이다. 이 시가 당대 지식인들의 심리적 갈등을 보여주고 있다고 한다면 그것은 주요한의 「불노리」와 같은 궤도에 있는 것으로서 20년대 시의 양상을 전형적으로 보여주는 것이 된다.

그러나 주의해야 할 것은 이 시가 가지는 사회적인 의미는 간접적인 것이지 직접적인 것이 아니라는 점이다. 즉 우리는 이 시의 어디에도 조국이나 민족해방이라고 하는 구체적인 현실감을 읽어낼 직접적 단서를 찾아 낼 수 없는 것이다. 이 점은 이후 상화시의 변모 과정, 즉 「街相」의 시편들이나 「빼앗긴 들에도 봄은 오는가」와 비교할 때 더욱 명확해진다. '1920년대 전반기 시의 일반적인 한계는 시인이 민족의 현실을 구체적으로 재인식하고, 지식인과 민중의 역사적인 제휴에 참가할 때 극복될 수 있었는데, 이 시는 거기까지 미치지 않은 것이나.'[231]

비록 부활의지가 이 시를 퇴폐에만 빠지지 않게 극적으로 살렸다

---

[229] 박철희, 「이상화시의 정체」, 『이상화의 서정시와 그 아름다움』, II-97면.
[230] 조창환, 「환상적 관능미의 추구」, 『한국대표시평설』, 문학세계사, 1988. 91면.
[231] 조동일, 앞의 글, I-39면.

고 하더라도 아름답고 오랜 것은 오직 꿈 속에서만 있고 현실에는
없다는 허무의식과, 구체적인 현실체험이 전제되지 않은 상태에서 관
념으로의 도피, 및 현실극복의지의 결여라는 20년대 시들이 공유하고
있는 결점을 이 시가 극복하지 못 하였음을 단적으로 보여주는 것이
다.

「나의 침실로」가 지닌 이러한 한계는 「이별을 하느니」에서 더욱
구체적으로 확인된다. 舊稿라는 단서가 붙어 있는 이 시는 1925년 3
월 <조선문단> 6호에 발표된 것으로서 감정의 열도가 「나의 침실로」
보다 내면화하지 못 하고 감상적인 탄식과 직선적인 표현으로 인하
여 그 격은 떨어진다고 할 수 있다.

>　엇지면 너와나 써나야겟스며 아모래도우리는 난호야겟느
> 냐?
>　남몰리 사랑하는 우리사이에 우리몰리 離別이 올줄은 몰랏
> 서라.
>
>　愛人아 하늘을 보아아 하늘이 까라젓고 쌍을보아라 쌍이써
> 젓도다
>　愛人아 내몸아 어제가치보이고 네몸도아즉살앗서 내겨테 안
> 젓느냐 ?
>　　　　　　　　　　　　　　　　　— 「이별을 하느니」 1,3연

이 작품이 각 연 2행씩으로 전체가 12연인 점은 「나의 침실로」와
동일하다. 이별을 할 수밖에 없는 애인에게 이별을 하기보다는 '차라
로바라보며 우는별이나되자!' '차라로피울음우는 杜鵑이나되자!' '차
라리바다에짜저 두마리 人魚나되여서살자'고 부르짖고 있다. 여기에서
는 애인과의 이별이 사실로 확인된 상태에서 그 극복의 대상으로서
우는 별, 피울음 우는 두견, 두 마리 인어를 구체적으로 직서하고 있

어서「나의 침실로」에서 나타난 내면적 공간이 배제되고 표면상의 절규로 점철하고 있는 것이다. 하늘이 가라앉고 땅이 꺼진 상황은 그것이 현실에 대한 인식에서 연유한 것이 아니라 단순히 애인과의 이별에서 연유하는 감정적 슬픔인 것이다. 따라서 우리는 이상화의 초기시에 설정된 마돈나, 아씨, 애인등이 종교적 상징이나 조국으로 확대되기보다는 어떤 구체적인 대상232), 또는 당대에 대한 간접적인 관념상의 자아충족으로서의 대상일 뿐일 것이라는 추단을 할 수 있게 된다.

이들 초기의 작품들이 구체적 현실인식과는 먼 거리에 있으며 오히려 20년대의 관념주의시의 대표적 작품들임은 1925년을 기화로 그가 현실을 구체적으로 인식하고 쓴 현실주의시와 비교하여 작품의 경향이 판이함을 보면 더욱 명확히 부각된다.

(2) 후기의 현실지향

이상화의 시는 1925-6년 사이에 가장 많이 발표되었다. 이 2년 동안에 시 34편, 번역소설 5편, 평론, 수필 등 16편을 발표하여 이상화 작품 전체의 2/3를 발표한 것이다. 이는 25-6세라는 젊고 발랄한 연령 탓도 있지만 <시대일보>와 <개벽>의 발표지면 확보 탓도 있다. 그러나 무엇보다도 중요한 것은 그가 이 시기에 많은 경험을 하여 그것이 시의 소재가 되었으며 그러한 경험을 시로써 형상화했기 때문이다. 그는 1922-3년에 걸쳐 일본에 유학하였는데 그 때 동경대진재를 경험하고 일본 동경과 비교되는 식민지 조국의 현실에 대한 인식, 1924년을 전후한 국내 각처의 소작쟁의, 노동운동, 대량의 간도 만주

---

232) 구체적 대상을 밝히는 것이 반드시 바람직한 것은 아니지만 이상화의 시적 대상에 대해서는 그의 전기와 관련하여 유보화일 가능성이 많은 것으로 추측되고 있다.

이민등을 경험함으로써 민족을 발견하고 민족의 현실을 바탕으로 한 작품을 쓰게 된다. 이러한 경험을 바탕으로 그는 1925년에 경향파 문학에 가담하게 되고 그의 시경향의 일대 획을 긋게 된다.

  상화의 문학은 1925년을 기준으로 하여 전기와 후기로 구분되는데 전기의 시의 성격이「나의 침실로」를 비롯한 관념지향의 것이라면 후기는「街相」의 시편과「빼앗긴 들에도 봄은 오는가」로 대표되는 현실지향의 것이다. 이 변화의 양상은 그의 시에서 확연히 드러나는데 그것은 곧 상술한 바와 같이 그의 외적 경험이 크게 작용한 것으로 보인다. 그런데 상화의 시에서는 프로문학파들이 주장하는 계급투쟁이나 민중해방, 이데올로기에의 편향성은 거의 보이지 않고 다만 식민지 조국 동포들의 처절한 삶, 따뜻한 민족애를 표현하고 있다.

      「날마다하는 남붓그런이짓을
      너의들은 예사롭게 보느냐?」고
      웃통도버슨구루마꾼이
      눈붉혀쓴얼골에 쌈을흘리며
      안악네의압흠도 가리지안코
      네거리에서 소흉내를 낸다.
                  —「구루마꾼」전문233)

      네가 주는것이 무엇인가?
      어린애게도 늙은이게도
      즘생보담은 신령하단 사람에게
      단맛뵈는 엿만이 아니다
      단맛넘어 그맛을 아는맘
      아모라도가젓느니 잇지말라고

---

233) <개벽> 60호, 1925.6.

큰가새로 목탁치는네가
주는것이란 엇재 엿뿐이랴 !
　　　　　　　　—「엿장사」 전문234)

아츰과저녁에만 보이는거러지야 !
이러케도 완악하게된 세상을
다시더 가엽게녀여 무엇하랴 나오느라.

한우님아들들의 罪錄인 거러지야 !
그들은 벼락마질제들을 가엽게겨
한나제도 움속에숨어주는네맘을모른다 나오느라.
　　　　　　　　—「거러지」 전문235)

　이 작품들은 -「街相」에서-라는 副題를 달고 있는 것들로서 제목 그대로 거리에서 만난 사람들의 모습을 소품으로 그리고 있다. 한 편으로는 묘사 자체에만 그친 감이 없지 않지만 전기의 시들에 비해 그 경향은 현저하다고 하겠다. 먼저 전기의 시들이 현실과는 유리된 상태에서 지극히 주관화된 관념의 세계를 형상화하고 있었던 데 비해서 이 시들은 현실 그 자체에 밀착해 있을 뿐만 아니라 그 시선이 하강해 있는 것이다. 그것은 이 시들의 소재가 거리의 구루마꾼과 엿장사, 거러지임을 통해 알 수 있고 또한 전기의 시들처럼 주관이 극대화되어 있는 것이 아니라 주관은 억제된 상태에서 객관적 실체 그 자체에 충실하고 있기 때문이다.
　이 시를 발표할 무렵 성화는 가프의 일원으로서 「무산작가와 무산작품」, 「시의 생활화」를 통하여 무산계급을 옹호하고 있었다. 이 작품들을 경향파의 시라고 구분하는 데에는 바로 시적 소재가 최하층

---

234) <개벽> 60호, 1925.6.
235) <개벽> 60호, 1925.6.

의 사람들인데서 연유한 것 같으나 이 시에 나타나 있는 것은 그 시적 소재인 구루마꾼, 엿장수, 거러지에 대한 인간애이다. 즉 현실을 탈피하고자 꿈의 세계를 희구하던 데에서 지극히 현실적인 곳으로 시선이 집중되고 그 현실을 직시하였을 때 거기에는 소나 짐승같은 삶이 있었던 것이다.

상화의 작품들이 경향파의 시들과 다른 점은 그 비참하고 부조리한, 타파되어야 할 현실을 계급성에서 찾은 것이 아니라 일제 식민지라는 저항의식에서 찾은 점이다. 그것은 그의 일본 유학기간에서부터 구체화되는 것으로 보인다.

오늘이 다되도록 日本의서울을 헤메여도
나의꿈은 문둥이살찌가튼 朝鮮의짱을 밟고돈다.

엡분 人形들이노는 이都會의豪奢로운거리에서
나는 안니치는조선의한울이그리워 애닯은마음에노래만부르노라.

「東京」의밤이 밝기는낮이다 - 그러나내게무엇이랴!
나의記憶은 自然이준등불 海金剛의달을 새로히손친다.

色彩와音響이 生活의華麗로운 아롱紗를짜는-
엡분日本의서울에서도 나는暗滅을 설읍게-달게꿈쑤노라

아 진흙과집풀로 얽멘움미테서 붓처가티벙어리로 사는신령아
우리의압헨 가느나마 한가닥길이 뵈느냐업느냐어둠섇이냐?

거룩한單純의 象徵體인힌옷 그넘어사는맑은네맘에
숫불에손된 어린아기의쓰라림이 숨은줄을뉘라서알랴!

碧玉의한울은 오즉네게서만볼 恩寵바덧단朝鮮의한울아
눈물도짱속에뭇고 한숨의구름만이흘으는 네얼골이보고십다

아 엡부게잘사는 「동경」의밝은웃음속을 왼데로헤메나
내눈은 어둠속에서별과함께우는 흐린호롱불을 넉업시볼뿐이다.
— 「도-교-에서」 전문236)

1922년 가을에 지은 것으로 되어 있는 이 시는 그 부제가 '—「鄕愁」에서'로 되어 있는 바와 같이 다분히 향수적 색채가 짙다. 벽옥의 하늘을 그리워한다든지 자연이 준 등불 해금강의 달을 그리워하는 것은 자족적이고 자위적인 냄새를 풍기고 있는 것이다. 그러나 이 시는 단순히 향수만을 읊은 것은 아니다. 그것은 이 시가 일본 동경의 모습과 대비되는 조선의 모습이라는 대립적 구조에 의한 것이기 때문이다. 인형같이 예쁜 사람들이 다니는 호사로운 거리, 낮같은 밤, 색채와 음향이 생활의 화려한 비단을 짜는 곳, 밝은 웃음 속에 예쁘게 잘 사는 동경과 대비되는 조선의 모습은 문둥이살과 같고 흰 옷 뒤에는 숯불에 손이 덴 아기의 쓰라림이 숨어 있으며 눈물도 땅에 묻고 한숨의 구름만이 흐르는 것이다.

따라서 이 시는 식민지 지배국으로서의 일본의 밝고 부유한, 호화로운 모습과 피지배국으로서의 조선의 피폐하고 어두운 모습이 극단적으로 대비되어 있고 그 이면에는 조국에 대한 향수어린 사랑과 일제에 대한 저항정신이 흐르고 있는 것이다. 이것은 신옭과 짚풀로 읽어맨 움막 밑에서 구체적인 언명이나 행동도 없이 벙어리로 있는 신령에게 우리에게 가느다란 한 가닥 길이라도 보이는지, 없는지, 어둠 뿐인지 따지듯이 묻는데서 명확하게 나타난다.

---

236) <문예운동> 창간호, 1926.1.

이 작품은 유학기간 중 고국을 그리워하면서 쓰여진 다른 시인들의 시들과 비교해서 보면 그 특색이 더욱 뚜렷해진다. 예를 들어 중국에서 생활한 주요한의 경우 그것이 단지 이국정서에만 기울고 있어서 민족의식이나 당대 현실에 대한 인식을 찾아 볼 수 없는 것이다.[237] 즉 주요한의 경우 이국정서 그 자체에만 충실함으로써 단순한 서경성에 머물고 있고 향수에 관한 시들도 향수 자체에만 머물게 됨으로써 감상성에 한정되는 것이다. 거기에 비해 이 시는 지배국 일본과 피지배국 조선이 대립적으로 구조화되어 있어서 그 이면의 민족의식을 엿볼 수 있는 것이다.

피지배 민족으로서의 비참한 현실은 「가장 悲痛한 祈慾」에 오면 더욱 구체적으로 외면화된다.

> 아, 가도다, 가도다, 쏘처가도다
> 이즘속에잇는 間島와 遼東벌로
> 주린목숨움켜쥐고, 쏘처가도다
> 진흙을밥으로, 햇채를마서도
> 마구나, 가젓드면, 단잠은얽맬것을-
> 사람을만든검아, 하로일즉
> 차라로주린목숨쌔서가거라!
>
> 아, 사노라, 사노라, 취해사노라
> 自暴속에잇는서울과시골로
> 멍든목숨행여갈가, 취해사노라
> 어둔밤말업는돍을안고서
> 피울음을울드면, 셜음은풀릴것을-
> 사람을만든검아, 하로일즉

---

237) 본고 4-1, <2> 이원적 삶의 시적 대응 참조.

차라로취한목숨, 죽여바리라!
　　　─「가장 悲痛한 祈慾」 전문[238]

'-間島移民을보고'라는 부제가 붙어 있는 이 작품은 일제의 수탈로 인하여 집과 땅을 잃고 간도로 쫓겨가는 유이민의 모습이 적나라하게 나타나 있다. 후기에 와서 상화는 당대 사회현실을 직시함으로써 궁핍과 고향상실과 같은 피지배민족의 삶의 모습을 그대로 형상화하고 있는 것이다. '이 시의 절규가 다른 시의 절규보다 제목 그대로 가장 비통한 기욕이 된 것은 전투적인 호소나 반복법의 가락이 아니라, 현실적인 주제와 그 시적 리얼리티에 있다.'[239] 굶주림과 떠나감은 식민지 백성의 현실 그 자체이며 삶의 구체적 현장이었던 것이다.

꿈이라고 하는 관념의 세계에서 깨어났을 때 현실은 그만큼 처절한 것이었고 그 현실에의 반응은 꿈의 세계가 깊었던 것만큼 더욱 치열하게 나타나는 것이다.

　　한울을 우럴어
　　울기는 하여도
　　한울이 그리워 울음이 아니다
　　두발을 못쎗는 이쌍이 애닯어
　　한울을 흘끼니
　　울음이 터진다.
　　해야 웃지마라
　　달도 쓰지마라
　　　　─「痛哭」 전문[240]

---

[238] <개벽> 55호, 1925.1.
[239] 박철희, 앞의 논문, II-103면.
[240] <개벽> 68호, 1926.4.

설업다 健忘症이든 都會야!
어제부터 살기조차 다두엇대도
몇 百년전 네몸이생기든 녯꿈이나마
마즈막으로 한번은 생각고나말어라
서울아 叛逆이나혼 都會야!
　　　　　　—「招魂」전문241)

두 발조차 뻗을 수 없는 이 땅이 애닯아 하늘을 홀기는 통곡 속에서 해야 웃지마라 달도 뜨지마라는 自虐을 보이고 있다. 또한 이미 식민지의 현장이 되어 버린 서울을 원망하고 탄식하면서 몇 백년 전의 모습을 마지막이라도 생각해 보라고 반성을 요구한다. 이러한 자기학대는 현실을 구체적으로 인식하고 그것을 극복하고자 하는 노력이 무화되거나 어떤 희망조차 보이지 않을 때 그리고 동경이 지배국 일본 자신이었던 것처럼 피지배국 조선의 자신인 서울이 식민지의 현장으로 탈바꿈하고 옛날을 잊는 건망증에 빠져있음을 인식하였을 때 나오는 심리반응인 것이다.

후술될 터이지만 식민지화한 도회인 서울에 대한 혐오는 그의 자연과 농촌을 대상으로 하는, 민족애라고 하는 상화시의 본질에 비추어 볼 때 어쩌면 당연한 것인지도 모른다.

2) 관념과 현실의 합일

전기에 보여 준 꿈의 세계, 즉 주관과 관념의 세계가 후기에 오면 현실의 세계로 변모되어 나타난 것은 상화에게서나 가능한 극적인 것이었는데 예를 들면 근대초기의 대부분의 시인들은 자신의 시적 취향인 관념주의에서 벗어나지 못 하고 자연으로 탐닉하거나 민요

---

241) <개벽> 65호, 1926.1.

적 시세계라는 퇴행성에 머물거나 시작 자체를 포기하였기 때문이다.

한국시가의 지속과 변모의 양상이 관념지향과 현실지향이 서로 대립되면서 교체되며 진행된 것이라고 할 때 이상화가 보여준 전기시의 경향과 후기시의 경향은 그 둘을 극명하게 보여주면서 그 두 경향을 각각 첨예하게 대표하고 있다는 점에서 큰 의미를 지닌다고 할 수 있다. 그런데 상화시에 있어서 더욱 의미있는 것은 그 두 세계를 공유하고 있을 뿐만 아니라 그 두 세계가 변증법적으로 통일된다는 사실이다. 후기의 시가 전기의 시경향에 대한 반대명제로서 가능했다고 친다면 「빼앗긴들에도 봄은오는가」에서 우리는 그 두 명제의 조화로운 합일을 찾을 수 있다.

지금은 남의쌍-빼앗긴들에도 봄은 오는가?

나는 온몸에 해살을 밧고
푸른한울 푸른들이 맛부튼 곳으로
가름아가튼 논길을짜라 꿈속을가듯 거러만간다.

입슐을 다문 한울아 들아
내맘에는 내혼자온것 갓지를 안쿠나
네가끌엇느냐 누가부르드냐 답답워라 말을해다오.

바람은 내귀에 속삭이며
한자욱도 섯지마라 옷자락을 흔들고
종조리는 울타리넘의 아씨가티 구름뒤에서 반갑다웃네.

고맙게 잘자란 보리밧아
간밤 자정이넘어 나리든 곱은비로

너는 삼단가튼머리를 쌈앗구나 내머리조차 갑븐하다.

혼자라도 갓부게나 가자
마른논을 안고도는 착한도랑이
졋먹이달래는 노래를하고 제혼자 엇게춤만 추고가네.

나비 제비야 쌉치지마라
맨드램이 들마꼿에도 인사를해야지
아주싸리 기름을바른이가 지심매든 그들이라 다보고십다.

내손에 호미를 쥐여다오
살쩐 졋가슴과가튼 부드러운 이흙을
발목이 시도록 밟어도보고 조흔쌈조차 흘리고십다.

강가에 나온 아해와가티
쌈도모르고 끗도업시 닷는 내혼아
무엇을찻느냐 어데로가느냐 웃어웁다 답을하려무나.

나는 온몸에 풋내를 쐬고
푸른웃슴 푸른설음이 어우러진사이로
다리를절며 하로를것는다 아마도 봄신령이 접혓나보다.

그러나 지금은-들을쌔앗겨 봄조차 쌔앗기것네
—「쌔앗긴들에도, 봄은오는가」 전문—242)

---

242) <개벽> 70호, 1926.6. 원래 잡지에 게재 될 때는 마지막 연이 따로 독립되어 있지 않다. 그러나 의미상으로 볼 때 1연이 독립되어 있는 것으로 보아 마지막 연도 독립되어야 할 것으로 보인다. 발표 당시 마지막 연이 독립되어 있지 않은 것은 발표지면상의 관계 때문인 것 같다. 발표지면은 가로가 11Cm정도이고 세로로 22행이 들어가는데 마지막 연을 독립시킬 경우 마지막 1행만이 다음 페이지로 넘어가게 되어 있다. 따라서 조판 관계상 독립되지 못 하고 앞의 연에 붙었을 가능성이 많다. 실지로 이 시의 구조에 관

IV 관념주의시의 실상

 이 시로써 우리는 상화의 시적 성과와 그 특징을 비로소 파악할 수 있을 듯하다. 왜냐하면 이 한 편의 시 속에 상화의 모든 시적 특징이 웬만큼 집약되어 있을 뿐 아니라, 그의 시가 도달할 수 있었던 최고의 수준을 보여주는 것으로 생각되기 때문이다.243)
 이 시는 전체가 11연으로 첫 연과 끝 연이 서로 문답하는 수미호응구조로 되어 있고 2연-10연은 부수적인 기능을 담당하고 있다. 2연-10연은 각각 3행씩으로 되어 있고 1행보다는 2행이, 2행보다는 3행이 길게 되어 있는데 그것은 의미상으로 볼 때 복합적이다. 즉 봄의 기쁨에서 걸어가고, 어디로 가는지 모르게 걸어가고, 어디로 가는지 모르기 때문에 걸어간다는 차츰 깊어지는 세 가지 의미층을 가지고 있어서 걸어가면서 계속 느끼는 울분 그리고 항거의 의지를 거듭 나타내는 것이다.244) 1연에서 '지금은 남의땅 -빼앗긴들에도 봄은 오는가?'고 했을 때 봄은 자연적인 계절의 하나로서의 봄인데 11연의 '그러나 지금은-들을 빼앗겨 봄조차 빼앗기것네'의 봄은 이미 자연현상으로서의 봄이 아니라 희망과 생명을 뜻하는 보다 깊은 의미를 함축하고 있다. 그것은 빼앗긴 들과 연관될 때 일제에 대한 것으로서의 민족소생이고 항거의 의미를 지닌다. 1연에서의 '봄은 오는가?'라는 물음은 11연의 '그러나'라는 역접부사어에 의해서 답이 주어진다. 따라서 2연-10연의 내용은 자연으로서의 봄은 와 있다는 내용임을 알 수 있다. 그렇기 때문에 2연-10연의 내용은 빼앗긴 들이지만 봄은 와

심을 가진 연구자들은 마지막 연을 독립시키고 있다. 조동일, 「현대시에 나타난 전통적 율격의 계승」, 『우리문학과의 만남』, 홍성사, 1978. 김학동, 「이상화연구」, 『이상화전집』, 새문사, 1987. 이기철, 『작가연구의 실천』등. 본고에서는 편의상 마지막 연을 독립시킨다.
243) 이선영, 「식민지 시대의 시인의 자세와 시적 성과」, <창작과 비평>통권 32호, 1974, 여름호. 295면.
244) 조동일, 앞의 책, 236면 참조.

있다는 일종의 흥겨움으로까지 번지고 있다. 즉 온몸에 햇살을 받고 꿈속을 가듯 걸어가면서 옷자락을 흔드는 바람과 반갑게 웃는 종조리, 어깨춤을 추며 가는 도랑, 깝치는 나비와 제비, 맨드라미 들마꽃에도 다정한 눈길을 보내고 있는 것이다.

그러나 이런 흥겨움은 흥겨움 자체로 끝나는 것은 아니다. 그것은 2연과 10연을 대비시켜 봄으로써 뚜렷이 나타난다.

2연	10연
온몸에 해살을 밧고 푸른한울 푸른들이 맛부튼 곳으로 꿈속을가듯 거러만간다	온몸에 풋내를 씌고 푸른웃슴 푸른설음이 어우러진 사이로 다리를절며 하로를것는다

여기서 볼 때 처음 들로 나설 때의 상황은 10연에 오면 좀더 비판적인 내용으로 되어 있다. 하늘과 들의 푸른 모습은 푸른 서러움이 되고 꿈속처럼 걸어가던 것이 다리를 절며 걷게 되는 것이다. 이 때 다리를 전다는 것은 다리가 피로하기 때문이 아니라 **빼앗긴** 들을 걷는 심리적 아픔의 표현이기 때문이다.

이렇게 볼 때 이 작품은 1연과 2연의 수미상관 구조를 축으로 기본 모티프를 설정하고 그 안 (2연-10연)에서 자연의 봄을 맞이하는 기쁨에서 출발하여 민족의식을 상징하는 봄으로의 전이현상을 보여주고 있는 것이다.

「빼앗긴 들에도 봄은 오는가」는 이상화의 대표작이면서 훌륭한 저항시[245]로서 그 시사적 가치를 높게 평가받아 왔고 작품 자체의 구조 상으로도 그 탁월성이 인정되어 있다.[246] 그러나 경향성이나 저항성에서 본다면 이 시는 「街相」을 비롯한 다른 후기의 작품들보다 강도가 낮고 열정과 환상적 도취는 오히려 이 시의 약점으로 지적될 수 있다. 그러나 이 시의 특색은 당대가 요구하는 저항이라는 현실감과 시가 갖추어야 할 자체의 미적 특질을 고루 갖춘 데 있다. 「나의 침실로」와 비교해 볼 때 이 작품은 격한 감정이 절제되어 있고 「나의 침실로」가 획득하지 못했던 현실인식이 확보되어 있는 것이다. 「말세의 희탄」에서 보이던 '맛없는 동굴'은 「나의 침실」에 오면 '부활의 동굴'로 진전되어 있고 그가 25년 이후 현실감을 찾았을 때 「빼앗긴 들…」의 들과 하늘로 나오게 되는 것이다. 그것은 곧 초기의 소극적인 개인의식에 근거한 관념주의에서 후기의 적극적인 극복의지, 집단의지로서의 현실주의로의 변모를 뜻한다.

한 편 그러한 현실인식은 「街相」처럼 소재적인 차원에 떨어지거나 다른 후기시들처럼 직접적 토로가 자제되어 시적 형상화를 이루었다는 점에서 한국근대시의 전범을 보여주고 있다.

이 작품이 소재로 취하고 있는 '들'은 구루마꾼이나 거러지, 엿장수처럼 개별적인 시각에서 얻어진 것이 아니라 보다 포괄적이면서도 개방적이며 국토 전체를 대신한다는 점에서 그 내적 공간을 확보하고 있는 것이다. 즉 이 시는 상화시에 있어서의 공간 변모의 귀결점이 되고 있다.

논자들은 이 시가 가지고 있는 양면성에 대해서 다음과 같이 평하고 있다.

    이러한 표현들은 작품 내부에서 저항성과 낭만성의 충돌을

---

245) 김용직, 『일제시대의 항일문학』, 신구문화사, 1974. 80면.
246) 조동일, 이기철의 앞의 책. 신동욱, 「<빼앗긴 들에도 봄은 오는가>의 율격미」, 『이상화의 서정시와 그 아름다움』. 방인태, 「상화시의 낭만성과 그 굴절」, 『미원우인섭선생화갑기념논문집』, 집문당, 1986.

일으킨다. <빼앗긴 들에도 봄은 오는가>가 이같은 충돌을 일으키는 이유는 무엇인가? 그것은 이상화의 생장환경, 성격, 연애, 및 교우관계 등의 내적 요인에서 온 것일 수도 있고, 언론과 검열의 제약이라는 외적 요인에서 온 것일 수도 있다. 그러나 이상화의 경향파와 프로문학 가담 이후에 이같은 현상이 보이는 것은 내적 요인보다는 외적 요인이 더 크게 작용한 것이라 볼 수 있을 것이다. 이 점은 이상화 뿐 아니라 20년대 한국 저항시가 갖는 성격과 한계의 하나였음을 아울러 상기할 필요가 있다.247)

그만큼 이 시는 그 당시의 시대상과 사회상을 아주 적실하게 반영시켰을 뿐 아니라, 이 시인과 그 민족상과의 불가피적인 표현의 연결성과 필연성을 시와 시대와의 상대 관계에서 보여 주고 있다. 반항과 회의, 극복과 자기허탈의 부단한 기복과 갈등을 겪으면서, 그 자체가 곧 시의 숙명을 표출하게 된 이 시는 그러한 여러 의미에서 유일한 당시의 시적 수확이기도 하다.248)

20년대 시의 두 명제인 저항성과 낭만성은 곧 현실성과 관념성의 다른 용어이다. 이 시가 저항성과 낭만성의 충돌을 일으켰다고 했을 때 그것은 이 시의 단점이라고 평가하기보다 오히려 큰 장점이라고 긍정적으로 해석할 필요가 있다. 그것은 이 시가 이상화 개인에 한정해 볼 때 극단적으로 대립되던 두 경향의 조화로운 합일이면서 넓게는 한국시가의 전개로 볼 때에도 큰 의미를 내포하기 때문이다. 즉 이 시는 한국의 시가사상 관념지향성과 현실지향성이라고 하는 두 대립적 양상이 융합되고 합일된 전범을 보여주는 것이다. 물론 이러한 평가는 이 시가 가지고 있는 가장 큰 장점, 즉 구조상의 질서와

---

247) 이기철, 앞의 책, 116면.
248) 박두진,『한국현대시론』, 일조각, 1979. 55면.

내적 긴장에 의한 것임은 두말 할 필요가 없다. 결국 한 편의 시의 우수성이란 그 시선이 어디로 향하고 있든 간에 시적 형상화에 의해 결정적인 의미를 부여받기 때문이다. 한편 상화의 경우는 두 경향의 조화와 통일을 이루었으면서도 소월의 경우와 달리 그 결과가 나타남을 볼 수 있다. 이것은 결국 두 시인의 세계관에 의해서 어느 쪽을 더 중시했느냐에 따른 결과라고 보여진다.

그런데 문제는 상화 개인에게 있어서 이러한 시적 인식의 확대가 지속적으로 전개되지 못한데 있다. 이후에 그는 향토적인 소재에 머물거나 동시와 시조 등에 머물러 더 이상 문제의식을 제기하거나 시인으로서의 성숙을 보여주지 못 하고 사실상 절필하기에 이르는 것이다.

> 「백조」파의 데카당스가 일종의 예술적 저항이며 따라서 데카당한 깊이에까지 도달한 시인일수록 가장 깊은 계급 혹은 저항 이데올로기에로 이행할 수 있다는 뜻이 된다. 저항의 양자 사이의 **等質性**을 승인하는 한 이러한 논법은 다소 가능한 것이다. 그러나 이상화가 계급 이데올로기를 선택했을 때, 그 이데올로기의 **强度** 혹은 **硬直性** 때문에 시쟝르를 포기하기에 이른다는 점이 분명한 사실로 드러난다.[249]

상화의 시적 변모로 볼 때 그는 이 양 극단의 최선봉에 있었고 그것이 오히려 그의 시인으로서의 생활을 마감케 한 원인이었다는 논리가 가능해 진다. 이 양 극단에서 (1)예술을 포기하고 사상가로 나가느냐 (2)예술가로 새로운 변모를 시도하느냐 (3)붓을 꺾어 버리느냐의 선택을 강요받았을 때 이상화는 (3)을 선택하게 되며 팔봉과 회월은

---

249) 김윤식, 「1920년대 시쟝르선택의 조건」, 『한국현대시론비판』, 일지사, 1976. 238면.

(1)을 택한 것이라 할 수 있다.250) 이것은 앞에서 이기철이 지적한 바와 같이 내적 요인보다는 외적 요인이 더 컸던 데에 상화의 후기시가 존재했기 때문일 것이다. 그는 성장 환경상 철저한 프로 예술가로서의 계급 이데올로기에는 심취할 수 없었던 것이다. 따라서 전술한 바와 같이 그의 후기시들은 프로 문학 이론의 실천이기보다는 그의 시를 일관하고 있는 민족과 국토의 사랑에 의한 것이었음을 상기할 필요가 있다.

그가 시작 말기에 주로 동시와 시조, 자연에 관한 시를 쓴 것은 그의 민족애로 설명될 수 있을 것이다. 동시나 시조는 조국이나 민족에 대한 애정의 자연스런 결과일 수 있고 20년대 시인들 대다수의 귀결점이었던 것이다. 그러나 그의 말기의 시들이 그의 문학적 궤적에 비추어 다시 감상주의에 빠지고 시적 전개에 있어서 오히려 퇴보하였다는 비난은 면할 수 없다.

상화시가 20년대의 시경향, 즉 관념주의와 현실주의의 양 극단을 각각 대표하고 있었다고 하더라도 그 양극을 일관되게 유지시켜 준 것은 국토와 민족에 대한 애정이었으며 그것이 그로 하여금 계급 이데올로기에 편향하지 않고 「빼앗긴 들에도 봄은 오는가」와 같은 가작을 내게 한 것이라고 보아 무방할 것이다.

---

250) 김윤식, 앞의 책, 239면.

V. 관념주의시의 시사적 성격

　한국근대 초기시에 나타나는 관념지향의 성격은 그것이 곧 한국 시가에 지속적으로 존재해 온 현실주의와 관념주의라는 두 양식의 일단이 극단적으로 표출된 것에 지나지 않는다. 향가의 4구체와 10구체, 평시조와 사설시조에서 대립되어 나타났던 두 양식은 개화기 시가에서는 충격적으로 혼거하고 있었으며 그 중 근대시는 관념주의의 극단화로 나타났다. 그것이 식민지하의 상황과 순수 문예의식의 확립이라는 내·외적인 조건에 의해 필연적으로 선택된 것이었음은 전술한 바와 같다.
　식민지 현실이라는 것이 한 민족의 다른 민족에 대한 무력에 의한 지배 논리라고 할 때 거기에서 우선적으로 요청되는 것은 치열한 현실인식과 민족과 국가에 대한 공동체 의식의 확립에 의한 비전의 제시여야 함은 당연한 사실이다. 그것은 곧 문학이 담당해야 할 중요한 책무 중의 하나이며 또한 당대 시인들이 식자층이며 민족의 지도층이었음에 비추어 어떤 방식으로든 절실히 요구되는 요건이었다고 할 수 있다. 그러나 우리는 당대 시인들의 현실인식과 또 그 정화인 그들의 시작품이 거기에 부응하고 있지 않을 뿐만 아니라 개인의 영탄에만 머물거나 쉽사리 허무의식과 퇴행으로 침윤되어 갔음을 지적하지 않을 수 없다. 문학, 특히 시는 그 특성상 주관적이고 관념적 성격을 띠지 않을 수 없다는 당연한 명제에도 불구하고 다른 한 편으로 우리는 항상 시인의 깨어 있는 자각과 역사적인 안목을 요구하고 있기 때문이다. 시적 형상화 이전의 시인의 의식과 현실안은 곧 그 작품의 성격과 작가의 태도를 규정짓는 가장 근본적인 문제로 제기되지 않을 수 없기 때문이다. 문학은 그 자체로 독립적으로 존재하며 미적 가치를 획득하는 것이지만 과연 역사적 상황을 떠나서 명실상부한 객관적 존재가치를 획득할 수 있는가 하는 물음은 어느 시대에나 유용하다고 할 수 있다. 즉 문학은 독자적인 미적 체계를 가지면서도 시대의 소산임을 부인할 수 없는 것이다.

이러한 점에서 본다면 20년대의 한국시는 식민지 현실을 외면하고 허무의식이나 퇴행의식이라는 소극적 태도의 결과물이며 시인 개인의 관념으로의 도피로 판단할 수 있다. 그것은 이상주의와도 구별되는 성질의 것이다. 이상주의의 '이상'은 항상 그 시대의 상황에 '대한' 것이며 따라서 어느 시대이든 그 시대에 맞는 이상향이 있다고 할 때 그것은 곧 현실에 대한 적극적인 비판과 능동적인 의식이 선행되는 것이다. 한국근대시가 대체적으로 지향한 이상향이 단지 현실로부터의 도피처로서의 공간임을 염두에 둔다면 그것은 결국 바람직한 이상향의 설정이 아니라 오히려 부정되고 극복되어야 할 성질의 것이었다. 이런 면에서 한국근대시는 탈현실주의, 관념주의라는 부정적 평가에 준하는 것이다.

그러나 한국의 근대시가 이러한 특성으로 인하여 전적으로 부정되거나 매도될 수는 없다. 왜냐하면 한 작품이나 한 작가에 대한 평가는 어느 일면으로만 가능한 것이 아니며 보다 객관적인 평가를 위해서는 항상 다른 시각도 요구되기 때문이다.

리챠즈가 아리스토텔레스 이후 현재에 이르기까지의 비평이론의 쟁점들을 20개 이상의 예로 들어 보이면서 종래의 문학에 대한 논의를 혼란이라고 단언한 것1)은 문학을 보는 관점들이 실로 다양하다는 것을 뜻하는 것이며 한 편으로는 문학이 가지는 원래의 속성이 다양성의 바탕 위에 있음을 뜻하는 것이라고 하겠다. 에이브럼즈가 작가와 작품, 청중, 우주와의 관련 속에서 작품의 가치평가를 의도한 것2) 이라든지 헤르나디가 작가와 작품을 연결하는 수사학적 축과 언어와 정보를 연결하는 재현의 모방적 축을 함께 고려하여야 한다고 한 것3) 도 이러한 객관적 가치평가를 위한 노력에 다름 아니다.

한국근대시가 관념주의라고 하는 부정적 평가에 준한다 하더라도 거기에는 또 다른 일면의 긍정적 평가가 가능하다. 우선 근대의 관념주의시는 시에 대한 인식을 확고하게 인식시키고 한국시의 위상을 세계의 문학으로 높이는데 일익을 담당했다. 김 억이나 주요한, 황석우의 경우 일본을 통한 제한적인 것이기는 했지만 서구의 문예, 구체적으로 상징주의를 도입하면서 근대시의 확립에 지대한 공헌을 했던 것이 사실이다. 그것은 곧 개화기시가의 교술성과 비문학성을 극복한 것이었으며 시어에 대한 구체적 인식 및 운율에 대한 재인식으로서 서정시의 진면목을 보여 주었다는데 큰 의의를 부여할 수 있다. 한편 그들의 상징주의 수용은 서구의 것을 추종만 한 것이 아니라 제반 한국적 특성에 따라 변모시키고 있었음도 긍정적으로 평가할 수 있다. 그들은 상징주의를 상징주의 자체로만 수용한 것이 아니었기에 나름대로의 시적 변모를 거칠 수 있었던 것이다. 새로운 시형을 끊임

---

1) I.A.Richards, *Principles of Literary Criticism*, Routledge and Kegan Paul, 1970, pp.1-5
2) M.H.Abrams, *The Mirror and the Lamp*, Oxford Univ. Press, 1979, pp.6-7.
3) P.Hernadi, *Literary theory;A Compass for Critics*, Critical Inquiry.

없이 모색하고 노력한 흔적은 그들의 문학적 변모에서 여실히 드러나거니와 이들의 공으로써 한국근대시는 개화하고 변모해 나갔다고 할 수 있다.

한 편 20년대 대다수의 시인들이 심취했던 민요적 시는 비록 소극적이고 퇴행적인 양상을 띠고는 있었지만 한국근대시의 큰 수확으로 지적할 수 있다. 서구문예의 추종에 대한 반동으로써 그들은 자신들의 前歷을 부정하면서까지 우리시형을 찾기에 몰두했고 우리의 정서를 찾는데 힘을 기울였던 것이다. 따라서 민요적 시의 특성으로 지적되는 전통정서와 율격은 이후 한국시가 항상 모태로 삼아야 할 귀감을 보여준 것이었다. 이에 대한 김 억의 노력은 각별한 것이었으나 그것이 성공적으로 꽃을 피운 것은 소월이었다. 소월시의 정서는 민족 공동체적인 정서를 내부로 침잠하면서 대변하고 있고 의미와 부합되게 율격을 변형시킨 점은 그의 최대 장점으로 손꼽히는 것이다.4) 또한 홍사용의 경우는 개인적 세계에서 유래하는 유년회상의 퇴보적 공간을 시적 출발로 삼고 있지만 그것이 부권의 상실과 고아의식에 근거함으로 해서 당대의 급변하는 정세, 식민지의 상황하에서 미처 사회화가 달성되지 않은 당대의 삶을 간접적으로 보여주고 있어서 의미있다. 한편 이장희의 경우 시에서 우리는 과연 사회성만을 요구할 수 있는가 하는 근본적인 질문을 제기하게 함으로써 식민지 하의 시와 시인에 대한 우리의 시각을 반성적으로 교정하게 한다. 즉 적어도 우리는 이장희의 시에서만은 사회성을 강요할 수 없는데 그것은 곧 그의 시가 철저한 개인적 삶의 폐쇄적 공간에 있었기 때문이었다.

소월시의 진면목은 전술한 바와 같지만 관념주의시가 여하히 승화되고 극복될 수 있는가 하는 점에 있어서 상화와 함께 시적 전범을

---

4) 여기에 대해서는 조창환, 『한국현대시의 운율론적 연구』, 일지사, 1986. 이 대표적인 업적이다.

보여준다. 소월의 시는 관념주의와 현실주의가 보다 내적으로 승화하고 있는 경우이며 상화의 시는 보다 외적으로 극복되고 있는 것이다. 이들의 시는 이후 한국시가의 전개에 있어서도 항상 많은 교훈을 줄 것으로 보인다.

30년대 이후에 오면 관념주의 시 자체도 다양해지고 지금까지의 시각으로만 평가할 수 없는 많은 문제가 제기 될 것이지만 한국 근대 관념주의시는 이후에도 한국시의 전개에 있어서 주류로 작용해 왔다고 보아도 무방할 것이다.

한국 근, 현대시의 전개상으로 볼 때 사실상 양적으로나 질적으로 관념주의시는 현실주의시보다 우위에 있는 것이 사실이지만 그렇다고 해서 관념주의 그 자체가 우월하다고 속단할 수는 없다. 왜냐하면 어느 시대에나 문학외적 상황은 문학 자체의 온전한 발전과 전개를 억압하는 것으로 보이기 때문이다. 이것은 곧 문학이 항상 현실 상황과 밀접하게 관련되어 있다는 것을 반증하는 것으로 보인다. 즉 시대에 따라서 어느 쪽이 우세하게 나타날 수는 있다고 하더라도 관념주의와 현실주의라는 기본적 시각은 항상 공존하며 상호간에 작용과 반작용을 되풀이하는 것이다.

Ⅵ. 결 론

　문화현상이란 어디까지나 전통과 변혁의 연속선상에 있기 때문에 한국의 근대시는 단지 서구의 시각에 입각해서 상징주의나 낭만주의로만 설명할 수 없는 양상을 가지고 있다. 서구의 시각으로 보았을 때 한국근대시는 온전하게 발전한 것일 수 없고 서구문학에 대한 주변문학에만 머물게 되는 것이다. 상징주의가 한국근대시를 성립시키는데 있어서 촉매제의 역할을 한 것은 사실이지만 한국근대시가 상징주의 자체로 수용되어 전개된 것은 아니며 낭만주의로 본다고 해도 그것만으로는 설명할 수 없는 국면을 가지고 있다. 특히 근대시의 초창기에 상징주의를 선도적으로 도입하여 실험하며 그에 입각한 시론과 시를 발표했던 시인들 즉 김 억이나 주요한, 황석우 등은 추후에는 상징주의 자체를 부정하고 민요적 시라는 낭만주의의 속성을 가진 퇴행적 시세계로 후퇴하거나 자기 나름대로의 또다른 시세계로 나아갔다. 이것은 곧 한국시사에 있어서 상징주의나 낭만주의라는 서구의 시각으로만 판단하는 것이 불합리하다는 것을 증명해주는 것이다.

한 편 1920년대 중반에는 소극적이며 도피적인, 비현실적 시세계에 대한 반동으로 보다 현실적인 시들이 등장하게 된다. 이러한 극단적인 두 조류는 한국문학상에 있어서 현실주의 *Realism* 와 관념주의 *Idealism* 라고 하는 지속적인 양상이 식민지 현실이라고 하는 질곡의 상황에서 그 시대적 특성으로 말미암아 첨예하게 나타난 것이라고 보아야 한다. 즉 한국의 시가는 서구의 사조와 무관하게 크게 두 가지의 경향으로 유형화할 수 있다고 할 때 그 중 하나가 현실에 촛점을 두고 현실에 밀착하고 있는 현실주의라고 한다면 다른 하나는 그와 대치해서 생각할 수 있는 관념주의인 것이다.

문학을 삶의 구체적 반응양식이라고 본다면 그 궁극적인 반응의 기저는 결국 개인의 삶의 양식에 좌우되는데 삶의 현장에서 현실자체에 충실하면서 시선을 현실에 집중시키고 구체적인 반응을 보일 때 현실감각을 얻고 현실세계보다는 관념적 이상향을 추구할 때 이 상향을 얻는 것이다. 철학적으로 볼 때 이 두 양식은 유물론과 관념론으로 나타나고 심리적으로는 외향성과 내향성으로, 문예사조에 있어서는 헬레니즘과 히브리즘, 고전주의와 낭만주의로 교체되어 나타나는 것이다. 따라서 이 두 가지의 양식은 인간의 본질적인 이원적 특성이라고 할 수 있다. 이렇게 본다면 상징주의와 낭만주의는 보다 큰 하나의 이념, 즉 관념주의에 통합되는 것이고 이것이 한국근대문학에서는 보다 타당한 방법론이 될 수 있는 것이다.

한국시가에 있어서 이 두 양식은 향가의 4구체가 지향하는 바 인간중심과 지상중심으로 나타나고 있고 10구체에서는 신중심과 천상계를 중시하는 경향으로 나타나고 있어서 향가는 현실지향과 관념지향이라고 하는 인간의 이원성을 원초적 형태로 보여주고 있다. 한 편 조선시대에 오면 이것은 평시조와 사설시조의 대립으로 나타난다. 즉 평시조가 이념으로 삼고 있는 것은 유교적 관념세계이며 유교윤리에 입각한 현실의 조화로운 배열, 개체의식보다는 전체와 보편의식이 지배원리로 작용하고 있다. 그러나 조선 후기에 오면 이러한 유교적 理를 거부하고 사물을 보다 세부적이고 구체적으로 인식하고자 하는 사설시조가 등장하게 된다. 사설시조는 산문정신과 실생활에 밀착된 개별의식, 삶의 현장에서 체험되는 구체적인 현실세계를 추구하는 점에서 평시조와는 변별적이다. 한국시가에 있어서의 이러한 두 가지 양식은 개화기시가에 오면 충격적으로 혼거하게 되는데 그것은 곧 개화기시가가 사회현실에 충실한 상황시이면서도 그것이 단지 관념적 이상의 형태로 나타났음에 연유하는 것이다.

　근대 초기시의 관념지향적 성격은 이처럼 한국시가에서 지속되어 오던 일 경향이 극단적으로 표출된 것이었다. 그 원인은 사회적으로는 당대 시인들이 불합리한 인습과 문화적 후진성을 현실부정의 근거로 삼고 그 갈등관계를 역사의식에서 유리된, 나와 관계된 축소지향적이고 감상적인 차원에서 인식했기 때문이었다. 한 편 일제의 소위 문화정치는 3.1운동 이후의 정치적 사회적 욕구를 문화라고 하는 간접적인 곳으로 유도하는 것이었으며 식민주의의 정체를 더욱 희미하게 하고 사회현실에 대한 인식을 호도함으로써 사회와 개인의 분리를 가속화시키게 했다. 문학적으로 볼 때 근대초기의 관념지향적 배경은 주관주의와 관념주의의 표현양식인 상징주의의 도입과 민족주의의 이념 하에서 모색된 낭만주의에 연유한다. 상징주의나 낭만주의는 현실보다는 이상의 세계와 피안의 세계를 동경하고 객관적 실체보다는 주관적 세계인식을 토대로 하고 있기 때문이다.

　이러한 배경 하에서 한국의 근대시는 소위 신변시를 거쳐 상징적 퇴폐미를 가진 경향과 민요적 시라는 퇴행의 양식으로 나아가게 된다. 이 둘은 꿈과 밀실, 죽음의 세계로 도피하는 점과 고향이나 자연, 유아기로의 퇴행이라는 측면에서 내면세계에 있어서는 근본적으로 동일한 것이며 다만 그 방법상에 있어서 서로 차이를 보인 것에 지나지 않는다. 20년대 관념주의 시인들은 대개가 이 두 가지의 특성을 공유하거나 어느 한 쪽을 선호하고 있었던 것이다.

이상에서 본고는 한국시가의 지속성을 관념주의와 현실주의로 규정하고 그 중 근대의 관념주의시에 대해서 논했다. 한국의 시가 자체 내의 연속선상에서 파악되어야 함은 재론의 필요가 없는 것이지만 20년대 각 시인의 미세한 차이점은 앞으로도 계속 논의되어서 그 시사적 위상을 재정립하는 것이 필요할 것이다.

근대의 현실주의시에 대해서는 앞으로 연구의 과제로 삼기로 하거니와 이러한 작업이 우선되었을 때 한국문학사의 올바른 정립이 가능할 것이다.

제 2 부 김석송의 시와 시론 연구

I. 서 론

한국시문학사에서 1920년대는 매우 중요한 역사적 의미를 내포하고 있다. 그것은 곧 개화기이래 1910년대에서 확인되던 시의 근대성이 보다 심화되어 구체화되어 나타나는 시기이면서 한 편으로는 1930년대라는, 문학에 있어서의 현대를 준비하는 시기이기 때문이다. 공리주의 시관을 대변하는 개화기의 시가를 거쳐 1910년대에 등장한 김 억과 황석우 등은 <학지광>이나 <태서문예신보>를 매체로 하여 이른바 릴리시즘에 입각한 근대시를 선보이고 있고 이후 1920년대의 화려한 시문학기가 전개되는 것이다.

시문학에 있어서 1920년대를 우리가 '화려하다'고 하는 것은 「백조, 화려한 시절」[1])에서 차용하는 것이지만 실로 1920년대야말로 여러 매체를 통하여 많은 시인과 많은 우수한 작품들이 생산되어 가히 시문학의 융성기였다고 해도 과언이 아닐 것이다. 그러나 우리가 여기서 화려하다고 하는 것은 또 다른 의미를 내포하고 있다고 보여지는데 하나는 그야말로 다양한 시인들이 다양한 작품을 생산했다고 하

---

1) 박영희,「백조, 화려한 시절」, <조선일보> 1933.9.13.

는 긍정적 의미이고 다른 하나는 일종의 나약하고 병적인, 현실과 유리된 관념성을 뜻하는 부정적 의미라고 필자는 생각한다. 백 철이 지적한 바 모든 문학적 이념이 난무하여 마치 전시장 같다2)는 관점은 물론 익히 비판받아 온 것이지만 그것이 현실과 유리되어 있다거나 관념적이라거나 역사의식이 부족했다는 사실은 이후의 문학적 전개에 있어서 능히 유추할 수 있는 사실이라 하겠다.

그러나 1920년대의 시를 논할 때 우리는 '화려한' 시기로만 평가할 수는 없다. 사실상 그 '화려한'에 해당하는 것은 20년대의 전반기에나 해당될 성질의 것이다. 왜냐하면 20년대의 후반까지 염두에 둘 때 그 사정은 사뭇 달라지기 때문이다.

1924, 5년을 기점으로 해서 1920년대의 문학적 양상은 실로 엄청난 변화를 보이게 되고 그 '화려한' 문학은 실질적으로 그 의미를 상실하기 때문이다. 20년대 전반기의 시문학적 토대가 현실과 유리되어 있었다거나 관념적이었다거나 역사의식이 부족했다는 것은 이 경우에 아주 타당한 일면을 지닌다. 왜냐하면 20년대 중반에 등장한 신경향파문학이 현실의 문제를 제기하고 나섰을 때 그것은 더 이상 지탱되기 힘들었으며 대다수의 시인들이 자신의 문학적 이념을 고수하지 못 하고 그것을 수정하거나 방향을 전환하였기 때문이다. 따라서 우리는 자연스럽게 그 화려한 문학적 토대가 사실은 그렇게 굳건하지 못 하였음을 단정할 수 있는 것이다. 20년대 전반기의 문학에 대해 우리가 가지고 있는 부정적 평가는 바로 여기에 그 근원을 두고 있다.

본고에서 논하고자 하는 것은 1920년대에 활약한 석송 김형원의 시와 시론에 관한 것이다. 20년대의 문학에서 석송이 주목을 받는 것은 현실주의 문학과 관련하여 그 자생성이 강조되기 때문이다. 주지

---

2) 백 철, 『신문학사조사』, 신구문화사, 1982.

Ⅰ. 서 론

하다시피 20년대 중반의 현실주의 문학은 팔봉 김기진에 의하여 주도적으로 도입되고 그것이 강력한 영향력을 행사한 센경향파 문학을 이름인데 우리는 그러한 징후를 이미 그 이전 석송의 문학에서 확인할 수 있기 때문이다. 따라서 석송의 문학과 그 영향관계를 살피는 일은 현실주의 문학이 전적으로 일본의 영향하에서 형성된 것이 아니라 이미 내적인 필연성 위에 서 있었다는 것을 의미하기 때문에 그 중요성을 더한다고 평가되는 것이다.

어떤 하나의 문화적 현상은 외국의 영향에 의해 수평적으로 이동해서 나타나는 단순한 성질의 것이 아니라 자국의 문화전통과 작가의 개성에 의해 취사선택되고 변용되어 나타나기 때문에 그 문화현상은 내적인 동인에 의한 필연성의 결과이지 결코 우연의 소산이 아니다. 따라서 우리는 1920년대 중반의 현실지향의 시, 신경향파의 시도 자국의 내적 동인에 의한 필연성의 결과로 보아야 할 당위성을 가진다.

이런 의미에서 신경향파의 대두에 관해 김윤식은 3.1운동 이후에 우리민족의 증대된 응전력으로서의 프롤레타리아 사회주의 사상이 크게 신장되었다는 것을 그 전제조건으로 제시하고 있다. 그리고 아직도 꿈의 세계를 추구하던 「백조」파에 자극을 주어 각성시키고 나아가 「백조」파를 붕괴시킨 것은 일본에서의 사회주의 운동과 민중운동에 영향받은 팔봉 김기진의 역할에 의한 것이라고 논하고 있다.[3)]

그러나 전술한 바와 같이 하나의 문화적 현상이 외국의 일방적인 영향에 의한 것이 아니라고 한다면 이 논의는 당연히 수정되어야 할 것이다. 왜냐하면 1920년대 전반기에 사회주의 사상이 널리 유포되어 있었다고 하더라도 20년대 문학에서 획기적이라고 할 수 있는 신경

---

3) 김윤식, 「1920년대 시 장르 선택의 조건」, 『한국현대시론비판』, 일지사, 1975, 226-229면.

향파문학이 외국의 영향에 의해서, 김기진 한 사람에 의해서 그렇게 주도적인 영향력을 행사할 수 있었다고 보기는 어렵기 때문이다. 여기에 대해서 한계전은 신경향파문학이 등장하기 이전, 3.1운동에 의해 각종 사회주의 단체들이 등장하였고 <개벽>, <현대>, <신민공론> 등의 종합지가 발간되어 신경향파 문학이 고무되었으리라는 점을 지적하고 또한 문단 내에서의 석송의 문학활동에 주목하고 있다.[4]

신경향파 문학의 등장과 관련하여 그 내적 동인, 또는 자국의 여건 등이 중시되어야 하며 그것을 필연성의 결과로 인식하여야 한다고 할 때 석송 김형원에 대한 연구는 그 중요성을 더한다고 할 수 있다. 왜냐하면 그는 1920년대 초에 동인지와의 관계를 가지지 않고 주로 <개벽>지를 통해 작품을 발표하면서도 당대의 퇴폐적이고 감상적인 시단에 비추어 강한 현실지향성을 가지고 등장하여 일정한 역할을 담당했기 때문이다.

따라서 석송 김형원에 대한 연구는 한국문학의 자생성을 확인시켜 주는 일환으로서의 의미를 가진다.

이런 배경 하에서 본고에서는 석송 김형원의 시와 시론을 통하여 그 현실지향성의 특성을 밝힘과 아울러 한국시사에서 가지는 위상을 재검토하고자 한다.

---

4) 한계전, 『한국현대시론연구』, 일지사, 1983, 80-81면.

Ⅱ. 석송문학의 배경

Ⅱ-1 1920년대 전반기의 시적 현실

한국시문학에 있어서 1920년대는 매우 중요한 의미를 지니고 있다. 그것은 개화기의 다양한 모색기를 지나서 1910년대 후반에 비로소 근대시의 방향이 제시되고 또한 20년대에 와서는 한국에 있어서의 제반 문학적 현상들이 극단적으로 표출되었기 때문이다. 한국에서 근대시의 시기라고 하여 10여년간을 설정하는 자체가 어색한 일이기는 하지만 흔히 우리는 <백조>해체(1923)에 이르기까지의 기간을 근대전기라고 칭하고 있다.[5] 이후 20년대 중반에 이르면 '3.1운동 이후 상당한 동요를 보여온 국내 사정의 누적과 아울러 때마침 팽배하기 시작한 사회주의의 자극이 1920년대 초기의 우리문학이 지니고 있던 내부적 해체요인을 촉발하면서 새로운 변모의 국면을 열게'[6] 된다. 따라서 1920년대 중반기가 문학사에서나 시사에 있어서 하나의 분수

---

5) 김홍규, 「1920년대 초기시의 낭만적 상상력과 그 역사적 성격」, 『문학과 역사적 인간』, 창작과 비평사, 1980, 217-218면.
6) 김홍규, 앞의 책, 218면.

령으로서의 의의를 지니며 <백조>가 해체된 1923년까지를 시전개의 성격상으로 보아 한국근대시의 전기라고 보는 것은 큰 무리가 아니라고 할 수 있다. 한 편 이 시기의 시에 대하여 논의된 주요내용들은 각 문예잡지를 중심으로 하여 대체적으로 낭만주의가 주조를 이루는 것이며 또 그 성격에 있어서 퇴폐적 성향은 3.1운동의 실패라는 사회적인 원인에 의하여 기인하는 것으로 지적되어 왔다. 물론 여기에 대한 비판도 이미 제기되었고[7] 그것이 많은 공감을 얻고 있는 것도 사실이다.

즉 1920년대의 시의 성격을 우리는 대체로 퇴폐적 낭만주의나 센티멘탈리즘이라고 규정하는데는 대체로 합의하고 있는 것 같고 또 사실상 당대의 시의 성격이 여기에서 크게 멀지 않다고 할 수 있다. 중요한 것은 그러한 시적 배경이 과연 어디에서 연유하는 것이고 그것이 어떤 의미를 지니는가 하는 점일 것이다. 그런데 이미 전술한 바와 같이 그것이 전적으로 3.1운동의 실패라는 사회적 배경에서 기인한다는 데에 대해서 필자는 많은 의문을 가지고 있다. 그렇게 본다면 결국 그것은 문학의 독자성을 폄하한 피상적인 관찰에서 나온 결과일 뿐이기 때문이다. 그 증거로 우리는 3.1운동의 실패에 대한 직접적인 시적 형상화가 거의 이루어지지 않았다는 사실을 지적할 수 있고 그것을 극복하고자 제시된 신경향파라는 현실주의의 시들이 3.1운동에 대한 계승적 언급도 빈약함을 지적할 수 있다. 즉 적어도 우리는 3.1운동이 1920년대의 시문학에 있어서 직접적인 관계이기보다는 간접적인 관계에 있었음을 인정하지 않을 수 없는 것이다. 그 간접적 관계란 바로 사회적인 전체적 분위기와 관련된 것으로서 비단 시문학에만 연관되는 것은 아니다.

---

[7] 김흥규, 앞의 책. 김 철, 「1920년대 동인문학의 전개와 그 역사적 성격」, 한국비평문학회, 비평문학 창간호, 1987.7.

1920년대 초기의 시인들은 거의가 현실의 부정을 인식의 공통점으로 하고 있다. 그런데 부정되어야 할 현실은 식민지 치하의 정치적이거나 사회적인 데 그 원인이 있는 것이 아니라 불합리한 인습과 문화적 후진성에 근거하고 있다.[8]

즉 현실은 부정되어야 할 대상인데 그 부정되어야 할 원인이 일제하의 식민지 현실이나 역사인식에서 연유하는 것이 아니라 지극히 피상적이고 감상적인데 있다는 것이다. 거기에는 식민지 지식인이 보여야 할 역사의식이나 적극적이고 미래지향적인 의지보다는 그나마 조금 나아보이는 과거에 대한 나약한 향수로 나타나고 있는 것이다.[9]

이러한 현상은 결국 개화기에서 보였던 사회의식, 즉 자국:외국, 개화:반개화라는 보다 큰 갈등관계에서 개인:사회라는 보다 축소된 갈등관계로 전이된 결과로 보여진다. 개화기에 있어서의 갈등관계는 개화든 수구든 자국의 보호라는, 사회와 관계된 큰 테두리 속에서 유지될 수 있었다고 한다면 근대초기에 있어서의 갈등관계는 나와 관계된 축소지향적인 것이면서도 역사의식에서는 유리된, 감상적인 차원에 있음을 알 수 있는 것이다.

이미 앞에서 논의된 것처럼 1920년대의 시의 경향은 전적으로 3.1운동의 실패에 기인된 것은 아니다. 그것보다는 기존 인습에의 거부, 개인의 자유를 구속하는 사회와의 갈등, 문화적 후진성에서 느끼는 좌절감이 더 강하게 나타나는 것이다.

물론 그렇다고 해서 20년대의 시들이 3.1운동의 실패와 전혀 무관하다는 것은 아니다. 3.1운동의 실패는 이 땅의 지식인들에게 큰 좌절감을 주었음에 틀림없으며 그러한 분위기가 사회를 지배했으리라

---

8) 제1부 참조.
9) 과거지향성과 퇴행성은 물론 현실의 부정 위에서 가능한 것이다. 이 때 부정되고 있는 현실이 전반적으로는 3.1운동의 실패에 기인하고 있겠으나 그것이 직접적이고 의식적인 것으로 나타나지는 않고 있다.

는 것은 상상하기에 어렵지 않다. 즉 적어도 3.1운동의 실패는 20년대 시들을 해명하는데 있어서 직접적이기보다는 간접적인 관계에 있는 것이며 더 직접적인 것은 당대 지식인들의 개인적 차원의 갈등과 좌절에 있었던 것이다.

가령 우리는 근대초기의 관념지향적 성격이 3.1운동과는 무관하게 개인적 차원에서의 갈등과 고뇌에서 비롯되었음을 알 수 있는 것이다.10)

현실의 부정 위에서 내면화되고 주관화된 관념세계의 추구는 <태서문예신보>의 거개의 작품들에서 공통적으로 추출할 수 있는데 특히 근대 초창기에 크게 활약했던 김억이나 황석우의 시에서도 명확히 볼 수 있는 것이다.11) 김 억이나 황석우의 시에서 적어도 우리는 현실세계가 제외되어 있거나 철저히 배제되고 주관화된 세계만이 나타나고 있음을 쉽게 확인할 수 있기 때문이다. 이는 개화기시가에서 확보되지 못 했던 릴리시즘의 확보라는 최대의 성과이기도 하지만 한 편으로는 당대의 현실이 철저히 외면 당했다는 데에서 또 다른 손실일 수도 있다.

개화기시가에서 지나치게 강조되었던 현실이 이렇게 주관화되고 내면화된 관념의 세계로 나아가는 과정은 <학지광>의 시에서나 <태서문예신보>에서 중견시인으로 활약했던 해몽이나 백대진, 최영택등의 소위 '신변시'에서 구체적으로 확인할 수 있다.12)

따라서 20년대 초반으로 이어져 큰 영향력을 행사했던 관념지향적

---

10) 제1부 참조.
11) 예를들면 한국최초의 근대시로 일컬어지고 있는 김 억의 「봄」이나 「봄은 간다」(<태서문예신보> 제7호, 1918.11.30)는 릴리시즘의 확보라는 긍정적인 측면 이외에 주관적 관념세계의 추구라는 점에서 주목 될 수 있다.
12) 이들의 시는 현실에서 관념으로, 사회성에서 개인성으로, 객관성에서 주관성으로 시선이 이동되는 과정에 있다.

성격은 3.1운동의 실패에 전적으로 기인된 것이 아니라 이미 그 이전부터 현실부정의 또 다른 근거위에서 나타나고 있었던 것이며 그것도 전문적인 시인들에게서뿐 아니라 일반독자에게서도 확인되고 있는 것이다.

물론 20년대의 시인들이 현실을 부정하고 개인적 자유를 갈망하게 된 데에는 식민지의 현실과 3.1운동의 실패라는 민족적 좌절감의 큰 테두리 내에 있음을 부정할 수는 없다. 그러나 남의 나라의 식민지 밖에 될 수 없었던 원인을 그들은 문화적 후진성에서 찾았던 것이고 아직도 구태의연한 인습에서 찾았던 것이다. 현실에 대한 이러한 인식과 반응이 집단적인 양식이 아니라 개인적 고뇌로 나타났던 점은 그 시대가 지향하는 목적의식의 부재에서 비롯된다. 개화기의 시가들이 '신문명을 배워서 보국하자'는 보편적 목적 아래 쓰여졌다고 한다면 20년대 초기의 시인들은 이러한 민족적 의지가 집약된 목적의식을 가지지 못 했던 것이다. 한일합방이 기정사실화되었고 그것을 어쩔 수 없이 받아들이며 그 체제에 순응하는 과정에서 거기에는 사회에서 분리된 개인의 영탄과 좌절밖에 있을 수 없었던 것이다. 따라서 이들은 집단에서 분리된 채 부정적인 현실에 대해 구체적 방안을 제시하지 못 하고 역사의식의 부재 속에서 곧바로 관념적 도피에 빠졌던 것이다.13)

1920년대 전반기의 시들은 바로 이러한 배경 하에서 퇴폐적 낭만주의, 센티멘탈리즘으로 빠졌던 것이며 한 편 그것은 한국시가에 지속적으로 작용해 오던 관념지향시의 한 특수한 양상이었던 것이다. 이러한 양상은 1924, 5년경이 되면 바로 그 존립근거가 희박해지고 마는데 그것은 곧 보다 의식적인 신경향파문학이 대두되면서 현실주

---

13) 한국시가에 있어서의 관념주의와 현실주의의 대립적 전개양상은 이 책 제1부 참조.

의 문학이 부각되기 때문이다.

II-2 석송의 출현

석송 김형원은 1900년에 충남 논산에서 태어나 보성고보를 중퇴한 것으로 알려져 있고 <중외일보> <동아일보> <중앙일보> <조선일보> <매일신보>등의 기자, 편집국장을 거쳐 1949년에 공보처 차장을 지냈다. 또한 해방 후에는 초대 국회의원에 입후보했다가 낙선된 바도 있다고 한다. 한 편 그는 가요협회도 만들어 활동했고 특히 휫트먼을 번역 소개한 것은 그의 큰 공적이라 할만하다.[14]

그는 1950년 6.25사변 때 행방불명이 되어 지금까지 생사가 알려져 있지 않으며 그의 가족들이 일부의 시를 모아 『석송 김형원시집』 (1979, 삼희사)을 발간하였다.

위에서 보듯 석송은 언론, 정치, 행정, 음악, 번역 등 폭넓은 문화활동을 전개하였는데 그가 문단에 등장한 것은 1920년 4월에 「民衆의 公僕」[15]을 발표하면서부터이고 곧 이어 「文學과 實生活의 關係를 論하야 朝鮮文學建設의 急務를 提唱함」[16]이란 평문을 발표하게 된다. 이후 그는 <개벽>지에 주로 시를 발표하고 자신이 주재한 <생장>지를 통해서 문학활동을 하였다. 그의 문단활동은 1930년까지 이어지고 있으나 그가 활발하게 작품활동을 한 기간은 1920년부터 1925년까지의 약 6년간이다. 이 기간 동안에 그는 약 120여 편의 시와 7편의 평론, 수필, 기타 4편을 남겼다.[17]

---

14) 휫트먼의 번역 소개에 관한 것은 김용직, 「Leaves of Grass의 영향」, 『한국현대시연구』, 일지사, 1979. 참조.
15) <동아일보>, 1920.4.2.
16) <동아일보> 1920.4.20.-24일까지 연재.

석송의 출현은 당대에도 이미 특색있는 존재로 알려진 것 같다. 가령 우리는 다음의 글에서 당시의 석송에 대한 평을 유추할 수 있을 것이다.

소리없이 잠잠한듯한......朝鮮文壇에도 또한 부르조아 藝術 對 프로레타리아 藝術의 對峙된 核子가 胚胎되었다.18)

이 詩人의 民主主義的 詩風이 당시 섬세 軟軟하거나 그러치 아니하면 '센티멘탈'하거나 쏘 그러치 아니하면 '쩨카단'的이든 모든 詩風 중에 잇서서 한 힘잇고 굿세인 特色을 로하고 잇섯 설 뿐 아니라 이 傾向이 진실로 後日 新興階級詩運動 발흥의 한 刺戟이 되어 있는 곳에 그 先驅的 意義를 發見할 수 있는 것이다.19)

위 박종화의 글은 1922년의 문단활동을 평하는 자리로서 20년대 전반기의 시경향에 비추어 이미 부르조아 예술과 프로레타리아 예술의 핵자가 배태되었다는 것은 바로 석송을 두고 말한 것이 아닌가 추측된다. 한편 박팔양은 20년대의 시문학에 있어서 우리가 논의하는 석송의 시경향을 이미 선구적 위치에 두고 있는 것이다.

석송에게 있어서 중요한 것은 그가 1923년에 파스큘라에 참여했던 사실이다. 그러나 그는 다른 구성원들과는 달리 반급진주의의 경향을 띠고 있었다. 1925년에 파스큘라가 개최한 문학강연회에서 석송은 이상화, 박영희, 김기진, 연학년, 안석주 등과는 달리 '서적 이전과 이후'라는 극히 온건한 내용의 강연을 하고 있고 <개벽>지가 기획한 '계급문학시비론'에 쓴 글의 내용은 프로문학에 대한 자신의 갈등과

---

17) 박재서, 「시인 김형원」, 호서문학회, 호서문학 제15집, 1989.11.
18) 박종화, 「문단의 일년을 추억하야」, <개벽> 31호, 1923.1. 5면.
19) 박팔양, 「조선신시운동개관」, <조선일보>, 1929.1.10.

회의를 담고 있는 것이다.

> 階級이 없는 사람에게 階級이 생기고 時間, 空間을 超越하여 萬人의 胸襟에 共感을 주어야 할 文藝에까지 계급은 생기고 말았다. 이미 생긴 階級이라 싸우는 것도 마땅할 일이요 싸우지 아니하여도 아니될 일이지만 나는 이제 한가지 이제 重大한 疑心을 가지지 아니할 수 없다. 계급을 위하여 싸우느냐 文藝를 위하여 싸우느냐 다시 말하면, 階級 利益만을 위하여 싸우느냐 全 人類의 生存을 爲하여 싸우느냐? 나는 나 스스로 이 疑問에 對한 明確한 解答을 얻기 爲하여 方今 홀로 애를 쓰는 中이요 階級戰보다도 疑問戰에 머리를 앓는 中이다.[20]

이러한 회의는 곧 그가 더 이상의 작품활동을 못 하게 되는 계기가 되는 것으로 보인다. 즉 그의 문학활동이 1925년 이후에 거의 유명무실하게 된 동기는 바로 신흥세력으로 등장한 프로문학에 대하여 '의문'을 가지고 있었기 때문이고 '계급'보다는 '문예'를, '계급이익'보다는 '전인류의 생존'을 우위에 두어야 한다는 신념이 가로막고 있었기 때문이다. 왜냐하면 이미 그는 출발기부터 전 항에서 논술한 바 20년대 전반기의 시적 지향점인 관념주의를 거부하고 현실지향에 서 있었지만 그 현실이 사회주의 이데올로기와 결부되어 또 다른 극단으로 가는 것은 용납하기 어려웠을 것이기 때문이다.

그의 문학적 활동기간이 짧고 작품상으로는 많은 문제점이 지적됨에도 불구하고 그의 시사적 위상이 높게 거론되는 것은 무엇 때문인가. 그것은 곧 그의 시의 지향점이 당대의 퇴폐적 낭만주의나 센티멘탈리즘, 또는 유미주의에 편승한 것이 아니라 민중의 현실이라고 하는 보다 구체적인데 있었기 때문이다. 한 편 그것이 팔봉 김기진이나

---

[20] 김석송, 「계급을 위함이냐 문예를 위함이냐」, <개벽> 56호, 1925.2.

월탄 박종화가 주장한 '力의 藝術'(1923)보다 앞서 있었으며 따라서 20년대 후반기의 현실주의시의 대두가 단순한 영향의 일변도가 아니라 자생성의 근거를 제공하고 있기 때문이다.

Ⅲ. 석송문학의 특징

Ⅲ-1 민중적 현실지향

　석송의 문학에서 우리가 가장 특징적으로 언급할 수 있는 것은 바로 그의 문학적 토대가 당대의 문단상황에 비추어 강한 현실지향성을 가지고 있다는 점이다. 그것은 곧 전술한 바와 같이 20년대 전반기의 문단상황에 비추어 반성을 요구하는 것이면서 20년대 후반기의 서장을 여는 문학적 세계인식의 일대 전환기로서의 의미를 가지고 있다.

　문학은 그 속성상 관념과 현실이라는 두 측면을 동시에 수용하면서 상호 영향을 주어 왔다고 할 수 있다. 즉 인간은 항상 현실 속에 살면서 관념적 이상향을 꿈꾸는 이원적 존재이며 그 인간의 상상적 소산인 문학도 거기에서 벗어날 수 없다. 이러한 양상은 헬레니즘과 니힐리즘, 고전주의와 낭만주의의 교체 반복으로써 제 문예사조를 설명할 수 있다는 점에서 쉽게 찾아 볼 수 있다. 문제는 시대와 이념에 따라 이 중 어느 한 쪽이 우세하거나 열등하게 나타나는데 있는 것이며 그것은 또한 현실적으로 당대를 살아가는 시대적 이념과 밀접한 관련을 가지고 있음은 부인하기 어렵다.

20년대 전반기의 시적 인식이 식민지 현실과는 거리가 먼, 지식인의 개인적 차원에서 이루어진 갈등과 고뇌의 소산임은 앞에서 언급하였거니와 그것은 서정성의 확보라는 긍정적인 측면 이외에 지나친 감상에 치우친 나머지 현실성의 결여라는 심각한 부정적 측면을 동시에 내포하고 있었다. 그 부정적 측면은 어떤 방식으로든 극복되어야 할 대상이었음은 두말할 나위가 없다.

이러한 현실에 있어서 김석송이 민중의 개념을 앞세우고 등장한 것은 의미있는 일로 받아들여진다. 석송은 1920년 4월에 「민중의 공복」을 발표하면서 문단에 등장하게 되는데 이 작품은 동아일보의 창간을 축하하는 축시의 형식으로서 '민중의 앞에 희생이올시다 / 아! 나는 스스로 나를 죽이고 / 민중으로 살으려는 나이외다'에서 보는 것처럼 이미 문단활동 초기에 민중에게로 가까이 가고자 하는 의도를 엿볼 수 있다. 그에게 있어서 민중의 개념은 이후로도 그의 문학에 있어서 중요한 거점을 점하고 있는 것으로서 그가 처음으로 발표한 평론인 「文學과 實生活의 關係를 論하야 朝鮮文學建設의 急務를 提唱함」에서도 드러나고 있다. 오세영이 자세하게 지적한 것처럼 여기에서 그는 감정의 옹호, 낭만적 세계인식과 아울러 민중문학론과의 연관성을 내보이고 있는 것이다.[21]

즉 그는 종래의 귀족 문학에선 문학이 한 특정한 계급에만 몰두하였다고 보고 문학을 감정의 태양으로 바유시켜 문학의 본질이 태양의 조명처럼 차등없이 모든 인류에게 그 지닌 비 생명의 감정을 골고루 배분하는 데 있는 것이라고 역설하고 있는데 이 '평등의 문학'이 바로 그의 민중문학의 핵심이었던 것이다.[22]

---

21) 오세영, 「민중시와 파토스의 논리」, 서울대학교 국어국문학과, 관악어문연구 제 3집, 1978.

이러한 민중의 개념이 시로 형상화되어 나타나는 것은 바로 식민지 현실의 민중의 삶을 직시했기 때문에 가능한 것이었다.

  市街의 한구석
  문허진 城밋헤
  허리썩긴 묵은나무
  듬성듬성 섯는곳에
  겻房살이 두어間이
  나의자는 處所이다.

  해만지면 地獄가치
  캄캄한 골목에
  주린귀신 발자최가
  소리업시 行軍하는
  한우님의 庶子――
  貧民만 사는 마을

  아! 이마을에
  발을 들여놋는 나는
  아츰에나 저녁에나
  뼈만 앙상 남은
  餓鬼의 한무리를
  언제든지 본다.
      ―「우리마을」전문

  北風이 드세게 분다
  옷을 벗은 나무들의
  뼈만남은 쏘라지가
  그지업시 처량하다

---

22) 오세영, 앞의 글, 282면.

> 치위에 써는나는
> 써는가지를 볼때마다
> 치위와 주림에 우는
> 兄弟의 얼골을 본다
>
> ―「첫치위」 전문

> 處女가튼 大地는 우리의 압혜 노혀 잇다
> 광이만 잡으면 金銀寶石이 솟아날 것이다
> 그러나 우리는 팔다리가 성하면서도
> 化石과 가치 꼼작도 못하고 안저잇다
> 大地는 남의 것이오 우리는 벌서 송장이다
>
> 모든 權利는 우리의 손에 써나고
> 사는 權利까지도 남의손에 들엇다
> 임의 活動이 쉬이고 脈搏이 弱한 나에게
> 죽음의 神은 큰입을 버리고 덤빈다
> 그러나 아즉도 죽는 權利는 내것이다.
>
> ―「죽으러가는 사람」 1,3연

이 작품들에서 드러나 있는 세계는 구체적으로 식민지 현실의 민중의 삶이라고 할 수 있다. 도시의 한 구석 무너진 성밑, 곁방살이 두어칸으로 대변되는 처소와 하느님의 서자인 빈민, 뼈만 앙상 남은 아귀의 무리는 궁핍으로 피폐한 현실의 모습이며 그 모습은 비단 나만의 것이 아니라 도시빈민으로 확산되고 추위에 떠는 나, 추위에 떠는 나무, 추위에 떠는 형제의 모습으로 인식되는 '건강한 공동체 의식'[23]이 확인되는 것이다. 한편 대지는 남의 것이오, 모든 권리―사는 권

---

23) 장부일, 「1920년대전반기 시의 현실지향성」, 울산대학교 국어국문학과, 울산어문논집 1집, 1984, 5면.

리까지도-를 빼앗겼지만 아직도 죽는 권리는 내것이라는 인식의 저변에는 이상화의 '빼앗긴 들'을 연상시킬 만큼 절박하고 비참한 현실이 있는 것이다.

그러나 여기서의 궁핍의 양상은 좀 더 구체화되지 못 했다는 것이 아쉬운 점으로 남는다. 추위나 배고픔, 빼앗긴 대지와 권리는 그것이 개체화되어 있지 않고 일반적 현상으로 다루어지고 있음으로 해서 대자적(對自的)인 민중이 아니라 즉자적(卽自的)인 민중24)의 형상으로 나타나고 있다. 그것은 달리 말하면 궁핍의 현상을 삶의 한 보편적 양상25)으로 보는 것에서 벗어나고 있지 못 함을 의미하는 것이다. 즉 석송의 경우에 나타나는 빈곤이나 궁핍의 현상은 이상화의 「구루마꾼」, 「엿장사」, 「거러지」, 「가장 비통한 기욕」, 「도-교에서」처럼 구체적이고 개별적이지 않다. 그만큼 일반적인 것에 머물고 있다고 하겠으나 20년대 전반기의 시적 사실을 감안한다면 그것은 충분히 납득할 수 있는 일이라고 생각된다. 왜냐하면 한 시대의 문학적 세계관을 일거에 전환시키기는 그만큼 어렵다는 것을 우리는 잘 알고 있기 때문이다.

어쨌든 석송은 문학초기부터 현실의 문제에 관심을 가지고 그것을 시적으로 형상화하고자 추구했고 그것이 당대에 있어서 일정한 기여를 하였음은 틀림없다 할 것이다. 다만 그의 민중의 개념이 민주문예론과 밀접한 관련을 가지면서 그것이 세계주의나 휴머니즘과 연관된다든지 막상 신경향파문학에는 주도적으로 참여하지 못 하고 사실상

---

24) 즉자적 민중(卽自的 民衆)은 자신이 민중임을 알지 못 하고 있는 민중이며 대자적 민중(對自的 民衆)은 자신의 위상을 사회구조 안에서 파악할 줄 아는 각성된 민중을 뜻한다.
25) 이재선, 「현대소설과 가난의 리얼리즘」, 한국학보 제10호, 1978. 46면. 여기에서 이재선은 20년대 소설에서 가난의 문제가 등장하는 양상을 1)가난을 삶의 한 보편적 양상으로 보는 입장, 2)식민지상황과 결부된 병리적 조건으로 보는 입장, 3) 계급이념의 측면에서 보는 입장으로 나누고 있다.

의 문학적 종말을 고하는 것으로 보아서 그의 한계점을 지적할 수 있다고 하겠고 그것은 곧 그의 민중의 개념이 투철한 식민지적 현실에서 유추되지 않은 것임을 입증하는 것이다.

Ⅲ-2 민주와 평등의 개념

석송의 민중의 개념은 민주주의 이념과 밀접한 관련을 가지고 있다. 그는 첫 작품인 「민중의 공복」에서 이미 민중이란 용어를 사용하고 있어서 그가 민중에 많은 관심을 가지고 있었다고 할 수 있는데 그 개념은 전적으로 미국의 월트 휘트먼 Walt Whitman 을 수용하면서 이루어진 것으로 알려져 있다[26]. 그에게 있어서 민중의 개념은 단순히 백성만을 의미하는 것이 아니라 被治者, 治者, 强者, 弱者, 男女老幼, 色別에 제한 받지 않는, 균등한 기회에 생장할 수 있는 모든 사람들을 지칭하는 것이다.

> 쩨모크래시는 被治者, 治者, 强者, 弱者, 男女老幼 色別을 勿論하고, 사람이란 사람은 모다 均等한 機會에서 生長할 수 잇다는 것을 부르짓는 主義이다. 따라서 階級과 階級의 對峙가 아니오, 機會均等, 生存平等에 대한 絶叫요 理想이다. 다시 말하면, 假令 貴族主義 내지 資本主義와 對戰하는 事實에 잇서서는 階級戰의 鬪爭과 共通點이 만흐나 그 싸움의 目標라든가 理想은 그와 다른 점이 만타……쩨모크래시는 어느 意味로 보아 共生主義이오 抱擁主義이며, 쩨모크래시의 理想은 現在보다도 未來에 잇고 쩨모크래시의 詩人은 說明보다도 豫言을 만히 하게 된다.[27]

---

26) 김용직, 앞의 책 참조.

즉 석송에게 있어서 민주주의 이념은 귀족주의, 자본주의와 투쟁하는 점에 있어서는 계급투쟁과 공통점이 많지만 그 궁극적인 목표는 서로 다르다는 것이다. 석송이 귀족문예에 대해 비난하는 것은 물론 여기 뿐만이 아니다. 그는 같은 글의 앞 절에서 '귀족적 문예' 항목을 설정하고 귀족문예를 구체적으로 비판하고 있는 것이다. 거기에서 석송은 귀족문예를 형식적으로는 인습적이고 내용은 배타적이며 발달상으로는 보수적인 대신에 민주주의는 형식에 있어서 비인습적이고 거의 정형이 없으며 내용은 포괄적이고 발달상으로는 진보적이라고 주장하고 있다.28) 따라서 그는 '귀족주의에 대한 반동으로 민주주의가 일어나게 된 것은 사상사에 있어서 자연적인 귀결이며 조금도 이상할 것이 없다'고 말하는 것이다.

그러면 석송에게 있어서 민주주의 문예는 구체적으로 무엇을 뜻하는가. 같은 글에서 그는 자유와 평등, 포용과 반항을 강조하고 있다.

> 民主主義의 特色은 第一「自由」에 잇다. 이 自由라 함은 모든 形式과 束縛을 쩌나서, 사람의 天禀을 제벌로 發揮식히는 것을 意味함이다. 文藝上으로 옴겨 말하면, 形式과 題材를 拘束 업시 選擇하고, 個性의 率直한 表現을 爲主하며, 따라서 各 個人의 生活을 그대로 承認하야, 詩人의 입을 빌어 萬人으로 하야금 發言할 自由를 許容하는 點에 民主的 文藝의 참된 使命을 發見할 수 있는 것이다.29)

따라서 민주적 문예는 자유분방한 내용을 가지고 있고 고정된 형

---

27) 김석송,「민주문예소론」, <생장> 5호, 1925.5.
28) 김석송, 앞의 글.
29) 김석송, 앞의 글.

식을 탈출, 유동적 형식을 가지게 되며 형식상으로는 불규칙하다는 것이다. 그는 민주주의의 제 1 특색을 자유라고 하고 그 다음으로는 평등을 주장한다.

> 쪼 民主主義의 特色 中 하나로 가장 重要한 것은 「平等」이다. 平等은 字意와 가티 高下貴賤이 업다. 民主的 哲學은 가장 平凡한 事物, 가장 卑近한 事件일지라도 그 本質을 나타내어서 그 實體를 說明하는 것이다. 太陽이 森羅萬象을 고루 빗최이드시 博大한 心境과 洞察力을 가진 詩人일진대 사람이던지 自然이던지 무엇이던지 詩 아닐 것이 어디 잇슬이오 … 사람이란 사람은 모다 生이란 生은 모다 이 眞實性에 의하야 包括될 것이오 蘇生될 것이다.30)

> 쩨모크라시는 太陽이다. 宇宙의 구석구석에 그 光明을 고루고루 빗최어 줄 뿐이오, 아모 差別的 意味는 가지지 못 한다. 쩨모크래시는 絕對의 抱擁이다. 美醜도 不計하고 善惡도 不關하고 모다 한결가치 抱擁한다, 마치 어버이의 사랑가티…. 쩨모크라시는 絕對의 抱擁인 동시에 쪼한 絕對의 反抗이다. 쩨모크라시의 理想을 爲하야 害로운 分子는 언제든지 어느곳에서든지 反抗을 바들 것이오, 이와가튼 反抗은 마츰내 抱擁의 理想을 實現하는 階級이 될 것이다.31)

이와같이 석송은 민주주의 또는 민주문예의 구체적 방법으로서 자유와 평등, 포옹과 반항을 들고 있으며 그것을 시의 원리나 방법론적으로 제시하고 있다. 즉 그것은 형식과 내용에 있어서 자유로울 뿐만 아니라 그 소재나 주제에 있어서도 삼라만상을 모두 포괄하는 것이

---

30) 김석송, 앞의 글.
31) 김석송, 앞의 글.

며 그 이상을 위하여는 어떤 반항도 가능하다는 것이다.
이러한 생각은 그의 작품에서도 구체적으로 드러나고 있다.

   그대들의 次序대로 記錄하면
   官吏, 富者, 有識階級
   商人 小作人 勞動者──
   나의 마음대로 기록하면
   깨인놈 자는놈 일하는놈 노는놈 ──
         ─「해빗못보는 사람」 일부

 위의 예에서 보는 것처럼 그는 모든 계급의 사람들을 포옹하고 있다. 이 외에도 그의 시의 소재가 되는 것은 가족, 혁명가, 관짜는 목수, 무산자, 나뭇군, 창녀, 장사꾼, 젖먹이, 수인, 노인, 병자, 굴뚝소제부, 농민, 의사 등 인물의 계층이 없을 뿐만 아니라 돌, 꽃, 새 등의 자연물, 구더기까지도 등장하고 있는 것이다. 여기에서 그는 민주주의를 태양이 삼라만상을 비추는 것에 비유한 것처럼, 모든 것을 포옹하고 있음을 알 수 있고 그 이면에는 우주만물에 대한 그의 자유와 평등사상이 자리하고 있음을 알 수 있는 것이다.
 한 편 그가 주장한 반항의 논리는 '민주주의의 이상을 위하여 해로운 분자는 언제든지 어느 곳에서든지 반항을 받을 것이오, 이와같은 반항은 마침내 포옹의 이상을 실현하는 계급이 될 것이다.'에서와 같이 민주주의 이상의 실현을 위한 것이다. 여기에서 우리는 먼저 그가 귀족문예에 대하여 깊은 반감을 가지고 있었음을 지적하지 않을 수 없다.
 앞에서도 잠시 언급하였지만 석송은 귀족문예를 형식적으로는 인습적이고 내용은 배타적이며 발달상으로는 보수적인 대신에 민주주의는 형식에 있어서 비인습적이고 거의 정형이 없으며 내용은 포괄적이고 발달상으로는 진보적이라고 주장하고 있다. 귀족문예를 자신의 신념인 민주문예와 대치적으로 설명하고 있는 것만 보아도 그가 귀족문예에 대해 얼마나 반감을 가지고 있었던가는 미루어 짐작할 수 있다.

> 藝術의 主人公은 王候將相에 局限되고 貴公子와 貴婦人 사이의 情熱만이 抒情詩로 읊어지든 從來의 貴族的 文藝는 그 題材부터도 極端的인 排他的인 同時에 人生의 一局部만을 詠嘆敍述함에 不過하엿다. 그리하야 萬人에게 共感을 주어야 할 文藝로 하야금 一部 所謂 特種 階級 人物의 消日거리를 만들고 말엇고 永劫에 生動하여야 할 文藝로 하야금 夕陽의 무지개와 가티 쏠쏠히 슬어지게 하엿다···· 아비의 意思로 子息의 履歷까지 支配하고 老人의 經驗으로 靑年의 創造의 本能을 束縛하는 貴族主義는 新思想의 侵入을 拒絶하며 現在 － 아니 過去外에 何等의 慾望도 업시 오즉 公私의 相續으로 因하야 推定된 勢力과 特權을 保支하기에 汲汲할 쑨이다.32)

즉 그는 민주문예가 싸워야 할 대상으로서 귀족문예를 상정하고 있으며 따라서 자연히 귀족문예가 가지고 있다고 주장하는 '인습적, 배타적, 보수적'인 것에의 반항이 자리하게 된다.

그러면 그가 말하는 '인습적, 배타적, 보수적'인 것은 과연 무엇인가. 문맥상으로는 '古今의 有名하다하는 沙翁劇을 볼지라도 帝王이나 貴族 외에는 劇的 運命을 가진이가 누구인가'라고 하여 서사문학을 염두에 두고 있는 것 같지만 당대의 문단실정에 비추어 20년대 전반기의 시적 상황을 염두에 두고 있었다고도 생각할 수 있다. 왜냐하면 이미 20년대 전반기의 문학은 일부 지식인의 전유물로서 '특종 계급

---

32) 김석송, 앞의 글.

인물의 소일거리'가 되어 있었던 셈이고 만인에게 공감을 주지 못 할 만큼 관념세계로만 빠져들고 말았기 때문이다.

현실의 문제, 민주문예를 성취하는데 관심을 가졌던 석송에게 있어서 그것은 당연히 배척되어야 할 대상이었을 것이라고 우리는 미루어 짐작할 수 있기 때문이다.

자유와 평등, 포옹과 반항을 구체적 대안으로 가지고 있었던 그는 당연히 구시대의 인습과 제도를 문제삼게 된다.

> 오! 나는 본다!
> 숨쉬이는 木乃伊를
>
> 「現代」라는 옷을 입히고
> 「制度」라는 약을 발라
> 「生活」이라는 관에 너흔
> 木乃伊를 나는 본다
>
> 그리고 나는
> 나자신이 이미
> 숨쉬이는 木乃伊임을
> 아! 나는 弔喪한다!
>   ―「숨쉬이는 木乃伊」 전문
>
> 우리들이 이째까지,
> ― 賢人, 達士, 聖人 ―
> 이라고 불러온
> 純人造의 偶像이
>
> 道德, 倫理, 哲學…
> 모든 올개미로

우리의 목을 얽은
眞理의 冒瀆犯이
　　　　　—「미래를 위하야」일부

　기존의 가치로 통하던 도덕, 윤리, 철학, 제도, 인습은 모두 부정되고 있으며 우리들이 지금까지 현인이나 성인군자로 칭송해 마지 않던 이들이 사실은 도덕, 윤리, 철학으로 우리의 목을 죄고 있다는 것이다.「숨쉬이는 木乃伊」는 석송의 대표작으로 일컬어지고 있는 것인데 그것은 곧 우리가 현대라는 시점에 살면서도 제도라는 약을 발라 생활이라는 관에 살고 있는, 살아있는 미이라에 다름 아니라는 것이다. 이러한 기존 인습에의 배격이 전제 될 때 그는

　　　나는 벌거숭이다,
　　　옷가튼 것은 나에게 쓸데 없다.

　　　나는 벌거숭이다,
　　　制度 因習은 古人의 옷이다.

　　　나는 벌거숭이다,
　　　是非도 모르고, 善惡도 모르는.
　　　　　　　　—「벌거숭이의 노래」일부

라고 노래하게 된다. 제도와 인습에서 탈피한, 시비도 모르고 선악도 모르는 벌거숭이는 곧 온갖 제도와 인습에서 해방된, 그야말로 원초적인 순진무구한 지향점으로 제시되고 있다.
　이러한 반항의식은 간혹 혁명이란 말로 나타나기도 한다.

　　　무엇보다 더큰「사랑」조차

> 우리의 마음대로 못하는
> 잠과 밤도 어더볼수업는
> 性格破産者의 宣告를 바든 人生은
> 일어날 것이다 革命의 홰불을 들고
> 　　　　　　　　　　―「離鄕」일부

> 물아 흘러가거라 솔아 누어잇거라
> 언덕아 쉬지말고 문허지라
> 사람아 두려워할 것은 아니다
> 革命은 生長의 代名詞이다
> 　　　　　　　　　―「큰 물 뒤에」일부

그러나 이러한 반항의식은 식민지 현실이라는 시대적 상황에 비추어 볼 때 많은 허점을 노출하게 된다. 이미 앞에서도 지적한 바와 같이 석송이 추구하는 민중의 개념은 그것이 식민지 현실에서 우러나온 대자적인 것이 아니라 일반적인 의미로서의 궁핍한 현실에서 유추된 것이기 때문이다. 또한 인습이나 구제도를 타파하고자 하는 바는 초창기에 식민지 지식인들이 가지고 있었던 개인적 고뇌의 차원과 별로 다를 바가 없기 때문이다.

한국근대문학에서 우리가 요구하는 것은 식민지 현실의 정체를 간파하는 것이다. 즉 식민정치라고 하는 것이 한 집단에 대한 다른 집단의 지배논리라고 한다면 그것을 타개하기 위해서 필요한 것은 피지배집단의 유대와 공동체 의식이라고 할 수 있다. 따라서 당대에 있어서의 근대화는 곧 반식민, 자주독립과 등식관계에 있을 때 비로소 역사적 당위성을 획득하는 것이다.

이런 차원에서 본다면 석송이 민주문예가 싸워야 할 대상으로 귀족문예와 구도덕, 인습 등으로 설정한 것은 새로운 질서체계를 염원하는 의미는 가질지 몰라도 추상적이고 관념적이라는 혐의에서 벗어나기 어렵다.

그가 주장한 바 '민주문예는 세계주의 내지 인류주의'의 문예'[33])라는 주장은 결국 그의 지향점이 반식민이나 자주독립과는 상당히 먼 거리에 있음을 보여주는 것이다. 결국 그의 민중개념이나 민주개념은 적어도 당대에 있어서는 현실성이 결여되었던 셈이다.

Ⅲ-3 추한 세계와 미래에의 동경

석송의 시를 일별할 때 나타나는 것은 그의 시가 아름다움의 세계보다는 추한 세계를 형상화하고 있다는 점이다. 특히 이는 20년대 전반기의 시경향을 염두에 둘 때 더욱 확고하게 대비되는 점이라고 할 수 있다. 그의 시론의 근간에 자리하고 있는 민주, 민중, 평등, 포용, 반항등의 개념은 사실상 일맥 상통하는 것임은 위에서 살펴본 바와 같다.

그의 시에 자주 등장하는 囚人, 묘지, 악마, 저주, 傷者, 신음, 가난뱅이, 허수아비, 棺, 묘비, 木乃伊, 썩어가는 얼굴, 창녀, 간음, 狂人 등등은 '리얼리즘 최후의 연장으로서의 자연주의'[34]) 경향을 방불케 하는 것이다.

   썩어가는 얼굴에
   분을 케케히 바르고
   動物園살창 속 가튼
   娼樓에 나안즌
   웃음파는 계집아이
       — 「웃음파는 계집」 일부

---

33) 김석송, 앞의 글.
34) Harry Levin, 박철희 편, 『문예사조』, 이우출판사, 1988, 81면에서 재인용.

  竊盜, 强盜, 詐欺, 賭博…
  모든 在來의 犯罪와
  姦淫, 蓄妾, 離婚
  富裕, 浪費…
  모든 未來의 罪惡이
  뻔뻔하게 춤을 추는
  이 무서운 밤의 幕이
  아! 얼마나 길냐는가
      —「무서운 밤」 일부

 그가 이러한 추악한 세계를 형상화하고 있는 점은 몇 가지로 해석이 가능하다. 그것은 그가 시론에서 주장한 바와 같이 민주주의 개념 하에서는 모든 것이 평등하다는 것, 포옹의 정신에 입각한 것으로서 인간지위의 높고 낮음이나 인간이외의 모든 사물까지도 구별짓지 않고 있음을 뜻하는 것이다.
 한 편 그의 반항의 정신과 관련시켜서 그 반항의 대상이 구제도나 인습이었고 문예에 있어서는 귀족문예가 그 대상이었음을 상기해 본다면 근대 초기의 시단 현상에 비추어 그가 의도적으로 추한 세계를 형상화하였다고 추정할 수 있다. 이미 '꿈'과 '영탄', '아름다움'만을 추구하고 현실을 외면한 일부 지식인의 전유물로서 어느 정도 타성에 젖은 당대의 시적 현실을 그는 거부하고 거기에 반항한 것으로 생각되는 것이다. 왜냐하면 그는 '만인에게 공감을 줄' 문예를 갈구하고 있었고 따라서 기존의 관습화된 시세계는 타파되어야 할 대상이었기 때문이다.
 그러나 석송은 이런 추한 세계에만 머물러 있었던 것은 아니다. 이 세계를 인습과 제도에 얽매인 추한 것으로 인식했을 때 거기에는 당연히 미래에의 동경이 수반된다. 그것은 먼저 아직 인위적인 제도나 인습에 물들지 않은 인간 본연의 모습으로 등장한다.

   나는 벌거숭이다,
   옷가튼 것은 나에게 쓸데 없다.

   나는 벌거숭이다,
   制度 因習은 古人의 옷이다.

   나는 벌거숭이다,
   是非도 모르고, 善惡도 모르는.
          — 「벌거숭이의 노래」 일부

   그저 凡人으로 살기외다
   저된대로 제마음대로 제벌로
   저대로 살다가 가겠나이다.
          — 「나의 所願」 일부

   내가 만약 造物主이면
   萬物의 압헤 屈伏하고
   모든 허물을 謝過한 後
   宇宙를 부시어 버리고
   내몸까지 自殺할 것이다.
          — 「내가 조물주이면」 일부

 한편 인습이나 제도에 물들지 않은 인간 본연의 모습을 석송은 어린이에게서 찾고 있다. 그의 시에서 어린이를 시적 대상으로 삼은 작품이 많음은 바로 때묻지 않은 인간의 모습을 어린이에게서 찾을 수 있다는 생각 때문이다.

　　　　아! 젓먹이 아기야!
　　　　나의 사랑하는 샛기야!
　　　　인류의 連鎖요
　　　　未來의 先祖이 될
　　　　지금은 아모것도 모르는
　　　　젓먹이의 자는 얼골아!
　　　　　　　　　―「젓먹이의 자는 얼골」일부

　　　　나의 얼은 空然히 휑하야
　　　　박휘의 굴으는 소리와 함끠
　　　　어대론지 멀니멀니 가고 만다
　　　　生命 成長의 幻想을 실코
　　　　다시 못 오는 어린이의 나라로
　　　　　　　　　―「어린이의 나라로」일부

　과거와 현재를 부정했을 때 새로운 질서에의 동경이 시간적으로는 미래로 나타남은 당연한 귀결이다. 그는 '인생은 진화한다. 사상은 유동한다.'35)고 믿고 있고 따라서 새로운 가치는 미래에 가능하기에 그 새로움은 미래에 존재하는 것으로 나타난다.

　　　　아, 지금은 새벽 네시!

　　　　장태의 닭은 새날을 선언하고
　　　　어대선지 갓난이의 우름소리가 들린다
　　　　아, 새날! 새사람!
　　　　새 生命의 춤터가 열니랴 하는
　　　　아, 거륵한 새벽 네시!
　　　　　　　　　―「지금은 새벽네시」일부

---

35) 김석송, 앞의글.

그가 '새벽 네시'에 이처럼 감격하고 있는 것은 그것이 새로움으로 가는 길목이기 때문이다. 그 곳은 갓난아이의 새로운 생명이 준비되어 있는 무한한 그러면서도 아직은 미지의 가능성으로 충만한 공간인 것이다.36)

그러나 이러한 긍정적인 의미를 가지는 석송의 '동경'도 사실상 바람직한 시적 형상화를 거치지는 못 하고 있다. 석송의 시가 가지는 가장 큰 단점의 하나로 지적되는 긴장성의 부족은 그의 시 전편에 걸쳐 나타나지만 무절제한 감탄과 여과되지 않은 감정분출은 그의 시가 가지는 한계로 지적된다.

한편으로 그 긴장성의 부족은 그가 염원해 마지않는 동경의 구체성이 결여되었다는데서 연유하고 있다. 구시대를 타파하고 새로운 것을 추구했을 때 거기에는 당연히 그 새로움의 내용이 구체적으로 적시되어야 하고 그것이 시적 형상화라는 과정을 거쳐야 함에도 불구하고 석송의 시에서 우리는 그것을 발견할 수 없기 때문이다. 그가 제시하고 있는 것은 구시대의 인습에 물들지 않은 순수성의 세계나 막연한 미래에의 동경에 지나지 않았던 것이다. 또한 그것이 세계주의나 인류주의로 표방될 때 그 구체성은 당대 현실에 비추어 더욱 추상적일 수밖에 없다.

Ⅲ-4 힘의 예술과 남성미

1920년대의 한국문학이 그 중반기를 기점으로 하여 일대 분수령을 맞이한다고 했을 때 그것은 다름아닌 신경향파문학의 대두를 두고

---

36) 장부일, 앞의 논문, 12면.

말하는 것이다. 팔봉 김기진에 의해서 주도적으로 도입된 프롤레타리아 문예운동은 그간 관념주의로 일관하던 20년대 문단에 큰 반향을 주었고 무자각적, 무비판적으로 자신들의 감정토로에만 머물렀던 작가들에게 일대 반성의 기운을 싹트게 하였다.

1925년에 카프가 결성되면서 문단은 격심한 양분화현상을 초래하게 되는데 카프가 의식적으로 결성된 목적문학파라면 거기에 찬동하지 않는 문인들은 의식적이건 무의식적이건 국민문학파의 일원이 되게 된다.

석송 김형원이 등단 초기부터 기존의 시들과는 다른, 현실문제를 중점적으로 다룬 것은 앞에서 논의한 바와 같다. 그리고 석송이 활발한 작품활동을 했던 1922년의 문단에 대한 평가에서 "조선문단에도 또한 부르조아 대 프로레타리아 예술의 대치된 핵자가 배태되었다."37)고 하고 있는데 이는 석송의 문단활동에 대한 평가가 아닌가 생각되는 것이다. 즉 그는 등단초기부터 궁핍한 현실의 문제와 민중의 문제, 저항적 기질을 가진 작품을 발표하였기에 이러한 평가가 뒤따랐던 것이라고 생각되는 것이다.

석송의 민주문예나 자유, 평등, 포용의 정신은 미국의 월트 휫트먼의 영향 때문이라고 할 수 있는데38) 왜냐하면 당시에 휫트먼을 소개한 시인들39) 중 가장 거기에 경도된 사람이 바로 석송이었기 때문이다. 그는 휫트먼의 시를 번역 소개할 뿐만 아니라 그의 일생에 대해서도 소개를 하고 있다. 특히 1922년 7월 <개벽> 25호에 휫트먼의 시 6편을 번역하면서 쓴 휫트먼에 대한 소개가 주목된다.

---

37) 박종화, 「문단의 일년을 추억하야」, <개벽> 31호, 1923.1.
38) 김용직, 앞의 책.
39) 휫트먼을 소개한 사람은 오천석, 김석송, 이광수, 주요한, 이병호, 정지용 등이다.

월트. 휘트맨! 나는 이렇게 感嘆的으로 그의 이름을 부르지 아니할 수 없이 그를 敬仰한다 함은 그의 詩가 美의 詩인 것보다도 力의 詩인 까닭이다. 그는 果然 '自然과 같이 寬大하고 強壯'한 詩人이다. 그는 透徹한 豫言者요, 先知者요, 引導者요, 未來를 위한 詩人이오, 人類의 向上前進과 共存共榮의 眞理를 確信한 벌거벗은 使徒이다. …平民으로 나서 平民을 노래하다가 平民으로 죽은 점에 그 詩의 生命도 있는 것이다. … 나는 다만 '民主詩의 先驅者'- 從來의 規約을 함부로 無視한 '대담한 自由詩人'이라고 그를 부르고 싶다.[40]

휫트먼에 대한 감탄적인 이 글은 바로 석송이 그 당시 휫트먼에 얼마나 경도되어 있었는가를 말해주고 있다. '美의 詩'보다 '力의 詩'이기 때문에 휫트먼을 경앙한다는 것은 곧 석송의 시세계가 당시에 유행하던 꿈과 영탄의 세계가 아니라 다른 무엇임을 짐작케 한다. 그리고 그 다른 무엇은 석송의 시에서 일관되게 나타나는 현실의 문제일 것이라고 추측할 수 있다.

석송이 시에서 '힘'을 강조한 것은 20년대에 중요한 의미를 가지게 되는데 그것은 곧 신경향파의 논지의 주된 용어가 바로 '힘의 문학'이기 때문이다. 석송의 이 글에 이어 곧 바로 월탄은 힘의 예술을 강조하게 된다.

앞으로 우리가 가져야 할 藝術은 '力의 藝術'이다. 가장 强하고 뜨겁고 매우 힘있는 藝術이라야 할 것이다. 歇價의 戀愛文學 微溫的인 寫實文學 그것만으로는 우리의 苦惱를 건질 수 없으며 時代的 不安을 慰勞할 수 없다 萬사람의 뜨거운 心臟 속에는 어떠한 欲求의 피가 끓으며 萬사람의 얽혀진 腦 속에는 어떠한 錯亂의 苦惱가 헐떡거리느냐 이 不安이 苦惱를 주고 이 狂亂의

---

[40] <개벽> 25호, 1922.7.

피물을 녹여 줄 靈泉의 把持者는 그 누구뇨「力의 藝術」을 가진 者이며「力의 詩」를 읊는 者이다. 가장 敬虔한 態度로 强하고 뜨거운 그 곳에 觀照하야 瞑想의 境域을 넘어선 꿈틀꿈틀한 굵다란 線이 뛰는듯한 하얀 종이에 시컴한 墨을 찍어 椽大의 筆을 두른듯한 그러한 藝術의 把持者라야 될 것이다.[41]

이로 미루어 본다면 월탄의 '力의 詩'가 석송에게서 발단이 되었을 가능성은 농후하다.[42] 그것은 그 때까지 문단에서 한 번도 운위된 적이 없던 '力의 詩' '力의 藝術'이란 용어가 불과 몇 개월의 차이를 두고 나타난 점, 또한 석송이 말한 '美의 詩'가 '歇價의 戀愛文學 微溫的인 寫實文學'으로 나타나는 점에서도 그러하다. 따라서 우리는 석송의 '力의 詩' 이론이 월탄과 팔봉에게 하나의 계기를 마련해 준 것으로 추단할 수 있는 것이다.

석송의 '力의 詩'는 월탄을 거쳐 팔봉에게로 이어지면서 신경향파 시론에 더욱 접근하게 된다. 팔봉은 1923년 3월 일본에서 귀국하기 직전 월탄에게 보낸 편지에서 '力의 詩' 이론을 펼치고 있으며 그것이 월탄에게서 옮겨졌음을 나타내고 있다.

    兄의 逃避的 詠嘆調의 詩가 一轉期를 劃하여 現實의 强硬한 熱歌되기를……兄이 開闢에서 '力의 藝術'이라고 부르짖은 것이 兄의 詩歌 위에 나타나기를……兄과 懷月의 逃避的 푸루구름한 象牙塔 속의 詠嘆이 熱을 띄워 오기를 비는 것이올시다. 지금 우리의 責任이 얼마나 무거운지를 알 수 없읍니다. 민중의 인도자, 虛僞에 대한 전쟁 제1선에 선 戰卒의 두 어깨가 무거운 것이외다.[43]

---

41) 박종화,「문단의 일년을 추억하야」, <개벽>31호, 1923.1.
42) 한계전,『한국현대시론 연구』, 일지사, 1983, 85면.
43) 박종화,「백조시대의 그들」,『청태집』, 영창서관, 1942, 135면.

위의 글에서 우리는 팔봉이 당시의 문단을 '푸루구름한 상아탑 속의 영탄'으로 파악하고 있고 월탄이 <개벽>지에서 피력한 力의 詩論을 읽었으며 그것을 자신이 수용하여 적극적으로 개진하고 있음을 알 수 있다. 즉 석송에게서 유래된 '힘의 시'가 월탄에게 영향을 주고 팔봉은 그것을 적극적으로 수용하면서 의미를 부여하고 있는 것이다.

이와 같이 석송은 1920년대의 '푸루구름한 상아탑' 속에서 현실을 기반으로 한 힘의 시를 강조하였고 그것이 신경향파 시론에 유입되어 주도적인 시론으로 형성되었던 것이다. 이러한 점에서 석송은 많은 시적 결함이 지적됨에도 불구하고 20년대 중반이라는 일대 전환기를 마련한 중요한 시인으로 평가된다. 또한 그것은 신경향파 문학이 외래사조의 유입으로써만이 아니라 자체내의 자생성 위에서 구축되었다는 소중한 의미를 가진다고 할 수 있다.

그러면 석송이 주장한 '힘의 예술', '힘의 시'는 과연 그에게는 어떤 양상으로 나타났던가. 위에서 力의 詩論이 월탄과 팔봉을 거치면서 의미가 부여되었다고 하였는데 이것은 다시 말하면 석송의 力의 詩論이 보다 구체성을 띠지 못 하였고 그 구체성과 방향성은 팔봉에 와서야 가능했음을 뜻하는 것이다. 그는 '美의 詩'에 대한 대치개념으로서 '力의 詩'를 주장하고 있고 그것은 곧 근대초기의 꿈과 영탄, 비현실적인 관념지향의 시를 염두에 둔 것이었다고 보인다. 따라서 석송이 주장한 力의 詩는 근대초기에 유행했던 美의 詩와 대치되는 개념으로 존재한다고 볼 수 있다.

석송의 시에서는 바로 이 '미의 시'와 대치되는 개념으로서 궁핍한 현실과 영탄이 아닌 굵은 목소리, 특종계급을 위한 것이 아닌 만인에게 공감 줄 문학이 자리하게 되는 것이다.

'궁핍한 현실'과 '만인'의 개념은 전항에서 언급한 바와 같은데 석송의 시에서 볼 수 있는 또 다른 특성중의 하나는 바로 생경한 시어

의 빈번한 노출이다. 대체로 그는 시어에서 나타나는 언어미를 경시
하고 있는데 그것은 미의 시가 가지고 있었던 나약하고 병든 요소를
극복하기 위한 한 방편이었다고 생각된다.

너는 宇宙를 創造하얏고
모든 觀念의 對象을
너 - 자신이 出産하얏다.

光, 力, 時間, 공간, 生物, 無生物
草木, 禽獸, 人間, 男女
生, 老, 病, 死, 智, 情, 意……
이따위는 모다 너의 製作이다.
— 「元旦」 일부

오! 친구여! 해빗 못보는
世上에 詛呪바든 친구들이어!
우리는 장차 어찌할거나!
해와 달을 깨치어 버릴가!
해와 달을 새로 만들가!
— 「해빗 못보는 사람들」 일부

江에 얼음이 흐른다
집채가튼 치운 結晶體가
바위갓고 칼날가튼
성에ㅅ장이 흘러간다
江ㅅ둑이 터질드시 갓득.
— 「氷流」 일부

이처럼 석송의 거의 모든 작품은 섬세한 언어의 조탁은 아예 나타

나지 않고 대신 굵은 남성화자의 절제되지 않은 목소리만이 나오고 있다. 이것은 당대의 미의 시가 지니고 있던 나약하고 병든 목소리를 극복하기 위한 방편이며 그것이 한국시의 새로운 일국면을 타개한 것으로서 긍정적 평가가 가능하지만 여전히 시가 지녀야 할 언어미에 대한 아쉬움은 남는다고 할 것이다. 그야말로 그는 힘있고 건강한 예술을 추구한 나머지 시가 지녀야 할 '아름다움' 자체에 대해서는 관심조차 기울이지 않았던 것이다.

즉 석송의 힘의 시세계는 궁핍하고 추한 현실을 절제하지 않은 남성의 목소리로 나타냈던 데 그 본질이 있는 셈이며 그것은 언어미를 경시한 시적 형상화라는 측면에서 문제점을 가지는 반면 당대의 시적 현실에 비추어 그것이 그의 장점이자 생명이기도 하다. 그만큼 그는 시에서의 반항을 실천한 셈이고 한국시가에 지속되어 오던 현실주의의 측면을 계승적으로 확인시켜 주고 있는 것이다.

Ⅳ. 결 론

　지금까지 필자는 석송 김형원의 시와 시론을 대상으로 하여 그 시사적 의미를 밝히고자 하였다.
　한국근대시사에서 1920년대는 매우 중요한 의미를 내포하는데 그것은 곧 20년대 중반기를 기점으로 하여 신경향파 문학이 대두되면서 일대 전환기를 맞기 때문이다. 팔봉에 의해서 도입된 신경향파문학은 그러나 단순한 외적 영향에 의해서만이 아니라 자생성의 토대 위에서 가능했던 것이고 그것을 확인시켜 주는 사람이 바로 김석송인 것이다. 따라서 김석송에 대한 연구는 한국 근대 현실주의시의 성립과 전개에 있어서 중요한 위치를 점하는 것이다.
　석송은 등단할 때부터 현실문제에 관심을 가지고 그것을 문학의 본질로 삼았으며 소위 민주문예론으로서 그 이론적 근거를 삼았다. 그는 여기에서 휫트먼의 영향을 받아 민중, 자유, 평등, 포옹, 반항의 이론을 개진하는데 이것은 그의 작품에서도 구체적으로 확인되고 있다.
　그의 시세계는 이러한 이론적 토대 위에서 구축되어 있다. 즉 종래의 문학을 특종계급을 위한 귀족문학이라고 규정하고 만인에게 감동을 주는 문학을 추구하기 위하여 소재나 표현에 있어서 기존의 것을 거부하고 있다. 현실주의에 기초하여 그는 현실 그 자체를 중시하여 시적으로 표현하고 있으며 또한 평등과 포용의 관점에서 민중들의 궁핍한 삶과 추악한 세계까지도 시의 소재로 삼고 있다. 그러나 그의 민중의 개념은 식민지 현실을 간파함으로써 얻어진 것이 아니라 삶의 한 보편적 양상으로만 파악하여 추상적이고 관념적인 한계를 보이고 있고 그것은 곧바로 세계주의나 인류주의로 확산되고 만다. 즉 그가 반항의 대상으로 삼은 것은 구시대의 인습이나 제도로서 이는 초창기의 지식인들이 가지고 있었던 개인적 차원의 갈등 이상이 아니었던 셈이다.

오히려 석송에게 있어서 반항의 양상은 당대의 시문학이 가지고 있었던 여러가지 병적 징후를 대상으로 했을 때 가치가 있었다. 예를 들면 현실과 유리된, 나약하고 병적인, 또는 관념지향의 시들에 대한 반항으로서 그는 현실의 문제, 굵고 건강한 남성미로 이를 극복하려고 하였으며 그것은 곧 그의 시가 시적 형상화의 측면에서의 한계이면서 다른 한 편으로는 당대의 시에 있어서 새로운 국면을 타개한 공로로 평가될 수도 있다.

무엇보다도 석송의 문학적 위상이 높게 평가되는 것은 휫트먼의 영향하에서 나타난 '力의 詩論'인데 왜냐하면 그 '力의 詩論'이 월탄을 거쳐 팔봉에게로 이어지면서 신경향파 시론의 중추적인 역할을 담당하게 되기 때문이다.

석송이 1925년을 지니면서 실질적으로 문학과 결별하게 되는 것은 그의 이러한 시적 태도에도 불구하고 신경향파에는 소속될 수 없었기 때문이다. 그것은 그가 가지고 있었던 민중에 대한 소박한 이해, 식민지 현실을 직시하지 못한 한계, 궁극적으로는 자신의 반항이 개인적 차원의 갈등 차원을 넘어서지 못 했기 때문으로 짐작된다.

제 3 부 박팔양의 시 연구

I. 서 론

한국시사에 있어서 1920년대는 여러모로 중요한 시점이라고 할 수 있다. 그것은 곧 1910년대 후반부터 모색된 근대시의 확립이라는 명제와 함께 1930년대 현대시로 이어지는 과도기이면서도 그 나름대로의 시적 가치관을 확립하는 시기이기 때문이다. 즉 한국문학에 있어서의 1920년대는 전통적 문학관과 서구문학관이 갈등을 일으키고 충돌하면서 새로운 내적 질서를 확립해 가는 시기라고 할 수 있다. 그런 한 편 외적으로는 식민지 치하라는 질곡의 상황까지 경험하고 있었던 것이다. 물론 일반적으로 지적되고 있는 바와 같이 3.1운동이 실패로 끝났다거나 그 직접적인 영향하에서 한국문학이 소위 퇴폐적 낭만주의, 병적 낭만주의로 일관했다고 보는 데에는 필자는 동의하지 않는다.[1] 그러나 문학이 사회적 소산이라는 점을 부인하지 못 한다고 한다면 우리는 한 작품을 둘러싸고 있는 제반 현상들을 보다 면밀히 검토하여 이를 작품해석의 수단으로 삼고 그렇게 함으로써 그 작품

---

1) 이 책 제 1부 3절 참조.

및 작가의 문학사적 위상을 규명하는 데 역점을 두어야 할 것이다. 1920년대 한국문학을 보는 시각은 그러므로 복잡하고 어려울 수밖에 없다.

　1920년대의 문학적 상황을 퇴폐적 또는 병적 낭만주의로 보는 관점에는 사실상 많은 부분 그간 우리가 경험했던 왜곡된 상황에 말미암는다. 가령 정치적, 이데올로기적 관점에 의해 카프계열이 과소 평가되거나 무시된 것이 그 단적인 예가 될 것이다. 따라서 한국문학사를 염두에 둘 때 지금의 남북 분단상황에서도 지속적인 문제로 제기되는 바와 같이 그간 타의적으로 외면 받고 폄하되어 온 문학사의 많은 부분들, 특히 납북, 월북문인들에 대한 면밀한 검토가 우선적으로 이루어져야 함은 두 말할 여지가 없을 것이다.

　다행히 납·월북 문인들에 대한 해금조치가 이루어진지도 이미 10년이 지나고 있고 또 그들에 대한 연구도 일정 부분 이루어지고 있어서 현대문학을 연구하는 자들에게 다소의 위안을 주고 있는 것이 사실이다.

　그러나 각 작가와 작품에 대한 엄밀한 고증이나 객관적 평가가 완전히 이루어졌다고 보기는 어렵다. 평가는 한꺼번에 단시간에 이루어질 수 없고 많은 과정을 거쳐야 하는 것이 필요하다고 한다면 각 작가와 작품에 대한 수많은 가치평가가 다양하게 이루어져야 할 것이며 그 바탕 위에서 객관적 평가가 가능할 것이라고 생각한다.

　이러한 인식 하에서 본고에서는 여수 박팔양을 대상으로 그 문학적 가치를 논하고자 한다. 박팔양은 여러모로 이 시기 중요한 연구대상이 되고 있다. 왜냐하면 그의 인생역정이나 문학적 특성으로 볼 때 그는 근대 우리 문인들이 경험한 바 다양한 가치관을 공유하고 있으며 따라서 그의 궤적을 밝히는 것은 곧 우리 근대 문학의 제 양상을 압축해서 살펴보는 것이 되는 것이다. 그만큼 이 시대에 있어서 우리

I. 서 론

가 당면하고 있는 문제, 즉 남북 분단상황하의 문학적 현상을 엄밀히 고찰하여 향후 우리문학사를 재평가해야 하는 작업을 생각한다면 이러한 연구가 시급히 선행되어야 함은 두 말할 필요가 없을 것이다.

지금까지의 연구결과를 토대로 할 때 박팔양의 시경향은 (1) 카프 계열의 시, (2) 자연질서에 순응하는 생명의식 또는 이상주의적 시, (3) 모더니즘 경향의 시 등으로 크게 분류된다. 그런데 이들 작품의 경향은 위에서 언급한 바와 같이 너무 이질적이어서 독자로 하여금 혼란을 느끼게 한다. 따라서 본고에서 관심을 가지는 것은 그 문학적 변모를 가능하게 한 정신구조를 밝히는 것이다. 한 작가의 다양한 문학적 변용은 어쨌든 그 작가의 정신의 소산일 것이며 내적으로 하나의 일관된 틀을 가지고 있을 것이기 때문이다.

Ⅱ. 박팔양 문학의 배경

　여수(麗水), 여수(如水), 김여수(金如水), 여수산인(麗水山人), 김준일(金俊一), 金니콜라이 등의 필명을 사용한 박팔양은 1923년 <동아일보>에 「神의 酒」라는 작품을 발표하면서 등단,[1] 1940년에 이르는 시기에 주로 시작활동을 했고 해방 후 북한에서 생활하면서도 꾸준히 작품활동을 한 것으로 알려져 있다.[2]
　박팔양의 문학적 양상은 다시 논의되겠지만 '구인회' 가담, '카프' 가담, 북한에서의 활동 등과 같이 당대 우리 사회의 극과 극을 경유하고 있어서 그의 삶 자체가 관심을 불러 일으킬 뿐만 아니라 문학적 결과물 또한 우리의 관심을 집중시키고 있는 것이다.
　박팔양은 1905년 8월 2일 경기도 수원군 안룡면 곡반정리에서 박

---

1) 박팔양의 데뷔작은 1923.5.25일자 <동아일보>의 「神의 酒」(현상당선시)로 알려져 있다. 이 때 당선자 이름은 박승만(朴勝萬)으로 되어 있다. 최순옥은 이를 동일인으로 파악하고 있다. 최순옥, 「박팔양시 연구」, 영남대학교 대학원 석사학위논문, 1996.12. 9면.
2) 북한에서의 활동 및 작품연보는 최병기, 「박팔양론」, 수원대·국어국문학과, 기전어문학 5집, 1991. 참조.

제헌의 3남 5녀 중 막내아들로 태어났다.3) 그가 네 살 때 가족이 서울로 이사를 왔고 이 때 가정사정은 매우 어려웠던 것으로 보인다.4)

그는 1916년 제동공립보통학교를 졸업하고 배재고보에 입학하게 되는데 이 시기에 박영희, 나도향, 김기진, 최승일, 김복진 등을 사귀게 되고 이 때 사회주의사상에 기초한 세계관에 눈뜨게 된다. 박팔양이 '서울청년회의파'의 일원으로 카프에 가담하게 되는 것도 선배들인 김복진, 김기진, 박영희 등의 영향 때문이라고 할 수 있다. 박팔양은 이들과 함께 「카프」의 초기 맹원이 되었으나 후일 자진 탈퇴하게 된다.

배재고보를 졸업한 박팔양은 다시 경성법전에 진학하고 여기에서 정지용, 박제찬, 김화산 등과 어울려 등사판 동인지 <搖籃>5)을 발간했다고 한다. 이 시기에 그는 서정적 감수성을 체험한 것으로 보인다. 즉 경향파 문학의 경도에 앞선 이 시기에 그는 습작활동을 하고 있고 그 습작활동은 감수성 짙은 서정성이 주를 이루고 있었다.6) 이것은 이후 그의 문학 전시기를 통하여 일관된 것이다.

이 시기에 이들 동인의 작품을 비평하여 준 사람으로는 노작 홍사용이 있었다.7) 박팔양과 홍사용은 고향이 같았으므로 그들의 관계가 남달랐을 것이고 따라서 박팔양은 홍사용의 영향을 많이 받았을 것이라고 추단할 수도 있다. 이 경우 홍사용에게서 빈번히 나타나는 눈

---

3) 박팔양, 「자화상」, <조선문학> 1934, 1. 146면.
4) 리정구, 「박팔양의 시문학」, 『현대작가론2』, 조선작가동맹출판사, 1960.
5) 이 동인지는 십여호까지 발간되었으며 1923년 <요람> 7호에 박팔양은 「푸로레타리아 문예시평」이라는 제목으로 근로계급의 생활을 노래한 작품을 실었다가 검열에 걸려 경무국에 끌려가 고생을 했다고 한다. 리정구, 앞의 글 참조.
6) 박팔양은 이 당시를 회상하면서 정지용의 「향수」, 「카페.푸란스」, 「슬픈 기차」 등이 여기에 실렸고 동시나 민요풍시의 반 수 이상이 실렸다고 말하고 있다. 박팔양, 「요람시대의 추억」, <중앙> 1936, 7. 참조.
7) 홍신선, 『한국시의 논리』, 동학사, 1994. 121면.

물과 슬픔, 감정의 유로 등이 박팔양에게서 엿보이는 것은 자연스럽다. 한 편 이 <요람>지는 후일 아나키스트로 전신한 김화산의 「신흥문예론」으로 원고 압수까지 당하기도 한다.8) 이 <요람>지에서의 활동을 근거로 할 때 우리는 박팔양의 이후의 작품활동의 근거를 확인할 수 있다. 즉 그의 문학 밑바탕에 자리하고 있는 서정성과 프로문학적 색채가 그것이다.

1923년에 등단한 박팔양은 1924년에 경성법전을 졸업한 후 <조선일보>에 사회부 기자로 입사하였고 이후 <중외일보>를 거쳐 <조선중앙일보> 사회부장을 역임했다. 그리고 이 신문이 폐간됨에 따라 1937년 만주 신경의 <만선일보>에서 기자생활을 하게 된다. 후술되겠지만 그의 이 기자생활이 그의 문학적 변모에 있어서도 중요한 동인이 된다고도 할 수 있다. 즉 그가 당대 문단경향의 극과 극을 오가고 있었던 것, 동요, 수필, 소설, 비평 등 다양한 장르에 관심을 가진 것 등은 물론 그의 다양한 문학적 관심 때문이겠지만 한 편으로는 사회부 기자라는 직업에서 나오는 특수한 현실인식 때문이라고도 보여지는 것이다.

특히 그는 <조선중앙일보> 재직시 구인회의 일원으로 참가하여 강연 등을 맡기도 했다. 박팔양의 구인회 참가는 그의 시세계를 이해하는 데 있어서 여러모로 시사하는 바가 크다. 왜냐하면 그가 프로문학에 가담하고 북한에서 문학활동과 사회활동을 하는 등 사회주의 리얼리즘적 경향을 짙게 보이고 있고 이것이 지금까지 우리가 그를 기피한 원인이긴 하지만 사실상 그의 시세계는 짙은 서정성이 주조를 이루고 있기 때문이다. 이런 점에서 볼 때 그가 구인회에 참가한 것은 자신에게는 일종의 '회귀'가 되는 셈이다. 주지하다시피 구인회는 1933년 8월에 이효석, 유치진, 김기림, 정지용 등의 9인에 의해 결성

---

8) 박팔양, 「요람시대의 추억」, <중앙>, 1936.7. 147-148면 참조.

된 문학친목단체로서 회원의 출.입을 거쳐 박팔양도 여기 회원이 되었고 그 주된 경향은 경향주의 문학에 반하여 '순수예술'을 추구하고 있었던 것이다. 그 의의는 물론 한국 모더니즘 운동의 본격적인 등장을 의미하면서 1930년대 이후의 민족문학의 주류를 형성하는 데 이바지, 한국문학의 현대성을 확인시켜 준 점이라 하겠다.

구인회의 가담이 그의 '회귀'라는 사실은 몇 가지 점에서 확인할 수 있다. 즉 그가 프로문학을 신흥문예로 인식하고 표현파, 미래파, 입체파, 다다이즘 등도 그 신흥문예에 속하는 것이라고 한 발언9)이나 1940년 만주 신경에서 만선일보 기자로 있으면서 낸 그의 첫 시집 『여수시초』의 작품수록 양상에서 그것이 나타나는 것이다. 그는 1940년에 최초의 시집 『여수시초』를 100부 한정판으로 내면서 1923년 등단 이후의 자신의 작품을 정리하고 있는데 여기에서 그는 소위 경향성이 짙은 작품들은 모두 제외하고 서정성이 짙은 작품 47편만 수록하고 있다.

시인이 시집을 내는 것은 어쨌든 자신에게는 큰 사건이며 그만큼 의미있는 일일 것이다. 원전비평의 경우 우리는 시인의 개작과정을 살핌으로써 그의 시의식의 변화를 알 수 있다. 따라서 김억이나 소월의 경우는 그 자체가 중요한 연구대상이 되는 것이다. 박팔양은 그 이유로서 당시의 심각한 검열제도를 문제삼고 있다.

> 다음엔 檢閱問題.
> 이 問題에 對해서는 길게 말하고 싶지 안타. 檢閱에 通過되고 아니되는 것이 作家와 作品에 잇서서 卽 藝術運動에 잇서서 얼마나 重大한 것인가 그런데 朝鮮은 檢閱難이다. 이에對한 對策이 업시 朝鮮藝術運動의 振興을 바라는 것은 어리석은 일이다. 檢閱의 水準을 낫추는 運動이 必要할 것이다.10)

---

9) 박팔양, 「문예시평」, <조선문단> 1927.2. 58면.

박팔양이 시집을 낸 1940년은 일본제국주의의 신체제가 완비되면서 사상통제가 더욱 심화되던 시기였다. 이 검열문제는 당시에 매우 심각했던 것으로서 원작의 왜곡, 좌익문학의 조장, 민족문학의 상대적 위축 등으로 나타났던 것은 주지의 사실이다.

따라서 당시의 사회, 정치, 민족, 계급 등을 논한 것이라면 모두 이 검열문제에 간섭을 받았던 것이다.11)

특히 경향파에 가담했던 그로서는 당연히 검열제도가 강화된 것이 첫 시집에서 다수의 작품을 개작하거나 누락시킨 원인이 되겠지만 그러나 우리가 그의 전체적인 시작품을 염두에 둘 때 꼭히 검열제만이 문제가 된 것이 아니라 그것이 그의 정신구조와 긴밀히 연결되어 있다고 보는 것이 타당할 것이다. 즉 이 시집에서 이념성이 강한 초기의 「데모」류가 빠지고 도시적 감수성을 바탕으로 한 서정시가 주류를 이루는 것은 구인회 가담과 맥이 통하는 것이다.

일반적으로 박팔양은 해방 이후에 월북한 것으로 알려져 있으나 구체적인 월북시기는 알 수 없다. 여기에 대해 홍신선은 그가 다른 해금 문인들과는 달리 월북이나 납북이 아니라고 추정하고 있다. 즉 박팔양은 만주에서 귀국하는 길에 곧바로 평양에 머무른 것으로 보인다는 것이다.12) 그 이유로 그는 첫째, 1946년 2월 8-9일에 열렸던 조선문학가동맹의 전국문학자대회 명단 중 박팔양의 이름만 나와있고 주소가 미상으로 되어 있으며 둘째, 이미 1945년 말경 노동신문의 전신인 <正路>지의 편집부장으로 있었던 점을 들고 있다. 어쨌든 그는 신경향파로 출발하여 카프의 일원으로 활동했으며 오랜 신문기자

---

10) 박팔양, 「작가의 의식문제와 작품의 검열문제」, <조선지광> 82호, 1929.1.
11) 박팔양, 「진달래를 쓰던 이야기」, <청년문학> 103호, 1964.11. 32면.
12) 홍신선, 앞의 책, 120면.

의 경력을 바탕으로 <정로>지의 편집부장을 맡게 되었을 것이다.

　북한에서의 그의 행적을 보면 그는 이미 1945년 해방 직후부터 신의주의 <평북신보>사와 공산당 평북 도당기관지인 <바른말>사 등에서 편집국장을 맡고 있었고 1946년 북조선 문학예술총동맹 중앙위원, 1946-1949년까지 <정로>지와 <로동신문>의 편집국장 및 부주필로 있었다. 또 1949년에는 김일성종합대학 조선어문학부 교원, 1950년 종군기자로 활약하면서 공로메달 및 국기훈장 3급을 받았고 1951-1954년까지 김일성종합대학 복직, 1955년부터 조선작가동맹 중앙위원회 상무위원, 1956년 동위원회 부위원장을 역임하면서 국기훈장 2급을 수여했다. 이후 1957년 중앙선거위원회 위원, 최고인민회의 대의원, 1958년 조·소친선협회 중앙위원을 맡았던 것으로 되어 있다.13)

　이 기간에 그는 많은 작품을 발표했는데 『박팔양시선집』(1949), 『박팔양선집』(1956), 『황해의 노래』(1958), 『박팔양시선집』(1959), 장편서사시 『눈보라 만리』(1961) 등이 그것이다. 그런데 북한에서의 그의 문학활동은 대체로 그들의 문화정책인 당성, 인민성, 계급성에 충실한 것이었고 문학의 자율성을 훼손시킨 것들이다.14) 이미 알려져 있는 바와 같이 1960년대 중반까지 북한의 문학은 사회주의 리얼리즘을 근간으로 하고 있었고 그 이후에는 주체 문예이론이라는 김일성 우상화의 수단으로 전락하게 된다.

　박팔양은 1966년 반동종파분자로 숙청되었고 그 이후의 행적은 알려져 있지 않다.

---

13) 박팔양, 『눈보라 만리』, 조선작가동맹출판사, 1961. 150면 참조.
14) 6.25 전쟁 당시 종군하면서 지은 작품 중 문학성이 뛰어나다고 인정되는 「진격의 밤」도 그 범주를 크게 벗어나지 못 한다. "행군대오 엄숙히 나아간다./ 밤하늘에는 별빛도 찬란한데/ 총대를 든든히 잡은 동무들과 함께/ 나도 대지를 구르며 나아간다.//아-얼마나 령롱한 별빛이냐/아-얼마나 미더운 우리 밤하늘이냐// 조국에 한 목숨 바칠 결의로 굳은/ 아 이밤이 어찌 이처럼 아름다우냐//

지금까지 살펴 본 바와 같이 박팔양은 그의 인생역정이나 문학적 행적으로 볼 때 단순히 월북. 납북 작가로만 취급하기는 어려운 점을 가지고 있다. 즉 카프에 가담한 것과 구인회에 몸담았던 사실이 그의 인생과 문학에 있어서 양축을 설정하고 있어 이채롭지만 그럼에도 불구하고 사실상 그는 어느 한 곳에서도 주류로 있지 못하고 항상 주변에만 머물고 있었던 것이다. 물론 그가 해방직후 북한에 머물게 된 것은 자신의 선택이었다고 할 수 있으나 그 이후에도 줄곧 자신의 선택으로 일관했다고 보기는 어렵다. 그는 항상 어느 유파의 중심부에 자리하지 못 하고 주변에만 머무는 특징을 가지고 있고 사실상 우리 현대사의 분단상황에서 우리는 이데올로기의 선택권을 가지고 있지 못 했기 때문이다.

Ⅲ. 박팔양시의 특징

　박팔양시의 특징은 한 마디로 말해서 그 다양성에 있다. 이는 지금까지의 그에 대한 평가를 일별하더라도 쉽게 나타난다.
　먼저 1930년대에 나타난 그에 대한 평가를 보면 먼저 권환은 '도저히 프로시라고는 할 수 없는 근대주의(모더니즘)'으로,[1] 임화는 '초기에는 회고적 냄새가 짙은 낭만주의에서 나중에는 정열적 반항가가 되었다'고 평하고 있다.[2] 또 팔봉 김기진은 '소시민적 자유주의 가운데서 이상주의'로,[3] 이해문은 현역 중견시인의 계보를 선구파, 카프계급 동반자파, 선구아류 및 잡작파, 현역 중견파, 기타 역량있는 중견 및 신진파로 분류하고 선구파 15명 가운데 박팔양을 포함시켜 '선구파'로 평가하고 있다.[4]
　그 외 대다수의 현대문학사에서는 박팔양을 경향시인으로만 소개하고 있거나[5] '서정성을 가미한 모더니즘 시인'[6]으로 평가하고 있다.

---

1) 권환, 「詩評과 詩論」, <大潮> 4호, 1930, 6.7합병호, 33면.
2) 임화, 「예술운동전후」, <조선일보>, 1933.10.6.
3) 김팔봉, 「조선문단의 현재와 수준」, <신동아> 27호, 1934.1.
4) 이해문, 「중견시인론」, <시인춘추> 2호, 1938.1.

다행히 해금조치 이후 다수의 논자들이 그에 대한 재평가를 하고 있어서 새로운 면모를 부각시키고 있다.7)

위 연구논자들의 평가를 보면 대체로 해금이전에는 추상적으로 경향파 시인으로만 파악했던 데 비해서 해금 이후에는 구체적으로 작품의 경향을 분석하면서 그의 작품의 다양성을 확인하며 새로운 자리매김을 시도하고 있다고 할 수 있다.

기존의 논의들을 참고로 하면서 그의 시의 특징을 살펴보자.

Ⅲ-1 관념적 현실인식과 '새로운' 것으로서의 프로시

박팔양이 문학활동을 시작한 1920년대는 시사적으로는 1910년대의 모색과 실험을 거쳐 근대시의 확립을 본 시기이며 또 소위 <백조>파로 대변되는 눈물과 감정과잉, 퇴행의식으로 요약된다. 이러한 현상은 1920년대 중반에 등장하는 보다 의식적인 신경향파문학에 의해서 갈등양상을 띠게 된다. 물론 신경향파 문학은 팔봉 김기진의 영향이 절대적이었지만 이미 그 이전에도 김석송 등에 의해서 내적 동인이 마련되어 있었다고 보아야 할 것이다.8)

즉 1920년대 초기의 시들에서 우리는 이미 현실의 부정적 측면이

---

5) 조연현, 김동욱, 김용직 등의 공통된 평가이다.
6) 서준섭,『한국 모더니즘 문학 연구』, 일지사, 1988, 35면.
7) 김재홍,『카프시인비평』, 서울대학교출판부. 1990.
   이청원,「휴머니즘의 역사적 전개」, 권영민 편,『월북문인연구』, 문학사상사, 1989.
   강은교,「박팔양론」, 이선영 편,『1930년대 민족문학의 인식』, 한길사, 1990.
   홍기삼·김시태 편저,『해금문학론』, 미리내, 1991.
   홍신선, 최병기, 최순옥 등의 위 논문 등.
8) 이 책 제 2부 참조.

인식의 공통점으로 되어 있음을 알 수 있다. 그러나 문제는 그 부정적 인식이 식민지 치하의 정치적이거나 사회적인데 바탕하고 있는 것이 아니라 불합리한 인습과 문화적 후진성에 있었던 데 있다. 다시 말하면 당대 지식인들은 식민지 현실에 대한 올바른 인식이 미흡했던 것이고 그 인식자체가 지극히 피상적이고 감상적이었다는 혐의를 벗기 어렵다.9)

비록 의식적이지는 않았지만 이러한 지식인의 현실인식의 바탕 위에서 김기진이나 박영희의 '力의 藝術'(1923)이 등장하게 되고 이는 당대에 이론적 토대를 마련해 주었던 것이다.

1923년에 문단에 등장한 박팔양의 초기시는 이러한 저간의 사정을 배경으로 하여 신경향파시의 면모를 보여주고 있다. 이미 그는 <요람> 동인의 김화산으로부터 일정한 영향을 받았을 것이고 <염군사> 계열의 영향하에 있었기 때문에 현실에 대한 분노와 계급적 저항의식을 수반하고 있다. 박팔양의 초기시에 등장하는 신경향파의 색채는 다음과 같이 두 가지의 사회적 조건에 근거하고 있다.

> ……첫재는 現代資本主義 經濟組織의 ××으로부터 생기는 勞動大衆의 生活上 困窮과 社會的 不安의 事實 둘재는 이 困窮과 이 不安에 항상 當面하고 處하여 있는 勞動大衆의……에서부터 出發한 '階級思想'의 世界的 傳播 이 두 가지를 意味하는 것이다. 이것은 朝鮮文學上 新傾向派의 擡頭의 原因을 이룬 條件이다.10)

이러한 근거 하에서 그의 시에는 식민지 현실에 대한 분노와 저항의식 및 선구자 의식이 싹트게 된다.

---

9) 이 책 제1부 참조.
10) 박팔양,「조선 신시운동 개관」, <조선일보>, 1929.1.1-2.7 참조.

三千里라, 넓은 無窮花들판에 픠라는 꼿
無窮花는 아니픠고
가열쯴野花가젹으는 黃昏바람에
한들…힘업시 혼들닙니다.
　　　　　—「放浪者」일부—11)

나는 不幸한 사람이로다
靑春을 볼째에
사람들이 자랑하는 靑春을볼째에
나는 그들의붉은얼골뒤에
앙상한 骸骨을 보앗노라

사랑하는 男女의
타는듯한 붉은입솔과 입솔이
서로마조치여 불길이 일째
앙상한骸骨의 입쌜과 입쌜이
달각어리며 서로마조침을 나는 보앗노라

　　　　(중략)

아! 나는작난꾼의게 놀림밧는
不幸한사람이로다
祝婚行進曲을 들을째
追悼曲도 들리는것갓흐며
어린아희의 搖籃을 볼째
풀욱어진 墳墓가 눈에보이도다.
　　　—「나는 不幸한사람이로다」1,2,4연— 12)

---

11) <동아일보> 1923.9.30.
12) 『조선시인선집』, 조선통신중학관, 1926.

위 작품들은 일제치하라는 민족적 현실과 절망적 세계관을 잘 보여주고 있다. 무궁화 는 피지 않고 대신 가열핀 야화가 저무는 **황혼** 바람에 흔들리는 것은 곧 민족, 국가의 상실과 **황폐화**된 조국의 현실을 보여주는 것이다. 이러한 현실은 「나는 불행한 사람이로다」에 오면 더욱 심화된 것으로 나타난다. 곧 이 작품은 역사적 현실에 대한 절망감을 나타낸 것이다. 요람에서 분묘를 보고 청춘 남녀에게서 해골을 보는 것은 절망적 현실에서 배태된 비극적 세계관의 대응양식인 것이다.

문제는 이러한 현실인식에도 불구하고 당대의 대부분의 작품들이 그러했던 것처럼 그것이 '막연한 분노와 관념적 저항의식'13)에 머물고 있다는 점이다. 그것은 달리 말하면 현실에 대한 인식이 관념적이었으며 따라서 그 극복방안이 제시되지 못 하고 자책과 울분이 강하게 드러난다는 것이다.

> 괴로운 **朝鮮**의 우름소리가 들닌다.
> **荒凉**한**廢墟**의 구석구석에서
> 오! 듯기조차 지긋지긋한
> 괴로운 우름소리가 들닌다.
> ―「괴로운 조선」1연―14)

이러한 처참한 현실에 대하여 그는 "**藝術家**여 /이제는 그만 **斷念**하라/…(중략)…/모든 **美**는 오랜녯적에 임의무덤속으로 드러갓도다"(「**神**에 **對**한 **質問** 일절」 부분)와 같은 좌절 속으로 빠져드는 것이다. 이것은 곧 박팔양에게 있어서 생활의 개혁이나 민중의 계몽이라는 신

---

13) 최병기, 앞의 논문 174면.
14) <동아일보> 1924.7.

경향파의 이념적 토대가 견고하지 못 했다는 것을 의미한다.
　그러나 박팔양에게서 주목되는 것은 그 가운데서도 새로운 희망을 암시하는 선구자적인 태도이다.

　　　내가 이나라에 태여난후
　　　무엇이 나를 깃브게하엿더뇨
　　　아모것도업스되
　　　오직 흐르는 시내물소리가 잇슬쭌이로다.

　　　　　(중략)

　　　보아라 나는 一箇　○○의靑年
　　　어더케내가 긔운날수 잇겟는가
　　　하지만 시내물이흐르며 나에게속살대기를
　　　「이러나라 이러나라 지금이어느째이뇨」

　　　아// 참으로 지금이 어느째이뇨
　　　새벽이뇨 黃昏이뇨 暗夜이뇨
　　　이百姓들은 아직도 疲困한잠을자네
　　　이마을에는 오즉 시내물소리가잇슬쭌이로다.

　　　　　(중략)

　　　내가 이나라에 태여난후
　　　해수론二十年 달수로두달
　　　그간에 나는 아모 한일이업도다
　　　오직 시내물가에서 울엇슬쭌이로다.

　　　그러나 울기만하년 무엇이되느뇨
　　　슯은노래하는 詩人이 무슨所用이뇨

光明한 아츰해가 빗최일째에
우리는 밧그로 쒸여나갈 사람이아니뇨.

「이러나라 이러나라 누어만잇느냐」
지금도 門밧게서 시내물이 催促하는데
나는 아직도 방안에드러누어
한숨쉬이고 생각할뿐이로다. -(乙丑年)-
　　　　　　　— 「시내물소리를 드러면서」—15)

  이 작품에서 우리는 좌절과 비탄에 잠겨 있으면서도 시대적 소명의식을 읽을 수 있다. 백성들은 아직 피곤한 잠을 자고 있고 나는 기운을 낼 수도 없이 나약하며 시냇물가에서 울기만 하였을 뿐이지만 "일어나라 일어나라 지금이 어느 때인가"라는 시냇물 소리를 듣는다. 그것은 곧 '괴로운 조선의 울음소리'를 인식했을 때 나타나는 선각자의 반응양식으로서 역사의식에 닿아있는 것이다.
  그러나 그럼에도 불구하고 이 작품이 가지는 한계 또한 명확하게 나타나 있다. '백성들은 아직도 피곤한 잠을 자'고 '나는 아직도 방안에 드러누워 한숨 쉬며 생각할 뿐'인 것이 시적 화자가 생각하고 처한 현실이다. 즉 '서정적 주체는 식민지 현실에 대한 인식을 통하여 그 극복 대안에까지 이르는 구체적 방안을 제기하지 못 하고 현실의 모순을 미래에 대한 추상적이고 관념적인 희망으로 극복하고자'16) 하는 것이다.
  따라서 우리는 다음과 같은 그의 작품에서 비극적 현실에 대한 좌절에만 몰두하지 않고 새로운 희망을 열어두는 긍정적인 모습 속에서도 위에서 나타난 바와 같은 일정한 그의 한계점을 지적하지 않을

---

15) <조선문단> 12호, 1925.12.
16) 최순옥, 앞의 논문, 21면.

수 없다.

>그러나 안심하라 나의 친구여
>폐허에서 울리는 저 우름소리는
>새 생명을 낳는 산모의 신음이니
>그대는 새 생명을 위하여 오히려 기뻐하라
>
>   (중략)
>
>괴로운 朝鮮 呻吟하는 産母여!
>創造되는 새 生命을 爲하야 勇氣를 가지라
>오! 괴로운 현 朝鮮은
>至今에 새 希望을 나흐랴 呻吟하도다.
>   ―「괴로운 조선」일부-
>
>씨를 뿌리자 우리의 손으로
>荒漠한 우리東山에 씨를 뿌리자
>東山은 거츠러도 우리는힘업서도
>人情잇는 大地어머니 創造의 女神이
>몸소 모든 것을기르면서 안으시리라
>   ―「씨를 뿌리자」일부―17)

위에서 본 바와 같이 그의 시는 식민지 현실에 대한 인식에서 귀결되는 울분과 좌절 속에서도 희망을 암시하고 있었고 백성의 잠을 깨우는 것과 같은 계몽적인 선구자의 모습으로 나타났지만 그것이 적극적인 의지로 이어지지는 못 했던 것이다.

박팔양이 계몽적 자세에서 본격적인 프로시를 쓰게 되는 계기는

---

17) <동아일보> 1923, 11, 4.

1927년 제1차 방향전환 이다. 초기의 경향시들은 20년대 후기로 오면서 방향성을 획득하고 자기비판이 일어나면서 미래에 대한 막연한 희망과 열정이 통제되고 계급의식이나 정치적 색채가 짙은 작품들이 나오게 된다. 사실상 이 때는 이미 사회주의 사상이 지식인 사회에 널리 유포된 상태이고 따라서 그 문학적 대응은 당연한 결과인 셈이다. 이 시기의 시들은 임화를 필두로 하여 단편 서사시가 주류를 이루고 있었으나 박팔양은 자신 특유의 서정성 짙은 작품을 발표하고 있다. 박팔양의 작품 중 수작으로 평가되는 작품들은 주로 이 시기에 발표된 것들이 많다.

> 덜커어리는 機械소리
> 그것은 可憐한일꾼의 우름소리입니다.
> 굴뚝에서 나오는 검은煙氣
> 그것은 그들의한숨의모힘입니다.
>
> 비오는어느날, 工場의窓門이 열니면서
> 핏氣업는얼골하나이 간얇힌손으로 턱을고이고
> 지나가는 비단옷입은行人을내여다보다가
> 窓안에호령소리, 그의얼골은 살어짐데다.
>
> 至今의 工場은 그러케苦生이라니
> 언제나 우슴소리가 그곳에서 새여나오릿가
> 「사람은일해야맛당하고 일하면반듯이먹는다」고
> 이웃집 先生님은 가르칩데다.
> ―「공장」 4연 중 2-4연―[18]

이 시는 공장을 그 배경으로 하여 당시의 시대적 상황, 즉 피폐해

---

18) 『조선시인선집』, 조선통신중학관, 1926.10.

진 농촌현실에서 도시로 인구가 유입되어 공장 노동자로 살아가는 구조적 모순과 빈곤의 문제를 문학적 주 테마로 삼던 당대의 모습을 보여주고 있다. 그럼에도 불구하고 그것은 사실상 공장에 대한 구체적 체험에서 우러나온 것이 아니라 피상적인 관찰에서 나온 것임을 우리는 지적하지 않을 수 없다. 이 작품의 초점은 공장의 현실이나 그 현실적 극복방안이 아니라 이웃집 선생님의 현실과 괴리된, 모순된 가르침에 주어져 있기 때문이다. 즉 박팔양의 경우 가난 이야기가 '체험을 밑받침한 것이기보다는 다분히 시대적 분위기에 기댄 피상적'19)인 것임을 알게 한다.

카프의 1차 방향전환 이후 박팔양은 보다 적극적인 목적의식의 시를 창작한다.

> 납덩어리가치 무겁고 괴로웁든 우리들의 마음이
> 오늘은 엇지하야 이가치 가볍고도 愉快하냐
> 五月의한울 ──── 그믯해서부르는 우리들의노래가
> 무슨까닭에 참으로 무슨까닭에
> 가슴 울렁거리도록 이가치 즐거웁게 들리느냐
>
> 市街가좁다고 몬지휘날리며 달리든
> ×××× 自動車와 馬車
> 그것이 오늘의 ×××× 무엇이란말이냐
> 보아라 거리와거리에모혀슨 우리××××
> 平素 默默히일하든친구들의 오늘을!
>
> 街路에도 우리들의데모
> 屋內에는 驚異에 빗나는 저들 ×××
> 보혀주자 저 怜悧하고도 압못보는 백성들에게

---

19) 홍신선, 앞의 책, 127면.

未來를 춤추는 이群衆의 舞蹈를 !

××××××노래와 歡呼와 拍手다
步調. 步調. 步調를 마치라.
....
五月의 香氣로운 空氣를 通하야
오오 울리라 우리들의 交響樂을
     -1927年-   —「데모」전문— [20]

　이 작품은 메이데이를 기해 노동자들이 데모를 통해 부르조아계급에 대항하는 구체적 시위현장을 다룬 점에서 높이 평가될 만하다. 즉 자동차와 마차로 대변되는 부르조아와 '묵묵히 일하든 친구들'로 대변되는 프롤레타리아의 대립이 가두투쟁으로 나타난 것이다. 납덩어리같이 무겁고 괴롭던 우리들에게 오월의 단합된 힘은 교향악으로 들리며 그만큼 가볍고도 유쾌하다. 이 시는 그런 면에서 빈곤이라는 추상적 제재에서 계급적이고도 역사적인 개념으로 일보 전진한 프로시의 지향점을 형상화하고 있다고 할 수 있다.
　이 작품에서 반복되는 의문형, 청유형, 명령형 등은 시적 긴장감과 함께 분위기를 더욱 고조시키는데 기여한다. 특히「공장」에서 개별화된 노동자의 형상이 여기에서는 조직화된 군중으로 형상화되어 있으며 긴박한 사건 전개에 따른 민중성과 현장성이 확보되어 있다.[21] 그런 점에서 이 시는 김용직의 평가[22]와는 달리 프로시로서는 드물게 시저 형상화에 성공하고 있는 것이다.

---

20) <조선지광> 79호, 1928.7.
21) 최순옥, 앞의 논문, 28면 참조,
22) 김용직은 이 시에 대해 불필요하게 동일한 의미의 말이 반복되고 있어서 산문적이며 시의 기본적 요건이 결여되어 있다고 비판하고 있다. 김용직,「시문학파 연구」,『한국현대시연구』, 일지사, 1974, 217면.

그럼에도 불구하고 우리는 이 시가 가지는 한계점 또한 지적하지 않을 수 없다. 김용직이 지적한 바와 같이 지나친 운동성의 강조로 인하여 형태와 기교라는 시의 미적 질서에는 도달하고 있지 못 한 점은 프로시가 공통적으로 가지는 절대적 한계점이라 치더라도 그는 여전히 '앞못보는 백성들'에 비해 선각자적인 계몽주의에서 벗어나 있지 못 하며 단지 그것을 바라보는 방관자적 모습을 탈피하지 못 하였기 때문이다. 권환이 이 시에 대해 '푸로시로서는 말할 여지도 없거니와 소위 인도주의의 시라고 이름 붙이기에도 정도가 없었'고 따라서 이러한 시를 배척해야 한다고 주장하는23) 것은 바로 이를 지적한 것이라 보인다.

즉 「공장」에서 나타난 관념적 현실인식과 이 작품에서 나타난 방관자적 태도는 바로 그의 정신토대가 굳건하지 못했음과 아울러 능동성을 결여하고 있었음을 보여주는 것이다.

박팔양의 이러한 태도의 이면에는 홍신선이 지적한 바와 마찬가지로 그가 시류에 기대인 현실인식과 새로운 세기가 도래한다는 낙관주의, 이념일변도보다는 문학주의에 더 근접해 있었기 때문이다.24)

이런 점에서 박팔양은 선천적으로 프로시인이 되기는 어려웠다고 볼 수 있다. 따라서 그가 프로시를 선택한 것은 과학적이고 객관적인 정신토대에 있었던 것이 아니라 다분히 '새로운 것'이라는 시류에 편승한 것으로 보이는 것이다. 그는 프로문예를 기성문예에 대한 것으로서 표현파, 미래파, 입체파 등과 동일하게 취급하여 신흥문예에 대한 예술적 충동으로서 선택한 것이었다. 이 점이 그를 당대에도 본격적인 프로시인으로 인정받지 못 하게 하였고 이후 카프의 자진탈퇴와 구인회의 가담으로 이어지는 내적 동인이었던 것이다.

---

23) 권 환,「시평과 시론」,『대조』4호, 1930.
24) 홍신선, 앞의책 129면.

이러한 정신구조가 프로시의 전반적인 쇠락이 이어질 때 다시 그를 새로운 무엇, 도시문명을 대상으로 하는 모더니즘으로 향하게 하였던 것이다.

Ⅲ-2 도시문명과 '새로운' 양식

프로시가 박팔양에게 있어서 신흥문예의 일종으로 다가왔다면 프로문예가 한계에 부딪히며 쇠락할 때에 새로이 그에게 다가온 것은 무엇이었던가? 그것은 1930년대에 새롭게 나타난 모더니즘이다. 박팔양이 『여수시초』의 「도회」편으로 대변되는 모더니즘시를 쓰게 된 계기는 외적으로는 카프의 볼셰비키파들이 주도권을 상실해가는 제2차 방향전환이다.

박팔양은 카프를 자진 탈퇴하고 난 후 1934년 6월에 구인회에 가입하였지만 실상 거기에서 그의 활동이 왕성했던 것은 아니었다. 구인회에서 발간한 <시와 소설>에 그는 동인 명단에만 있을 뿐 그의 작품은 실려 있지 않고 문예강좌에서 「朝鮮新詩史」를 강독한 것으로 되어 있다. 그가 구인회에 가담한 것은 정지용에 대한 경사[25]와 당시 자신이 사회부장으로 있던 조선중앙일보 학예부장인 이태준과의 인연 때문이었던 것으로 보인다. 물론 그 내적 동인으로는 그가 가지고 있었던 관념적 현실주의와 문학주의, 내지는 새로운 것에 대한 심리 때문일 것이다.

프로문예가 20년대의 새로움이었다면 모더니즘은 30년대의 새로움이다. 따라서 「데모」를 쓴 박팔양에게 있어서 「도회정조」나 「윤전기와 사층집」은 '또한 새로운 것'일 뿐이다. 이미 지적한 바와 같이 그

---

[25] 강은교, 앞의 논문, 54면 참조.

는 신흥문예로서 프로문예를 수용했고 거기에는 표현파, 입체파, 미래파, 다다이즘 등이 포함된다고 생각했기 때문에 그 중 어느 것을 선택하더라도 그에게는 전혀 어색하지 않은 것이다. 오히려 <요람>시대의 문학적 세례와 이후 김화산과의 관계 등에서 볼 때 이것은 당연한 귀결로 보이는 것이다.

박팔양이 도회에 관심을 보인 것은 매우 이른 시기였는데「윤전기와 사층집」은 그 대표적인 예가 된다.

        A
××! ××! ××!
輪轉機가 소리를지른다
PM. 7-8 PM. 8-9
ABC, XYZ.
符號를 보렴으나
한時間에 十萬장式박어라!

        B
音響! 音響! 音響!
여보! 工場監督!
당신의목쉰소리는
××! ××!!에 지질려눌려
죽엇소이다
흥! 發動機의 쓰거운몸등이가
목을놋코울면 무엇하나
피가나야한다 心臟이터저야한다.

        C
벽돌四層집 놉다란집이다
식껌언 旗란놈이

지붕에서 춤을춘다
엣다 바더라! 憎惡의화살
네집뒤에는 輪轉機가
죽어너머저 呻吟한다

    D
××! ◇◇! ○○!
DADA, ROCOCO (誤植도됴타)
飛行機, 避雷針, ×光線
文明病, 末梢神經病,
無意味다! 無意味다!
이글은不得要領에 意味가업다
나는 2=3을밋는다
　　　　—「輪轉機와 四層집」6연중 1-4연 — 26)

  이 작품은 김니콜라이라는 필명으로 발표한 것인데 도시문명을 소재로 하여 기존질서의 파괴가 단연 돋보이고 있다. 기존의 가치체계에 대한 절망과 허무, 반항과 파괴가 의식적으로 부각되어 있는 것이다. 문법적 언어의 파괴, 기호의 도입, 활자의 의도적 조작이 충격적으로 제시되어 있다. 이것은 곧 당대의 도시체험이 이전의 사회에서의 체험과는 근본적으로 다르다는 것을 의미한다. 박팔양이 본 도회는 윤전기에서 활자가 마구 찍혀 나오는 것과 같은 상업성과 커져가는 음향과 증오, 문명병으로 진단되고 그것은 근본적으로 무의미한, '곤죽, 뒤죽, 박죽'의 세게라는 것이다. 이것은 도시를 삶이 뿌리째 뽑힌, 병리현상으로 신음하는 공간으로 본 결과이다. 이 도시적 삶에 절망할 때 그는 다시 자연을 동경하게 된다.
  이 작품은 고한승, 김화산 등의 작품과 함께 20년대 다다이즘의 대

---

26) <조선문단> 4권1호, 1927.1.

표작으로 손꼽히며 이후 이상과「삼사문학」동인들의 다다적, 쉬르적 시작활동을 가능케 하는 밑거름으로 작용하게 된다.27) 그러나 다다이즘을 수용하고 실험한 대다수의 시인들이 그랬던 것처럼 이런 언어조직의 파괴가 파괴에만 그칠 것이 아니라 새로운 가치창조로 이어져 인간자체의 변혁까지를 끌어내야 했음에도 불구하고 박팔양은 거기까지는 이르지 못 했다. 결국 이것은 박팔양이 굳건한 철학의 밑받침 하에서 다다를 수용한 것이 아니라 또 다른 새로운, 신흥문예의 일종으로서 수용한 결과이며 따라서 일종의 과도기적인 것이었다고 할 수 있다.

구인회에 참가한 1934-1936년 사이에 박팔양은 모더니즘 계통의 작품을 발표하고 있다. 한국에서의 모더니즘은 20년대 말에 모색된 다다이즘이나 표현주의문학을 계승하면서 일본을 거쳐 들어온 서구 모더니즘의 영향이 컸다고 하겠는데 물론 그것이 반드시 의도적이거나 계획적이기보다는 시인의 민감한 반응에 의한 것이었다고 보는 것이 옳을 것이다. 서구적 산업화나 도시화를 충분히 경험하지 못한 상태에서 모색된 우리의 경우는 그 존립근거가 허약했으며 폭넓은 공감대를 형성하지는 못 했던 것이다. 따라서 이들이 경험한 도시문명은 충격으로 다가오고 이 경우 소외는 필연적인 것이 된다.

  文明機關의 總神經이 이곳에 集中되어
  오오! 現代文明이 이곳에 있어 **警察署, 司法代書所, 裁判所,**
 絞首臺, 學校, 敎會, 會社, 社交俱樂部, 停車場.
  實驗室, 硏究所, 運動場, 劇場, 陰謀團의 巢窟.
  아아 精神이 얼떨떨하다.
          —「都會情調」 일부- 28)

---

27) 윤재웅,「박팔양론」, 홍기삼 외,『한국현대시인연구』, 태학사, 1988, 210면.
28) <신여성> 1926.11.

도시에 대한 그의 충격은 그야말로 '정신이 얼떨떨'할 지경이다. '도회는 强烈한 音響과 色彩의 世界'이며 '不規則한 直線의 羅列, 曲線의 徘徊'로 이루어져 있는 '表現派의 그림'과 같다. 그러나 그는 '나는 그것을 얼마나 사랑하는지 모른다.'라고 말한다. 그러나 그 도시에는 '외로워서 외로워서 우는 것같이 애스팔트 인도우에 가느다란 비가 내리'고 '히스테리 환자, 눈물 흘리는 것같이 짜긋하고 가슴빠근한 엷은 비애를 느끼게' 할 때 비애의 상징이 된다. 그것은 처음에는 애수어린 낭만의 세계인 것처럼 보여서 '사랑'의 대상이었지만 이런 도회에서 시인은 필연적으로 소외될 수밖에 없다.

이러한 소시민적 소외의식은 「하로의 過程」29)에서 잘 나타난다. 전등이 시가의 야경을 장식할 때 '하로의 苦役에 넉을일흔 얼골검은 일군들은 맥업는거름거리로 가난한 보금자리를 찾어가'고 '일업시 거리를彷徨하는 數만흔 「룸펜」'들은 '헛되인 歎息'을 하게 되는 것이다. 즉 도시의 화려한 네온사인과 전등의 이면에 자리하고 있는 왜곡된 삶이 구체적으로 제시되는 것이다.

이처럼 도시를 무의미한 일상과 기계적인 삶으로만 이해하고 그것을 우울, 권태와 같은 개인의 병리현상으로만 보는 것은 도식적인 모더니즘의 도시인식에서 벗어나지 않는다. 다시 말하면 그는 당대의 삶을 철저하게 내면화하고 재인식했다기보다는 '새로운' 경향에만 머물고 말았으며 모더니즘의 일반원리인 도시문명과 인공미의 추구, 감각적 언어의 구사에는 노달했다 하더라도 그것이 지극히 피상적이고 짙은 애상성을 기초로 하고 있어서 모더니즘의 본질에는 이르지 못했던 것이다. 다만 그에게 의미가 있었다면 프로문예와 같이 그것이 새로운 풍경이었고 새로운 문학적 표현 수단이었던 것이다.

---

29) <중앙> 2호, 1933.1.

Ⅲ-3 자연과 생명, 민족주의와 낙관주의

앞에서 우리는 박팔양의 시가 가지는 두 가지의 서로 다른 양상을 살펴보았다. 그 하나는「데모」류의 프로시들이고 또 다른 하나는「윤전기와 사층집」,「도회정조」로 대표되는 다다이즘 또는 모더니즘과 관련되는 것들이었다. 그러나 전술한 바와 같이 그는 어느 한 곳에 머물러 있지도 못 하였고 어느 한 쪽에서 중심적 역할을 하지도 못 했다. 그는 단지 '새로운' 경향을 열심히 따랐던 것인데 여기에는 물론 그가 계속 새로운 뉴스를 좇아야 하는 신문사 기자생활을 한 것과 무관하지 않을 것이다. 그러면 그가 문단의 이 양극 사이를 오고 가면서도 변함없이 추구했던 것은 무엇일까?「데모」와「윤전기…」가 그 양 극단을 형성하고 있다고 할 때 그 양 극을 가능하게 한 구심력은 무엇이었을까?

우리는 먼저 그의 시에서 자연과 관계된 작품들을 많이 만날 수 있다. 이 경우 박팔양의 작품 중에서 동시와 민요적 시가 있다는 사실은 새로운 주목을 요한다.

   시름에 겨워 턱을 고이고
   窓밧그로 마당을 보니
   百年묵은 古木나무가지에
   부엉이가안저서 우름을운다
   울지마라, 누우는소리

   靑春에 죽은 누의생각이난다
   철몰러서는 가난으로 十年
   철아러서는 서름으로 十年

定해노혼 二十年을살고가버린
누의생각이 또다시 난다.
　　　　—「가난으로十年 서름으로十年」— 30)

고요한봄한낮에 풀밭에누어
내자라든녯고향 생각을하니
구름이아득하여 천리로구나
생각이아득하여 천리로구나

남쪽으로날으는 제비를딸어
이저버린고향길 차저가보자
늙으신나의부모 젊은내형제
두고온나의고향 닛기어려워
　　　　—「故鄕생각」— 31)

이 작품들은 1920년대 한국문학의 주류였던 소위 민요적 시들이다. 「가난으로…」는 민요적 시의 징후는 덜 나타나지만 당대에 유행한 '누이 콤플렉스'를 보여주고 있고 「고향생각」은 엄격한 7.5조 음수율을 맞춘 민요적 시이다. 20년대의 대부분의 시인들이 민요적 시 한 두 편은 다 생산한 것이 사실이고 보면 이것 자체가 큰 의미를 가지지는 않는다고 할 수 있다. 20년대 민요적 시는 일종의 퇴행의식 하에서 쓰여졌고 소극적, 수동적이었으며 민족이나 국가보다는 고향과 가족의 문제에 국한되어 있음은 이미 알려져 있는 사실이다. 즉 그들이 신댁한 지연은 일종의 도피의 대상이었지 진정한 의미의 자연은 아니었던 것이다. 20년대 민요적 시들이 그 한계점으로 지적받는 것은 바로 이 때문이었다.

---

30) <생장> 2호, 1925.2.
31) <삼천리> 1호, 1929.6.

그러나 박팔양의 경우 우리는 그것을 좀더 의미있는 것으로 받아 들이게 된다. 그것은 곧 그의 자연에의 관심이 단순한 도피로서가 아니라 생명의 대지로서 인식되고 있기 때문이다. 그는 자연과 생명에 대한 다음과 같은 글을 발표하고 있다.

> 그러나 自然은 藝術家에게 잇어서만 貴重한 것이 아니다. 人生이란 그것이 이 自然의 一部分인 以上 자연은 실로 宇宙 그 것인 同時에 人生 그것이요 人生 그것인 同時에 실로 전 生物界의 有機體들이 갖는 바 生命 그 자체일 것이다.32).

박팔양에게 있어서 자연은 곧 우주이며 인생은 자연의 일부분으로서 생명 그 자체이다. 따라서 그에게 있어서 인생과 우주, 자연과 생명은 일치되어 있다. 박팔양은 다른 곳에서도 이와 관련한 자연사상을 이야기하고 있어서33) 이것이 그의 확고한 신념임을 시사한다. 이러한 인식이 밑받침되었을 때 다음과 같은 작품들이 가능해 진다.

> 그후에 이르러 나는 비로소
> 너무나 큰 『한개의 神秘』인 것을 알았노라.
> 지극히 적은 버레 하나,
> 지극히 적은 풀닢하나,
> 지극히 적은 돌뎅이 하나,
> 그리고 지극히 적은 씨앗 한알 속에
> 숨어있는 커다란 神秘를 보았노라
> ―「가을밤 한울우에」 6연 ― 34)

---

32) 박팔양, 「자연과 생명 1」, <동아일보>, 1928.8.8.
33) 예를들면 「自然과 生命」, <동아일보>, 1928.8.8-9. 「無題錄」, <조선일보> 1934.5.19. 「自然의 喪失」, <조선일보>, 1935.7.6. 「漢水에 배를 띄어」, <조선일보>, 1935.8.10-14. 등이 있다.
34) <삼천리> 1931.9.

> 내가 흙을 사랑함은,
> 그가 모든 조화의 어머니인 까닭이외다.
> 그대는 보셨으리다. 여름 저녁에
> 곱게 곱게 피는 어여쁜 분꽃을!
> 진실로 奇蹟이외다. 그 검은 흙 속에서
> 어떻게 그렇게 고운 빛갈들이 나오는가,
> 그것은 아무도 모르는 宇宙의 秘密이외다.
> ―「내가 흙을」1연 ― 35)

「가을밤 한울우에」를 비롯한 박팔양의 작품에는 월트 휘트먼의 영향을 받은 김석송의 분위기가 나타난다.36) 우주의 지극히 작은 것에도 관심을 가지고 의미를 부여하며 자유와 평등사상에 기초하여 그 생명성을 존중하는 것은 두 사람이 서로 일맥상통하고 있는 것이다. 박팔양의 생명사상은 우주와 자연, 대지에 깊이 뿌리박고 있다. 그래서 대지는 '모든 조화의 어머니'이며 '진실로 기적'이며 '아무도 모르는 우주의 비밀'이다.

박팔양의 이러한 생명사상은 당대에 있어서 그 자체가 소중한 것이기도 하지만 더욱 가치있는 것은 그것이 긍정적 세계로 열려있다는 것과 민족주의로 연결되기 때문이다.

> 친구께서는 길을 가시다가
> 길가의 한포기 조그마한 풀을
> 보신일이 잇으실것이외다
> 짓밟히며, 짓밟히면서도
> 푸른하늘로 적은손을 내여저으며
> 긔어히 긔어히 살아보겟다는

---

35) <시대공론>1호, 1931, 9.
36) 이 책 제2부 참조.

> 길가의 한포기 조고마한 풀을.
>
> 목숨은 하늘이 주신것이외다
> 누가 감히 이를 어찌하리까
> 푸른 하늘에는 새떼가 날르고
> 고요한 바다에 고기떼 뛰놀때
> 그대와나는 목숨을 위하야
> 따우에 딩글고 또 딩글것이외다.
> ―「失題」 일부 ― 37)

　이 작품은 길가의 조그마한 풀이라 할지라도 그 목숨은 하늘이 주신 것이기에 소중한 것이며 '누가 감히 어찌'할 수 없는 고귀한 것임을 노래하고 있다. 한 편 그 풀은 '긔어히 긔어히 살아보겠다는' 적극적인 의지를 내포함으로써 끈질긴 생명력을 보여준다. 비록 박팔양에게서 뿐만 아니라 풀 이미지는 우리 문학사상 민중적 삶을 대변하는 것으로 나타나고 김수영의 경우처럼 그것이 시대적 요청에 의해서 더욱 강조되기도 한다.
　대지와 자연, 우주에 대한 모성적 인식은 벌레, 풀잎, 돌멩이에까지 생명력을 불어넣고 자연의 순환을 긍정적으로 받아들이게 한다.

> 그러나 자연의 힘은 마침내 어느틈엔지
> 천만년이나 지속할 것 같던 겨울의 폭위를 쫓고
> 우리도 모를 사이에 산과 들과 언덕과 드을에
> 생명의 소생을 재촉하는 다정한 봄바람을 보내며
> 「일어나라 일어나라 봄이 왔다」! 깨워 일으킨다.
>
> (중략)

---

37) <조선문학> 1934.1.

> 봄은 마침내 우리를 찾아오고야 말았다.
> 봄은 마침내 우리에게 돌아오고야 말았다.
> 自然은 마침내 우리들의 勝利를 宣言하고야 말았다.
> 오오 봄. 봄. 蘇生의 봄. 更生의 봄.
> 山과 언덕과 드을에 꽃피고 새소리 들리니
> 봄은 이제 完全히 勝利者의 봄이다.
> ―「勝利의 봄」일부 ―38)

자연의 규칙적 순환은 승리의 봄을 안겨주고 그것은 승리의 역사와 대응하고 있다. 이러한 신념이 역사적 사실과 더욱 밀접한 관련을 가질 때

> 이제야온단말인가 이사람들아
> 이제는 그지리하든어둔밤이 다지나갓느뇨
> 千里 萬里 먼곳으로 다지나갓느뇨
> 아아 지나간밤의 지리하엿슴이여
> ―「黎明以前」일부 ― 39)

라는 긍정적이고 낙관적인 세계관이 가능해지는 것이다. 그래서 그는 "내가 모든 幸福으로부터 버림을 밧고/ 붉은 주먹을 쥐고 죽엄을 부르지즈며 쒸어다닐 째/ 南大門은 그윽한 中에 나에게 말하엿사외다/ 『참고 준비하라! 이제 約束한 날이 온다!』고-"(「南大門」일부, <동광> 9호, 1927, 1) 말한다. 따라서 박팔양에게 있어서 생넝사상이 민족의 개념과 합치되고 자연의 순환논리에 의해 미래에 대한 낙관주의로 나타나는 것은 자연스럽다. 박팔양이 카프와 결별하게 되는 내적 동

---

38) <문학> 1호, 1936.1.
39) <개벽> 61호, 1925.7.

기나 모더니즘으로만 일관할 수 없었던 동기도 바로 이런 연유에 기인하는 것으로 보인다.

 박팔양의 문학적 기저에는 이와 같이 생명사상과 민족주의, 낙관주의가 자리하고 있어서 항상 구심력으로 작용한 것으로 보인다. 신경향파에서 다다, 모더니즘으로 극과 극을 오갈 수 있었던 것도 이러한 모성으로서의 회귀점이 있었기 때문이었고 그 중 어느 한 곳에서도 중심적인 역할을 할 수 없었던 것도, '새로움'을 찾아 항상 떠났지만 그 문학적 변주에서 다시 회귀하는 곳도 바로 이 지점이었다고 생각된다.

Ⅳ. 결론

　지금까지 필자는 박팔양의 문학에 관해서 살펴보았다. 그는 월북시인으로 묶여 경향파 시인으로만 알려졌으며 북에서는 숙청당한, 우리 문학사의 질곡의 현장을 그 어느 누구보다도 생생히 경험한 시인이었다.
　<요람> 동인으로서 그는 문학적 감수성을 획득했고 카프에 가담, 「데모」를 썼으며 구인회에 참가하여 「윤전기…」와 「도회정조」를 썼고 북한에서는 요직을 거치면서 「진격의 밤」을 썼다. 그가 이렇게 양 극을 경험할 수 있었던 것은 신문기자로서 '새로운 것'을 좇는 직업상의 이유도 있었겠지만 무엇보다 그 자신이 항상 문학에 있어서도 '새로운 것'을 추구했기 때문이라고 생각된다. 그렇지 않고 우리는 그의 문학적 편력을 해명할 수 없는 것이다. 그의 '새로움'의 추구는 문학적 관심을 분산시키는 결과를 초래했으면서도 한국문학의 다양한 체험을 할 수 있게 하였다. 그런데 그의 이러한 편력을 가능하게 했던 것은 바로 자연에서 생명력을 보고 자연의 순환원칙에 따라 미래에 대한 낙관적 태도를 가지고 있었기 때문이었다. 그것이 항상 구심력

으로 작용하고 있었기 때문에 양 극단의 체험이 가능했고, 한 편으로는 어느 쪽에 적극 가담할 수 없을 만큼 그 구심력은 그에게 굳건한 모성으로 자리하고 있었던 것이다.

　사실상 미적으로만 박팔양의 작품을 다룬다면 그의 시는 경향시에서는 임화에 미치지 못 하고 모더니즘시에 있어서는 정지용을 비롯한 여타의 시인들의 작품에 뒤지는 것이 사실이다. 그 이유는 그가 양 극단을 체험했지만 그 어느 쪽도 본질에 도달하지 못했기 때문이었다. 그의 현실인식은 관념적이었고 새로운 경향은 단지 '새로운 것' 이상의 의미를 가지는 것이 아니었기 때문이다.

　본고에서는 북한에서 발표한 작품은 의도적으로 배제하였다. 그 이유는 북한에서 생산한 작품이 당성·인민성·계급성이라는 주어진 틀 속에서 만들어진 것이기에 시인의 자유로운 상상력, 자유의지와는 거리가 멀다고 생각하기 때문이었다. 향후 통일을 염두에 둔다면 이도 응당 긍정적이든 부정적이든 하나의 일관된 틀 속에서 논의되어야 한다고 생각한다.

참고문헌

I. 자료

<개벽> <대조> <동명> <동아일보> <문예공론> <문학> <백조> <불교> <삼천리> <생장> <시대공론> <신생> <신여성> <신문계> <장미촌> <조광> <조선문단> <조선문학> <조선시단> <조선일보> <조선지광> <중앙> <창조> <청년문학> <태서문예신보> <폐허> <폐허이후> <학지광>

『석송 김형원 시집』, 삼희사, 1979.
『안서김억전집』, 박경수 편, 한국문화사, 1987.
『원본 소월전집』, 김종욱 편, 홍성사, 1982.
『이상화전집』, 김학동 편, 새문사, 1987.
『이상화전집』, 이기철 편, 문장, 1982.
『이장희전집』, 제해만 편, 문장, 1982.
『이장희 전집·평전』, 김재홍 편, 문학세계사, 1983.
『정본 시조대전』, 심재완 편, 일조각, 1990.
『조선시인선집』, 조선통신중학관, 1926.
『주요한선집』, 주요한기념사업회 편, 1982.
『한국잡지개관 및 호별목차집』, 김근수 편, 영신아카데미 한국학연구소, 1973.
『한국현대시사자료집성』, 태학사, 1982.

『한국현대시이론자료집』, 한국학진흥원, 1986.
『홍사용전집』, 김학동 편, 새문사, 1985.

Ⅱ. 저서-국내

강남주, 『수용의 시론』, 현대문학, 1986.
강동진, 『일제의 한국침략정책사』, 한길사, 1980.
강우식, 『한국상징주의시연구』, 문화생활사, 1987.
강재언, 『일제하 40년사』, 풀빛, 1984.
구인환, 『근대문학의 형성과 현실인식』, 한샘, 1983.
권영민, 『한국 민족문학론 연구』, 민음사, 1988.
_____ 외, 『개화기문학의 재인식』, 지학사, 1987.
권오만, 『개화기시가연구』, 새문사, 1989.
김대행, 『한국시의 전통연구』, 개문사, 1980.
김동욱, 『국문학개설』, 민중서관, 1976.
김봉구, 『작가와 사회』, 일조각, 1982.
김승찬 편, 『향가문학론』, 새문사, 1989.
김열규, 『한국민속과 문학연구』, 일조각, 1989.
_____ 외, 『한국문학의 전통과 변혁』, 서강대학교 인문과학연구소, 1976.
김영철, 『한국개화기시가의 장르연구』, 학문사, 1987.
_____, 『한국근대시논고』, 형설출판사, 1988.1
김용직, 『일제시대의 항일문학』, 신구문화사, 1974.
_____, 『한국근대문학논고』, 서울대출판부, 1985.
_____, 『한국근대문학의 사적 이해』, 삼영사, 1977.
_____, 『한국근대시사』, 새문사, 1980.
_____, 『한국현대시연구』, 일지사, 1974.
김윤식, 『근대한국문학연구』, 일지사, 1973.
_____, 『한국근대문학의 이해』, 일지사, 1978.
_____, 『한국현대시론비판』, 일지사, 1976.
_____, 김 현, 『한국문학사』, 민음사, 1982.

김재홍,『카프시인비평』, 서울대학교출판부, 1990.
_____,『한국현대시인연구』, 일지사, 1987.
김종우,『향가문학연구』, 이우출판사, 1983.
김채윤 외,『사회학개론』, 서울대학교출판부, 1987.
김춘수,『김춘수전집 2-시론』, 문장, 1982.
김학동,『한국개화기시가연구』, 시문학사, 1981.
_____,『한국근대시의 비교문학적 연구』, 일조각, 1981.
_____,『한국근대시인연구 1』, 일조각, 1974.
김흥규,『문학과 역사적 인간』, 창작과 비평사, 1980.
박두진,『한국현대시론』, 일조각, 1979.
박민수,『현대시의 사회시학적 연구』, 느티나무, 1989.
박철석,『한국현대문학사론』, 민지사, 1990.
박철희,『문학개론』, 형설출판사, 1988.
_____,『한국시사연구』, 일조각, 1984.
_____ 편,『문예사조』, 이우출판사, 1988.
박팔양,『눈보라 만리』, 조선작가동맹출판사, 1961.
배종호,『한국유학사』, 연세대학교 출판부, 1974.
백 철,『신문학사조사』, 신구문화사, 1982.
변태섭,『한국사통론』, 삼영사, 1989.
서준섭,『한국 모더니즘 문학 연구』, 일지사, 1988.
성기옥,『한국시가율격의 이론』, 새문사, 1986.
송 욱,『시학평전』, 일조각, 1983.
신동욱,『우리시의 역사적 연구』, 새문사, 1981.
신상철,『현대시와 '님'의 연구』, 시문학사, 1983.
신용하,『한국근대사회사상사연구』, 일지사, 1987.
양왕용,『한국근대시연구』, 삼영사, 1982.
양주동,『고가연구』, 박문출판사, 1954.
오세영,『한국낭만주의시연구』, 일지사, 1982.
유명종,『한국사상사』, 이문사, 1981.
윤영옥,『고려시가의 연구』, 영남대학교 출판부, 1991.
_____,『신라시가의 연구』, 형설출판사, 1988.

윤영천,『한국의 유민시』, 실천문학사, 1987.
윤주은,『김소월시 원본연구』, 학문사, 1983.
이강언,『한국근대소설논고』, 형설출판사, 1983.
이기백,『한국사신론』, 일조각, 1981.
이기철,『시학』, 일지사, 1986.
＿＿＿＿,『작가연구의 실천』, 영남대학교 출판부, 1986.
이능우,『이조시조사』, 이문당, 1959.
이병기·백 철,『국문학전사』, 신구문화사, 1976.
이부영,『분석심리학』, 일조각, 1991.
이상섭,『문학비평용어사전』, 민음사, 1981.
이상은,『유학과 동양문화』, 범학도서, 1979.
이재선,『우리시의 역사적 연구』, 새문사, 1981.
＿＿＿＿,『한국문학의 해석』, 새문사, 1981.
＿＿＿＿ 외,『개화기문학론』, 형설출판사, 1985.
이홍탁,『사회학원론』, 법문사, 1985.
임 화,『문학의 논리』, 학예사, 1940.
임종국,『친일문학론』, 평화출판사, 1979.
임종찬,『시조문학의 본질』, 대방출판사, 1986.
장덕순 외,『구비문학개설』, 일조각, 1979.
장병림,『사회심리학』, 박영사, 1984.
전병재,『사회심리학』, 경문사, 1990.
정병욱,『국문학산고』, 신구문화사, 1970.
정종진,『한국현대시론사』, 태학사, 1988.
정한모,『한국현대시문학사』, 일지사, 1982.
＿＿＿＿,『한국현대시의 정수』, 서울대학교출판부, 1979.
조남현,『개화가사』, 형설출판사, 1983.
조동일,『신소설의 문학사적 성격』, 서울대출판부, 1983.
＿＿＿＿,『한국문학통사 1』, 지식산업사, 1982.
＿＿＿＿,『한국문학통사 4』,『한국문학통사 5』, 지식산업사, 1989.
조연현,『한국현대문학사』, 성문각, 1973.
조진기,『한국현대소설연구』, 학문사, 1984.

조진기,『한국근대 리얼리즘소설 연구』, 새문사, 1989.
조창환,『한국현대시의 운율론적 연구』, 일지사, 1986.
지명렬,『독일낭만주의연구』, 일지사, 1988.
최동원,『고시조론』, 삼영사, 1986.
최원식,『민족문학의 논리』, 창작과 비평사, 1982.
최진원,『국문학과 자연』, 성균관대학교 출판부, 1977.
한계전,『한국현대시론연구』, 일지사, 1983.
한국고전문학연구회,『근대문학의 형성과정』, 문학과 지성사, 1983.
현상윤,『조선유학사』, 민중서관, 1948.
홍기삼, 김시태 편저,『해금문학론』, 미리내, 1991.
홍신선,『한구시의 논리』, 동학사, 1994.

Ⅲ. 논문-국내

강은교,「박팔양론」, 이선영 편,『1930년대 민족문학의 인식』, 한길사, 1990.
강은해,「개화기가사연구」, 계명대학교 대학원 석사학위논문, 1979.
강희근,「학지광시에 나타난 시인들의 의식과 시의 모습에 대하여」, 배달말 4집, 1979.
김기봉,「상징주의」, 오세영 편,『문예사조』, 고려원, 1983.
김선기,「곶밭틴 노래」, 현대문학 153호.
김열규,「향가의 문학적 성격」, 김승찬 편저,『향가문학론』, 새문사, 1989.
김용직,「태서문예신보 연구」, 단국대 국문학논집 1집, 1967.
김우창,「한국시의 형이상」,『궁핍한 시대의 시인』, 민음사, 1978.
심윤식,「여성주의의 승리」, 김병익 외,『현대한국문학의 이론』, 민음사, 1982.
＿＿＿,「1920년대 시쟝르선택의 조건」,『한국현대시론비판』, 일지사, 1976.
＿＿＿,「주요한론-그 서정성의 비판」, <시문학>, 1973, 8.
＿＿＿,「주요한재론-<채석장>에 이르는 길」, <심상> 9권 12호, 1981, 12.
김은전,「김억의 프랑스 상징주의 수용양상」, 서울대 대학원 박사학위논문,

1984.
_____, 「상징주의의 수용과 그 전개」, 김용직 외, 『문예사조』, 문학과 지성사, 1981.
김은철, 「안서시의 경직성에 관한 일고찰」, 영남어문학회, 영남어문학 13집, 1986.
_____, 「태서문예신보의 시사적 위상」, 영남어문학회, 영남어문학 17집, 1990.
_____, 「한국근대산문시의 모색과 갈등」, 상지대학교 논문집 10집, 1989.
_____, 「한국근대시의 배경」, 한국어문학회, 어문학 제 52집, 1991.
김재홍, 「한국현대시의 방법론적 연구」, 서울대 대학원 석사학위논문.
김주한, 「문학과 인문정신」, 영남어문학회, 영남어문학 16집, 1989.9.
김 철, 「1920년대 동인문학의 전개와 그 역사적 성격」, 한국비평문학회, 비평문학 창간호, 1987.7.
김학동, 「이상화연구」, 『이상화전집』, 새문사, 1987.
김홍규, 「강호자연과 정치현실」, 김학성·권두환 편, 『고전시가론』, 새문사, 1990.
리정구, 「박팔양의 시문학」, 조선작가동맹출판사, 『현대작가론2』, 1960.
마광수, 「김소월의 시혼에 대하여」, 『김소월연구』, 새문사, 1982.
문덕수, 「이상화와 노만주의」, 『이상화의 서정시와 그 아름다움』, 새문사, 1981.
박경수, 「한국 근대 민요시 연구」, 부산대학교대학원 박사학위논문, 1989.
박규홍, 「국문학에 끼친 실학사상의 영향에 관한 일고」, 영남어문학 17집, 1990.
박노균, 「안서김억연구」, 서울대학교 대학원, 현대문학연구 제41집, 1982.
박노순, 「<헌화가>의 해석」, 『삼국유사의 문예적 해명』, 새문사, 1988.
박영길, 「노작 홍사용론」, 성대문학 15.16합집, 1970.
박영희, 「초창기의 문단측면사」, 『한국문단이면사』, 깊은샘, 1983.
박인기, 「황석우의 시적 지향양상」, 서울대국문학과, 관악어문연구 6집, 1981.
박재서, 「시인 김형원」, 호서문학회, 호서문학 15집, 1989.11.
박철희, 「문체와 인식의 방법」, <문학사상> 7호, 1973.4.

_____, 「이상화시의 정체」, 『이상화의 서정시와 그 아름다움』, 새문사, 1981.
_____, 「김소월 시작품의 정체」, 『김소월연구』, 새문사, 1982.
방인태, 「상화시의 낭만성과 그 굴절」, 『미원우인섭선생화갑기념논문집』, 집문당, 1986.
백기만, 「상화와 고월의 회상」, 『상화와 고월』, 청구출판사, 1954.
백재순, 「잡지를 통해본 일제시대의 근대화 운동」, 신동아, 1968.4.
손광은, 「한국시의 상징주의 수용양상 연구」, 충남대학교 대학원 박사학위논문, 1985, 12.
송명희, 「<나의 침실로>의 상징구조와 수사적 기법」, 『이상화의 서정시와 그 아름다움』, 새문사, 1981.
송민호, 「일제하의 한국저항문학」, 『일제하의 문화운동사』, 현음사, 1982.
신동욱, 「<빼앗긴 들에도 봄은 오는가>의 율격미」, 『이상화의 서정시와 그 아름다움』, 새문사, 1981.
예창해, 「헌화가에 대한 한 시론」, 정병욱선생환갑기념논총2. 『한국시가문학연구』, 신구문화사, 1983.
오세영, 「낭만주의」, 오세영 편, 『문예사조』, 고려원, 1983.
_____, 「모상실의식으로서의 한」, 『김소월 연구』, 새문사, 1982.
_____, 「민중시와 파토스의 논리」, 서울대 국어국문학과, 관악어문연구 3집, 1978.
_____, 「어두운 빛의 미학」, 『이상화의 서정시와 그 아름다움』, 새문사, 1981.
_____, 「어째서 <불노리>인가」, <문학사상> 1982.2.
오양호, 「서구낭만주의의 수용」, 박철희편, 『문예사조』, 이우출판사, 1988.
유종호, 「임과 집과 길」, 『동시대의 시와 진실』, 민음사, 1982.
윤영옥, 「매화와 국화의 시조」, 심재완박사회갑기념 『시조논총』, 일조각, 1978.
윤영천, 「소월시의 현실인식」, 임형택·최원식편, 『한국근대문학사론』, 한길사, 1982.
윤재웅, 「박팔양론」, 홍기삼 외, 『한국현대시인연구』, 태학사, 1988.
이강언, 「1930년대 모더니즘 소설 연구」, 영남대대학원 박사학위논문,

1987.12.
이강훈,「근대낭만주의시에 관한 고찰」,『국문학논총』, 삼영사, 1983.
이기철,「<나의 침실로>의 재해석」, 영남어문학회, 영남어문학 제15집, 1988.8.
_____,「한국시가의 형식과 운율에 관한 연구(1)」, 영남어문학회, 영남어문학 5집, 1978.
이동순,「일제시대 저항시가의 정신사적 연구」, 경북대학교 대학원 박사학위논문, 1988.8.
이명재,「소월 김정식 신고」, 국어국문학회 편,『현대시연구』, 정음사, 1981.
_____,「이상화의 시와 저항의식 연구」,『이상화의 서정시와 그 아름다움』, 새문사, 1981.
이선영,「식민지시대의 시인의 자세와 시적 성과」, 창작과 비평 32호, 1974, 여름.
이숭원,「향가 내면구조 시고」, 정병욱선생환갑기념논총2.『한국시가문학연구』, 신구문화사, 1983.
이재선,「향가의 기본성격」, 김승찬 편저,『향가문학론』, 새문사, 1989.
_____,「현대소설과 가난의 리얼리즘」, 한국학보, 10호, 1978.
이진흥,「꽃의 시적 대상성」, 영남어문학회, 영남어문학 제13집, 1986.9.
이청원,「휴머니즘의 역사적 전개」, 권영민 편,『월북문인연구』, 문학사상사, 1989.
임형택,「항일민족시」, 성균관대학교 대동문화연구소, 대동문화연구 14집, 1981.
장병희,「상아탑 황석우시 연구」, 국민대 한국학연구소, 한국학논총 3집, 1981.
장부일,「1920년대 전반기 시의 현실지향성」, 울산대학교 국어국문학과, 울산어문논집 1집, 1984.
정병욱,「이조후기시가의 변이과정고」, <창작과 비평> 31호, 1974, 봄.
정한모,「소월시의 정착과정연구」, 국문학연구총서9,『현대시연구』, 정음사, 1981.
_____,「20년대 시인들의 세계와 그 특성」, <문학사상> 13호, 1973.10.
조남현,「사회등가사와 풍자방법」, 국어국문학 72.73 합병호, 1976.

_____, 「소월시에 나타난 사계절의 의미」, 『김소월연구』, 새문사, 1982.
조동구, 「안서 김억 연구」, 연세대학교 대학원 박사학위논문, 1988.
조동일, 「김소월·이상화·한용운의 님」, 『우리문학과의 만남』, 홍성사, 1978.
_____, 「이상화의 <나의 침실로> 분석과 이해」, 『이상화의 서정시와 그 아름다움』, 새문사, 1981.
조진기, 「한국소설의 두 흐름」, 경남대 국어국문학과, 경남어문논집 제2집, 1989.
조창환, 「환상적 관능미의 추구」, 『한국대표시평설』, 문학세계사, 1988.
조희웅, 「한국서사문학의 공간개념」, 한국고전문학연구회, 『고전문학연구 1』, 1971.
최병기, 「박팔양론」, 수원대학교 국어국문학과, 기전어문학 5집, 1991.
최순옥, 「박팔양시 연구」, 영남대학교 대학원 석사학위논문, 1996.
최원규, 「주요한의 불노리」, 김용직·박철희 편, 『한국현대시작품론』, 문장, 1987.
홍기삼, 「안서의 선구적 위치와 문학」, <문학사상>, 1973,5.
홍사용, 「백조시대에 남긴 여화」, 『한국문단이면사』, 깊은샘, 1983.
홍신선, 「살아있는 근세사」, <시문학> 1973.8.
홍효민, 「한국문단측면사」, 『한국문단이면사』, 깊은샘, 1983.
橫山景子, 「주요한의 일어시작품에 관한 연구」, 경북대학교 대학원 박사학위논문, 1989.6.

Ⅳ. 국외도서

Alex Preminger, *Princeton Encyclopedia of Poetry & Poetics*, Princeton Univercity Press, 1974.
Arnold Hauser, *Sozialgeschichte der Kunst und Literatur*, 백낙청 역, 창작과비평사, 1976.
Calvin S.Hall, *A Primer of Jungian Psychology*, 최 현 역, 범우사, 1991.

_____, 『프로이트 심리학 입문』, 황문수 역, 범우사, 1990.
Charles Chadwick, *Symbolism*, The Critical Idiom 16,Methuen & Co Ltd, 1973.
David Lodge, ed. *20th Century Literary Criticism*, Longman, 1972.
E.Lucie-smith, *Symbolist Art*, 이대일 역, 열화당, 1987.
E.Steiger, *Grundbegriffe der Poetik*, 이유영·오현일 역, 삼중당, 1978.
Henri Peyre, *La Litterature Symboliste*, Collection QUE SAIS-JE? 윤영애 역, 탐구당, 1985.
Henri Peyre, *What Is Symbolism?*, translated by Emmett Parker, The University of Alabama Press, 1982.
Herbert Read, *Collected Essays in Literary Criticism*, Faber & Faber, 1950.
I.A.Richards, *Principles of Literary Criticism*, Routledge & Kegan Paul, 1970.
Lilian R.Furst, *Romanticism*, The Critical Idiom 2, Methuen & Co Ltd, 1973.
M.H.Abrams, *The Mirror and the Lamp*, Oxford University Press, 1979.
Marcel Raymond, *De Baudelaire au surréalisme*, 김화영 역, 문학과지성사, 1983.
P.Hernadi, *Literary Theory;A Compass for Critics*, Critical Inquiry,
R.Wellek, *Concepts of Criticism*, Yale University Press, 1978.
　　　　 & A.Warren, *Theory of Literature*, Penguin Books, 1966.
T.E.Huime, *Romanticism and classicism*, edited by David Lodge, *20th Century Literary Criticism*, Longman, 1972.
Van Tiegem, *La Litterature Comparee*, 김동욱 역, 신태양사, 1962.
_____, *Les grandes doctrines littéraires en France*, 민희식 역, 문학사상사, 1981.
務臺理作, 『철학개론』, 홍윤기 역, 한울, 1989.
소비에뜨연방 과학아카데미, 『철학교과서 1』, 이성백 역, 사상사, 1990.

찾아보기

〔ㄱ〕

「가난으로 十年 서름으로 十年」 369
「가신누님」 146
「가을밤 한울우에」 370
「가을은아름답다」 147
「가장 悲痛한 祈慾」 276
감각체 25
강남주 20
강동진 74
강우식 15, 20, 157
강은교 352, 363
강은해 58
강재언 66, 67
강희근 10
개념체 25
<개벽> 20, 63, 74, 76, 160, 165, 208, 221, 233, 258, 272, 273, 276, 277, 278, 302, 373
개별의식 53, 54
개화가사 59
개화기시가 55

객관적 상관물 203
객체 Object 26
「거러지」 273
격조시론 119
격조시형 110
「경부철도가」 58
계몽주의 86
고려가요 21
고전주의 29, 42
고착 fixation 219
「故鄕생각」 369
고현철 19
공자 47
「공장」 359
관념론 25, 30
관념주의 22, 24-62, 293
관념지향 24
「괴로운 조선」 355
교술성 78
「구루마꾼」 272
구르몽 100
구인환 10
구인회 346, 347

「구지가」 36
국민문학파 82
「국화옆에서」 46
권영민 19, 105, 352
권오만 56
권 환 351, 362
「귀향」 223
「귓드람이」 199
「그봄을바라」 143
槿國靑年團 229
<금성> 74
기저자질 120
기층단위 120
김근수 76
김기곤 181
김기림 346
김기봉 80, 88
김기진 309, 332, 333, 345, 351
김대행 107
김동욱 42, 351
김동인 226
김동환 19
김복진 345
김봉구 90
김석송 63, 299-337
김선기 34
김소월 16, 232-253
김승찬 36
김시태 352
김 억 16, 62, 72, 81, 91, 98, 100,
104, 110-133, 262, 306
김열규 18, 36, 38
김영철 10, 18, 55, 111, 161, 163, 184
김용직 20, 63, 67, 74, 153, 154, 166, 264, 282, 308, 317, 330, 351, 361
김우창 97
김윤식 18, 59, 61, 135, 151, 152, 153, 162, 193, 231, 285, 301
김은전 13, 82, 109, 166
김은철 20, 28, 96, 106, 110, 111, 119, 123, 134
김인환 188
김재홍 170, 188, 196, 206, 267, 352
김종길 97
김종대 19
김종우 34
김종욱 232
김찬영 68
김채윤 192
김 철 12, 70, 75, 304
김춘수 154, 264
김학동 10, 18, 58, 132, 178, 188, 205, 209, 210, 223, 254, 261, 280
김 현 18, 61
김화산 345, 346, 353
김홍규 12, 43, 70, 73, 140, 154,

158, 179, 303, 304

〔 ㄴ 〕

「나는 不幸한 사람이로다」 354
「나는 왕이로소이다」 208, 210-212
나도향 345
「나리꽃」 126
「나무리벌노래」 242
「나무와풀의생리학」 183
「나의 所願」 327
「나의 침실로」 259-261
「나의이상」 112, 127
「나의적은새야」 111
「나의침실로」 20
「낙엽」 184
「난홈의노래」 112
「남의나라땅」 241
낭만적 소설 22
낭만주의 10, 11
「내가 조물주이면」 327
「내가 흙을」 371
내향적 태도 26
「눈」 137, 150
「눈나리는날」 199
『눈보라 만리』 349
「늙은농부의한탄」 147
님 124-133
「님에게」 240
「님의노래」 240

〔 ㄷ 〕

다다이즘 347
「달과태양의교차」 182
「달아래서 수부의 을픈」 131
담시 93, 97
대자적 민중 316
「데모」 361
「데카당스 115
데코럼 decorum 42, 53
「도-교-에서」 275
「都會情調」 366
<독립신문> 135
「憧憬」 195
동경의 문학 87
<동명> 208
동심가」 57
동태적 이미지 206
두보 189
「등대」 131
뚜르게네프 100
「뜨어라」 71

〔 ㄹ 〕

라포르그 205
랭보 100, 167
레빈 Harry Levin 325
<로동신문> 349
로스 Ross Stagner 197

루쏘 182
르네 웰렉 Rene Wellek 86, 119
르네상스 29
리비도 Libido 26, 269
리얼리즘 22
리정구 345
리챠즈 I.A.Richards 289
릴리시즘 72, 78

〔ㅁ〕

마광수 234
「만가」 101
말라르메 98, 100, 167
「말세의 희탄」 256
「맘에잇는말이라고 다할까보냐」 252
「망우」 112
<매일신보> 164, 165
모더니즘 10
모라 mora 121
모로 Gustave Moreau 79
모성고착 193, 194
모정결핍 193
務臺理作 25, 26
「무덤」 112
「무서운 밤」 326
<문예운동> 275
문일평 84
<문학> 373
문화정치 74

「미래를 위하야」 323
미래파 347
「미련」 111
민요시 104
『민요시집』 123
민요시파 19, 105
민요적 시 134
민희식 28, 81

〔ㅂ〕

「바라건대는 우리에게 우리의 보습대일 땅이 잇섯더면」 244
<바른말> 349
박경수 19, 104, 110
박규홍 50
박노균 110
박노순 34
박두진 284
박민수 21, 137, 140, 245, 249
박승만 344
박영희 75, 100-102, 261, 299, 309, 345, 353
박은식 84
박인기 184
박재서 308
박제찬 345
박종화 100, 101, 309, 310, 330-333
박철석 11, 20, 178, 210, 266
박철희 21, 25, 29, 40, 44-49, 85, 154, 269, 277, 325

박팔양 309, 341-376
『박팔양선집』 349
『박팔양시선집』 349
박혜숙 19
「밤」 171
「밤과나」 111
「放浪者」 354
방인태 282
방티겜 28, 81
백기만 189, 190, 262
백낙청 87
백대진 72, 81, 91, 93, 96-98
백재순 5
<백조> 12, 19, 20, 63, 64, 68, 74, 100, 206, 207, 208, 212, 222, 256, 257, 261, 301, 303
「白潮는 흐르는데 별하나 나하나」 207
백 철 14, 18, 19, 92, 105, 209, 300
「벌거숭이의 노래」 323, 327
베를레느 100, 115, 167, 178, 189
베일즈 Bales 192
「碧毛의猫」 101, 178
변영로 109
변태섭 50
「별, 달, 또 나, 나는 노래만 합니다」 208
「별, 달, 태양」 182
<별건곤> 206

병적 낭만주의 100
병치구조 106
보들레르 100, 163, 167, 178, 189, 205
보상 Compensation 220
복합심리 193
「봄」 72, 171
「봄바람」 129
「봄밤」 238
「봄은간다」 72
「봄은고양이로다」 204
「봄의 선녀」 112
「북방의 따님」 112
「북방의 소녀」 112
<불교> 223, 225
「불노리」 20, 101, 136, 137, 138, 150
「비소리」 138
「비오는날」 203
「緋音」 258
「비인집」 198
「氷流」 335
「빼앗긴들에도 봄은오는가」 280

〔ㅅ〕

사설시조 16-55
사실적 소설 22
「사의 예찬」 102
사회등가사 58
사회화 socialization 209-212

산문시 96, 111, 154
산문의식 50
산문정신 50
<삼광> 160
「삼년의옛날」 112, 126
<삼천리> 181, 369, 370
상징주의 10, 11
상징주의 선언 79
상황시 56
「새한머리」 198
<생장> 63, 369
샤맹 100
「서동요」 32, 33, 35
서술시 97
서울청년회의파 345
「서유견문」 83
서정주 46
서준섭 352
설화시 97
성기옥 120
「聲樂」 112
센티멘탈리즘 10
<소년> 59, 76, 91
손광은 20, 175
「頌」 170
송명희 268
송민호 76
송 욱 235
수양동우회사건 152
「숨쉬이는 木乃伊」 322

쉴러 29
슈타이거 E.Steiger 39
슐레겔 Schlegel 29
스땅달 90
스티리치 Strich 30
스피츠 Rene Spitz 197
「勝利의 봄」 373
『시가집』 146
「시내물소리를 드러면서」 357
<시대공론> 371
<시문학> 138
「시악시의 무덤」 102
시조부흥론 84
「시혼」 233, 234, 236
신고전주의 86
신동욱 39
<신문계> 98
<신민공론> 302
신변소설 92, 93
신변시 72, 89-92
신상철 125, 239
<신생활> 63, 74, 76
「新我의序曲」 170
신용하 50
<신천지> 63
<신춘향가> 92
신플라토니즘 86
「失題」 372
심재완 43
쏠로굽 99

「씨를 뿌리자」 358

〔 ㅇ 〕

아나키즘 177
아들러 Adler 229
『아름다운새벽』 133, 135, 144
아이디얼리즘 22
「아즈랑이」 183
아지자 178
「아츰」 141
「아츰처녀」 138
『안서시집』 123
안석주 309
안자산 18
알포트 G.Allport 213
앙리 뻬르 Henri Peyre 79
「애국가」 57
「愛人의引導」 175
「야반」 111
양왕용 109, 135, 138, 148, 154, 161, 185, 195, 196
양주동 32, 33, 37, 39
「어린이의 나라로」 328
「어머니에게」 221
억압 Repression 218
엇시조 51
에이브람스 M.H.Abrams 289
「에튜우드」 133
「黎明以前」 373
여성편향 106

『여수시초』 347
<여자계> 160
역사적 재구 262
「연」 199, 203
연학년 309
「열매」 171
염군사 63, 353
「엿장사」 272
영율론 162
예술지상주의 110, 115
예이츠 100, 167, 189
예창해 35
『오뇌의 무도』 100
「오다가다」 123
오상순 201
오성호 19
오세영 11, 19, 63, 80, 86-88, 97, 106, 108, 110, 121, 126, 132-135, 145, 154, 155, 158, 231, 208, 209, 262, 313
오양호 15, 85
「오우가」 46
「五錢會費」 181
오천석 330
오현일 39
「옷과밥과자유」 240
외디푸스 콤플렉스 Oedipus complex 191, 192, 193
외향적 태도 26
<요람> 353, 345, 346, 375

「우리마을」 314
우수조 121
「웃음에 잠긴 우주」 185
「웃음파는 계집」 325
워즈워드 182
「元旦」 334
월명사 39
월트 휫트먼 Walt Whitman 308, 317, 330, 331
유기적 형태 29
유길준 83
「유랑의 노래」 112
「유령의 나라」 102
유물론 25, 30
유종호 240, 244-247
유치진 346
윤영애 79
윤영옥 32, 34, 38, 46
윤영천 242, 246, 250, 252
윤재웅 365
「輪轉機와 四層집」 365
윤주은 232
윤치호 90
율격 모델 122
융 C.G.Jung 26
음수율 122
응축의 원리 53
의사시 97
이강언 22
이강훈 102

이광수 58, 176, 330
이국정조 exoticism 87, 135, 142
이기백 84
이기철 118, 119, 121, 188, 196, 199, 205, 254, 255, 264, 280, 282, 284
이능우 42
이대일 88
이동순 56, 63, 64
이드 Id 269
이명재 254
이미지즘 37, 201,204
「이별」 111
「이별을 하느니」 270
이병기 18
이병도 68
이병호 330
이부영 26
이상섭 90, 123
이상은 44, 47
이상주의 27
이상화 16, 101, 253-286, 309
이선영 281, 352
이성백 25
이숭원 32
이식문화론 18
이야기시 97
이유영 39
이 일 91, 92
이장희 16, 17, 178, 187-206

찾아보기 395

이재선 18, 36, 316
이중원 57
「이중의 사망」 257
이진홍 34
이 천 160
이청원 352
이탈불안 Separation Anxiety 219
이해문 351
「離鄕」 324
이홍탁 197
이효석 346
임종찬 53
임형택 135, 246
임화 17, 18, 351
입체파 347

〔ㅈ〕

자설적 구조 21
『자연송』 16, 161, 179, 181, 187
<자유문학>185
자유시 135
「紫朱구름」 238
장 모레아 Jean Moreas 79
장덕순 41
장두철 72, 90-93, 96, 97
<장미촌> 20, 74, 174
장병희 170, 193, 194, 213, 215, 218, 220, 224
장부일 63, 315, 329
장영수 178

長吟 122
「장전해안서」 131
재단비평 21
「저녁」 202
「저승길」 226
「적은노래」 200
전경택 57
전병재 213, 216
「젓먹이의 자는 얼골」 328
정노풍 186
<정로> 348
정병욱 18, 42, 47
정인보 84
정종진 13, 83, 84
정지용 330, 345, 346
정지적 이미지 206
정한모 20, 59-62, 78, 90, 93, 97, 112, 133, 138, 140, 152-154, 170, 205, 233
정형시 135
「제망매가」 38, 39, 40
제임스 James 224
제해만 188, 196, 205
조기섭 51
조남현 58, 239
조동구 110
조동일 15, 18, 32, 37, 55, 58, 124, 239, 254, 268, 269, 280-282
<조선문단> 145, 153, 160, 161, 181
<조선문학> 372

<조선시단> 161, 179, 180, 186
조선심 115
<조선지광> 63, 74, 150
조선혼 84
조연현 19, 351
조윤제 18
조진기 21, 22, 92
조창환 118, 264, 269, 290
조희웅 32
주요한 16, 100, 101, 133-160, 185, 330
주체 Subject 26
「죽으러가는 사람」 315
즉자적 민중 316
「지금은 새벽네시」 328
「지나소녀」 141
지명렬 87
「진달래꽃」 104, 248
『진달래꽃』 232
집단창작 35
「쫓긴이의 노래」 225

〔ㅊ〕

「찬기파랑가」 37, 38
참요 32
<창조> 19, 63, 74, 133, 137, 138, 141, 153, 232
채드윅 Charls Chadwick 80
「채석장」 134, 136, 138, 148-153
「첫치위」 315

<청년문학> 348
「靑天의 乳房」 191
<청춘> 76, 91, 225
초자아 Super Ego 269
「招魂」 278
최남선 58, 84, 225
최동원 42
최병기 344, 352, 355
최서해 226
최순옥 344, 352, 357, 361
최승일 345
최영택 72, 91, 93, 95, 97
최원규 154
최원식 225, 227, 246
최진원 31
최 현 27
추상적 형태 29
秋原朔太郎 189
출생충격 birth trauma 214
충담사 37, 38

〔ㅋ〕

카자맹 Cazamin 30
카프 64, 65, 330
캘빈 S. 홀 27, 197, 214, 215, 217, 218, 219, 222, 229
「커다란무덤을껴안고」 102
큰 물 뒤에」 324

〔 ㅌ 〕

타고르 218, 225
타설적 구조 21
탈현실주의 28
<태서문예신보> 10, 20, 61, 62, 71, 79, 89, 90, 91, 93, 98, 106
「태양계, 지구」 182
「태양의침몰」 174
「痛哭」 277
「통발」 207
퇴폐주의 100
퇴행 208
퇴행의식 108

〔 ㅍ 〕

파스쿨라 63, 309
파슨즈 Parsons 192
패밀리 콤플렉스 Family Complex 193
<평북신보> 349
평시조 16-55
<폐허> 20, 63, 68, 74, 100, 160, 166, 175, 177, 185
표현파 347
푸르스트 Lilian R. Furst 86, 88
「풍요」 33
프래밍거 Alex Preminger 30, 154
프로이드 213
피가로 Le Figaro 79

〔 ㅎ 〕

하우저 A.Hauser 87
<학생계> 74
<학우> 133, 134
<학지광> 10, 61, 62, 98, 106, 111, 113, 153, 299
한계전 63, 302, 332
<한글> 84
한용운 21
「해빗못보는 사람」 320, 334
「해에게서 소년에게」 58, 59
「해의시절」 137
『해파리의노래』 111, 113
향가 16-21
허버트 리드 Hebert Read 29, 30, 46
「헌화가」 34
헤르나디 P.Hernadi 289
헬레니즘 28
<현대> 302
<현대문학> 161
현상윤 45
현실주의 22, 24, 62, 293
현실지향 24, 61
현장성 35
홍기삼 153, 365
홍사용 16, 17, 75, 206-231, 345
홍신선 345, 348, 352, 360, 362
홍효민 75

확산의 원리 53
황문수 214, 215, 217
황석우 16, 81, 91, 98, 100, 101,
　　　160-187
황재남 34
『황해의 노래』 349
橫山景子 133
休止 122
흄 T.E.Hulme 29
「흑방비곡」 102
히브리즘 28

한국 근대시 연구

인쇄일 초판 1쇄 2000년 01월 10일
          2쇄 2015년 08월 20일
발행일 초판 1쇄 2000년 01월 25일
          2쇄 2015년 08월 23일

지은이 김 은 철
발행인 정 찬 용
발행처 국학자료원
등록일 2006.113.02 제2007-12호

서울시 강동구 성내동 447-11 현영빌딩 2층
Tel : 442-4623~4 Fax : 442-4625
www.kookhak.co.kr
E- mail : kookhak2001@hanmail.net
ISBN : 978-89-8206-461-6 *03810
가 격 17,000원

*저자와의 협의 하에 인지는 생략합니다.